빠른독해 바른독해

수능
실전

"The best way to predict your future is to create it."

- *Abraham Lincoln* -

당신의 미래를 예측하는 가장 좋은 방법은 그것을 창조하는 것이다.

- 에이브러햄 링컨 -

· STRUCTURE & FEATURES ·

❶ 유형기법

PART 1 유형편에서는 유형기법 코너를 통해 유형별 문제를 해결하기 위한 학습 방법을 간략히 설명하였습니다.

기출예제

기출예제 코너에서는 각 유형을 대표할 만한 기출 문제를 선정하여 제시하였습니다.

빠바 PLUS

빠바 PLUS 코너에서는 해당 유형의 문제를 해결하는 방법을 구체적인 해설과 함께 제시하여 수능 독해에 전략적으로 접근할 수 있도록 하였습니다.

❷ 실전기법

PART 2 소재편에서는 실전기법 코너를 통해 어떤 소재의 지문들이 수능에 출제되는지 간략히 설명하였습니다.

빈출 어휘

빈출 어휘 코너에서는 수능 및 모의평가 지문들을 소재별로 분석해 자주 출제된 어휘들을 정리하였습니다.

③ 적용독해

다양한 주제의 엄선된 독해 지문을
통해 앞에서 학습한 유형기법과
빠바 PLUS 등을 적용해 볼 수 있도록
하였습니다.

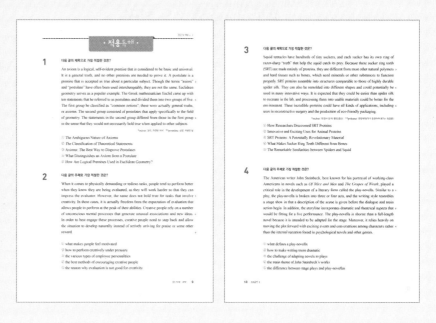

④ 실전/고난도 모의고사

PART 3 실전편에서는 수능 독해 문항과 동일한 구조의 실전 모의
고사 2회분, 고난도 모의고사 1회분을 제공하여 실전 감각을 키울 수
있도록 하였습니다.

· CONTENTS ·

· PART 1 ·

유형편

01 주제 · 제목

1 글의 도입부에 드러난 소재를 통해 무엇에 관한 글인지 파악한다.
2 반복적으로 등장하는 핵심어에 주목하여 글의 주제 및 제목을 추론할 수 있는 근거를 찾는다.

기출예제 **다음 글의 주제로 가장 적절한 것은?** 수능

Managers of natural resources typically face market incentives that provide financial rewards for exploitation. For example, owners of forest lands have a market incentive to cut down trees rather than manage the forest for carbon capture, wildlife habitat, flood protection, and other ecosystem services. These services provide the owner with no financial benefits, and thus are unlikely to influence management decisions. But the economic benefits provided by these services, based on their non-market values, may exceed the economic value of the timber. For example, a United Nations initiative has estimated that the economic benefits of ecosystem services provided by tropical forests, including climate regulation, water purification, and erosion prevention, are over three times greater per hectare than the market benefits. Thus, cutting down the trees is economically inefficient, and markets are not sending the correct "signal" to favor ecosystem services over extractive uses.

*exploitation: 이용 **timber: 목재

① necessity of calculating the market values of ecosystem services
② significance of weighing forest resources' non-market values
③ impact of using forest resources to maximize financial benefits
④ merits of balancing forests' market and non-market values
⑤ ways of increasing the efficiency of managing natural resources

➕ 빠바PLUS

전반적으로 글을 속독하되, 연결사가 포함된 문장은 글의 전체 맥락에 영향을 줄 수 있으므로 유의하여 읽는다. 너무 포괄적이거나 지엽적이지 않으면서 글의 전체 내용을 담고 있는 선택지를 답으로 골라야 한다. 오답 선택지로 본문에 나온 단어나 핵심어와 유사한 의미를 가진 다른 표현이 제시되기도 하므로 유의한다.

정답
② 산림 자원의 비(非)시장적 가치를 따져 보는 것의 중요성 → 역접의 연결사(But)와 함께 글의 중반부에 주제문이 위치하고 있으며, 마지막 문장에 결과의 연결사(Thus)가 사용되어 논지를 정리하고 있다. 두 문장을 정리하면, 생태계 공공 사업의 비(非)시장적 이익은 목재의 경제적 가치를 넘어설 수 있음에도 불구하고, 시장은 생태계 공공사업이 선호되도록 올바른 신호를 보내지 않고 있다는 내용이다.

오답피하기
다른 선택지에도 ecosystem, forest, market, natural resources 등 본문에 언급된 단어들이 제시되었지만 본문 내용과 무관하거나, 부분적으로만 일치하거나, 반대되는 내용을 담고 있다.
① 생태계 공공사업의 시장 가치를 계산하는 것의 필요성
③ 금전적 이익을 극대화하기 위해 산림 자원을 사용하는 것의 영향
④ 숲의 시장 가치와 비(非)시장 가치의 균형을 맞추는 것의 이점들
⑤ 천연자원을 관리하는 것의 효율을 높이는 방법들

· 적용독해 ·

1 다음 글의 제목으로 가장 적절한 것은?

An axiom is a logical, self-evident premise that is considered to be basic and universal. It is a general truth, and no other premises are needed to prove it. A postulate is a premise that is accepted as true about a particular subject. Though the terms "axiom" ₃ and "postulate" have often been used interchangeably, they are not the same. Euclidean geometry serves as a popular example. The Greek mathematician Euclid came up with ten statements that he referred to as postulates and divided them into two groups of five. ₆ The first group he classified as "common notions"; these were actually general truths, or axioms. The second group consisted of postulates that apply specifically to the field of geometry. The statements in the second group differed from those in the first group ₉ in the sense that they would not necessarily hold true when applied to other subjects.

*axiom: 공리, 자명한 이치   **postulate: 상정, 자명한 일

① The Ambiguous Nature of Axioms
② The Classification of Theoretical Statements
③ Axioms: The Best Way to Disprove Postulates
④ What Distinguishes an Axiom from a Postulate
⑤ How Are Logical Premises Used in Euclidean Geometry?

2 다음 글의 주제로 가장 적절한 것은?

When it comes to physically demanding or tedious tasks, people tend to perform better when they know they are being evaluated, as they will work harder so that they can impress the evaluator. However, the same does not hold true for tasks that involve ₃ creativity. In these cases, it is actually freedom from the expectation of evaluation that allows people to perform at the peak of their abilities. Creative people rely on a number of unconscious mental processes that generate unusual associations and new ideas. ₆ In order to best engage these processes, creative people need to step back and allow the situation to develop naturally instead of actively striving for praise or some other reward. ₉

① what makes people feel motivated
② how to perform creatively under pressure
③ the various types of employee personalities
④ the best methods of encouraging creative people
⑤ the reason why evaluation is not good for creativity

3 다음 글의 제목으로 가장 적절한 것은?

Squid tentacles have hundreds of tiny suckers, and each sucker has its own ring of razor-sharp "teeth" that help the squid catch its prey. Because these sucker ring teeth (SRT) are made entirely of proteins, they are different from most other natural polymers and hard tissues such as bones, which need minerals or other substances to function properly. SRT proteins assemble into structures comparable to those of highly durable spider silk. They can also be remolded into different shapes and could potentially be used in many innovative ways. It is expected that they could be easier than spider silk to recreate in the lab, and processing them into usable materials could be better for the environment. These incredible proteins could have all kinds of applications, including uses in reconstructive surgery and the production of eco-friendly packaging.

*sucker: (오징어 등의) 빨판[흡반]   **polymer: 중합체(분자가 중합하여 생기는 화합물)

① How Researchers Discovered SRT Proteins
② Innovative and Exciting Uses for Animal Proteins
③ SRT Proteins: A Potentially Revolutionary Material
④ What Makes Sucker Ring Teeth Different from Bones
⑤ The Remarkable Similarities between Spiders and Squid

4 다음 글의 주제로 가장 적절한 것은?

The American writer John Steinbeck, best known for his portrayal of working-class Americans in novels such as *Of Mice and Men* and *The Grapes of Wrath*, played a critical role in the development of a literary form called the play-novella. Similar to a play, the play-novella is broken into three or four acts, and the writing style resembles a stage show in that a description of the scene is given before the dialogue and main action begin. In addition, the storyline incorporates dramatic and theatrical aspects that would be fitting for a live performance. The play-novella is shorter than a full-length novel because it is intended to be adapted for the stage. Moreover, it relies heavily on moving the plot forward with exciting events and conversations among characters rather than the internal narration found in psychological novels and other genres.

① what defines a play-novella
② how to make writing more dramatic
③ the challenge of adapting novels to plays
④ the main theme of John Steinbeck's works
⑤ the difference between stage plays and play-novellas

5

다음 글의 주제로 가장 적절한 것은? 기출

While many city shoppers were clearly drawn to the notion of buying and eating foods associated with nature, the nature claimed by the ads was no longer the nature that created the foods. Indeed, the nature claimed by many ads was associated with food 3 products *only* by the ads' attachment. This is clearly a case of what French sociologist Henri Lefebvre has called "the decline of the referentials," or the tendency of words under the influence of capitalism to become separated from meaningful associations. 6 Increasingly, food ads helped shoppers become accustomed to new definitions of words such as "fresh" and "natural," definitions that could well be considered opposite of their traditional meanings. The new definitions better served the needs of the emerging 9 industrial food system, which could not supply foods that matched customary meanings and expectations. And they better met shoppers' desires, although with pretense.

① decline of reliability in the ads of natural foods
② changes in the senses of words linked to food ads
③ influence of capitalism on the industrial food system
④ various ways to attract customers in the food industry
⑤ necessity of meaningful word associations in commercials

---

1 **self-evident** 자명한 **premise** 전제 **universal** 일반적인; *보편적인 **interchangeably** 교체[교환]할 수 있게 **geometry** 기하학 **classify** 분류하다 **notion** 개념, 관념 **specifically** 분명히; *특별히 [문제] **ambiguous** 애매모호한, 여러 가지로 해석할 수 있는 **disprove** 틀렸음을 입증하다

2 **demanding** 부담이 큰, 힘든 **tedious** 지루한 **evaluate** 평가하다 (*n.* evaluation 평가) **evaluator** 평가자 **peak** 절정, 정점, 최고 조 **unconscious** 무의식적인 **association** 협회; *연상 **step back** 한 걸음 물러나다 **strive for** …을 얻으려고 노력하다

3 **squid** 오징어 **tentacle** 촉수 **razor-sharp** 극도로 날카로운 **entirely** 전적으로, 완전히 **tissue** (세포) 조직 **substance** 물질 **remold** 고쳐 만들다, 개조하다 **application** 지원(서); *응용 **reconstructive** 복원하는

4 **portrayal** 묘사 **wrath** 분노 **critical** 비판적인; *대단히 중요한 **literary** 문학의 **act** 행동; *(연극 등의) 막 **resemble** 닮다, 비슷하 다 **dialogue** (책·연극·영화에 나오는) 대화 **incorporate** 포함하다 **theatrical** 연극의; *연극조의, 과장된 **fitting** 어울리는[적합한] **full-length** 전신의; *장편의 **adapt** 적응시키다; *각색[개작]하다 **plot** 플롯[줄거리] **psychological** 정신[심리]적인

5 **associate** 연상하다 (*n.* association 연관) **claim** 주장하다 **attachment** 애착; *부착[부가]물 **decline** 감소 **referential** 참조의; *지시성 **tendency** 성향, 경향 **capitalism** 자본주의 **become accustomed to** …에 익숙해지다 **definition** 정의 **emerging** 최근 생겨난, 최근에 만들어진 **industrial** 산업[공업]의 (*n.* industry 산업) **customary** 관례적인, 습관적인 **pretense** 겉치레, 가식 [문제] **reliability** 신뢰도

O2 요지·주장

1 필자가 전달하려는 중심 내용이 가장 잘 드러나는 주제문을 파악한다.
2 주제문이 명시적으로 드러나 있지 않은 경우, 글의 전체적인 내용 및 세부 내용을 포괄하는 요지를 추론한다.

기출예제 다음 글에서 필자가 주장하는 바로 가장 적절한 것은? **수능**

Values alone do not create and build culture. Living your values only some of the time does not contribute to the creation and maintenance of culture. Changing values into behaviors is only half the battle. Certainly, this is a step in the right direction, but those behaviors must then be shared and distributed widely throughout the organization, along with a clear and concise description of what is expected. It is not enough to simply talk about it. It is critical to have a visual representation of the specific behaviors that leaders and all people managers can use to coach their people. Just like a sports team has a playbook with specific plays designed to help them perform well and win, your company should have a playbook with the key shifts needed to transform your culture into action and turn your values into winning behaviors.

① 조직 문화 혁신을 위해서 모든 구성원이 공유할 핵심 가치를 정립해야 한다.
② 조직 구성원의 행동을 변화시키려면 지도자는 명확한 가치관을 가져야 한다.
③ 조직 내 문화가 공유되기 위해서 구성원의 자발적 행동이 뒷받침되어야 한다.
④ 조직의 핵심 가치 실현을 위해 구성원 간의 지속적인 의사소통이 필수적이다.
⑤ 조직의 문화 형성에는 가치를 반영한 행동의 공유를 위한 명시적 지침이 필요하다.

빠바PLUS

글의 도입과 결론 및 선택지를 읽고 서술하고자 하는 주제와 그 대상을 파악해 둔다. 그 뒤 요지와 주장을 드러내는 표현(의무의 조동사, 명령문, 강조 구문 등) 혹은 글의 논지를 전환하는 연결사(but, however, yet), 글을 맺는 연결사(thus, therefore, as a result, in short)에 주목하여 필자가 말하고자 하는 바를 파악한다.

정답 ⑤ → 선택지와 첫 문장을 보면 조직 문화와 관련된 글임을 알 수 있다. 마지막 문장에서 의무를 나타내는 should가 사용되어 조직의 문화와 가치를 행동으로 바꾸려면 플레이 북을 갖추어야 한다는 필자의 주장이 명확히 드러나고 있다.

오답피하기 글의 대상인 조직 문화를 비롯해 가치, 문화, 행동 등의 키워드를 활용한 오답들이 제시되었다. 오답 중 일부는 지문의 세부 내용을 활용하여 작성되기도 하였다.

· 적용독해 ·

1 다음 글의 요지로 가장 적절한 것은?

In most cases, identity verification relies on comparing a person's physical appearance to an ID photo. To decrease error rates, however, the use of biometric data has recently become more common. Iris scans and fingerprint recognition are already being used ₃ in some places, but the problem with these techniques is that they can be connected to criminal records, making individuals reluctant to cooperate with providing this data. However, a new possibility in the field of biometric personal identification has emerged. ₆ A recent study demonstrated that each person has a unique odor and that people can be identified solely by this odor with more than 85% accuracy. Consequently, researchers are now looking for ways to develop odor-based identification techniques, which would ₉ be less invasive but still accurate.

*biometric: 생물[생체] 측정의

① 체취 기반의 생체 인식 기술이 유용할 것이다.
② 생체 인식 기술의 적용 범위가 점점 확대되고 있다.
③ 인권 보호를 위해 생체 정보의 수집은 금지되어야 한다.
④ 홍채 인식 기술을 적용한 보안 시스템을 구축해야 한다.
⑤ 생체 인식 기술이 신원 확인의 오류 비율을 감소시킨다.

2 다음 글에서 필자가 주장하는 바로 가장 적절한 것은?

The terms "comfort zone" and "safety zone" are often used to refer to the same concept. A skier who senses that a slope is too dangerous feels uncomfortable and takes another route, avoiding a potentially serious injury. We spend our entire lives navigating the ₃ forces that threaten our comfort and safety, and along the way, we learn which actions and places are hazardous, and we keep away from them. And there, in the safety zone, we feel comfortable. However, in these modern times, our sense of comfort no ₆ longer guarantees safety. In fact, in this quickly changing world, it is embracing the uncomfortable—facing fresh challenges, pushing ourselves past our previous limits, and taking risks when necessary—that will provide us with the largest benefits. This ₉ will help us to become better people and to make it through life with our safety intact.

① 경우에 따라 안락보다 안전을 우선시해야 한다.
② 안락 지대와 안전지대를 구분할 줄 알아야 한다.
③ 우리의 안락과 안전을 위협하는 요소들을 제거해야 한다.
④ 변화하는 환경에 적응하기 위해서는 안락함에서 벗어나야 한다.
⑤ 남에게 뒤처지지 않기 위해 스스로 안전지대를 변화시켜야 한다.

3 다음 글의 요지로 가장 적절한 것은?

Researchers have observed that animals living where predators are a constant threat develop anxiety and other negative emotions. On the other hand, those living in resource-rich areas exhibit more positive emotions. These emotions are not merely a reflection of experiences; they also shape the way that animals make decisions, especially when they are facing uncertain situations. The reaction an animal has to an ambiguous stimulus demonstrates whether it is taking an optimistic or pessimistic approach in its decision-making process. For example, the movement of grass nearby could be interpreted as an indication of either predator or prey. An animal in a negative emotional state would take a pessimistic approach, avoid the area, and therefore benefit by keeping itself safe. Alternatively, an animal in a positive emotional state would think optimistically, investigate the movement, and have an opportunity to find food.

① 동물마다 상황 대처 능력이 다르다.
② 동물들의 적응력은 서식 환경에 의해 결정된다.
③ 동물들의 감정은 그들의 의사 결정에 영향을 미친다.
④ 대부분의 동물은 불확실한 상황에서 방어적인 행동을 취한다.
⑤ 포식자의 위협에 상시 노출된 동물들은 더 강한 공격성을 보인다.

4 다음 글에서 필자가 주장하는 바로 가장 적절한 것은?

The pressure on scientists to publish their work has grown in recent years. Being published increases the likelihood of getting grants, which scientists need, so they are leaning more and more towards research that will have public appeal. However, that which is popular is not necessarily the best, and not all topics that receive media coverage have real scientific worth. For example, journalists like to cover stories about scientific discoveries that contradict what was previously believed. Such findings, though, often do not hold up under close investigation, especially when the preceding study was based on solid evidence. For these reasons, when we see scientific reports getting covered by the media, we should view them with a critical eye.

① 기자들은 과학적으로 입증된 사실만을 보도해야 한다.
② 활발한 연구 활동을 위해 보조금 지원을 확대해야 한다.
③ 기존의 연구를 반박하는 새로운 발견들에 관심을 가져야 한다.
④ 뉴스거리가 되는 연구보다 과학적 가치가 있는 연구를 지원해야 한다.
⑤ 언론의 주목을 받는 연구가 모두 과학적 가치가 있다고 여겨서는 안 된다.

5 다음 글의 요지로 가장 적절한 것은? 기출

When you experience affect without knowing the cause, you are more likely to treat affect as information about the world, rather than your experience of the world. The psychologist Gerald L. Clore has spent decades performing clever experiments to ₃ better understand how people make decisions every day based on gut feelings. This phenomenon is called *affective realism*, because we experience supposed facts about the world that are created in part by our feelings. For example, people report more ₆ happiness and life satisfaction on sunny days, but only when they are *not* explicitly asked about the weather. When you apply for a job or college or medical school, make sure you interview on a sunny day, because interviewers tend to rate applicants more ₉ negatively when it is rainy. And the next time a good friend snaps at you, remember affective realism. Maybe your friend is irritated with you, but perhaps she didn't sleep well last night, or maybe it's just lunchtime. The change in her body budget, which she's ₁₂ experiencing as affect, might not have anything to do with you.

① 직감에 따른 판단이 더 좋은 결과로 이어지는 경우가 많다.
② 외부적 환경이 우리의 감정과 판단에 미치는 영향은 크지 않다.
③ 우리는 자신도 모르게 감정의 영향을 받아서 현실을 판단한다.
④ 상대방의 반응이 평소와 다를 때에는 자신을 되돌아봐야 한다.
⑤ 상대방에 관한 배경지식을 통해 그 사람을 더 잘 이해하게 된다.

---

1 **identity** 신원, 신분 (v. **identify** (신원 등을) 확인하다) **verification** 확인, 조회 **iris** 홍채 **recognition** 알아봄, 인식 **reluctant** 꺼리는, 주저하는 **emerge** 나오다; *생겨나다, 부상하다 **odor** 냄새 **solely** 오로지 **accuracy** 정확(성) (a. **accurate** 정확한) **identification** 신원 확인 **invasive** 침입하는; *침해의

2 **navigate** 길을 찾다; *다루다[처리하다] **hazardous** 위험한 **embrace** (껴)안다; *받아들이다[수용하다] **intact** 온전한, 전혀 다치지 않은

3 **predator** 포식자 **exhibit** 전시하다; *보이다[드러내다] **reflection** (거울 등에 비친) 상[모습]; *반영 **ambiguous** 애매모호한 **stimulus** 자극 **optimistic** 낙관적인 **pessimistic** 비관적인 **interpret** 설명[해석]하다 **indication** 암시, 조짐 **alternatively** 그 대신에 **investigate** 조사[수사]하다, 살피다

4 **likelihood** 가능성 **grant** 보조금, 지원금 **coverage** 보도[방송] **contradict** 부정[부인]하다, 반박하다 **preceding** 이전의, 앞선, 선행하는 **solid** 단단한; *확실한, 믿을 수 있는 **critical** 비판적인

5 **affect** 감정 **psychologist** 심리학자 **gut feeling** 직감 **phenomenon** 현상 **supposed** 가정된, 추정된 **explicitly** 명시적으로 **rate** 평가하다 **applicant** 지원자 **snap at** ~에게 쏘아붙이다 **irritate** 짜증 나게 하다 **body budget** 신체 예산

03 글의 목적

1 글쓴이와 독자의 관계를 확인하고 무엇에 관한 내용인지 파악한다.
2 글의 세부 내용에 초점을 맞추기보다는 글을 종합적으로 이해하여 핵심 의도를 파악한다.

기출예제 **다음 글의 목적으로 가장 적절한 것은?** 수능

To whom it may concern,

My name is Michael Brown. I have been a bird-watcher since childhood. I have always enjoyed watching birds in my yard and identifying them by sight and sound. Yesterday, I happened to read an article about your club. I was surprised and excited to find out about a community of passionate bird-watchers who travel annually to go birding. I would love to join your club, but your website appears to be under construction. I could not find any information except for this contact email address. I would like to know how to sign up for the club. I look forward to your reply.

Sincerely,
Michael Brown

① 조류 관찰 클럽에 가입하는 방법을 문의하려고
② 조류 관찰 시 주의해야 할 사항을 전달하려고
③ 조류 관찰 협회의 새로운 규정을 확인하려고
④ 조류 관찰과 관련된 웹 사이트를 소개하려고
⑤ 조류 관찰 시 필요한 장비를 알아보려고

➕ 빠바PLUS

의례적인 인사말이나 부가적인 상황 설명 등에 언급된 특정 세부 사항을 나타내는 선택지가 아닌, 궁극적인 목적을 드러내는 선택지를 답으로 고르도록 한다.

정답 ① → 5행의 'I would love to join your club…', 7행의 'I would like to know how to sign up for the club.' 등에서 글의 목적이 잘 드러난다.

오답피하기 birding, website 등 본문에 쓰인 표현들을 이용한 오답들이 제시되었다.

· 적용독해 ·

1 다음 글의 목적으로 가장 적절한 것은?

Dear Aristotle University Law Student,

Real life work experience during the summer break is a fantastic way to supplement your legal education. Fortunately, eligible students looking for jobs at public agencies and non-profit organizations may be able to receive federal work-study grants that will make working these jobs more financially feasible. If you are interested in applying for a grant, please read through the attached document. Also, please pay special attention to the application requirements and deadlines. Late applications will not be considered. If you have any questions, please call the Financial Aid Office at 555-0100 or send an email to lawfinaid@aristotle.edu. This is a great opportunity to network with legal professionals, get some work experience, and kick-start your career.

Sincerely,
Oscar G. Franklin

① 법률 전문가를 모집하려고　　　　② 공공 서비스 분야 취업을 장려하려고
③ 근로 장학금 신청을 안내하려고　　④ 국가 장학금 지급 요건을 설명하려고
⑤ 정부 인턴십 프로그램을 홍보하려고

2 다음 글의 목적으로 가장 적절한 것은?

Technology has become an integral part of our lives, and with the increase in the use of computers and the internet, cyber crimes have also increased. As a result, it has become critical for businesses and governments to have reliable cybersecurity specialists on hand. Regardless of where you would like to work—at a business, at a government agency, or elsewhere—Elite University's Master of Science in Information Technology with a Concentration in Cybersecurity will prepare you for a successful career in this vibrant and growing field. This program will allow you to gain in-depth knowledge of systems security, risk management, intellectual property, and much more. And the combination of management skills and advanced, industry-specific knowledge that is provided by the program will help you launch a successful career in this up-and-coming industry.

① 사이버 보안의 중요성을 강조하려고　　② 새로운 보안 프로그램을 소개하려고
③ 사이버 범죄 대응 강화를 촉구하려고　　④ 정보 통신 관련 취업 정보를 제공하려고
⑤ 정보 기술 이학 석사 학위 과정을 홍보하려고

3 다음 글의 목적으로 가장 적절한 것은?

Serving on the advisory board for the Northwest Historical Society has been an educational and personally fulfilling experience. I have truly enjoyed being a part of the effort to preserve important historical sites in our area. However, as we discussed over the phone last week, I am submitting this letter as formal notification that I must step down from my role as of June 1. I have been offered a full-time position in San Francisco, so I plan to relocate there by the end of the month. It is clear that because most of my duties must be carried out in person, I will no longer be able to fulfill them. Should I return to the area, I would be more than happy to get involved with the group again in any capacity that is needed. I wish you the best in your future projects.

① 재입사 제의를 수락하려고
② 이직 절차에 대해 문의하려고
③ 직책에서 사임함을 통보하려고
④ 근무지 이전에 대해 논의하려고
⑤ 새로운 프로젝트 기획을 보고하려고

4 다음 글의 목적으로 가장 적절한 것은?

Many years ago, there was a popular Christmas tradition in which two groups of people would go hunting for birds and other animals. Whichever group killed the most was declared the winner. But around the turn of the 20th century, scientists started to become concerned about declining bird populations. So an ornithologist named Frank Chapman suggested that there should be a new holiday tradition, a "Christmas Bird Count." Its purpose would be to count birds rather than hunt them. Over the last century, many people have volunteered to take part, and the information they've gathered has allowed biologists and conservationists to study the health of bird populations across North America. The Christmas Bird Count still goes on every year, but it needs dedicated volunteers. Why not consider participating this year? You can carry on the tradition and help scientists protect birds for years to come!

*ornithologist: 조류학자

① 조류 보호의 필요성을 강조하려고
② 조류 보호 활동 참여를 장려하려고
③ 환경 단체의 활동 내용을 홍보하려고
④ 조류의 개체 수 감소 원인을 설명하려고
⑤ 새로운 크리스마스 전통의 목적을 알리려고

5

다음 글의 목적으로 가장 적절한 것은? 기출

```
                                                                    ▬ ▢ ✕
Dear Parents,

My name is Danielle Hamilton, and I am the principal of Techville High School.
As you may know, there is major road construction scheduled to take place in front
of our school next month. This raises safety concerns. Therefore, we are asking for
parent volunteers to help with directing traffic. The volunteer hours are from 8:00 to
8:30 a.m. and from 4:30 to 5:00 p.m. on school days. If you are willing to take part
in the traffic safety volunteer group, please email us with your preferred schedule
at info@techville.edu. Your participation will be helpful in building a safer school
environment for our students. Thank you in advance for your contributions.

Sincerely,
Danielle Hamilton
```

① 교통안전 봉사 참여를 요청하려고
② 자원봉사 교육 일정을 공지하려고
③ 학교 시설 공사에 대한 양해를 구하려고
④ 학교 앞 도로 공사의 필요성을 설명하려고
⑤ 등·하교 차량 안전 수칙 준수를 당부하려고

---

1 **supplement** 보충하다, 보완하다 **legal** 법률의 **eligible** 자격이 있는 **federal** 연방 정부의 **feasible** 실현 가능한 **requirement** 요구; *필요조건, 요건 **kick-start** 시동을 걸다; *촉진시키다

2 **integral** 없어서는 안 될, 필수의 **reliable** 믿을 수 있는 **regardless of** …와 상관없이 **vibrant** 활기찬 **in-depth** 면밀한, 상세한 **intellectual** 지능의, 지적인 **property** 재산, 자산 **launch** 시작[착수]하다 **up-and-coming** 전도가 유망한, 떠오르는

3 **advisory** 자문[고문]의 **board** 이사회, 위원회 **fulfilling** 성취감을 주는, 만족스러운 (*v. fulfill* 수행하다; 만족시키다) **notification** 알림, 통지 **step down from** …에서 은퇴하다, 사직하다 **relocate** 이전[이동]하다 **carry out** …을 수행[이행]하다 **capacity** 수용력; *지위[역할]

4 **declare** 선언하다 **decline** 줄어들다, 감소하다 **population** 개체 수 **biologist** 생물학자 **conservationist** 환경보호론자 **dedicated** 헌신적인 **carry on** …을 계속하다

5 **principal** 교장 **road construction** 도로 공사 **concern** 우려 **volunteer** 자원봉사(자) **direct traffic** 교통 정리를 하다 **in advance** 미리, 전부터 **contribution** 기여

내용 (불)일치

유형기법
1 지시문과 선택지를 먼저 읽고 글의 소재와 확인해야 할 정보를 파악한다.
2 배경지식이나 상식에 의존하지 않고, 오로지 주어진 글에 언급된 정보만을 토대로 일치 여부를 확인한다.

기출예제 Niklas Luhmann에 관한 다음 글의 내용과 일치하지 <u>않는</u> 것은? **수능**

Niklas Luhmann, a renowned sociologist of the twentieth century, was born in Lüneburg, Germany in 1927. After World War II, he studied law at the University of Freiburg until 1949. Early in his career, he worked for the State of Lower Saxony, where he was in charge ³ of educational reform. In 1960–1961, Luhmann had the chance to study sociology at Harvard University, where he was influenced by Talcott Parsons, one of the most famous social system theorists. Later, Luhmann developed his own social system theory. In 1968, ⁶ he became a professor of sociology at the University of Bielefeld. He researched a variety of subjects, including mass media and law. Although his books are known to be difficult to translate, they have in fact been widely translated into other languages. ⁹

① 제2차 세계 대전 이후에 법을 공부했다.
② State of Lower Saxony에서 교육 개혁을 담당했다.
③ Harvard University에 있을 때 Talcott Parsons의 영향을 받았다.
④ 다양한 주제에 관해 연구했다.
⑤ 그의 책은 번역하기가 쉽다고 알려져 있다.

빠바PLUS

선택지는 대개 글의 전개 순서에 따라 제시되므로, 본문의 내용과 선택지를 순서대로 대조한다. 이때, 글에 언급된 정보의 일부만 바꿔서 오답으로 제시하기도 하므로 이에 유의한다.

정답 ⑤ → 마지막 문장의 'his books are known to be difficult to translate'에서 Luhmann의 책들이 번역하기 쉬운 게 아니라 어렵다고 알려져 있음을 확인할 수 있다.

오답피하기 선택지에 제시된 정보와 글의 내용을 꼼꼼히 대조하면 오답을 피할 수 있다.
① 2행(After World War II, he studied law at the University of Freiburg ....)
② 3행(..., he worked for the State of Lower Saxony, where he was in charge of educational reform.)
③ 4행(... at Harvard University, where he was influenced by Talcott Parsons, ...)
④ 7행(He researched a variety of subjects, ...)

· 적용독해 ·

1   Ol Doinyo Lengai's lava에 관한 다음 글의 내용과 일치하지 <u>않는</u> 것은?

Ol Doinyo Lengai—an active volcano located in Tanzania, Africa—is distinct from other volcanoes because of its unique lava. Rather than containing large amounts of silicates, the minerals that commonly form rocks and are found in most types of lava, 3 Ol Doinyo Lengai's lava is rich in carbonate minerals. These minerals cause the lava to erupt at temperatures far lower than those of other types of lava, giving it a black appearance in daylight as opposed to the usual glowing red tones, though it does emit 6 a red glow in the dark. Another difference is the lava's high fluidity, which sometimes allows it to flow more easily than water. In addition, the minerals that make up the lava are particularly vulnerable to weathering; consequently, the hardened black lava rapidly 9 erodes, leaving behind a gray substance and a one-of-a-kind landscape.

*silicate: 규산염   **carbonate: 탄산염

① 다량의 탄산염 무기물을 포함하고 있다.
② 다른 용암에 비해 낮은 온도에서 분출한다.
③ 낮에는 주로 검은빛을 띤다.
④ 물보다 유동성이 낮은 편이다.
⑤ 구성 성분이 풍화에 취약하다.

2   Jabuticaba에 관한 다음 글의 내용과 일치하지 <u>않는</u> 것은?

Jabuticaba is a type of tree from the southern regions of Brazil. Its fruit grows directly out of the tree's trunks and branches rather than in bunches, and these berries, which measure approximately three to four centimeters across, have large seeds inside. The 3 thick outer skin is dark purple while the inner part of the fruit is fleshy and sweet. In natural conditions, the tree yields fruit once or twice annually. However, it can produce fruit throughout the year if watered regularly. The fruit of the Jabuticaba is usually eaten 6 fresh because it begins to ferment shortly after being harvested, within three or four days. Because of this, the berries tend to be sold fresh only at markets near the cultivation site, and those left over are often made into jams and wines or baked into tarts. 9

① 열매가 나무줄기와 가지에 바로 열린다.
② 속에 커다란 씨가 들어 있다.
③ 자연 상태에서 일 년 내내 열매가 열린다.
④ 수확 후 며칠 이내에 발효가 진행된다.
⑤ 남은 열매들은 잼이나 포도주 등으로 만들어진다.

3 **The Day of Joy에 관한 다음 글의 내용과 일치하지 <u>않는</u> 것은?**

In Roman times, festivals and special holidays—whether they were private affairs such as marriages or births, or public festivals—were often referred to as Hilaria. This name was also used for one specific national holiday, "The Day of Joy," which was part of an ₃ eight-day celebration of the vernal equinox. This festival served to honor the goddess Cybele, also known as "The Great Mother," and to celebrate the end of winter. As part of the festivities, expensive artwork and ceramics belonging to wealthy citizens were ₆ paraded through the streets along with a statue of the goddess herself. The highlight of the festival was an extravagant masquerade in which participants dressed up as other Roman citizens, including high-ranking officials. Games, practical jokes, and playful ₉ mockery added to the joyful atmosphere.

*vernal equinox: 춘분

① Hilaria라는 이름으로 불리기도 했다.
② 8일간 이어지는 춘분 기념행사의 일부였다.
③ 한 여신을 기리고 겨울이 끝나는 것을 축하하는 데 그 목적이 있었다.
④ 시민들이 직접 미술품과 도자기를 사고파는 순서가 있었다.
⑤ 참가자들이 다른 로마 시민들로 변장하는 가장무도회가 특징이었다.

4 **Donato Bramante에 관한 다음 글의 내용과 일치하지 <u>않는</u> 것은?** 기출

Donato Bramante, born in Fermignano, Italy, began to paint early in his life. His father encouraged him to study painting. Later, he worked as an assistant of Piero della Francesca in Urbino. Around 1480, he built several churches in a new style in Milan. ₃ He had a close relationship with Leonardo da Vinci, and they worked together in that city. Architecture became his main interest, but he did not give up painting. Bramante moved to Rome in 1499 and participated in Pope Julius II's plan for the renewal of ₆ Rome. He planned the new Basilica of St. Peter in Rome—one of the most ambitious building projects in the history of humankind. Bramante died on April 11, 1514 and was buried in Rome. His buildings influenced other architects for centuries. ₉

① Piero della Francesca의 조수로 일했다.
② Milan에서 새로운 양식의 교회들을 건축했다.
③ 건축에 주된 관심을 갖게 되면서 그림 그리기를 포기했다.
④ Pope Julius II의 Rome 재개발 계획에 참여했다.
⑤ 그의 건축물들은 다른 건축가들에게 영향을 끼쳤다.

5 **moshav에 관한 다음 글의 내용과 일치하지 <u>않는</u> 것은?**

A moshav is a group of farms set up to share agricultural duties. Members of the community own their farms individually, but the plots are all the same size. The community emphasizes shared labor and marketing and supports itself financially ₃ through the sale of the crops. The members of a moshav are also required to pay a tax, and these funds go toward purchasing necessary supplies and marketing the agricultural goods produced by the farms. Each farmer pays the same amount of tax, ₆ so there is an advantage to better farmers who produce higher yields. The moshav system has existed since 1921, when the first one was founded in Israel's Jezreel Valley. It grew in popularity after the State of Israel was established in 1948, as this type of ₉ settlement was well-suited for the newly arrived immigrants, and within four decades, approximately 450 moshavim were in operation.

① 각 구성원은 같은 크기의 토지를 소유한다.
② 노동력과 마케팅의 공유를 강조한다.
③ 모든 농부에게 같은 세금이 부과되어 수확량이 많을수록 유리하다.
④ 이스라엘 건국 이후, Jezreel Valley에 처음 설립되었다.
⑤ 새로 정착한 이주민들에게 알맞은 형태이다.

---

1 active 활동적인; *(화산이) 활동 중인 distinct 뚜렷이 다른[구별되는], 별개의 lava 용암 erupt 분출하다 emit 내다[내뿜다] fluidity 유동(성) vulnerable 취약한 weathering 풍화 (작용) hardened 굳어진, 단단해진 erode 침식[풍화]되다 one-of-a-kind 특별한, 독특한

2 trunk (나무) 줄기 bunch (과일 등의) 송이 approximately 거의, …가까이 fleshy 살찐; *(과일이) 다육질의 yield (수익·농작물 등을) 내다[생산하다] annually 매년, 해마다 ferment 발효되다 cultivation 경작, 재배

3 affair 사건, 일 festivity 《pl.》 축제 행사 ceramic 《pl.》 도자기 extravagant 낭비하는; *화려한 masquerade 가장무도회 high-ranking 고위의, 중요한 practical joke 짓궂은 장난 mockery 조롱, 조소 atmosphere 분위기

4 architecture 건축학[술] pope 교황 renewal 재개; *재개발, 개선 ambitious 야심 찬, 어마어마한 humankind 인류, 인간 architect 건축가

5 agricultural 농업의 plot 줄거리; *작은 지면[땅] go toward … 방향으로 가다; *(돈이) …에 쓰이다 settlement 합의; *정착지 well-suited 적절한 immigrant 이민자 in operation 운영[운용] 중인

05 빈칸 추론 1

1 글의 핵심 내용을 빈칸으로 출제하는 경우가 많으므로, 글의 주제를 파악하는 것이 중요하다.
2 답으로 선택한 내용을 빈칸에 넣어 글의 흐름이 자연스러운지 확인한다.

기출예제 다음 빈칸에 들어갈 말로 가장 적절한 것은? 수능

Over the last decade the attention given to how children learn to read has foregrounded the nature of *textuality*, and of the different, interrelated ways in which readers of all ages make texts mean. 'Reading' now applies to a greater number of representational forms ₃ than at any time in the past: pictures, maps, screens, design graphics and photographs are all regarded as text. In addition to the innovations made possible in picture books by new printing processes, design features also predominate in other kinds, such as ₆ books of poetry and information texts. Thus, reading becomes a more complicated kind of interpretation than it was when children's attention was focused on the printed text, with sketches or pictures as an adjunct. Children now learn from a picture book ₉ that words and illustrations complement and enhance each other. Reading is not simply _____. Even in the easiest texts, what a sentence 'says' is often not what it means.

₁₂

*adjunct: 부속물

① knowledge acquisition   ② word recognition
③ imaginative play   ④ subjective interpretation
⑤ image mapping

➕ 빠바PLUS

빈칸 앞뒤의 내용과 글의 논리적인 흐름에 유의하여 빈칸에 들어갈 말의 단서를 찾는다. 선택한 정답을 빈칸에 넣고 글 전체의 내용과 상통하는지 확인한다.

정답   ② 단어 인식 → 7행의 'Thus, reading becomes a more complicated kind of interpretation ....'이 이 글의 주제문이며, 이어지는 문장들이 이 주제문을 뒷받침하고 있다. 예전에는 글에 집중하며 스케치나 그림을 부속물로 간주했으나, 현재는 글과 삽화가 상호 보완 관계에 있으며, 이 모든 것이 합쳐져 더 복잡한 해석의 형태가 된다고 했으므로, 이를 통해 빈칸에 들어갈 말을 추론할 수 있다.

오답피하기   기존에 알고 있던 상식 또는 글의 일부 내용만을 근거로 답을 추론해서는 안 된다. 여기서는 빈칸 앞의 부정어 not에 유의하여 정답을 고르도록 한다.
① 지식 습득   ③ 창의적인 놀이
④ 주관적인 해석   ⑤ 이미지 맵핑

· 적용독해 ·

1 다음 빈칸에 들어갈 말로 가장 적절한 것은?

Behavioral economist Richard Thaler and legal scholar Cass Sunstein came up with the term "libertarian paternalism" to describe a certain way in which _____ can be used to promote the general good. It is libertarian in that nobody is actually forced into acting in a certain way, and it is paternalistic in that it tries to modify people's behavior for their own benefit. One example is how the Netherlands government has encouraged people to cycle by constructing and maintaining an abundance of cycling paths. Nobody is required to cycle, and many people still drive cars, but because cycling has become an easy transportation option, it has seen a sharp increase in popularity. People typically don't want to change the way they do things. But if something can be done in a different way with less effort, then people tend to adopt that new method.

① choices   ② pressure   ③ criticism
④ promotions   ⑤ compliments

2 다음 빈칸에 들어갈 말로 가장 적절한 것은?

NASA is famous for developing incredible new technologies and studying the mysteries of outer space, but it has also done research on some surprisingly everyday subjects, such as tennis balls. As a means of building students' interest in science, NASA started a project in the late 1990s that used tennis balls to demonstrate and investigate different physics and aerodynamics principles. This project ended up being especially useful for the London-based International Tennis Federation (ITF). At that time, the ITF was considering introducing a slower ball in order to _____ other new technologies that had influenced the game. For example, improved rackets made it possible for tennis pros to serve the ball at around 240 kilometers per hour, contributing to shorter rallies and more tie-breaker sets in professional matches. After looking at NASA's research, the ITF tested and approved the use of a larger ball that helped to slow down the game and restore a more competitive style of play.

*aerodynamics: 공기역학

① offset   ② improve   ③ reflect
④ replace   ⑤ integrate

3 다음 빈칸에 들어갈 말로 가장 적절한 것은?

Because birth rates in most industrialized nations are falling while people are living longer, the average age in these nations is rising. Germany, for example, has a life expectancy of 80 and a fertility rate of just 1.4 children per woman. This has given rise ₃ to fears about a shrinking workforce being unable to afford increasing healthcare costs and pension payments. According to a recent study of consumption patterns, though, there might be some good news for countries like Germany: their aging may lead to ₆ per-capita levels of carbon dioxide emissions that haven't been seen in more than half a century. The study shows that, in Western countries, as children become adults and eventually grow more affluent, per-capita emissions steadily rise. However, after the ₉ age of 60, individuals generally start to travel less, resulting in about a 20 percent decline in emissions. In other words, greyer could mean _____.

① wiser   ② slower   ③ greener
④ healthier   ⑤ wealthier

4 다음 빈칸에 들어갈 말로 가장 적절한 것은?

It is important that healthcare professionals have some _____ when making critical judgments. For example, when infants are assessed for vulnerability at birth, there are two important cutoff points regarding weight: the first, less than 2,500 grams, ₃ designates a "low" birth weight, and the second, less than 1,500 grams, designates a "very low" birth weight. Although there is nothing biologically special about these thresholds, they affect treatment: infants born weighing slightly less than 1,500 grams ₆ receive different treatment than those born weighing slightly more. Actually, though, research has shown that infants born weighing slightly more than 1,500 grams are at a higher risk of dying in their first year than those born weighing slightly less. But ₉ because doctors often act without discretion in these cases, infants' lives end up being lost.

① doubts   ② integrity   ③ confidence
④ flexibility   ⑤ requirements

5

다음 빈칸에 들어갈 말로 가장 적절한 것은? 기출

In labor-sharing groups, people contribute labor to other people on a regular basis (for seasonal agricultural work such as harvesting) or on an irregular basis (in the event of a crisis such as the need to rebuild a barn damaged by fire). Labor sharing ₃ groups are part of what has been called a "moral economy" since no one keeps formal records on how much any family puts in or takes out. Instead, accounting is _____. The group has a sense of moral community based on ₆ years of trust and sharing. In a certain community of North America, labor sharing is a major economic factor of social cohesion. When a family needs a new barn or faces repair work that requires group labor, a barn-raising party is called. Many families ₉ show up to help. Adult men provide manual labor, and adult women provide food for the event. Later, when another family needs help, they call on the same people.

*cohesion: 응집성

① legally established   ② regularly reported
③ socially regulated   ④ manually calculated
⑤ carefully documented

---

1 **behavioral economist** 행동 경제학자   **libertarian** 자유의지론의   **paternalism** 가부장주의; *간섭주의 (*a.* **paternalistic** 가부장적인; *간섭주의적인)   **the general good** 공중의 이익   **modify** 수정[변경]하다, 바꾸다   **abundance** 풍부   **adopt** 입양하다; *택하다[차용하다]   [문제] **compliment** 칭찬(의 말)

2 **incredible** 놀라운   **outer space** 우주 공간   **demonstrate** 보여주다, 입증[실증]하다   **physics** 물리학   **principle** 원리, 원칙   **approve** 찬성하다; *승인[허가]하다   **restore** 되찾게[회복하게] 하다   [문제] **offset** 상쇄하다   **integrate** 통합시키다

3 **birth rate** 출생률, 출산율   **industrialized nation** 선진국   **fertility rate** 출산율   **give rise to** …이 생기게 하다   **shrink** 줄어들다   **pension** 연금   **per-capita** 1인당   **emission** (빛·열 등의) 배출; *(대기 속의) 배출물   **affluent** 부유한   **steadily** 꾸준히, 끊임없이

4 **make a judgment** 판단을 내리다   **assess** 재다[가늠하다]   **vulnerability** 취약성   **cutoff point** 구분점   **designate** 지정하다   **biologically** 생물학적으로   **threshold** 문지방; *기준점, 역치   **discretion** (자유)재량   [문제] **integrity** 진실성   **flexibility** 유연성; *융통성

5 **labor** 노동   **on a regular basis** 정기적으로 (↔ **on an irregular basis** 비정기적으로)   **agricultural** 농업의   **harvesting** 수확   **crisis** 위기   **rebuild** 다시 세우다[재건하다]   **barn** 헛간   **moral** 도덕적인   **accounting** 정산, 회계   **manual labor** 육체노동   [문제] **establish** 설립하다; *확립하다   **document** 문서; *기록하다

06 빈칸 추론 2

유형기법

1 반복적으로 등장하는 핵심어구나 글의 전체적인 흐름에 주목하여 글의 주제 및 요지를 이해한다.
2 빈칸을 포함하는 문장과 그 앞뒤 문장 간의 논리적 관계를 파악한다.

기출예제 다음 빈칸에 들어갈 말로 가장 적절한 것은? 수능

Education, at its best, teaches more than just knowledge. It teaches critical thinking: the ability to stop and think before acting, to avoid succumbing to emotional pressures. This is not thought control. It is the very reverse: mental liberation. Even the most advanced intellectual will be imperfect at this skill. But even imperfect possession of it _____ of being 'stimulus-driven', constantly reacting to the immediate environment, the brightest colours or loudest sounds. Being driven by heuristic responses, living by instinct and emotion all the time, is a very easy way to live, in many ways: thought is effortful, especially for the inexperienced. But emotions are also exhausting, and short-term reactions may not, in the long term, be the most beneficial for health and survival. Just as we reach for burgers for the sake of convenience, storing up the arterial fat which may one day kill us, so our reliance on feelings can do us great harm.

*succumb: 굴복하다 **arterial: 동맥의

① intensifies people's danger
② enhances our understanding
③ frees a person from the burden
④ allows us to accept the inevitability
⑤ requires one to have the experience

+ 빠바 PLUS

글의 요지를 파악하며 글을 읽고, 특히 빈칸 전후의 내용에 주목한다. 선택한 답안을 빈칸에 넣어보고 글의 논조와 상충하지 않는지 확인해야 한다.

정답 ③ 부담에서 사람을 벗어나게 한다 → 최상의 교육은 비판적 사고, 즉 행동하기 전에 생각하고 감정적 압박에 굴복하지 않는 능력을 가르치는 것이며, 이 비판적 사고를 가지고 살아야 감정에 휘둘리지 않고 자극에 즉각적으로 반응하지 않을 수 있다는 것이 글의 요지이다. 빈칸 앞에는 뛰어난 지성인도 비판적 사고에 불완전하다 했고, 빈칸 뒤에는 비판적 사고 없이 본능과 감정, 자극에 반응하는 삶을 살았을 때 건강과 생존에 해롭다고 했으므로, 빈칸에는 비판적 사고를 불완전하게라도 가지고 있어야 '자극에 이끌리는' 부담에서 벗어나 자유로워질 수 있다는 내용이 들어가는 것이 적절하다.

오답피하기 비판적 사고를 가지고 살아가야 한다는 것이 글의 요지이므로, ①과 ④ 같이 비판적 사고가 우리에게 부정적인 영향을 끼친다는 의미의 선택지는 먼저 제외하고 정답을 고르는 것이 좋다.
① 사람들의 위험을 강화한다   ② 우리의 이해를 증진시킨다
④ 우리에게 불가피함을 받아들이게 한다   ⑤ 사람이 그 경험을 하도록 요구한다

1 다음 빈칸에 들어갈 말로 가장 적절한 것은?

Restaurant owners put a great deal of effort into attracting customers and spend considerable amounts of time and money on their businesses. So why do some fail to have repeat customers? Consumer behavior is governed by complex psychological processes, and opinions can be influenced by a variety of nearly imperceptible factors. For example, "Out of Order" signs can subconsciously discourage customers from returning, so it's necessary to make repairs immediately or at least put up a professional-looking sign. Additionally, signs that prohibit customers from doing something, such as those that say "No Smoking" or "No Personal Checks," negatively affect customer impressions, as no one enjoys being told "No." Instead, these messages should be rephrased to express the point without being negative or controlling. _____ can make a big difference in ensuring the perfect customer experience.

① Focusing on wealthy customers
② Making notice signs easier to see
③ Gathering suggestions from customers
④ Understanding the effects of subtle cues
⑤ Investing lots of money in one's restaurant

2 다음 빈칸에 들어갈 말로 가장 적절한 것은?

Bicycle-powered movie showings, where volunteer pedalers power the projector, are not simply being used to bring Hollywood blockbusters to small communities. They have also become an important outreach tool in remote areas of Africa. They are being used in a project to _____. The films shown touch on issues such as deforestation, destructive farming techniques, and poaching. By making sure that the local people fully understand the impact of their actions, the project organizers hope to inspire them to change their behavior and live more harmoniously with nature. Eventually, these cinemas may be brought to local schools as well, which would ensure that the next generation more fully appreciates the world around it.

① prevent commercial cinemas from damaging traditional cultures
② encourage rural villagers to find new ways to generate electricity
③ educate local people on the importance of protecting the environment
④ develop a network of movie theaters throughout the African continent
⑤ recruit young Africans to high-tech jobs usually filled by foreign workers

3 다음 빈칸에 들어갈 말로 가장 적절한 것은?

In Kenya, wildlife conservationists are using drones in an unexpected way. The original purpose of the drones was simply to take aerial photographs and keep track of poachers. But the conservationists soon found that the remote-controlled aircraft ₃ _____. Whenever they heard the buzzing sound of an approaching drone, the elephants would quickly move in the opposite direction. Now, if the conservationists observe a herd of elephants moving toward a dangerous area ₆ where they are likely to be victimized by poachers, they use drones to redirect them to a safer region. The local organization tasked with protecting the elephants appreciates the assistance, noting that a single drone can do the job of fifty park rangers. The elephants ₉ themselves might find the drones to be an annoyance, but it's a small price to pay to avoid extinction.

① were effective elephant herding tools
② cost far too much to properly maintain
③ caused more problems than they solved
④ drove poachers away from the elephant habitat
⑤ were an irritation that stressed out the elephants

4 다음 빈칸에 들어갈 말로 가장 적절한 것은?

Plants have evolved in unique and fascinating ways. Some have even adapted _____. Chili pepper plants are one example. They need animals to eat their fruit in order for their seeds to be properly spread. Small ₃ mammals that eat seeds, such as rodents, usually chew them up and excrete them in an infertile state, which is of no help to the plant. Birds, on the other hand, usually pass the seeds through their bodies fully intact. Chili peppers developed capsaicin to take ₆ advantage of this. Capsaicin is the chemical that causes the painful "spicy," or "hot," sensation in the mouth. Interestingly, while all mammals have capsaicin receptors, birds do not. So by tasting unpleasant to mammals and delicious to birds, chili peppers ₉ ensure that their seeds will be widely spread in unharmed condition.

*rodent: 설치류

① to spread seeds that help to regulate animal digestion
② to grow in areas where they won't be eaten by hungry birds
③ to drive away unhelpful creatures while attracting useful ones
④ to produce chemicals that taste especially good to birds and rodents
⑤ to be able to widely distribute their seeds without animal assistance

5 다음 빈칸에 들어갈 말로 가장 적절한 것은? [기출]

Elinor Ostrom found that there are several factors critical to bringing about stable institutional solutions to the problem of the commons. She pointed out, for instance, that the actors affected by the rules for the use and care of resources must have the right to _____. For that reason, the people who monitor and control the behavior of users should also be users and/or have been given a mandate by all users. This is a significant insight, as it shows that prospects are poor for a centrally directed solution to the problem of the commons coming from a state power in comparison with a local solution for which users assume personal responsibility. Ostrom also emphasizes the importance of democratic decision processes and that all users must be given access to local forums for solving problems and conflicts among themselves. Political institutions at central, regional, and local levels must allow users to devise their own regulations and independently ensure observance.

*commons: 공유지 **mandate: 위임

① participate in decisions to change the rules
② claim individual ownership of the resources
③ use those resources to maximize their profits
④ demand free access to the communal resources
⑤ request proper distribution based on their merits

---

1 **considerable** 상당한, 많은 **govern** 통치하다; *좌우하다, 결정하다 **imperceptible** 감지할 수 없는 **subconsciously** 잠재의식적으로 **rephrase** 바꾸어 말하다 [문제] **subtle** 미묘한 **cue** 신호, 암시

2 **outreach** (지역 사회에 대한) 봉사[원조, 지원] 활동 **remote** 외진, 외딴 **touch on** …을 언급하다[다루다] **deforestation** 삼림 벌채[파괴] **destructive** 파괴적인 **poaching** 밀렵 [문제] **recruit** 모집하다[뽑다]

3 **aerial** 항공기에 의한 **keep track of** …의 진로를 쫓다 **poacher** 밀렵꾼 **remote-controlled** 원격 조종의 **herd** 가축의 떼, 무리; (짐승을) 몰다 **victimize** 희생시키다 **ranger** 공원[삼림] 관리원 **annoyance** 짜증; *골칫거리 **extinction** 멸종, 소멸 [문제] **irritation** 짜증; *짜증 나는 것

4 **fascinating** 대단히 흥미로운, 매력적인 **mammal** 포유동물 **excrete** 배설[분비]하다 **infertile** 메마른; *번식력[생식력]이 없는 **intact** 온전한, 손상되지 않은 **take advantage of** …을 이용하다 **sensation** 느낌 **receptor** 수용기[감각기] [문제] **regulate** 규제[통제]하다; *조절[조정]하다 **distribute** 분배[배부]하다; *나누어 퍼뜨리다[분포시키다]

5 **institutional** 제도상의, 제도적인 **point out** 지적[언급]하다 **prospect** 가망[가능성]; *전망 **in comparison with** …와 비교하여 **assume** 추정하다; *(책임 등을) 지다 **democratic** 민주주의의, 민주(주의)적인 **devise** 고안하다 **regulation** 규칙, 규정, 법규 **observance** (규칙 등의) 준수 [문제] **ownership** 소유(권) **communal** 공동의 **distribution** 분배 (방식) **merit** 가치

함축 의미 추론

유형기법 >
1 글의 결론이나 주제문을 통해 글의 요지 및 주제를 파악한다.
2 글의 주제와 관련하여 밑줄 친 부분의 함축적인 의미를 추론한다.

기출예제 밑줄 친 hunting the shadow, not the substance가 다음 글에서 의미하는 바로 가장 적절한 것은? **수능**

The position of the architect rose during the Roman Empire, as architecture symbolically became a particularly important political statement. Cicero classed the architect with the physician and the teacher and Vitruvius spoke of "so great a profession as this." Marcus Vitruvius Pollio, a practicing architect during the rule of Augustus Caesar, recognized that architecture requires both practical and theoretical knowledge, and he listed the disciplines he felt the aspiring architect should master: literature and writing, draftsmanship, mathematics, history, philosophy, music, medicine, law, and astronomy—a curriculum that still has much to recommend it. All of this study was necessary, he argued, because architects who have aimed at acquiring manual skill without scholarship have never been able to reach a position of authority to correspond to their plans, while those who have relied only upon theories and scholarship were obviously "hunting the shadow, not the substance."

① seeking abstract knowledge emphasized by architectural tradition
② discounting the subjects necessary to achieve architectural goals
③ pursuing the ideals of architecturc without the practical skills
④ prioritizing architecture's material aspects over its artistic ones
⑤ following historical precedents without regard to current standards

➕ 빠바 PLUS

밑줄 친 어구의 표면적인 의미를 파악한 후, 글을 읽으며 내포된 의미를 파악한다.

정답 ③ 실용적인 기술 없이 건축의 이상을 추구하고 → 건축가 Marcus Vitruvius Pollio는 건축에 실용적인 지식과 이론적 지식이 모두 필요하다고 했으므로, 이론과 학문에만 의존하는 건축가는 실용적인 기술을 갖추지 못하게 된다는 내용이 자연스럽다. 따라서, 밑줄 친 부분이 의미하는 바는 실용적인 기술 없이 건축의 이상을 추구하고 있는 것임을 추론할 수 있다.

오답피하기 ① 건축의 전통이 강조하는 추상적인 지식을 추구하고
② 건축적 목표를 달성하는 데 필요한 과목을 무시하고
④ 건축의 예술적 측면보다 물질적 측면을 우선시하고
⑤ 현재의 기준을 고려하지 않고 역사적 선례를 따르고

• 적용독해 •

1 밑줄 친 more safety can make us less safe가 다음 글에서 의미하는 바로 가장 적절한 것은?

It has been estimated that traffic deaths would be about 20% higher if automobile manufacturers weren't required to install seat belts and air bags. However, an economics professor named Sam Peltzman argued that this number is inaccurate because it doesn't ₃ take human behavior into account. His theory, known as the Peltzman effect, is that people adjust their behavior depending on the risk level. In other words, when people feel safe, they tend to behave more recklessly. For this reason, Peltzman believes that ₆ laws requiring safety equipment in all cars have not significantly reduced deaths from traffic accidents. They may have reduced the risk of death faced by drivers, but the resulting reckless behavior of these drivers has increased the risk faced by pedestrians ₉ and cyclists. The Peltzman effect doesn't mean that safety regulations aren't useful; it simply reminds us that more safety can make us less safe if we aren't careful.

① we are more likely to feel safe when there is less traffic
② more safety equipment in cars makes us drive less safely
③ there are more seat belts in cars, but they are used less often
④ more reckless behavior causes less focus on safety regulations
⑤ more people are driving safely, so the roads are less dangerous

2 밑줄 친 history will repeat itself가 다음 글에서 의미하는 바로 가장 적절한 것은?

Ocean acidification is a serious environmental problem. Since pre-industrial times, human activities have caused ocean acidity to increase by 26 percent. If carbon dioxide emissions are not significantly reduced, there could be a 170 percent increase in ocean ₃ acidity by the end of the century. This acidification rate would be 10 times faster than it has ever been in the past 55 million years. Millions of years ago, a natural acidification event took place, but it was much slower than the one that is currently occurring. ₆ Despite this, a mass extinction of marine species occurred at that time. Scientists are unsure of how today's marine species are going to deal with continued acidification. Many are currently doing well, but others are already beginning to show negative ₉ effects, causing fears that history will repeat itself.

① the rate of acidification will speed up
② carbon dioxide emissions will be reduced
③ a natural acidification event will take place
④ oceans will naturally become healthy again
⑤ many species living in the ocean will die off

3 밑줄 친 to lose their last bastion of freedom이 다음 글에서 의미하는 바로 가장 적절한 것은?

In the near future, we may be able to monitor the state of a person's brain due to amazing brain-decoding technology that has been developed. There could be many positive effects from this, such as giving people the ability to better understand and 3 control their own mental health. However, some experts worry that it could cause human beings to lose their last bastion of freedom. People may be required to give companies access to their brains, perhaps in return for a discount on their health 6 insurance or in order to keep their jobs. It has been claimed that some factories are already requiring workers to wear EEG sensors that monitor their emotional state while they are working. If they seem to be highly emotional, they get sent home. It may not 9 be much longer before this becomes the normal state of things in workplaces around the world.

*EEG: 뇌전도(electroencephalogram)

① to give up their mental privacy
② to struggle with their mental health
③ to no longer be able to utilize technology
④ to lose control of their ability to concentrate
⑤ to be denied access to information about their own brains

4 밑줄 친 This idea that "less is more"가 다음 글에서 의미하는 바로 가장 적절한 것은?

The term "mere exposure effect" is used by advertisers to refer to people's psychological tendency to express a favorable attitude toward a product simply because they are familiar with it. Similarly, the term "exposure principle," used in research 3 related to interpersonal attraction, refers to the belief that the more we see a person, the more attractive we judge that person to be. New studies, however, challenge this theory, suggesting that receiving additional information about others actually causes 6 us to like them less. Thus, it can be said that ambiguity fosters feelings of friendliness while familiarity leads to contempt. This idea that "less is more" can be attributed to a snowball effect that occurs after an initial drawback is revealed. Subsequent information 9 will likely be scrutinized closely for further flaws, which has a negative effect on our feelings toward that person.

① decreased exposure to others is unhealthy
② we prefer people who we don't know well
③ we only purchase products that are familiar
④ negative views matter less than positive ones
⑤ judging people less makes them like us more

밑줄 친 "The best is the enemy of the good."이 다음 글에서 의미하는 바로 가장 적절한 것은?

기출

Gold plating in the project means needlessly enhancing the expected results, namely, adding characteristics that are costly, not required, and that have low added value with respect to the targets—in other words, giving more with no real justification other ₃ than to demonstrate one's own talent. Gold plating is especially interesting for project team members, as it is typical of projects with a marked professional component— in other words, projects that involve specialists with proven experience and extensive ₆ professional autonomy. In these environments specialists often see the project as an opportunity to test and enrich their skill sets. There is therefore a strong temptation, in all good faith, to engage in gold plating, namely, to achieve more or higher-quality work ₉ that gratifies the professional but does not add value to the client's requests, and at the same time removes valuable resources from the project. As the saying goes, "The best is the enemy of the good." ₁₂

*autonomy: 자율성 **gratify: 만족시키다

① Pursuing perfection at work causes conflicts among team members.

② Raising work quality only to prove oneself is not desirable.

③ Inviting overqualified specialists to a project leads to bad ends.

④ Responding to the changing needs of clients is unnecessary.

⑤ Acquiring a range of skills for a project does not ensure success.

---

1   estimate 추산[추정]하다   automobile 자동차   manufacturer 제조자[사], 생산 회사   install 설치[설비]하다   economics 경제학   inaccurate 부정확한   take ... into account …을 고려하다   recklessly 무모하게 (*a.* reckless 무모한, 신중하지 못한)   pedestrian 보행자

2   acidification 산성화   pre-industrial 산업화 이전의   acidity 산성   significantly 상당히[크게]   mass 대량의, 대규모의   extinction 멸종   [문제] die off 하나하나씩 죽어가다

3   monitor 추적 관찰하다; *감시하다   decode 해독하다   bastion 수호자; *보루, 요새   in return for …에 대한 보답[답례]으로   insurance 보험   workplace 직장, 업무 현장   [문제] utilize 활용[이용]하다

4   exposure 노출   favorable 호의적인   interpersonal 대인 관계의   attraction 끄는 힘, 매력   challenge 이의를 제기하다[도전하다]   ambiguity 모호성, 애매모호함   foster 조성하다, 발전시키다   contempt 경멸, 멸시   attribute …을 ~의 결과로 보다   initial 처음의, 초기의   drawback 결점, 문제점   subsequent 다음의, 차후의   scrutinize 면밀히 조사[검토]하다

5   plating (금·은) 도금(막)   needlessly 불필요하게   namely 즉, 다시 말해   added value 부가가치   with respect to …에 관하여   justification 타당한[정당한] 이유, 명분   component 요소   enrich 질을 높이다, 풍요롭게 하다   skill set 다양한 재주[능력]   temptation 유혹   in all good faith 선의로   [문제] overqualified 필요 이상의 자격[경력]을 갖춘

O8 지칭 추론

1 글의 도입부에 언급되는 중심 소재 또는 주요 인물을 확인한다.
2 대명사는 앞서 언급된 명사를 대신하므로, 이에 유의하여 각 선택지가 지칭하는 대상을 파악한다.

기출예제 밑줄 친 부분이 가리키는 대상이 나머지 넷과 다른 것은? **모의평가**

When the tea tray was being carried across the room to their table, Chloe's eyes rounded and she almost gasped out loud. There were lots of tiny desserts and mini sandwiches and small biscuit-looking things. Where to start? Where to start? Her grandmother smiled and winked at ① her from across the table. Chloe winked back. ② She took a sip of the sweet tea and waited for her grandmother to make the first move. ③ She carefully mirrored her grandmother's actions and started with a small, delicate sandwich. It was good. She ate it up and selected another. After a time, all the sandwiches were eaten up and Chloe boldly chose the biscuit-looking thing before her grandmother. "Aren't the scones lovely, dear?" asked her grandmother, as ④ she spread cream and jam on hers. Scones, was that what they were called? Chloe had already started to eat hers without the cream and jam; in fact, it was mostly all in ⑤ her mouth already.

빠바PLUS

글의 중반부에 새로운 소재나 인물이 등장할 경우, 대명사가 가리키는 대상이 달라질 가능성이 높다.

정답 ④ 글의 도입부를 통해 Chloe가 주인공임을 알 수 있다. 글의 중반부에 그녀의 할머니(her grandmother)가 등장한 후부터 대명사가 가리키는 대상을 비교해야 하는데, 스콘에 크림과 잼을 바르면서 Chloe에게 질문하는 부분에서 ④의 she가 가리키는 대상은 Chloe의 할머니임을 알 수 있다.

오답피하기 나머지 선택지는 모두 Chloe를 가리킨다.

· 적용독해 ·

1 밑줄 친 부분이 가리키는 대상이 나머지 넷과 다른 것은?

The Furby was a stuffed electronic toy launched in 1998. Despite its huge popularity, a fundamental misunderstanding about how ① it worked put many people on edge. Each Furby was programmed to start speaking in a fake, baby-like language. This was known as "Furbish," and over time, ② it was phased out and replaced with English. This made it seem as if the child playing with the Furby were teaching ③ it to communicate. In fact, though, every Furby was programmed to say the exact same things. Still, many people were under the impression that the Furby really did learn by listening. They also thought that it might repeat things that ④ it heard, including corporate and government secrets. Because of this misguided fear, ⑤ it was banned from many corporate offices and even from the cafeterias of the National Security Agency.

2 밑줄 친 부분이 가리키는 대상이 나머지 넷과 다른 것은?

Andrew, a junior officer in the Navy, was working toward his naval certification. One night, ① he was steering the ship through the Great Barrier Reef, a highly risky area where taking the ship off course could easily result in a crash. Unfortunately, Andrew became disoriented during the navigation, so he called for the ship to be stopped. He then went to get the captain, who was sleeping in ② his cabin. The captain helped Andrew get back on course and returned to bed. When Andrew's shift was over, ③ he took some time to contemplate what had happened. He worried that having gotten lost in such a way could be detrimental to ④ his career. The following day, however, the captain presented Andrew with his certification. The captain said that ⑤ he had made the right decision and that the best officers know when to admit they need help.

3

밑줄 친 부분이 가리키는 대상이 나머지 넷과 <u>다른</u> 것은?

Although they closely resemble true corals, fire corals are actually members of the *Phylum Cnidaria*. This means that ① <u>they</u> are more closely related to jellyfish and similar creatures. ② <u>They</u> are indigenous to tropical and subtropical marine environments, such as the Caribbean Sea. Their name comes from the toxic burning sensation ③ <u>they</u> cause when they are touched. This sting is caused by tiny hair-like tentacles that the corals use both for defensive purposes and as a means of ensnaring prey. ④ <u>They</u> can also be used to crowd out competitors, which allows fire corals to aggressively take over new territory through rapid expansion. The skeletal covering of fire corals tends to be brownish or a bright yellow-green, which often causes scuba divers to mistake ⑤ <u>them</u> for some kind of seaweed.

*Phylum Cnidaria: 자포동물문

4

밑줄 친 부분이 가리키는 대상이 나머지 넷과 <u>다른</u> 것은? 기출

Scott Adams, the creator of *Dilbert*, one of the most successful comic strips of all time, says that two personal letters dramatically changed his life. One night ① <u>he</u> was watching a PBS-TV program about cartooning, when he decided to write to the host of the show, Jack Cassady, to ask for his advice about becoming a cartoonist. Much to ② <u>his</u> surprise, he heard back from Cassady within a few weeks in the form of a handwritten letter. The letter advised Adams not to be discouraged if he received early rejections. Adams got inspired and submitted some cartoons, but ③ <u>he</u> was quickly rejected. Not following Cassady's advice, ④ <u>he</u> became discouraged, put his materials away, and decided to forget cartooning as a career. About fifteen months later, he was surprised to receive yet another letter from Cassady, especially since he hadn't thanked ⑤ <u>him</u> for his original advice. He acted again on Cassady's encouragement, but this time he stuck with it and obviously hit it big.

5

밑줄 친 부분이 가리키는 대상이 나머지 넷과 다른 것은?

Sthenurines, also called "short-faced giant kangaroos," lived in Australia for 12.5 million years until ① they became extinct around 30,000 years ago, perhaps as a result of the increasingly arid climate. Unlike today's kangaroos, sthenurines ₃ leaned on one leg at a time and walked just like we do. They had strong shin bones to help ② their feet support their bodyweight. And as with walking primates, ③ their pelvises widened at the rear, allowing for gluteal muscles that were much ₆ larger than those of modern kangaroos. These muscles would have provided support to the legs during walking. Sthenurines also had tails that were shorter than those of modern kangaroos, which use ④ their tails like a third leg. It has ₉ been suggested that sthenurines' ability to use each leg independently allowed ⑤ them to browse trees and shrubs without having to waste energy on hopping from one to another.

₁₂

*gluteal: 둔부의, 둔근의

---

1 **stuffed** 속을 채운 **launch** 시작[착수]하다; *출시하다 **on edge** 안절부절못하여, 과민하여 **phase out** 단계적으로 중단[폐지]하다 **corporate** 기업[회사]의 **misguided** 잘못 이해한[판단한] **cafeteria** 구내식당

2 **junior officer** 하급 장교 **navy** 해군 (*a.* **naval** 해군의) **certification** 증명; *증명서 **steer** 조종하다 **reef** 암초 **disoriented** 혼란에 빠진; *방향 감각을 잃은 **navigation** 항해[운항/조종] **shift** 변화; *교대 근무(시간) **contemplate** 고려하다[생각하다] **detrimental** 해로운, 불리한 **present** 주다, 수여하다

3 **indigenous** (어떤 지역의) 원산인, 토종인 **subtropical** 아열대의 **marine** 바다[해양]의 **sensation** 느낌 **sting** 침[가시]; *따가움, 쓰라림 **defensive** 방어[수비]의 **ensnare** 걸려들게[빠지게] 하다 **crowd out** 몰아내다 **take over** 넘겨받다; *차지하다 **expansion** 확대, 확장, 팽창 **skeletal** 골격의 **brownish** 갈색을 띠는 **seaweed** 해초

4 **comic strip** (신문·잡지의) 연재 만화 **cartooning** 만화 제작 **discouraged** 낙담한, 낙심한 **rejection** 거절 (*v.* **reject** 거부[거절]하다) **stick with** …을 계속하다 **hit (it) big** 크게 성공하다

5 **extinct** 멸종된 **arid** 매우 건조한 **lean on** …에 기대다[의지하다] **shin** 정강이 **primate** 영장류 **pelvis** 골반 **rear** 뒤쪽; *둔부 **browse** 둘러보다; *(잎 등을) 뜯어먹다 **shrub** 관목 **hop** 깡충깡충 뛰다

09 심경 · 분위기

유형기법 >

1 인물, 사건, 배경 등을 통해 묘사하고 있는 상황을 파악하며 글의 전반적인 내용을 이해한다.
2 선택지에 자주 등장하는 심경 또는 글의 분위기와 관련된 어휘들을 미리 익혀 둔다.

기출예제 다음 글에 드러난 Jamie의 심경 변화로 가장 적절한 것은? **수능**

Putting all of her energy into her last steps of the running race, Jamie crossed the finish line. To her disappointment, she had failed to beat her personal best time, again. Jamie had pushed herself for months to finally break her record, but it was all for nothing. ₃ Recognizing how she felt about her failure, Ken, her teammate, approached her and said, "Jamie, even though you didn't set a personal best time today, your performances have improved dramatically. Your running skills have progressed so much! You'll definitely ₆ break your personal best time in the next race!" After hearing his comments, she felt confident about herself. Jamie, now motivated to keep pushing for her goal, replied with a smile. "You're right! Next race, I'll beat my best time for sure!" ₉

① indifferent → regretful   ② pleased → bored
③ frustrated → encouraged   ④ nervous → fearful
⑤ calm → excited

➕ 빠바PLUS

심경이나 분위기와 관련된 표현에 주목하면서 글의 전반적인 분위기와 등장인물의 기분을 파악한다. 글의 분위기와 특정 인물의 심경을 구분할 수 있도록 지엽적인 부분에 치중하지 말고 글을 전체적으로 이해하도록 한다.

정답   ③ 좌절한 → 용기를 얻은 → 글의 전반부에서 Jamie는 disappointment, failure 등의 어휘로 보아 자신의 달리기 경기 결과에 대해 좌절했음을 알 수 있다. 하지만 글의 중반부 이후부터는 팀원의 조언을 듣고 Jamie가 다음 경기에 대해 용기를 얻었고, 이는 confident, motivated 등의 어휘로 짐작할 수 있다.

오답피하기   등장인물의 감정 변화를 크게 긍정적인 것과 부정적인 것으로 나누어 보면 답을 좀 더 쉽게 찾을 수 있다.
① 무관심한 → 후회하는   ② 기쁜 → 지루한   ④ 초조한 → 무서워하는   ⑤ 차분한 → 신이 난

• 적용독해 •

1 다음 글에 드러난 'I'의 심경 변화로 가장 적절한 것은?

During one summer vacation, I spotted a giant trout in a pond near my cabin. Every time I went fishing, I tried to catch the trout. But no matter what technique I tried, I wasn't able to catch it. Then on the final day of my vacation, my luck finally changed. 3 A stone bridge crossed over the pond, and on that day, a truck accidentally crashed into the railing and turned over on its side. There were no injuries, but the contents of the truck fell into the pond. Within a few minutes, I saw the trout I had been hunting all 6 summer. It was flopping in the mud on the floor of what had been the pond. The truck had been carrying blotting paper, and when it overturned, the paper soaked up nearly all the water in the pond. All I had to do was walk right up to the trout and scoop it up 9 into my arms.

*trout: 송어   **blotting paper: (잉크 글씨의 잉크를 닦아내는) 압지

① regretful   → amused
② irritated   → indifferent
③ frustrated   → delighted
④ disappointed → ashamed
⑤ enthusiastic   → desperate

2 다음 글의 상황에 나타난 분위기로 가장 적절한 것은?

As the early morning sun began to peek over the horizon, Jessica got out of bed and slipped on a robe to combat the chill in the air. She stepped out onto the balcony of her room. Before her stretched the open plains. She breathed deeply, taking in the cool, 3 crisp air, and began her morning stretching routine. When she was finished, she leaned on the railing and gazed out at the seemingly endless rugged terrain, letting the cool breeze touch her face. She was thrilled with her new surroundings and bursting with 6 anticipation at what the coming days might bring. Feeling energized, she marveled once again at how the unknown always had the power to rejuvenate her spirit and awaken her senses.

9

① boring and gloomy
② exciting and festive
③ mysterious and calm
④ sentimental and lonely
⑤ refreshing and optimistic

3 다음 글에 드러난 'I'의 심경으로 가장 적절한 것은?

As I headed toward the main entrance, I had a flashback of walking through that same door when I was young. As a child, I had fallen and broken my arm, and my grandmother brought me here, reassuring me along the way. Now, as I stepped inside, ₃ I was jolted back to the present day, and I looked around the ICU to get my bearings. A nurse on duty asked which patient I was there to visit, so I gave him my grandmother's name and asked for her room number. My footsteps echoed as I walked down the ₆ corridor. I pushed the door open and went in. The sight of the frail woman before me nearly took my breath away. "What's happened, Grandma?" I whispered in disbelief. Tubes ran from her weak body to the cold, impersonal machines. "I know you can still ₉ hear me. I won't leave you. Just promise me you'll wake up."

*ICU(intensive care unit): 중환자실

① urgent and grave
② bored and restless
③ shocked and worried
④ angry and disappointed
⑤ ashamed and embarrassed

4 다음 글의 상황에 나타난 분위기로 가장 적절한 것은?

When Nelson was a teenager, his father brought him to the fur factory where he worked, hoping to get his son a job. As soon as Nelson entered the factory, he felt as if the walls were closing in around him. The room was hot, and barely any light came ₃ through the small, dirt-covered windows. The machines were packed tightly together and were churning noisily. Bits of fur flew up from the machines and gave the air a thick, unpleasant odor. Meanwhile, the workers were hunched over their pelts, too busy ₆ sewing to look away from their work for even a moment. The boss went up and down every row and shouted at the workers to go faster. Nelson found it difficult to breathe. He stood behind his father, almost hiding, praying that the boss wouldn't shout at him, ₉ too.

① thrilling and exciting
② oppressive and stuffy
③ desolate and deserted
④ monotonous and boring
⑤ relieved and sympathetic

5

다음 글에 드러난 Jennifer의 심경 변화로 가장 적절한 것은? 기출

While the mechanic worked on her car, Jennifer walked back and forth in the waiting room. She was deeply concerned about how much it was going to cost to get her car fixed. Her car's engine had started making noises and kept losing power that morning, ₃ and she had heard that replacing an engine could be very expensive. After a few minutes, the mechanic came back into the waiting room. "I've got some good news. It was just a dirty spark plug. I already wiped it clean and your car is as good as new." He ₆ handed her the bill and when she checked it, the overall cost of repairs came to less than ten dollars. That was far less than she had expected and she felt at ease, knowing she could easily afford it.

₉

① worried   → relieved   ② calm   → terrified

③ bored   → thrilled   ④ excited → scared

⑤ disappointed → indifferent

---

1 **cabin** 오두막집   **content** 《pl.》 속에 든 것, 내용물   **flop** 털썩 쓰러지다; *퍼덕거리다   **overturn** 뒤집히다   **soak up** …을 빨아들이다[흡수하다]   **scoop up** …을 퍼[떠]올리다   [문제] **indifferent** 무관심한   **enthusiastic** 열렬한, 열광적인   **desperate** 자포자기한; *절망적인

2 **peek** 훔쳐보다; *살짝 보이다   **slip on** (옷 등을) 재빨리 걸치다   **robe** 길고 낙낙한 옷, 가운   **combat** 방지하다   **plain** 평원   **crisp** 바삭바삭한; *상쾌한   **railing** 난간   **gaze** 응시하다[바라보다]   **rugged** 바위투성이의   **terrain** 지형, 지역   **marvel** 경이로워하다, 경탄하다   **rejuvenate** 활기를 되찾게 하다   [문제] **sentimental** 정서[감정]적인; *감상적인   **refreshing** 상쾌한

3 **flashback** (갑자기 생생히 떠오르는) 회상   **reassure** 안심시키다   **jolt** 충격을 주다[정신이 번쩍 들게 하다]   **get one's bearings** 자신의 위치를 알다   **on duty** 당번인[근무 중인]   **corridor** 복도   **frail** 노쇠한   **disbelief** 믿기지 않음, 불신감   **impersonal** 인격을 가지지 않는; *인간미 없는, 냉담한   [문제] **restless** (따분해서) 가만히 못 있는

4 **barely** 간신히; *거의 … 않다   **churn** 마구 휘돌다   **hunch** 등을 구부리다   **pelt** (짐승의) 털가죽   [문제] **oppressive** 억압[탄압]하는, 억압적인   **stuffy** (환기가 안 되어) 답답한   **desolate** 황량한, 적막한   **deserted** 사람이 없는   **monotonous** 단조로운   **sympathetic** 동정 어린

5 **mechanic** 정비공   **back and forth** 왔다 갔다   **cost** (값·비용이) …이다[들다]; 비용   **power** 힘; *동력   **spark plug** (자동차의) 점화 플러그   **overall** 종합적인   **at ease** 마음이 편안한   [문제] **relieved** 안도한   **terrified** 무서워하는   **thrilled** 황홀해하는

10 도표

유형기법 >

1 도표의 제목을 통해 무엇에 관한 도표인지 먼저 파악하고, 가로축과 세로축을 살펴본다.
2 수치나 변화 추이에 주목하여, 도표와 본문에 제시된 내용이 일치하는지 확인한다.

기출예제 **다음 도표의 내용과 일치하지 않는 것은?** 수능

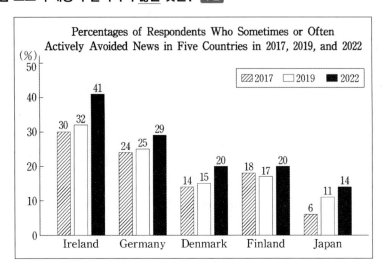

The above graph shows the percentages of the respondents in five countries who sometimes or often actively avoided news in 2017, 2019, and 2022. ① For each of the three years, Ireland showed the highest percentage of the respondents who sometimes or often ₃ actively avoided news, among the countries in the graph. ② In Germany, the percentage of the respondents who sometimes or often actively avoided news was less than 30% in each of the three years. ③ In Denmark, the percentage of the respondents who sometimes ₆ or often actively avoided news in 2019 was higher than that in 2017 but lower than that in 2022. ④ In Finland, the percentage of the respondents who sometimes or often actively avoided news in 2019 was lower than that in 2017, which was also true for Japan. ⑤ In ₉ Japan, the percentage of the respondents who sometimes or often actively avoided news did not exceed 15% in each of the three years.

⊕ **빠바PLUS**

도표의 수치가 그대로 나올 수도 있지만 때로는 간단한 계산을 해야 하는 경우도 있으니 유의해야 한다. 또한, 도표에 여러 종류의 정보가 제시되는 경우, 각각의 내용과 수치를 서로 혼동하지 않아야 한다.

정답　④ → 핀란드에서는 2019년에 뉴스를 가끔 또는 자주 적극적으로 회피한 응답자의 비율이 2017년보다 낮지만, 일본은 2019년의 비율이 2017년보다 높다. 그러므로 일본도 핀란드와 (흐름이) 같다는 내용의 ④는 도표의 내용과 일치하지 않는다.

1

다음 도표의 내용과 일치하지 <u>않는</u> 것은?

Prevalence of COPD among Adults by Race/Ethnicity and Poverty Status

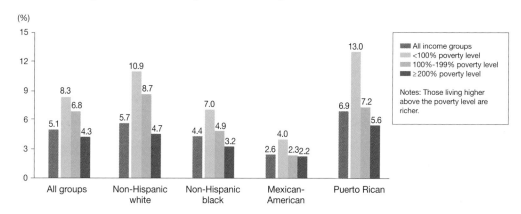

The graph above shows how common Chronic Obstructive Pulmonary Disease (COPD) was from 2007 to 2009 among adults in the U.S. grouped by race/ethnicity and poverty status. ① With all groups combined, those below the poverty level had the highest percentage of COPD, at 8.3 percent, and the rate of COPD decreased as income levels rose. ② In the non-Hispanic white group, less than five percent of those in the highest-earning group had COPD. ③ Overall, non-Hispanic whites had a lower rate of COPD than non-Hispanic blacks did. ④ Mexican-Americans had the lowest rates of all, with the average for all income groups at just 2.6 percent. ⑤ For Puerto Ricans, the rate for the poorest group was more than double that of the wealthiest group.

*Chronic Obstructive Pulmonary Disease (COPD): 만성 폐쇄성 폐 질환

다음 도표의 내용과 일치하지 <u>않는</u> 것은?

Percentage of Workers above the Age of 65 in Various Countries

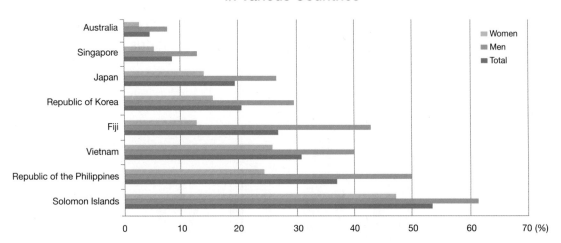

The graph above shows that the percentage of people over the age of 65 who have jobs varies depending on which country they live in. ① The four countries in the top half of the graph have lower rates on average than those in the bottom half of the graph. ② Australia has the lowest percentage of workers over the age of 65, with only approximately 5%. ③ On the other hand, the highest percentage of older workers is found in the Solomon Islands, where over 60% of men over the age of 65 are working. ④ The country that shows the highest gap between working men and women is Fiji, where the percentage of working men is more than three times higher than that of working women. ⑤ In Vietnam, 30% of women and 40% of men over the age of 65 are working.

3 다음 표의 내용과 일치하지 <u>않는</u> 것은? 기출

College Enrollment Rates of 18- to 24-year-olds by Race/Ethnicity in the U.S. in 2011, 2016, and 2021

Year Race/Ethnicity	2011	2016	2021
White	45%	42%	38%
Black	37%	36%	37%
Hispanic	35%	39%	33%
Asian	60%	58%	61%
American Indians/ Alaska Native	24%	19%	28%

Note: Rounded figures are displayed.

The table above shows the college enrollment rates of 18- to 24-year-olds from five racial/ethnic groups in the U.S. in 2011, 2016, and 2021. ① Among the five groups, Asians exhibited the highest college enrollment rate with more than 50% in each year ₃ listed in the table. ② Whites were the second highest in terms of the college enrollment rate among all the groups in all three years, while the rate dropped below 40% in 2021. ③ The college enrollment rates of both Blacks and Hispanics were higher than 35% but ₆ lower than 40% in 2011 and in 2021. ④ Among the years displayed in the table, 2016 was the only year when the college enrollment rate of Hispanics was higher than that of Blacks. ⑤ In each year, American Indians/Alaska Natives showed the lowest college ₉ enrollment rate.

---

1 **prevalence** 널리 퍼짐; *발병률 **race** 인종 **ethnicity** 민족(성) **poverty** 가난, 빈곤 **status** 지위 **income level** 소득 수준 **overall** 전부, 종합[전반]적으로 **average** 평균

2 **vary** (크기·모양 등에서) 서로[각기] 다르다 **depending on** …에 따라

3 **enrollment** 등록, 입학 **racial** 인종의 **ethnic** 민족의 **exhibit** 보이다[드러내다] **display** 전시하다; *드러내다[보이다]

11 어휘 적절성 판단

유형기법 >

1 글의 주제를 파악하며 전체적인 흐름을 이해한 후, 선택지의 어휘가 흐름상 올바른지 판단한다.
2 문맥상 적절하지 않은 어휘는 반의어나 유사 철자 어휘로 제시되기도 하므로, 이에 유의하여 선택지를 살핀다.

기출예제 다음 글의 밑줄 친 부분 중, 문맥상 낱말의 쓰임이 적절하지 않은 것은? **수능**

Everywhere we turn we hear about almighty "cyberspace"! The hype promises that we will leave our boring lives, put on goggles and body suits, and enter some metallic, three-dimensional, multimedia otherworld. When the Industrial Revolution arrived with its great innovation, the motor, we didn't leave our world to go to some ① remote motorspace! On the contrary, we brought the motors into our lives, as automobiles, refrigerators, drill presses, and pencil sharpeners. This ② absorption has been so complete that we refer to all these tools with names that declare their usage, not their "motorness." These innovations led to a major socioeconomic movement precisely because they entered and ③ affected profoundly our everyday lives. People have not changed fundamentally in thousands of years. Technology changes constantly. It's the one that must ④ adapt to us. That's exactly what will happen with information technology and its devices under human-centric computing. The longer we continue to believe that computers will take us to a magical new world, the longer we will ⑤ maintain their natural fusion with our lives, the hallmark of every major movement that aspires to be called a socioeconomic revolution.

*hype: 과대광고   **hallmark: 특징

선택지가 포함된 문장만 해석해서는 답을 고를 수 없으므로, 전체 맥락을 이해하면서 읽어야 한다. 선택지가 지문 안에 밑줄로 제시될 경우 반의어가 뚜렷이 드러나는 선택지가 있다면 정답일 가능성이 높으므로, 특히 유의한다.

정답 ⑤ → 새로운 기술이 등장할 때, 우리가 그 기술의 세상으로 들어가는 것이 아니라, 그 기술이 우리의 삶에 들어와 적응해야 한다는 내용의 글로, 이 흐름과 맞지 않는 선택지를 골라야 한다. 컴퓨터가 우리를 마법 같은 신세계로 데려다 줄 것이라고 계속해서 믿게 되면, 컴퓨터가 우리의 삶과 자연스럽게 융합되는 것을 더 오래 '지연시킬' 것이다라는 흐름이 자연스러우므로 ⑤ maintain(유지하다)은 delay(지연시키다) 등으로 고쳐야 한다.

• 적용독해 •

1 다음 글의 밑줄 친 부분 중, 문맥상 낱말의 쓰임이 적절하지 <u>않은</u> 것은?

Companies can focus their marketing efforts through a method called affinity marketing. Using this method, companies identify the specific audience that is most likely to be ① <u>receptive</u> to purchasing their product and develop ads solely for that audience. Consequently, they increase the ② <u>probability</u> of getting a positive response from consumers. This practice allows the company to promote ③ <u>generalized</u> goods to different sectors of the population. For example, it would be a waste of time and money for a company selling a vitamin supplement designed exclusively for younger men to place ads in women's magazines. To maximize sales, the company should market its product on websites ④ <u>frequented</u> by young men and in commercials run during programs that are popular with the target demographic. By using affinity marketing, companies can reach their ⑤ <u>intended</u> audience in a highly efficient manner.

2 다음 글의 밑줄 친 부분 중, 문맥상 낱말의 쓰임이 적절하지 <u>않은</u> 것은?

Some people deal with type 2 diabetes through exercise and improvements in their diet, while others rely on medication that keeps their blood sugar at ① <u>acceptable</u> levels. But lifestyle changes are hard to sustain for many people, and the medication is too expensive for some diabetes sufferers to ② <u>afford</u>. That's why research is being done to see if herbs can provide a natural means of regulating blood-sugar levels. Researchers tested both commercial herbs and herbs grown in greenhouses to learn more about their ③ <u>potential</u> to interfere with a diabetes-related enzyme. They found that there were more polyphenols and flavonoids, which have been proven to limit the development of diabetes, in greenhouse-grown herbs than in the equivalent commercial herbs. However, this did not mean that commercial herbs were less able to ④ <u>supplement</u> the enzyme. In fact, commercial extracts of oregano and rosemary proved to be better enzyme ⑤ <u>inhibitors</u>.

3 다음 글의 밑줄 친 부분 중, 문맥상 낱말의 쓰임이 적절하지 <u>않은</u> 것은?

Art forms such as music, literature, and film are a source of emotional ① <u>companionship</u> that can help us through difficult times. Previous studies have demonstrated that individuals' moods affect their preferences, with those experiencing negative feelings favoring positive aesthetic experiences in order to ② <u>counter</u> their unpleasant emotions. However, new research suggests that under certain circumstances, individuals feeling negative emotions may opt for experiences that are ③ <u>inconsistent</u> with their low emotional state, despite more pleasurable options being available. For example, one study asked participants to rate music after being put in ④ <u>frustrating</u> situations. When the irritation was caused by interpersonal issues, as opposed to impersonal ones, angry music was preferred over cheerful music. This may explain why individuals suffering from the emotional pain of a broken relationship often find comfort in experiences that are rather ⑤ <u>melancholy</u>.

4 다음 글의 밑줄 친 부분 중, 문맥상 낱말의 쓰임이 적절하지 <u>않은</u> 것은? 기출

How the bandwagon effect occurs is demonstrated by the history of measurements of the speed of light. Because this speed is the basis of the theory of relativity, it's one of the most frequently and carefully measured ① <u>quantities</u> in science. As far as we know, the speed hasn't changed over time. However, from 1870 to 1900, all the experiments found speeds that were too high. Then, from 1900 to 1950, the ② <u>opposite</u> happened — all the experiments found speeds that were too low! This kind of error, where results are always on one side of the real value, is called "bias." It probably happened because over time, experimenters subconsciously adjusted their results to ③ <u>match</u> what they expected to find. If a result fit what they expected, they kept it. If a result didn't fit, they threw it out. They weren't being intentionally dishonest, just ④ <u>influenced</u> by the conventional wisdom. The pattern only changed when someone ⑤ <u>lacked</u> the courage to report what was actually measured instead of what was expected.

*bandwagon effect: 편승 효과

5

다음 글의 밑줄 친 부분 중, 문맥상 낱말의 쓰임이 적절하지 <u>않은</u> 것은?

The spinning top hasn't undergone much change over its long history. Recently, however, research scientists developed a ① <u>method</u> for stabilizing objects of almost any shape to allow them to spin like tops. The researchers worked with shapes that are ₃ normally ② <u>able</u> to balance long enough to sustain a spin, and they adjusted the center of mass for these objects to improve rotational stability. This was done by creating carefully positioned ③ <u>hollow</u> spaces inside the objects. Thanks to this method, the ₆ scientists have been able to make animals, teapots, and other ④ <u>asymmetrically</u> shaped objects that don't immediately fall over when spinning. The team's research can produce entertaining tops of all kinds, but it has ⑤ <u>practical</u> applications as well. For example, ₉ the method could help to develop robots and mechanical structures with more stability.

---

1 affinity 친밀감 receptive 수용적인, 선뜻 받아들이는 solely 오로지, 단지 probability 개연성; *확률 generalized 일반[전반]적인 sector 부문, 분야, 영역 supplement 보충[추가]물; 보충[추가]하다 exclusively 배타적으로; *오로지 frequent 자주 다니다 demographic 인구 통계(학)의; *인구 통계적 집단

2 diabetes 당뇨병 medication 약[약물] (치료) sustain 살아가게[존재하게] 하다; *계속[지속] 시키다 interfere with …을 방해하다 enzyme 효소 polyphenol 폴리페놀 flavonoid 플라보노이드 equivalent 동등한[맞먹는] extract 발췌; *추출물 inhibitor 억제제[저해제]

3 companionship 우정, 동료애 aesthetic 심미적, 미학적 counter 반박하다; *대응하다 opt for …을 선택하다 inconsistent 일치하지 않는 irritation 짜증 interpersonal 대인관계에 관련된 impersonal 비인격적인; *특정 개인과 상관없는 melancholy 우울한

4 measurement 측정 (v. measure 측정하다[재다]) relativity 상대성 bias 편견, 편향 subconsciously 잠재 의식적으로 conventional wisdom 일반 통념

5 spinning top (장난감) 팽이(= top) undergo 겪다 (underwent-undergone) stabilize 안정시키다 (n. stability 안정, 안정성[감]) center of mass 무게 중심 rotational 회전의 hollow (속이) 빈 asymmetrically 불균형하게, 비대칭적으로 application 적용, 응용; *용도[목적] mechanical 기계로 작동되는

12 어법 적절성 판단

1 선택지를 포함하는 문장의 구조를 정확히 파악하여, 어느 선택지가 어법상 올바른지 판단한다.
2 시제, 태(능동/수동), 대명사의 수와 격 등과 관련된 문제는 문장의 구조뿐만 아니라 글의 전반적인 흐름과 내용도 고려해야 한다.

기출예제 다음 글의 밑줄 친 부분 중, 어법상 틀린 것은? 수능

A number of studies provide substantial evidence of an innate human disposition to respond differentially to social stimuli. From birth, infants will orient preferentially towards the human face and voice, ① seeming to know that such stimuli are particularly ³ meaningful for them. Moreover, they register this connection actively, imitating a variety of facial gestures that are presented to them — tongue protrusions, lip tightenings, mouth openings. They will even try to match gestures ② which they have some difficulty, ⁶ experimenting with their own faces until they succeed. When they ③ do succeed, they show pleasure by a brightening of their eyes; when they fail, they show distress. In other words, they not only have an innate capacity for matching their own kinaesthetically ⁹ experienced bodily movements with ④ those of others that are visually perceived; they have an innate drive to do so. That is, they seem to have an innate drive to imitate others whom they judge ⑤ to be 'like me'.   ¹²

*innate: 타고난 **disposition: 성향 ***kinaesthetically: 운동 감각적으로

 빠바PLUS

어법상 틀린 것을 찾는 유형의 경우, 밑줄 친 부분이 어떤 어법 사항을 묻고 있는지 생각해 본다. 틀린 부분을 찾았다면, 그 부분을 어법에 맞게 고쳐 보며 다시 한번 확인한다.

정답
② → 관계대명사 which 뒤에 완전한 절이 이어지고 있고, 문맥상 아기들이 몸짓을 맞춰 보는 것에 어려움을 느끼는 것이 자연스러우므로, '…하는 데 어려움을 겪다'라는 의미의 「have difficulty with v-ing」 표현에 기반하여 관계대명사 which는 「전치사+관계대명사」인 with which로 고쳐야 한다.

오답피하기
① 분사구문의 의미상 주어인 infants가 '…하는 것 같다'라는 의미로 능동 관계이므로, 현재분사 seeming은 적절하다.
③ 강조 용법으로 쓰인 조동사 do로, 동사 succeed 앞에 쓰인 것은 적절하다.
④ 앞에 언급된 bodily movements를 대신하는 대명사로, 복수 형태인 those는 적절하다.
⑤ 동사 judge는 'A를 …로 판단하다'라는 의미로 「judge A to-v」로 쓸 수 있으므로, to be는 적절하다.

· 적용독해 ·

1 다음 글의 밑줄 친 부분 중, 어법상 틀린 것은?

The Brazilian wandering spider, one of the deadliest spiders in the world, is native to tropical regions of Central and South America. It produces a venom so toxic ① that an amount as small as .006 mg can kill a small animal, such as a mouse. The bite of this spider, aside from being toxic, can also cause great pain due to the ② unusually large size of the spider's fangs. The venom can potentially paralyze human victims and cause severe breathing difficulty, ③ which sometimes results in death. Although it is said ④ to be the world's most lethal arachnid, the danger of this spider is often overlooked due to its relatively small size. A full-grown Brazilian wandering spider averages about 13 cm in diameter, with its legs ⑤ taken up the majority of its length.

*fang: (독거미의) 이 **arachnid: 거미류

2 다음 글의 밑줄 친 부분 중, 어법상 틀린 것은?

Azerbaijan is a small country located between Eastern Europe and Western Asia, and it attracts over a million tourists annually with its exotic cuisine, ancient cultural sites, and mud volcanoes. The most famous volcano is Yanar Dag, ① which is translated as "Burning Volcano." As the name suggests, this 116-meter hill has been burning for centuries. Beneath the hill's porous sandstone layer lies a deposit of natural gas ② that continuously shoots flames, which can reach a height of more than three meters. The streams surrounding the hill also ③ emits flames. The sulfur content of the water is extremely high, making it flammable enough to catch fire by the touch of a ④ burning match stick. Local residents consider the water to be medicinally beneficial and therefore ⑤ soak their feet in it.

*sulfur: 유황의, 유황을 함유한

3 다음 글의 밑줄 친 부분 중, 어법상 틀린 것은?

Racetrack Playa, a dry lake bed in Death Valley National Park, is famous for the "sailing stones" that move mysteriously across ① their surface. Long ago, explorers noticed this strange phenomenon when they saw tracks on the ground behind the rocks. But 3 not until recently ② were these movements scientifically understood. Some people ③ had previously claimed that the rocks could levitate. Others believed that the rocks were moved by magnetic forces. Finally, in 2014, a time lapse video showed the stones 6 ④ moving at low wind speeds. Here's how it happens: first, rain forms a shallow layer of water on the dry ground. It freezes overnight and breaks into thin sheets of ice in the morning. Then, wind pushes the ice against the rocks, making them ⑤ slide across the 9 ground.

*levitate: 공중에 뜨다

4 (A), (B), (C)의 각 네모 안에서 어법에 맞는 표현으로 가장 적절한 것은?

In the time of William Shakespeare, the English language was still developing and had not yet been recorded in any dictionaries. Perhaps because of this, Shakespeare is thought (A) to be / to have been a prolific creator of words, and many of his words 3 are still commonly used today. It is believed that he added more than 1,000 words and phrases to the growing English language, including "impede," "rant," and "wild goose chase." It is unclear exactly how many words Shakespeare actually coined. Actually, his 6 process of word creation was more a matter of modifying old words than (B) to pluck / of plucking new ones out of thin air. Some of the words (C) that / whose first recorded usage is in one of his plays may have been used in casual conversation or in written 9 works that have since been lost.

	(A)		(B)		(C)
①	to be	·····	to pluck	·····	that
②	to be	·····	of plucking	·····	whose
③	to have been	·····	to pluck	·····	that
④	to have been	·····	of plucking	·····	whose
⑤	to have been	·····	to pluck	·····	whose

5 다음 글의 밑줄 친 부분 중, 어법상 틀린 것은? 기출

What makes practicing retrieval so much better than review? One answer comes from the psychologist R. A. Bjork's concept of desirable difficulty. More difficult retrieval ① leads to better learning, provided the act of retrieval is itself successful. Free ₃ recall tests, in which students need to recall as much as they can remember without prompting, tend to result in better retention than cued recall tests, in which students ② give hints about what they need to remember. Cued recall tests, in turn, are better ₆ than recognition tests, such as multiple-choice answers, ③ where the correct answer needs to be recognized but not generated. Giving someone a test immediately after they learn something improves retention less than giving them a slight delay, long enough so ₉ that answers aren't in mind when they need ④ them. Difficulty, far from being a barrier to ⑤ making retrieval work, may be part of the reason it does so.

*retrieval: 불러오기 **retention: 보유력

---

1 **deadly** 치명적인 **native** (사람이) 태어난 곳의; *원산[자생]의 **venom** 독[독액] **paralyze** 마비시키다 **lethal** 치명적인 **overlook** 간과하다 **diameter** 지름 **take up** (시·공간을) 차지하다

2 **annually** 매년 **exotic** 외국의; *이국적인 **cuisine** 요리법; *요리 **porous** 다공성의 **sandstone** 사암 **deposit** 보증금; *매장층 **content** 내용물; *함량 **flame** 불길 **flammable** 가연성의, 불에 잘 타는 **medicinally** 의약으로, 약으로

3 **bed** 침대; *(강·바다 등의) 바닥 **track** 길; *자국 **previously** 이전에 **claim** 주장하다 **magnetic** 자석 같은; *자성[자기]의 **time lapse** 저속 촬영의 **overnight** 밤새, 하룻밤 동안

4 **prolific** 다작하는 **impede** 지연시키다[방해하다] **rant** 고함치다 **wild goose chase** 부질없는 시도[추구], 헛된 노력 **coin** (새로운 낱말·어구를) 만들다 **modify** 수정하다, 바꾸다 **pluck** 뽑아내다 **out of thin air** 난데없이

5 **desirable** 바람직한 **recall** 기억해 내다, 상기하다; 회상 **prompt** (힌트를 주어) 유도하다 **cued** 단서가 제공되는 **recognition** 인식 **multiple-choice** 선다형의 **generate** 생성하다 **delay** 지연, 지체 **barrier** 장애물

13 흐름과 무관한 문장

유형기법
1 글의 도입부에서 글의 소재를 파악하고 이어질 내용을 예측한다.
2 연결사나 지시어 등에 유의하여 논리적 흐름에 맞지 않는 문장을 찾는다.

기출예제 다음 글에서 전체 흐름과 관계 없는 문장은? 수능

Actors, singers, politicians and countless others recognise the power of the human voice as a means of communication beyond the simple decoding of the words that are used. Learning to control your voice and use it for different purposes is, therefore, one of the most important skills to develop as an early career teacher. ① The more confidently you give instructions, the higher the chance of a positive class response. ② There are times when being able to project your voice loudly will be very useful when working in school, and knowing that you can cut through a noisy classroom, dinner hall or playground is a great skill to have. ③ In order to address serious noise issues in school, students, parents and teachers should search for a solution together. ④ However, I would always advise that you use your loudest voice incredibly sparingly and avoid shouting as much as possible. ⑤ A quiet, authoritative and measured tone has so much more impact than slightly panicked shouting.

빠바 PLUS

바로 앞에서 언급된 내용을 다루거나 글의 소재에 관한 내용이더라도, 글의 주제와 무관한 경우, 혹은 지나치게 포괄적이거나 지엽적이라면 전체 흐름과 무관한 문장일 가능성이 높다.

정답 ③ → 목소리를 의사소통의 수단으로 활용하는 것이 중요하며 크게 목소리를 낼 수 있는 것은 교사로서 유용한 기술이기는 하나, 큰 목소리를 아주 드물게 사용하며 조용하고 차분한 어조를 사용하는 것이 더 효과적이라고 조언하는 글이다. 따라서 학교 내의 심각한 소음 문제에 대처하기 위해 학생, 학부모, 교사의 협력이 필요하다는 내용의 ③은 글의 흐름과 무관하다.

오답피하기 나머지 문장들은 모두 글의 주제와 부합한다.

• 적용독해 •

1 다음 글에서 전체 흐름과 관계 <u>없는</u> 문장은?

Apophenia is a condition in which someone recognizes patterns that do not actually exist. A common form of apophenia involves numbers. People with numerical apophenia often believe that a particular number keeps showing up in their lives. ₃ ① They may start seeing that number everywhere, either by itself or in the form of other numbers that add up to it. ② That is because people tend to have more faith in information presented with numbers. ③ Another form of apophenia, called pareidolia, ₆ involves people seeing shapes or hearing sounds in things that have no meaning. ④ A common example of this is cloud-gazing, in which people believe that they see specific shapes in the forms of clouds. ⑤ People with pareidolia can also think that they hear ₉ meaningful sounds when listening to radio static.

2 다음 글에서 전체 흐름과 관계 <u>없는</u> 문장은?

We often hear talk of the scarcity of natural resources like oil and timber and how this scarcity leads to competition. But emotional and psychological resources, such as love and attention, can be considered scarce resources as well. Consider ₃ the unfortunate example of students who drop out of school. ① After studying videotapes of classroom interactions, researchers were able to predict which students would later drop out. ② Interestingly, the determining factor was eye ₆ contact from teachers, which helps students perform better in the classroom. ③ In fact, studies suggest that eye contact is the most significant factor in gaining the trust of one's audience. ④ Therefore, eye contact from the teacher can be considered ₉ a limited resource that students require and compete for. ⑤ This is one reason why children often fight with each other and even with their teacher—they prefer negative attention to no attention at all.

₁₂

3 다음 글에서 전체 흐름과 관계 <u>없는</u> 문장은?

Pygmy forests are forests that have been affected by stunted growth, generally due to soil that is unusually low in nutrients. ① Dwarf versions of common plants and trees are often found growing in these forests, as well as some species that are unique to the pygmy habitat. ② One such forest, the pygmy forest of Northern California, formed as a result of changing sea levels and land being uplifted over thousands of years. ③ Researchers discovered that the soil in some forests is building up faster than the rate at which sea levels are rising. ④ Eventually, this formed a series of large, flat terraces, each of which is home to a different ecosystem depending on how old it is. ⑤ These terraces are sometimes referred to as an "ecological staircase" because biologists can wander through them, accessing one distinct environment after another.

*terrace: 계단식 대지

4 다음 글에서 전체 흐름과 관계 <u>없는</u> 문장은? 기출

Since their introduction, information systems have substantially changed the way business is conducted. ① This is particularly true for business in the shape and form of cooperation between firms that involves an integration of value chains across multiple units. ② The resulting networks do not only cover the business units of a single firm but typically also include multiple units from different firms. ③ As a consequence, firms do not only need to consider their internal organization in order to ensure sustainable business performance; they also need to take into account the entire ecosystem of units surrounding them. ④ Many major companies are fundamentally changing their business models by focusing on profitable units and cutting off less profitable ones. ⑤ In order to allow these different units to cooperate successfully, the existence of a common platform is crucial.

5 다음 글에서 전체 흐름과 관계 <u>없는</u> 문장은?

The motivations behind how we choose friends aren't just about complementary personalities. A recent study suggests that people subconsciously favor friends who are similar to them at the genetic level. ① Researchers examined the genome information of about 2,000 people and made comparisons between pairs of friends and pairs of strangers. ② The findings show that the people we choose as friends have a much greater number of genetic similarities with us than strangers. ③ In fact, there is a genetic match of approximately one percent, which is what you would find between fourth cousins. ④ The odds of having no shared DNA are significant with fourth cousins and increase substantially with fifth cousins. ⑤ Researchers speculate that long ago there was an evolutionary benefit to choosing genetically similar people as friends, as being surrounded by people with the same needs and preferences made it easier to foster a sense of community.

---

1 numerical 수의, 수와 관련된 add up to 합계가[총] …이 되다 faith 믿음[신뢰] gaze (가만히) 응시하다[바라보다] specific 구체적인, 명확한; *특정한 static 잡음

2 scarcity 부족, 결핍 (a. scarce 부족한, 드문) timber 재목, 목재 drop out of school (학교를) 중퇴하다 interaction 상호 작용 significant 중요한[의미 있는]

3 stunted 성장[발달]을 저해당한 nutrient 영양소, 영양분 dwarf 소형의 uplift 들어 올리다; *(땅을) 융기시키다 ecological 생태계[학]의 staircase 계단 wander 거닐다, 돌아다니다

4 substantially 상당히 firm 회사 integration 통합 internal 내부의 sustainable 지속 가능한 take into account …을 고려하다 fundamentally 근본적으로, 완전히 profitable 수익성이 있는

5 complementary 상호 보완적인 genetic 유전적인 (ad. genetically 유전적으로) genome 게놈(세포나 생명체의 유전자 총체) odds 가능성[공산] speculate 추측[짐작]하다 evolutionary 진화의

14 글의 순서 파악

유형기법 >

1 주어진 글을 읽고 소재를 파악한 후, 이어질 내용을 추측한다.
2 글의 전개 방식을 염두하여, 시간적 순서 또는 논리적 흐름에 따라 글의 순서를 배열한다.
3 배열한 순서에 따라 글을 읽어 본 후, 전체적인 내용의 흐름이 자연스러운지 확인한다.

기출예제 주어진 글 다음에 이어질 글의 순서로 가장 적절한 것은? 수능

> The potential for market enforcement is greater when contracting parties have developed reputational capital that can be devalued when contracts are violated.

(A) Similarly, a landowner can undermaintain fences, ditches, and irrigation systems. Accurate assessments of farmer and landowner behavior will be made over time, and those farmers and landowners who attempt to gain at each other's expense will find that others may refuse to deal with them in the future.

(B) Over time landowners indirectly monitor farmers by observing the reported output, the general quality of the soil, and any unusual or extreme behavior. Farmer and landowner reputations act as a bond. In any growing season a farmer can reduce effort, overuse soil, or underreport the crop.

(C) Farmers and landowners develop reputations for honesty, fairness, producing high yields, and consistently demonstrating that they are good at what they do. In small, close-knit farming communities, reputations are well known.

*ditch: 개천   **irrigation: 물을 댐

① (A) – (C) – (B)　　　② (B) – (A) – (C)　　　③ (B) – (C) – (A)
④ (C) – (A) – (B)　　　⑤ (C) – (B) – (A)

➕ 빠바PLUS

글의 유기적 흐름을 나타내는 연결사, 지시어, 대명사, 관사 등은 글의 순서를 파악하는 데 중요한 단서가 되므로, 이에 주목한다.

정답　⑤ → 계약 당사자들이 계약을 위반하게 되면 평판 자본의 가치가 떨어져 시장 집행의 가능성이 커진다는 주어진 글에 이어, 농부와 토지 소유자는 정직, 공정함, 높은 수확량 생산, 자신의 일을 능숙히 하는 것으로 평판을 쌓을 수 있다는 (C)가 오고, 시간이 지남에 따라 농부가 정직하게 일을 하지 않을 경우 평판이 나빠질 수 있다는 (B)가 이어진 후, 이와 마찬가지로 농부뿐만 아니라 토지 소유자 역시 일을 제대로 하지 않으면 평판이 나빠질 수 있고, 결국 자신의 이익만 얻으려는 나쁜 평판의 농부와 토지 소유자는 거래를 하지 못하게 될 것이라는 (A)로 이어지는 것이 가장 자연스럽다.

• 적용독해 •

1 주어진 글 다음에 이어질 글의 순서로 가장 적절한 것은?

> Back when communities and stores were much smaller, shoppers built a relationship of trust with the on-site salesperson, who helped them make purchasing decisions.

(A) Fortunately, new marketing techniques are changing all of this. By gathering and analyzing data about consumers' backgrounds, internet habits, and past purchases, businesses are providing a truly customized experience, far beyond what the traditional salesperson could have hoped to replicate.

(B) However, in modern society customers must navigate a vast array of commercial products and services to find the ones most suitable for them. Large stores are usually shorthanded, as operating costs have been cut and finding skilled employees is not an easy job. And for those who shop online, often a solitary activity, little help is to be found.

(C) By taking into account the shopper's needs and what could be inferred from past encounters, this person would provide practical advice about what to buy, even suggesting additional goods that would complement the customer's purchase. Everyone benefited from this system.

① (A) – (C) – (B) 　　② (B) – (A) – (C) 　　③ (B) – (C) – (A)
④ (C) – (A) – (B) 　　⑤ (C) – (B) – (A)

2 주어진 글 다음에 이어질 글의 순서로 가장 적절한 것은?

> Lake Erie, the fourth largest of North America's five Great Lakes, plays a key role in manufacturing, navigation, and business.

(A) Every summer, massive colonies of algae take over the lake and feed on the phosphorus in the water, which comes from waste from sewage treatment plants and commercial fertilizers. The algae reproduce quickly on the lake's surface and cause widespread destruction when they die, because their remains sink to the lake's floor and drastically reduce oxygen levels in the water.

(B) However, the rapid industrialization near the shoreline has negatively impacted the lake's natural habitat. For example, huge algal blooms, which grow in polluted areas, have become a serious problem in recent years.

(C) This results in dead zones where there is insufficient oxygen for marine creatures to live. In 2011, the lake's largest algal bloom in history—stretching across more than fifteen percent of the lake—caused the death of thousands of fish.

*phosphorus: 인(燐) (비금속 원소)

① (A) – (C) – (B)　　② (B) – (A) – (C)　　③ (B) – (C) – (A)
④ (C) – (A) – (B)　　⑤ (C) – (B) – (A)

3 주어진 글 다음에 이어질 글의 순서로 가장 적절한 것은?

> Because artwork is so highly valued in today's market, forgery can be a serious problem. However, replicating works of art is by no means a modern phenomenon.

(A) Roman merchants dealt with this situation by setting up local workshops in which talented artists produced copies of Greek statues. This reduced import costs and eliminated the risk of losing valuable artwork to sea accidents or theft.

(B) Among these works of art were Greek statues used to adorn temples. With the rise of the Roman Empire, the rich and powerful began to desire Greek artwork of their own. By the first century BCE, the demand for Greek statues had started to outstrip the supply.

(C) The history of forgers dates back to the earliest establishment of an art market, some time in the fourth century BCE. During this period, Greek artists were beginning to export their works to other civilizations in the Mediterranean area.

① (A) – (C) – (B)　　② (B) – (A) – (C)　　③ (B) – (C) – (A)
④ (C) – (A) – (B)　　⑤ (C) – (B) – (A)

주어진 글 다음에 이어질 글의 순서로 가장 적절한 것은? 기출

> The Earth formed from rocky and metallic fragments during the construction of the solar system—debris that was swept up by an initial nucleus and attracted together into a single body by the force of gravity.
>
> 3

(A) This increasing gravity, combined with the timeless radioactive decay of elements like uranium and thorium, caused the new Earth to heat up. The internal temperature and pressure were high enough for many compounds to break down or 6 melt, releasing their water and gases.

(B) The original materials were cold as outer space and dry as dust; whatever water and gases they contained were locked inside individual fragments as chemical 9 compounds. As the fragments joined, the Earth's gravity increased, attracting larger and larger objects to impact the Earth.

(C) Even solid material could begin to move and flow under such conditions. Separation 12 by density began, and the Earth started to organize into its present layered structure. The heaviest metals sank to the center; the lightest materials migrated outward.

① (A) – (C) – (B)　　　② (B) – (A) – (C)　　　③ (B) – (C) – (A)

④ (C) – (A) – (B)　　　⑤ (C) – (B) – (A)

1　on-site 현장의, 현지의　customized 개개인의 요구에 맞춘　replicate 모사[복제]하다　navigate 항해하다; *웹사이트를 여기저기 찾다　an array of 다수의　vast 어마어마한[방대한/막대한]　shorthanded 일손[사람]이 부족한　solitary 혼자 하는　infer 추론하다　encounter 만남[접촉/조우]　complement 보완하다, 덧붙이다

2　massive 크고 묵직한; *대규모의　algae 《*pl.*》 조류, 해조 (*a.* algal 조류의, 해조의)　sewage 하수, 오물　commercial fertilizer 인공[화학] 비료　reproduce 복사[복제]하다; *번식하다　widespread 광범위한, 널리 퍼진　shoreline (바다·호수의) 물가　algal bloom 녹조　dead zone (산소 부족으로 생물이 살 수 없는) 죽음의 해역　insufficient 불충분한

3　forgery 위조, 모조　by no means 결코 …이 아닌　merchant 상인, 무역상　workshop 작업장　eliminate 없애다, 제거하다　theft 절도　adorn 장식하다, 꾸미다　outstrip 앞지르다　forger 위조범　date back to …까지 거슬러 올라가다　export 수출하다　civilization 문명(사회)　Mediterranean 지중해의

4　fragment 조각　construction 건설; *구성　solar system 태양계　debris 잔해　nucleus (원자)핵　attract 끌어당기다　timeless 세월이 흘러도 변치 않는; *끝이 없는　radioactive 방사성[능]의　decay 부패; *(방사성 물질의) 자연 붕괴　compound 혼합물　impact 영향[충격]을 주다; *충돌하다　solid 고체의　condition 상태; *조건　density 밀도　layered 층이 있는　migrate 이동하다　outward 바깥쪽으로

15 주어진 문장의 위치

1 주어진 문장을 먼저 읽고 글의 소재를 파악한다.
2 글의 시간적·논리적 흐름이 어색하거나 내용이 전환되는 부분을 찾아 주어진 문장을 넣고, 전후 관계가 논리적인지 확인한다.

기출예제 글의 흐름으로 보아, 주어진 문장이 들어가기에 가장 적절한 곳은? 수능

At the next step in the argument, however, the analogy breaks down.

Misprints in a book or in any written message usually have a negative impact on the content, sometimes (literally) fatally. (①) The displacement of a comma, for instance, may be a matter of life and death. (②) Similarly most mutations have harmful consequences for the organism in which they occur, meaning that they reduce its reproductive fitness. (③) Occasionally, however, a mutation may occur that increases the fitness of the organism, just as an accidental failure to reproduce the text of the first edition might provide more accurate or updated information. (④) A favorable mutation is going to be more heavily represented in the next generation, since the organism in which it occurred will have more offspring and mutations are transmitted to the offspring. (⑤) By contrast, there is no mechanism by which a book that accidentally corrects the mistakes of the first edition will tend to sell better.

*analogy: 유사 **mutation: 돌연변이

➕ 빠바PLUS

주어진 문장 내의 연결사, 지시어, 대명사, 관사 등은 문제를 해결하는 데 결정적 단서가 되므로, 이에 주목하여 앞뒤 내용을 예측한다. 또한, 본문에 있는 지시어와 대명사도 단서가 될 수 있으므로, 그것들과 주어진 문장과의 연관성을 확인한다.

정답 ④ → 주어진 문장은 역접 관계를 나타내는 연결사 however를 사용하며, 다음 단계의 논거에서는 그 유사성이 성립하지 않는다는 내용이므로, 그 앞에는 돌연변이와 오탈자 간의 유사성이 성립한다는 내용이 언급되어야 한다. 또한 ④ 뒤부터 유리한 돌연변이의 특성이 자손에 유전되는 것에 관해 언급하면서 출판계에서는 이러한 예가 없다고 부정하고 있으므로, 주어진 문장은 ④에 들어가는 것이 가장 적절하다.

1 글의 흐름으로 보아, 주어진 문장이 들어가기에 가장 적절한 곳은?

> Later, the generic branding concept led to the creation of store brands.

The term "generic brand" generally refers to products that are not marketed or sold under a specific brand name. (①) The first generic products were developed and sold in supermarkets in the 1970s, and their packaging was free of any appealing name or design. (②) It was simply white with black lettering that let the shopper know what the product was. (③) This simple packaging allowed manufacturers to reduce production costs, which, in turn, allowed them to profit while selling their products at lower prices than name brands. (④) Putting the retailer's name on product packaging was a whole new way of marketing generic products. (⑤) The packaging was still very basic, but featuring the name of the store helped make the products more appealing.

2 글의 흐름으로 보아, 주어진 문장이 들어가기에 가장 적절한 곳은?

> Unfortunately, many of these vivid images have become fuzzy or faded in the 150 years since they were made.

Although daguerreotypes contain images from long ago, scientists have recently discovered that their surfaces are very much alive. (①) Daguerreotypes were a popular 19th century predecessor to photography created by applying layers of silver to a copper plate and exposing it to light and various chemicals, including gold. (②) Recently, a team of researchers hoping to figure out a way to restore them examined their surfaces with a powerful microscope and discovered something surprising: parasites. (③) As they eat away at the metal layers on the surfaces of daguerreotypes, they excrete tiny gold and silver particles that damage the images. (④) There's some good news, though. (⑤) The variety of life forms inhabiting unattributed daguerreotypes could offer clues as to where they were made.

*daguerreotype: 은판(銀板) 사진

3 글의 흐름으로 보아, 주어진 문장이 들어가기에 가장 적절한 곳은?

> Ships have used them as a navigational marker for hundreds of years.

At the mouth of the Catatumbo river at Lake Maracaibo in Venezuela, there is a powerful and mysterious natural phenomenon called the Catatumbo lightning. (①) ₃ It originates from a regularly occurring storm, and 90% of the lightning strikes move from cloud to cloud. (②) It can occur up to 160 nights a year and can last for ten hours. (③) And because of the intensity and great frequency of lightning, it is thought to be ₆ the planet's single greatest generator of ozone. (④) It is estimated that the area sees 1,176,000 electrical discharges every year, and they can be seen from up to 40 km away. (⑤) It is such an exceptional phenomenon that local environmentalists hope that the ₉ United Nations will help protect the area by designating it a UNESCO World Heritage Site.

4 글의 흐름으로 보아, 주어진 문장이 들어가기에 가장 적절한 곳은? 기출

> Note that copyright covers the expression of an idea and not the idea itself.

Designers draw on their experience of design when approaching a new project. This includes the use of previous designs that they know work—both designs that they have ₃ created themselves and those that others have created. (①) Others' creations often spark inspiration that also leads to new ideas and innovation. (②) This is well known and understood. (③) However, the expression of an idea is protected by copyright, ₆ and people who infringe on that copyright can be taken to court and prosecuted. (④) This means, for example, that while there are numerous smartphones all with similar functionality, this does not represent an infringement of copyright as the idea has been ₉ expressed in different ways and it is the expression that has been copyrighted. (⑤) Copyright is free and is automatically invested in the author, for instance, the writer of a book or a programmer who develops a program, unless they sign the copyright over to ₁₂ someone else.

*infringe: 침해하다 **prosecute: 기소하다

글의 흐름으로 보아, 주어진 문장이 들어가기에 가장 적절한 곳은?

> Not only natural vegetation but also wild animals have begun to return.

In 1986, there was a horrific meltdown at the Chernobyl nuclear plant. Radioactive isotopes were released into the surrounding area, leaving it a contaminated wasteland. ₃ (①) Now officially known as the Chernobyl Exclusion Zone, it covers more than 4,000 square kilometers in an area spread across northern Ukraine and southern Belarus. (②) After the accident, the Soviet government removed the topsoil, sprayed chemicals to ₆ keep the radiation near the ground, evacuated the human population, and killed all the livestock; nevertheless, there are still dangerous levels of radiation. (③) Surprisingly, however, nature has made a comeback in this desolate area. (④) There have been ₉ sightings of bears, boars, owls, and wolves in recent years. (⑤) In fact, due to the absence of human activity in the Chernobyl Exclusion Zone, it has become an unofficial wildlife sanctuary.

₁₂

*radioactive isotope: 방사성 동위 원소

---

1 generic 포괄적인; *회사 이름이 붙지 않은 store brand 자가 브랜드 market (상품을) 내놓다[광고하다] appealing 마음을 끄는, 매력적인 lettering 글자 profit 이익을 얻다 retailer 소매업자, 소매상 feature 특별히 포함하다, 특징으로 삼다

2 fuzzy 솜털 모양의; *흐릿한 faded 시든, 색이 바랜 predecessor 전임자; *전에 있던[사용되었던] 물건 copper plate 동판 restore 회복시키다; *복원[복구]하다 microscope 현미경 parasite 기생충 particle (아주 작은) 입자[조각] inhabit …에 살다[서식하다] unattributed 출처가 모호한

3 navigational 항해의 mouth 입; *(강의) 어귀 intensity 강렬함; *강도[세기] frequency 빈도 generator 발생시키는 것 discharge 방출; *방전 exceptional 예외적인 environmentalist 환경 운동가

4 draw on 이용하다 approach 다가가다; *착수하다 spark 촉발시키다, 유발하다 inspiration 영감 innovation 혁신 functionality 기능성; *기능

5 vegetation 초목[식물] meltdown 원자로 노심 용해(방사능 유출로 이어지는 사고) contaminated 오염된 exclusion 제외; *차단 topsoil 표토, 표층토 radiation 방사선 evacuate 피난[대피]시키다 livestock 가축 sighting 목격 sanctuary 보호 구역

16 요약문 완성

1 제시된 요약문을 먼저 읽고 글의 주제와 전반적인 내용을 예측한다.
2 요약문의 빈칸에 들어갈 말은 대개 핵심 어구들이므로, 글에서 반복적으로 쓰인 어구에 유의한다.

기출예제 다음 글의 내용을 한 문장으로 요약하고자 한다. 빈칸 (A), (B)에 들어갈 말로 가장 적절한 것은? **수능**

Philip Kitcher and Wesley Salmon have suggested that there are two possible alternatives among philosophical theories of explanation. One is the view that scientific explanation consists in the *unification* of broad bodies of phenomena under a minimal number of generalizations. According to this view, the (or perhaps, a) goal of science is to construct an economical framework of laws or generalizations that are capable of subsuming all observable phenomena. Scientific explanations organize and systematize our knowledge of the empirical world; the more economical the systematization, the deeper our understanding of what is explained. The other view is the *causal/mechanical* approach. According to it, a scientific explanation of a phenomenon consists of uncovering the mechanisms that produced the phenomenon of interest. This view sees the explanation of individual events as primary, with the explanation of generalizations flowing from them. That is, the explanation of scientific generalizations comes from the causal mechanisms that produce the regularities.

*subsume: 포섭(포함)하다   **empirical: 경험적인

↓

Scientific explanations can be made either by seeking the ___(A)___ number of principles covering all observations or by finding general ___(B)___ drawn from individual phenomena.

	(A)	(B)		(A)	(B)
①	least	patterns	②	fixed	features
③	limited	functions	④	fixed	rules
⑤	least	assumptions			

➕ 빠바PLUS

요약문은 글의 요지이므로, 이를 먼저 읽고 글의 전반적인 내용과 주제를 파악한다. 본문에서 반복적으로 등장하는 핵심어구와 문장을 연결하는 접속사, 연결어구에 집중하여 읽는다. 본문에 쓰인 핵심어구가 선택지에 유의어로 제시되기도 한다. 이 유형에서는 실험 내용, 사례, 비유 등을 활용한 지문이 주로 출제된다.

정답   ① → 설명에 대한 철학적 이론 중 수많은 현상을 포괄하는 일반화적 관점과 개별 현상에서 패턴을 발견하는 인과 관계 론적 접근을 비교하여 설명하는 글이다. 따라서 빈칸 (A)에는 minimal을 재진술한 least가, (B)에는 regularities를 재진술한 patterns가 적절하다.

• 적용독해 •

1 다음 글의 내용을 한 문장으로 요약하고자 한다. 빈칸 (A), (B)에 들어갈 말로 가장 적절한 것은?

It's not easy to get people to change their minds. A phenomenon known as "belief perseverance" helps us understand why people tend to keep on believing their entrenched views. We can find this phenomenon throughout history. The idea that the earth is flat, for example, was believed by many people long after it was proved to be false. This also happens within organizations. When attempting to implement changes in the culture, systems, or processes of an office, management will often run into the problem of employees stubbornly clinging to the very things that have been found to be inefficient. To convince them of the error of their ways, managers will assemble facts, put together presentations, and attempt to demonstrate first-hand how the new way of doing things is superior to the old way. Unfortunately, "belief perseverance" makes this ineffective; the employees will not only cling to their inappropriate beliefs but may actually end up holding on to them even more firmly.

⬇

People will often _____(A)_____ their beliefs even when presented with facts and evidence that prove them _____(B)_____.

	(A)		(B)		(A)		(B)
①	spread	……	incomplete	②	retain	……	erroneous
③	maintain	……	sound	④	share	……	definitive
⑤	disguise	……	outdated				

The evolutionary process works on the genetic variation that is available. It follows that natural selection is unlikely to lead to the evolution of perfect, 'maximally fit' individuals. Rather, organisms come to match their environments by being 'the fittest available' or 'the fittest yet': they are not 'the best imaginable'. Part of the lack of fit arises because the present properties of an organism have not all originated in an environment similar in every respect to the one in which it now lives. Over the course of its evolutionary history, an organism's remote ancestors may have evolved a set of characteristics — evolutionary 'baggage' — that subsequently constrain future evolution. For many millions of years, the evolution of vertebrates has been limited to what can be achieved by organisms with a vertebral column. Moreover, much of what we now see as precise matches between an organism and its environment may equally be seen as constraints: koala bears live successfully on *Eucalyptus* foliage, but, from another perspective, koala bears cannot live without *Eucalyptus* foliage.

*vertebrate: 척추동물

↓

The survival characteristics that an organism currently carries may act as a(n) _____(A)_____ to its adaptability when the organism finds itself coping with changes that arise in its _____(B)_____.

	(A)	(B)		(A)	(B)
①	improvement	····· diet	②	obstacle	····· surroundings
③	advantage	····· genes	④	regulator	····· mechanisms
⑤	guide	····· traits			

3 다음 글의 내용을 한 문장으로 요약하고자 한다. 빈칸 (A), (B)에 들어갈 말로 가장 적절한 것은?

> Researchers conducted several experiments in order to test the validity of the saying "the more, the better." In one experiment, tables for selling jam were set up at a grocery store. One table featured six different flavors of jam, and another featured twenty-four different flavors. The shoppers at the two tables showed no difference in their behavior as they tasted the jams. Interestingly, though, thirty percent of the customers who visited the table with six choices ended up purchasing jam, while only three percent of those who visited the table with twenty-four choices made a purchase. In another experiment, students were allowed to choose from among either a restricted or a wide range of chocolates. In the restricted group, there were six types of chocolate to choose from, and in the wide-range group there were thirty. Although those who selected from the wider range reported being happier with their large number of options, they also showed more dissatisfaction and regret regarding the choices that they ultimately made.

↓

> According to experiments, presenting _____(A)_____ choices to consumers might increase purchases as well as _____(B)_____ from those purchases.

	(A)		(B)		(A)		(B)
①	typical	……	concerns	②	abundant	……	regrets
③	appealing	……	returns	④	various	……	loyalty
⑤	limited	……	satisfaction				

---

1 perseverance 인내(심), 버팀 entrenched 견고한, 확립된 implement 시행하다 management 경영; *경영[운영/관리]진 stubbornly 완고[완강]하게 cling to …을 고수하다, …에 매달리다 inefficient 비효율[비능률]적인 assemble 모으다 first-hand 직접 superior to …보다 뛰어난 firmly 단호히, 확고히 [문제] erroneous 잘못된 definitive 최종적인, 확정적인 disguise 변장[가장]하다; *위장하다, 숨기다 outdated 구식인

2 variation 변화; *변이 maximally 최대로 fit 건강한; *적합한; *적합성 arise 발생하다, 일어나다 property 재산; *특성 originate 비롯되다, 유래하다 respect 존경; *(측)면, 점 remote 외딴; *먼 subsequently 그 후에, 나중에 constrain …하게 만들다; *제한[제약]하다 (n. constraint 제약) vertebral column 척추 precise 정확한 foliage 나뭇잎 adaptability 적응성 cope with …에 대처하다 [문제] gene 유전자 regulator 규제 기관; *조절 장치

3 conduct (특정 활동을) 하다 validity 유효함; *타당성 restricted 제한[한정]된 ultimately 궁극적으로, 결국 [문제] typical 전형적인 abundant 풍부한 appealing 매력적인 loyalty 충실, 충성

17 일반 장문

1 문제와 선택지를 먼저 읽고, 파악해야 할 정보를 미리 알아둔다.
2 글의 전체적인 맥락과 주제를 파악하면서, 동시에 문제 해결을 위한 세부 사항을 확인한다.

기출예제 **[1~2] 다음 글을 읽고, 물음에 답하시오.** 수능

One way to avoid contributing to overhyping a story would be to say nothing. However, that is not a realistic option for scientists who feel a strong sense of responsibility to inform the public and policymakers and/or to offer suggestions. Speaking with members of the media has (a) advantages in getting a message out and perhaps receiving favorable recognition, but it runs the risk of misinterpretations, the need for repeated clarifications, and entanglement in never-ending controversy. Hence, the decision of whether to speak with the media tends to be highly individualized. Decades ago, it was (b) unusual for Earth scientists to have results that were of interest to the media, and consequently few media contacts were expected or encouraged. In the 1970s, the few scientists who spoke frequently with the media were often (c) criticized by their fellow scientists for having done so. The situation now is quite different, as many scientists feel a responsibility to speak out because of the importance of global warming and related issues, and many reporters share these feelings. In addition, many scientists are finding that they (d) enjoy the media attention and the public recognition that comes with it. At the same time, other scientists continue to resist speaking with reporters, thereby preserving more time for their science and (e) running the risk of being misquoted and the other unpleasantries associated with media coverage.

*overhype: 과대광고하다 **entanglement: 얽힘

1

윗글의 제목으로 가장 적절한 것은?

① The Troubling Relationship Between Scientists and the Media
② A Scientist's Choice: To Be Exposed to the Media or Not?
③ Scientists! Be Cautious When Talking to the Media
④ The Dilemma over Scientific Truth and Media Attention
⑤ Who Are Responsible for Climate Issues, Scientists or the Media?

2

밑줄 친 (a)~(e) 중에서 문맥상 낱말의 쓰임이 적절하지 <u>않은</u> 것은?

① (a)　　　　② (b)　　　　③ (c)　　　　④ (d)　　　　⑤ (e)

⊕ 빠바 PLUS

일반 장문 유형에서는 하나의 긴 글을 빠르게 읽고 글 전체의 주제를 파악하는 능력을 요구하는 문항과, 글의 세부적인 내용을 함께 파악하는 능력을 요구하는 문항이 출제된다. 먼저 글의 제목 유형에서는 반복되는 핵심어구에 유의하여 전체 내용을 포괄하는 선택지를 찾는다. 문맥상 쓰임이 적절하지 않은 어휘를 찾는 유형은 지레짐작하기보다는 선택지의 근거가 되는 내용을 확실히 찾도록 한다. 선택지 중 반의어가 쉽게 유추되는 선택지는 정답일 가능성이 높으니 특히 유의한다.

정답

1 ② 과학자의 선택: 언론에 노출될 것인가, 말 것인가? → 과학자는 언론과의 대화를 통해 세상과 소통하며 인정받을 수 있다는 장점이 있지만, 동시에 자신의 말이 잘못 전달되어 해명하거나 끝없는 논란에 휩싸일 위험도 있기 때문에 언론과의 대화를 지속할지의 여부는 과학자 개인의 결정에 달려 있다는 내용의 글이다.
① 과학자와 언론 간의 문제적 관계
③ 과학자여! 언론에 이야기할 때 주의하라
④ 과학적 진실과 언론의 주목에 관한 딜레마
⑤ 과학자와 언론 중 누가 기후 문제에 책임이 있는가?

2 ⑤ → 요즘에는 언론과 접촉하는 과학자들이 많아졌지만, 일부 과학자들은 여전히 기자들과의 대화를 꺼리고 본업인 과학 연구에 더 많은 시간을 할애한다는 것으로 보아, 자신의 말이 잘못 인용되는 위험과 언론 보도와 관련된 다른 불쾌한 상황들을 '피하고 있다'는 흐름이 자연스럽다. 따라서, (e)의 running을 avoiding 등으로 고쳐야 한다.

• 적용독해 •

1-2 다음 글을 읽고, 물음에 답하시오.

In statistics, "regression to the mean" refers to a situation where an unusual outcome returns to average. This happens because such outcomes usually involve a series of variables that are unlikely to be repeated, such as when a person flips a coin and gets heads five times in a row. As a result, (a) average outcomes can be expected to follow extreme ones. For example, if your first visit to a restaurant was exceptional, this rule suggests that your next visit won't be as (b) special. All of the factors that created your memorable first visit—such as the quality of food, the friendliness of the waitstaff, and your mood—are unlikely to be repeated on your second visit.

For the most part, a regression to the mean is simply an interesting phenomenon. However, it can cause problems when people misinterpret the situation. The logical mistake they make is assuming that the exceptional results will (c) continue. Also, people are more likely to take action when extreme outcomes occur. Once these results return to normal, they mistakenly believe their action was the cause. Imagine, for example, a man who regularly experiences minor back pain. The pain suddenly becomes (d) normal, so he takes action by buying a new desk chair. When the level of pain returns to average, the man assumes his new chair is the only (e) cause. This, however, is a logical mistake. Recognizing when a regression to the mean has occurred isn't always easy. However, being aware of this type of situation can help you do so.

*variable: 변수

1 윗글의 제목으로 가장 적절한 것은?

① The Strange Logic Behind the Repetition of Similar Events
② How to Break a Cycle Caused by a Regression to the Mean
③ How Regressions to the Mean Often Destroy Existing Beliefs
④ From Extreme to Average: A Misleading Statistical Phenomenon
⑤ The Power of Observation: Noticing Changes Improves Outcomes

2 밑줄 친 (a)~(e) 중에서 문맥상 낱말의 쓰임이 적절하지 않은 것은?

① (a)　　　② (b)　　　③ (c)　　　④ (d)　　　⑤ (e)

There is evidence that even very simple algorithms can outperform expert judgement on simple prediction problems. For example, algorithms have proved more (a) accurate than humans in predicting whether a prisoner released on parole will go on to commit another crime, or in predicting whether a potential candidate will perform well in a job in future. In over 100 studies across many different domains, half of all cases show simple formulas make (b) better significant predictions than human experts, and the remainder (except a very small handful), show a tie between the two. When there are a lot of different factors involved and a situation is very uncertain, simple formulas can win out by focusing on the most important factors and being consistent, while human judgement is too easily influenced by particularly salient and perhaps (c) irrelevant considerations. A similar idea is supported by further evidence that 'checklists' can improve the quality of expert decisions in a range of domains by ensuring that important steps or considerations aren't missed when people are feeling (d) relaxed. For example, treating patients in intensive care can require hundreds of small actions per day, and one small error could cost a life. Using checklists to ensure that no crucial steps are missed has proved to be remarkably (e) effective in a range of medical contexts, from preventing live infections to reducing pneumonia.

*parole: 가석방 **salient: 두드러진 ***pneumonia: 폐렴

3 윗글의 제목으로 가장 적절한 것은?

① The Power of Simple Formulas in Decision Making
② Always Prioritise: Tips for Managing Big Data
③ Algorithms' Mistakes: The Myth of Simplicity
④ Be Prepared! Make a Checklist Just in Case
⑤ How Human Judgement Beats Algorithms

4 밑줄 친 (a)~(e) 중에서 문맥상 낱말의 쓰임이 적절하지 않은 것은?

① (a)　　② (b)　　③ (c)　　④ (d)　　⑤ (e)

Agriculture in the United States has steadily moved toward simplification; what was once a wilderness rich in diversity has slowly shifted to a more uniform and purposefully designed landscape. Early settlers labored to make the land useful, and as time went on, farmers followed the most efficient route to profits—an intense focus on cultivating (a) single crops. This strategy required standardization in production methods at any cost, going as far as reforming unique landscapes to make them uniform.

However, the widespread (b) removal of natural variation in the land or crops, in the name of profit, has led to environmental damage. Multiple factors have contributed to this: heavy dependence on a limited number of commercial crop species, pollution from fertilizers and insecticides, and disruption in natural water flow patterns to regulate irrigation. Regardless of the cause, it is clear that the environment (c) suffers due to attempts at simplifying production.

The negative environmental impact is not the only consequence of the trend toward maximizing uniformity. The trend has also brought about an economically (d) fragile agricultural system. Efficiency leads to overproduction, causing crop prices to drop and making farmers dependent on government subsidies to stay in business. Fortunately, the problem is finally getting attention, and some farmers are adopting better methods to work with the environment instead of against it. If the agricultural industry begins to acknowledge the natural diversity of the land and appreciate the benefits of (e) uniformity, farmers may be able to earn sufficient profits while respecting the environment at the same time.

5 윗글의 제목으로 가장 적절한 것은?

① Uniformity in Agriculture: A Destructive Practice
② Simplification Helps Small Farms Stay Competitive
③ Is Agricultural Technology Keeping Up with the Demand for Food?
④ Man versus Nature: Farmers Discover New Ways to Tame the Land
⑤ Farmers Who Cultivate Their Land in an Environment Friendly Way

6 밑줄 친 (a)~(e) 중에서 문맥상 낱말의 쓰임이 적절하지 <u>않은</u> 것은?

① (a)　　② (b)　　③ (c)　　④ (d)　　⑤ (e)

1-2　statistics 통계학　regression 퇴행; *회귀　mean 중용; *평균　repeat 반복하다 (*n.* repetition 반복)　in a row 잇달아, 연이어　outcome 결과　extreme 극도의　factor 요소　memorable 기억할 만한　friendliness 우정, 친절　waitstaff (식당 등에서 손님 시중을 드는) 종업원들　misinterpret 잘못 해석하다　logical 논리적인　assume 추정하다, 가정하다　take action …에 대해 조치를 취하다　[문제] statistical 통계적인

3-4　evidence 증거　outperform 능가하다　judgement 판단　release 풀어 주다　commit 저지르다　potential 가능성이 있는　candidate 후보자　domain 영역[분야]　remainder 나머지　handful 몇 안 되는 수　tie 동점, 무승부　consistent 한결같은　irrelevant 무관한　intensive care 집중 치료　cost …들다; *희생시키다　crucial 중대한　infection 감염

5-6　agriculture 농업 (*a.* agricultural 농업의)　simplification 간소화, 단순화 (*v.* simplify 단순화하다)　wilderness 황무지, 황야　uniform 획일적인, 한결같은 (*n.* uniformity 동일(성), 균일(성), 획일(성))　efficient 유능한; *효율적인 (*n.* efficiency 효율, 능률)　cultivate 경작하다; *(식물·작물을) 재배하다　standardization 표준화, 규격화　reform 개혁[개선]하다　removal 없애기, 제거　fertilizer 비료　insecticide 살충제　disruption 붕괴　irrigation 관개　fragile 부서지기[손상되기] 쉬운; *취약한, 허술한　subsidy 보조금[장려금]　acknowledge 인정하다　[문제] tame 길들이다; *(토지를) 경작하다

18 순서 장문

1 문제와 선택지를 먼저 읽고, 글에서 확인해야 할 정보를 미리 알아둔다.
2 단락별 주요 사건과 배경에 주목하여 전체적인 글의 흐름을 파악한다.

기출예제 [1~3] 다음 글을 읽고, 물음에 답하시오 `수능`

(A)

Emma and Clara stood side by side on the beach road, with their eyes fixed on the boundless ocean. The breathtaking scene that surrounded them was beyond description. Just after sunrise, they finished their preparations for the bicycle ride along the beach road. Emma turned to Clara with a question, "Do you think this will be your favorite ride ever?" Clara's face lit up with a bright smile as she nodded. "Definitely! (a) I can't wait to ride while watching those beautiful waves!"

(B)

When they reached their destination, Emma and Clara stopped their bikes. Emma approached Clara, saying "Bicycle riding is unlike swimming, isn't it?" Clara answered with a smile, "Quite similar, actually. Just like swimming, riding makes me feel truly alive." She added, "It shows (b) me what it means to live while facing life's tough challenges." Emma nodded in agreement and suggested, "Your first beach bike ride was a great success. How about coming back next summer?" Clara replied with delight, "With (c) you, absolutely!"

(C)

Clara used to be a talented swimmer, but she had to give up her dream of becoming an Olympic medalist in swimming because of shoulder injuries. Yet she responded to the hardship in a constructive way. After years of hard training, she made an incredible recovery and found a new passion for bike riding. Emma saw how the painful past made her maturer and how it made (d) her stronger in the end. One hour later, Clara, riding ahead of Emma, turned back and shouted, "Look at the white cliff!"

(D)

Emma and Clara jumped on their bikes and started to pedal toward the white cliff where the beach road ended. Speeding up and enjoying the wide blue sea, Emma couldn't hide her excitement and exclaimed, "Clara, the view is amazing!" Clara's silence, however, seemed to say that she was lost in her thoughts. Emma understood the meaning of her silence. Watching Clara riding beside her, Emma thought about Clara's past tragedy, which (e) she now seemed to have overcome.

1

주어진 글 (A)에 이어질 내용을 순서에 맞게 배열한 것으로 가장 적절한 것은?

① (B) – (D) – (C)   ② (C) – (B) – (D)   ③ (C) – (D) – (B)

④ (D) – (B) – (C)   ⑤ (D) – (C) – (B)

2

밑줄 친 (a)~(e) 중에서 가리키는 대상이 나머지 넷과 다른 것은?

① (a)   ② (b)   ③ (c)   ④ (d)   ⑤ (e)

3

윗글에 관한 내용으로 적절하지 않은 것은?

① Emma와 Clara는 자전거 탈 준비를 일출 직후에 마쳤다.

② Clara는 자전거 타기와 수영이 꽤 비슷하다고 말했다.

③ Clara는 올림픽 수영 경기에서 메달을 땄다.

④ Emma와 Clara는 자전거를 타고 하얀 절벽 쪽으로 갔다.

⑤ Emma는 Clara의 침묵의 의미를 이해했다.

➕ **빠바PLUS**

첫 단락을 통해 중심 소재를 파악한 후, 각 단락의 대명사, 연결사, 지시어 등에 유의하여 세 단락을 배열한다. 지칭 추론 유형의 경우, 선택지 앞뒤로 새로운 인물이 등장하는 부분에 주목하여 지칭 대상을 한 번 더 확인하고, 내용 일치 유형은 본문에 제시된 순서대로 선택지와 본문 내용을 대조하여 문제를 해결한다.

정답

1 ⑤ → 주어진 글 (A)에서 Emma와 Clara가 자전거 타기를 시작하기 전에 대화를 나눈다. (D)에서 두 사람이 자전거에 올라타 페달을 밟기 시작했다는 것을 보아, 본격적으로 자전거를 타고 있음을 알 수 있다. (D)의 끝에서 Clara가 겪은 과거의 비극적인 일이 언급되고, (C)에서 그 일이 바로 촉망 받는 수영 선수였던 Clara가 부상으로 꿈을 접었던 것이며 이를 자전거 타기로 극복해 냈다는 내용이 이어지고, 마침내 두 사람이 목적지에 도착해 대화하는 (B)의 순서로 이어지는 것이 자연스럽다.

2 ③ → (c)는 Emma를 가리키고, 나머지는 모두 Clara를 가리킨다.

3 ③ → 14행의 she had to give up her dream of becoming an Olympic medalist in swimming because of shoulder injuries를 통해, Clara는 어깨 부상 때문에 올림픽에 출전해 메달을 딸 수 없었음을 알 수 있다.

• 적용독해 •

1-3 다음 글을 읽고, 물음에 답하시오.

(A)

It's always been easy for me to start up a conversation with a stranger. Likewise, other people seem to find it very easy to talk to me. I enjoy these little conversations, and it just seems polite to listen to what others have to say. I usually don't expect to learn valuable lessons from these brief encounters, but one of them did have an important impact on me.

3

(B)

I was on a long flight, and I was sitting in the aisle seat. Next to me in the middle seat was an elderly woman. Even before we took off, (a) <u>she</u> was cheerfully telling me about her life. She talked about her successful kids, the cost of seeing her doctor, and even her dislike for rap music. I learned about (b) <u>her</u> past career, and she even talked to me about her late husband, whom she missed dearly. The conversation left me feeling good.

6

9

(C)

I was surprised to hear the man say this. And that's when I realized something very important. I wanted to get home as soon as possible. It had been a very long time since I had actually listened to my own mother. I was always telling her about my life, my job, the places I was traveling to, and many other things just about myself. I forgot that there was (c) <u>a special person</u> whom I needed to listen to as well.

12

15

(D)

Eventually, the woman fell asleep, and I asked a flight attendant for a blanket to cover her. Then, the gentleman sitting in the window seat smiled at me and said, "I bet your parents are proud of you." It was a nice thing for him to say, but I didn't quite understand what he meant. "You're looking after (d) <u>a complete stranger</u>," he said. "But you've done something much more important than just get a blanket for her. You listened to her stories. Just by listening, you've made (e) <u>her</u> feel special."

18

21

24

1

주어진 글 (A)에 이어질 내용을 순서에 맞게 배열한 것으로 가장 적절한 것은?

① (B) – (D) – (C)   ② (C) – (B) – (D)   ③ (C) – (D) – (B)

④ (D) – (B) – (C)   ⑤ (D) – (C) – (B)

2

밑줄 친 (a)~(e) 중에서 가리키는 대상이 나머지 넷과 다른 것은?

① (a)   ② (b)   ③ (c)   ④ (d)   ⑤ (e)

3

윗글의 'I'에 관한 내용으로 적절하지 않은 것은?

① 처음 보는 사람과도 대체로 편안하게 대화를 나눈다.
② 비행기에서 옆자리에 앉은 노부인과 즐거운 대화를 나눴다.
③ 평소 어머니의 이야기를 잘 들어드리곤 했다.
④ 노부인을 위해 승무원에게 담요를 요청했다.
⑤ 낯선 신사에게 칭찬을 들었다.

(A)

The one bright spot of terrible tragedies is that they often bring out the very best in people. During the Holocaust, for example, there were countless people who risked their own lives hiding or otherwise shielding Jewish families from the Nazis. One of these people was a man named Eugene Lazowski, a Polish Army doctor. He saved at least 8,000 people from being sent to concentration camps, where they would have likely died.

(B)

To keep these people safe, he created the appearance of an epidemic, which caused the Nazis to immediately quarantine the area. (a) He did this by injecting dead epidemic typhus bacteria into the local people. A friend of his had previously discovered that doing so would cause people to test positive for epidemic typhus without actually causing any of its symptoms. As the Germans feared this deadly and highly contagious disease, infected individuals were not sent to concentration camps.

*typhus: 발진티푸스

(C)

After some time, the Nazis grew suspicious and a group of soldiers was sent to investigate the doctor. Rather than panicking, he greeted the soldiers with food and drinks. The superior officer was so pleased with this hospitality that (b) he only sent two younger soldiers to check on the patients. Scared of being infected, they quickly took some blood without investigating any further. When the blood samples tested positive for epidemic typhus, Lazowski knew (c) he had succeeded.

(D)

Lazowski decided to use his intellect rather than weapons to resist the invading Nazis. (d) He was actually following in the footsteps of his parents, who used their home to hide two Jewish families. Although Lazowski himself didn't hide anyone in his home, he used (e) his medical expertise to save all the people of a small town, Rozwadow, in an unexpected and novel way.

4 주어진 글 (A)에 이어질 내용을 순서에 맞게 배열한 것으로 가장 적절한 것은?

① (B) – (D) – (C)　　　② (C) – (B) – (D)　　　③ (C) – (D) – (B)
④ (D) – (B) – (C)　　　⑤ (D) – (C) – (B)

5 밑줄 친 (a)~(e) 중에서 가리키는 대상이 나머지 넷과 <u>다른</u> 것은?

① (a)　　　　② (b)　　　　③ (c)　　　　④ (d)　　　　⑤ (e)

6 윗글의 Eugene Lazowski에 관한 내용으로 적절하지 <u>않은</u> 것은?

① 폴란드 출신의 군의관이었다.
② 사람들에게 죽은 유형성 박테리아를 주사했다.
③ 자신을 조사하러 온 나치군을 환대했다.
④ 유대인들을 자신의 집에 숨겨 주었다.
⑤ 자신의 전문 지식을 이용해 많은 사람을 구했다.

1-3　aisle seat 통로 쪽 좌석　take off 이륙하다　cheerfully 기분 좋게, 쾌활하게　late 늦은; *고인이 된, 이미 사망한　dearly 몹시, 대단히
flight attendant (비행기) 승무원　bet (돈 등을) 걸다; *(…이) 틀림없다[분명하다]

4-6　bring out …을 끌어내다[발휘되게 하다]　the Holocaust 홀로코스트(나치에 의한 유대인 대학살)　countless 무수한, 셀 수 없
이 많은　shield 보호하다, 가리다　concentration camp 강제 수용소　epidemic 유행[전염]병; 유행[전염]성의　quarantine
격리하다　inject 주사[주입]하다　test positive 양성 반응을 보이다　contagious 전염되는, 전염성의　suspicious 의혹을 갖는, 수상쩍
어하는　hospitality 환대　novel 새로운

· PART 2 ·
소재편

19 인문

실전기법 >

문학, 철학, 언어, 논리, 역사, 심리 등의 광범위한 소재를 다루며, 특히 철학, 논리, 심리 분야의 소재가 난이도 높은 문제에 자주 등장한다.

account for …을 설명하다
appeal 호소; 관심을 끌다
approach 접근법; 다가가다
aspect 측면; 양상
assumption 추정, 상정
bias 편견, 편향
circumstance 환경, 상황
claim 주장하다; 요구하다
cognitive 인식의, 인지의
confirmation 확인, 확증
confront 닥치다; 맞서다
consequence 결과

contemporary 동시대의; 현대의
define 정의하다; 규정하다
deliberately 고의로
demonstrate 입증[실증]하다
derive 끌어내다; …에서 비롯되다
elaborate 정교한; 자세히 말하다
emotional 정서의; 감정적인
essential 필수적인
explanation 설명
motivate 동기를 부여하다
perception 지각, 자각, 인식
phenomenon 현상

philosophy 철학
pursue 추구하다, 밀고 나가다
rational 합리적인, 이성적인
reject 거부[거절]하다
reverse (정)반대; 뒤바꾸다
separate 분리된; 분리하다
sophisticated 세련된; 정교한
stimulate 자극[격려]하다
tendency 성향; 경향
vagueness 막연함; 분명치 않음
value 가치; 평가하다
vulnerable 취약한, 연약한

기출예제 다음 글에서 전체 흐름과 관계 없는 문장은? **수능**

Speaking fast is a high-risk proposition. It's nearly impossible to maintain the ideal conditions to be persuasive, well-spoken, and effective when the mouth is traveling well over the speed limit. ① Although we'd like to think that our minds are sharp enough to always make good decisions with the greatest efficiency, they just aren't. ② In reality, the brain arrives at an intersection of four or five possible things to say and sits idling for a couple of seconds, considering the options. ③ Making a good decision helps you speak faster because it provides you with more time to come up with your responses. ④ When the brain stops sending navigational instructions back to the mouth and the mouth is moving too fast to pause, that's when you get a verbal fender bender, otherwise known as filler. ⑤ *Um, ah, you know*, and *like* are what your mouth does when it has nowhere to go.

정답 ③

• 적용독해 •

1

다음 글의 주제로 가장 적절한 것은?

Epicureanism is a philosophy based on the beliefs of the ancient Greek philosopher Epicurus. It teaches that the path to complete human happiness lies in the maximization of pleasure and the avoidance of pain. But contrary to common misconceptions, Epicureanism does not in fact promote a life of luxury; instead, it calls for an ascetic lifestyle that should be shared with friends. That's because, according to Epicurus, the way to attain pleasure is to live modestly, to eliminate fears and superstitions, and to suppress artificial desires. Therefore, while one might look at our contemporary consumerist culture and view it as a realization of Epicureanism, such a view would be misguided. Epicurus taught that overindulging in pleasures would inevitably lead to suffering. A fully Epicurean life, then, demands frugality. Only through frugality can one avoid the fears and difficulties that are brought on by a life of wealth and luxury.

*ascetic: 금욕적인

① the true meaning of Epicureanism
② the importance of teaching frugality
③ why Epicureanism has changed over time
④ how Epicurus came up with his philosophy
⑤ how contemporary culture reflects Epicureanism

2

글의 흐름으로 보아, 주어진 문장이 들어가기에 가장 적절한 곳은?

> They feel free to organize the presented information and make connections not just from left to right and from beginning to end, but in any order they choose.

The internet and digital technology have brought about a world of increasing interactivity and connectivity. (①) These changes are reflected in the field of children's literature in interesting ways. (②) In many modern children's books, information is not presented in a traditional, linear fashion. (③) For example, David Macaulay's *Black and White* is a picture book that tells four stories simultaneously, featuring various perspectives and plots that interconnect in many different ways. (④) This increased connectivity has also changed the way children interact with text. (⑤) This type of reading allows children to create their own narratives by actively looking for meaning in ways highly influenced by the digital age.

3 **Sweet Track에 관한 다음 글의 내용과 일치하지 <u>않는</u> 것은?**

The Sweet Track in Somerset Levels, England, is a raised wooden walkway dating back to the Neolithic era. It is all that remains of a system of walkways that were used for dry passage over the damp, marshy terrain. At the time it was built, the Sweet Track ₃ connected an island at Westhay to a higher ridge near the River Bruce. The track is part of an ancient settlement, and mounds found in the area confirm this. The Sweet Track measures approximately 1.6 kilometers in length and got its name from Ray Sweet, who ₆ discovered the track in the 1970s. By using tree-ring dating techniques, scientists have determined that the track was built around 3807 BCE. It was the oldest known track of its kind in Northern Europe until a similar structure was uncovered in 2009. ₉

*Neolithic: 신석기 시대의

① 신석기 시대부터 존재하는 높은 목재 보도이다.
② 섬과 산등성이를 이어 주는 길이었다.
③ 고대 정착지의 일부였던 것으로 확인되었다.
④ 발견한 사람의 이름을 따서 명명되었다.
⑤ 현재 북유럽에서 가장 오래된 보도로 알려져 있다.

4 **다음 빈칸에 들어갈 말로 가장 적절한 것은?**

Preposition stranding, also known as P-stranding, occurs when a preposition and its object appear in different parts of a sentence. For instance, "about" appears at the end of "What are you talking about?" while "what" is located at the beginning. John Dryden, ₃ a 17th-century English poet, famously claimed that P-stranding is ungrammatical. However, this "rule" has been widely ignored throughout history. In fact, P-stranding frequently appears in spoken English, and most linguists agree that it is often preferable. ₆ For example, while the sentence "This is the type of English with which I will not put up" avoids P-stranding, "_____" sounds far more natural. So feel free to end sentences with prepositions. But remember that the adverb ₉ of phrasal verbs like "look up" cannot be moved, since "up" is essential to the verb's meaning.

① I will not put up with this type of English
② This is the type of English I will not speak
③ This is the type of English with I will not put up
④ This is the type of English I will not put up with
⑤ This is the type of English up with I will not put

5 (A), (B), (C)의 각 네모 안에서 어법에 맞는 표현으로 가장 적절한 것은?

Even when (A) faced / facing with evidence to the contrary, many people accept conspiracy theories as fact, believing that powerful people are working together to deceive the public. For those who believe that plots such as hiding evidence of alien life can be successfully executed, there are a nearly infinite number of possible conspiracy theories (B) pursue / to pursue . Whenever the cause of a terrible event can't quite be explained, they seek out a group or organization that could have been responsible. And whenever this kind of conjecture is posted on social networks, there is the potential that we will see it go viral. This draws in more people, some of whom find that the idea of tracking down the truth behind shadowy conspiracies (C) has / have the same sort of appeal as reading a mystery novel.

	(A)		(B)		(C)
①	faced	……	pursue	……	has
②	faced	……	to pursue	……	have
③	faced	……	to pursue	……	has
④	facing	……	to pursue	……	have
⑤	facing	……	pursue	……	has

---

1 **Epicureanism** 에피쿠로스 철학 **maximization** 극대화 **avoidance** 회피 (*v.* **avoid** 방지하다; *(회)피하다) **attain** 이루다[획득하다] **modestly** 겸손하게 **superstition** 미신 **suppress** 진압하다; *참다[억누르다] **artificial** 인공[인조]의; *거짓된, 꾸민 **consumerist** 소비 지상주의의 **overindulge** 탐닉하다 **inevitably** 필연적으로, 반드시 **frugality** 절약, 검소

2 **interactivity** 상호 작용성 **connectivity** 연결(성) **linear** 직선의; *선형의 **fashion** 유행; *방법, 방식 **simultaneously** 동시에 **perspective** 관점, 시각 **interconnect** 서로 연결하다[관련되다] **narrative** 이야기, 묘사

3 **damp** 축축한, 눅눅한 **marshy** 늪[습지]의, 늪 같은 **terrain** 지형, 지역 **ridge** 산등성이 **mound** 흙더미, 언덕 **confirm** 사실임을 보여 주다[확인해 주다] **tree-ring** 나이테 **dating** 날짜 기입; *연대 결정 **uncover** 덮개를 벗기다; *(유적을) 발굴[발견]하다

4 **preposition stranding** 전치사 좌초 **object** 물건; *목적어 **locate** (특정한 위치에) 놓다, 두다 **ungrammatical** 비문법적인 **throughout history** 역사를 통틀어 **linguist** 언어학자 **preferable** 오히려 나은, 보다 바람직한 **essential** 필수적인 [문제] **put up with** 참다, 견디다

5 **conspiracy** 음모 **deceive** 속이다 **plot** 줄거리; *음모 **execute** 처형하다; *실행[수행]하다 **infinite** 무한한, 끝없는 **conjecture** 추측(한 내용) **go viral** 입소문이 나다 **track down** …을 찾아내다[추적하다] **shadowy** 그늘이 진; *잘 알려져 있지 않은

20 사회

정치, 경제, 법, 교육, 환경 등의 소재를 다루며, 국제적인 문제나 시사적인 주제들도 등장한다.

빈출 어휘

abundance 풍부
access 접근; 이용; 입수[이용]하다
advocate 지지자; 지지하다
agreement 협정; 동의
allocate 할당하다; 배분하다
alternative 대안; 대체 가능한
annual 매년의, 연례의
clarity 명료성, 명확성
compensation 보상(금)
complex 복잡한
conflict 갈등; 상충하다
consumption 소비

coverage 보도[방송]; 범위
emission 배출; 배출물, 배기가스
empirical 경험[실험]에 의거한
enterprise 기업, 회사
exceed 넘다, 초과하다
execute 처형하다; 실행하다
facilitate 촉진[조장]하다
feature 특징; 특징으로 삼다
geographical 지리학(상)의
implement 시행하다
interpret 해석하다; 이해하다
intervention 중재; 개입

intricacy 복잡함
legislation 제정법; 입법 행위
liberal 자유민주적인; 진보적인
management 경영, 관리
migrate 이주하다; 이동하다
negotiation 협상, 교섭
neutral 중립적인
opposing 대립하는
policy 정책, 방침
resolve 해결하다; 다짐하다; 결심
undertake 착수하다
virtual 사실상의; 가상의

기출예제 다음 글의 목적으로 가장 적절한 것은? 수능

Dear Ms. Green,

My name is Donna Williams, a science teacher at Rogan High School. I am planning a special workshop for our science teachers. We are interested in learning how to teach online science classes. I have been impressed with your ideas about using internet platforms for science classes. Since you are an expert in online education, I would like to ask you to deliver a special lecture at the workshop scheduled for next month. I am sure the lecture will help our teachers manage successful online science classes, and I hope we can learn from your insights. I am looking forward to hearing from you.

Sincerely,
Donna Williams

① 과학 교육 정책 협의회 참여를 독려하려고
② 과학 교사 워크숍의 특강을 부탁하려고
③ 과학 교사 채용 계획을 공지하려고
④ 과학 교육 프로그램 개발을 요청하려고
⑤ 과학 교육 워크숍 일정의 변경을 안내하려고

정답 ②

· 적용독해 ·

1 다음 글의 주제로 가장 적절한 것은?

As a result of the recent shift toward e-commerce, retailers have started to underestimate the importance of their physical locations. This is largely due to the way the retailers view the store environment—they see it simply as a medium through which they can sell items. Unlike online transactions with the retailer, however, a visit to a physical store gives customers the opportunity to experience the brand with all of their senses. This brand experience ultimately determines how customers feel about the retailer and its products, potentially creating positive impressions and increasing consumer loyalty. This makes it far more important in terms of maximizing profits than the retailer's simple contribution to sales.

① the balance between brand experience and retail operations
② the reasons retailers are replacing physical stores with websites
③ the downside of using e-commerce to attract and retain customers
④ the most effective method of introducing a new brand to consumers
⑤ the importance of using stores to create a positive brand experience

2 다음 빈칸에 들어갈 말로 가장 적절한 것은?

A copyright on a creative work typically lasts for seventy years after the death of the work's creator. On the other hand, a design right, which applies to a functional product, expires just ten or fifteen years after the object is created. This means that the legality of reproducing something without the right-owner's permission varies depending on whether it is considered functional or artistic. This distinction was key to the case of *Lucasfilm* v. *Ainsworth*, in which the man who designed the Stormtrooper helmets used in the *Star Wars* movies had started reproducing and selling them without the consent of Lucasfilm, which owned the rights. Had Lucasfilm shown that the helmet was a "sculpture," then it could have won the case. However, the court decided that _____. Ultimately, Mr. Ainsworth was allowed to continue producing and selling the helmets because enough time had passed for the design right to expire.

① the right to reproduce the helmets belonged to Lucasfilm
② helmets made for use in a film are not artistic sculptures
③ the helmets did not fit the definition of a functional product
④ it didn't matter whether the helmet was artistic or functional
⑤ Mr. Ainsworth had not in fact created the Stormtrooper helmets

3 다음 글에서 필자가 주장하는 바로 가장 적절한 것은?

Because the majority of global conflicts are intrastate conflicts, a great deal of research has been done to understand the causes of these subnational clashes. In addition, government agencies have made substantial efforts to develop ways to predict future 3 crises as well as strategies to prevent them. What these researchers and agencies have realized is that countries are rarely in a state of absolute peace or total civil war. Rather, countries experience conflicts of varying intensities that develop in both time and 6 space. Large-scale violent unrest can result from smaller political protests, and conflicts thought to be local can easily spill over into neighboring regions. To view civil war as a phenomenon that occurs only at the national level, then, is to neglect the escalatory 9 processes that precede all civil wars. Properly dealing with these initial, subnational conflicts will help to prevent them from escalating into civil wars.

① 분쟁 지역에 대해 주변국의 지원을 적극 요청해야 한다.
② 지역 분쟁에 대처하는 데 있어 무력 진압을 자제해야 한다.
③ 분쟁의 사후 처리보다는 사전 예방에 주의를 기울여야 한다.
④ 지역 분쟁이 내전으로 확대되지 않도록 초기에 적절히 대처해야 한다.
⑤ 지역 분쟁 해결을 위해 정부가 주민들의 다양한 의견을 수렴해야 한다.

4 다음 도표의 내용과 일치하지 않는 것은? 기출

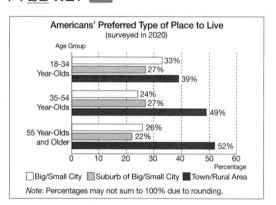

The above graph shows the percentages of Americans' preferred type of place to live by age group, based on a 2020 survey. ① In each of the three age groups, Town/Rural Area was the most preferred type of place to live. ② In the 18-34 year-olds group, the 3 percentage of those who preferred Big/Small City was higher than that of those who preferred Suburb of Big/Small City. ③ In the 35-54 year-olds group, the percentage of those who preferred Suburb of Big/Small City exceeded that of those who preferred Big/ 6 Small City. ④ In the 55 year-olds and older group, the percentage of those who chose Big/Small City among the three preferred types of place to live was the lowest. ⑤ Each percentage of the three preferred types of place to live was higher than 20% across the 9 three age groups.

5

다음 글의 제목으로 가장 적절한 것은?

For a long time, official police officers didn't exist in the United States, so criminals had to be arrested by ordinary citizens. This practice of "citizen's arrest" originated from a law introduced in England in 1285, which legalized arrests made by ordinary members of the public. This practice spread throughout the British colonies, including those that would eventually become the United States. However, the power to make citizen's arrest was often abused. In particular, it was used to intimidate and terrorize Black communities. And while most arrests are now made by official police officers, the troubled legacy of racial bias and discrimination in citizen's arrest lives on. In 2020, for instance, a group of white men in Georgia shot and killed a Black man named Ahmaud Arbery, who was simply jogging outdoors. When they attempted to defend themselves, they claimed that, because they had believed that Arbery had committed a crime, their actions were legal under the state's citizen's arrest law.

① The Surprising Origins of Police Departments in the United States
② How the Issue of Racial Bias in American Laws Has Been Addressed
③ The Secret Spectrum of American Justice: Citizen's Arrest Debated
④ Recent Advancements and Improvements in the American Judicial System
⑤ The Troubled History and Ongoing Controversy of Citizen's Arrest in the U.S.

---

1   e-commerce 전자 상거래   underestimate 과소평가하다   medium 수단, 방편   transaction 거래   in terms of … 면에서 [문제] downside 불리한[부정적인] 면   retain 유지[보유]하다

2   functional 기능 위주의   expire 만료되다   legality 합법성, 적법성   reproduce 복사하다, 복제하다   distinction 구별, 차별 consent 동의, 허락   sculpture 조각품   decide 결정하다; *(공식적인·법적인) 결정[판결]을 내리다

3   intrastate 주(州) 내의   subnational 광역 자치 단체급의, 하위국가적   clash 충돌   substantial 상당한   absolute 절대적인; *완전한   total 총, 전체의; *전면적인   civil war 내전   intensity 강렬함; *강도   unrest (사회·정치적) 불안, 소요   spill over …로 넘치다; *(한 지역에서 다른 지역으로) 번지다   neglect 방치하다   escalatory (전쟁의) 규모 확대에 연계되는   precede …에 앞서다[선행하다] escalate 확대[악화]되다

4   survey 조사하다; (설문) 조사   suburb 근교, 교외   town (소)도시, 읍   rural 시골의, 지방의   sum 총계[합계]하다   round 반올림하다

5   criminal 범죄의; *범죄자   arrest 체포하다   practice 실행; *관행   originate 비롯되다, 유래하다   legalize 합법화하다 throughout 도처에   abuse 남용하다   intimidate 겁을 주다[위협하다]   terrorize 공포에 떨게 하다   troubled 걱정하는; *문제가 많은   legacy 유산   racial 인종의   discrimination 차별   live on 계속 살다[존재하다]   defend oneself 자기를 변호하다   commit (범죄를) 저지르다   [문제] address 연설하다; *(문제 등에 대해) 고심하다, 다루다   judicial 사법[재판]의   ongoing 계속 진행 중인

21 과학

생물, 화학, 물리, 의학, 기술 등의 소재를 다루며, 예시를 통해 과학적 원리나 현상을 설명하는 내용이 자주 출제된다.

빈출 어휘

absorb 흡수하다	**emit** 내다, 내뿜다	**manipulate** 조종하다; 다루다
accurate 정확한	**endangered** 멸종 위기에 처한	**measure** 측정하다[재다]
auditory 청각의	**evaporate** 증발하다; 증발시키다	**metabolism** 신진대사
calculation 계산; 추정, 추산	**exploration** 탐사, 탐험	**multiply** 곱하다; 증식[번식]시키다
component (구성) 요소, 부품	**extract** 추출물; 뽑다, 추출하다	**nutrient** 영양소, 영양분
contract 수축하다; 수축시키다	**frequency** 빈도; 진동수[주파수]	**physiology** 생리학; 생리
coordinate 대등하게 하다; 조정하다	**genetic** 유전의; 유전학의	**subject** 주제; 연구 대상, 피험자
deforestation 삼림 벌채	**habitat** 서식지	**submerge** 물[액체] 속에 넣다
determine 알아내다; 결정하다	**infectious** 전염성의, 전염되는	**substance** 물질
diagnose 진단하다	**isolate** 격리하다, 고립시키다	**supplement** 보충(물); 보충[추가]하다
diversity 다양성	**layer** 막, 층	**transmit** 전송[송신]하다

기출예제 주어진 글 다음에 이어질 글의 순서로 가장 적절한 것은? **수능**

> A fascinating species of water flea exhibits a kind of flexibility that evolutionary biologists call *adaptive plasticity*.

(A) That's a clever trick, because producing spines and a helmet is costly, in terms of energy, and conserving energy is essential for an organism's ability to survive and reproduce. The water flea only expends the energy needed to produce spines and a helmet when it needs to.

(B) If the baby water flea is developing into an adult in water that includes the chemical signatures of creatures that prey on water fleas, it develops a helmet and spines to defend itself against predators. If the water around it doesn't include the chemical signatures of predators, the water flea doesn't develop these protective devices.

(C) So it may well be that this plasticity is an adaptation: a trait that came to exist in a species because it contributed to reproductive fitness. There are many cases, across many species, of adaptive plasticity. Plasticity is conducive to fitness if there is sufficient variation in the environment.

*spine: 가시 돌기 **conducive: 도움되는

① (A) – (C) – (B)　　　② (B) – (A) – (C)　　　③ (B) – (C) – (A)

④ (C) – (A) – (B)　　　⑤ (C) – (B) – (A)

정답 ②

· 적용독해 ·

1 다음 글에서 전체 흐름과 관계 <u>없는</u> 문장은?

People who react to specific allergens in foods and other substances have been known to develop additional allergies through "allergic cross-reactivity." This may be caused by a different substance containing the same allergen or another allergen with a closely ₃ matching protein structure. ① Cross-reactivity can put allergy sufferers at risk of an allergic reaction even when they stay away from the original allergen. ② For example, a person who carefully avoids peanuts due to a peanut allergy might react to foods in the ₆ same biological family, such as beans, peas, or lentils. ③ Peanut allergies are becoming increasingly prevalent in children, and they usually affect them for life. ④ There is also a potential for allergic cross-reactions between some foods and the pollens responsible ₉ for hay fever. ⑤ For anyone clinically diagnosed with food allergies, it is advisable to avoid similar foods that might trigger these reactions.

2 글의 흐름으로 보아, 주어진 문장이 들어가기에 가장 적절한 곳은?

Instead, it is an automatic physiological response to the stress of facing a predator.

Pretending to be dead is sometimes called "playing possum," a phrase inspired by the North American opossum. When facing danger, the opossum initially reacts by hissing, ₃ growling, showing its teeth, and even biting. (①) If these methods fail, the opossum has an emergency plan: to fake its own death. (②) In extremely dangerous situations, it collapses and foams at the mouth while lying completely still; meanwhile, a foul- ₆ smelling fluid is secreted, giving it a realistic smell of death. (③) Most predators prefer to kill prey themselves and will leave seemingly dead animals alone, so this is a very effective defensive method. (④) Most surprising is the fact that the behavior is not ₉ done consciously. (⑤) Normally, it is not until the predator is gone that the opossum wakes from this state.

*opossum: 주머니쥐

21 과학 **95**

3 다음 글의 제목으로 가장 적절한 것은?

During World War II, computers as we know them now did not exist. That meant that the long, complex calculations needed in order to make things like artillery tables had to be done by hand. And just like how other American industries hired tens of thousands ₃ of women to fill the roles that had been left by men involved in the war effort, the US military hired hundreds of women with excellent computational skills to make these important calculations. These women were called "Rosies," the same nickname ₆ given to the women who had taken traditionally male jobs in other industries. When the war ended and the military started developing machines that would take over the hard calculation work, many Rosies were there to help. Dozens of women worked on ₉ debugging and running code for the new, room-sized machines, thus helping to bring the world into the age of computers.

① Were Rosies World War II's Bravest Soldiers?
② The Great Influence of Computers on Modern Warfare
③ How Computer Technology Has Developed through Time
④ Rosies: From Wartime Calculators to Computer Developers
⑤ How Female Workers during World War II Got Their Nickname

4 다음 빈칸에 들어갈 말로 가장 적절한 것은? 기출

There has been a lot of discussion on why moths are attracted to light. The consensus seems to hold that moths are not so much attracted to lights as they are _____ by them. The light becomes a sensory overload that disorients ₃ the insects and sends them into a holding pattern. A hypothesis called the Mach band theory suggests that moths see a dark area around a light source and head for it to escape the light. Another theory suggests that moths perceive the light coming from a ₆ source as a diffuse halo with a dark spot in the center. The moths, attempting to escape the light, fly toward that imagined "portal," bringing them closer to the source. As they approach the light, their reference point changes and they circle the light hopelessly ₉ trying to reach the portal. Everyone is familiar with moths circling their porch lights. Their flight appears to have no purpose, but they are, it is believed, trying to escape the pull of the light.   12

*moth: 나방 **consensus: 합의 ***diffuse: 널리 퍼진

① warmed   ② trapped   ③ targeted
④ protected   ⑤ rejected

5 주어진 글 다음에 이어질 글의 순서로 가장 적절한 것은?

> Earthquakes cause extensive damage and even loss of life, but fortunately an airbag system developed in Japan could minimize these dangers.

(A) In reality, there only needs to be about an inch of padding to absorb the tremors. Furthermore, since the airbag is not needed most of the time, it is only activated when there is an earthquake, as a motion detector identifies vibrations and automatically turns on the system.

(B) This system protects a building by raising it up for the duration of the earthquake, thus shielding it from the earth's powerful vibrations. When picturing this device, you might imagine a house floating on a giant balloon-like pouch, but of course that's not the case.

(C) At that point, compressed air is quickly forced into the underlying structure of the building, inflating an artificial foundation and allowing the building to float safely over the vibrations. When ground movement is no longer detected, the air escapes and the building settles back to its original position undamaged.

① (A) – (C) – (B) ② (B) – (A) – (C) ③ (B) – (C) – (A)
④ (C) – (A) – (B) ⑤ (C) – (B) – (A)

---

1 allergen 알레르겐(알레르기 유발 항원) cross-reactivity 교차 반응성 protein 단백질 lentil 렌즈콩 prevalent 유행하는, 널리 퍼진 pollen 꽃가루, 화분 hay fever 꽃가루 알레르기 clinically 임상적으로 trigger 발사하다; *유발하다

2 automatic 자동의; *무의식적인, 반사적인 physiological 생리적인 hiss 쉿 하는 소리를 내다 growl 으르렁거리다 collapse 붕괴되다; *쓰러지다 foam 거품을 일으키다 still 가만히 있는, 고요한 foul-smelling 악취가 나는 fluid 유체; *체액 secrete 분비하다

3 artillery 대포 table 식탁; *표, 목록 computational 계산을 요구하는 take over 떠맡다, 대신하다 debug 오류를 검출하여 제거하다 [문제] warfare 전투

4 sensory 감각의 overload 과부하 disorient 방향을 잃게 하다 send ... into a holding pattern …가 제자리를 맴돌게 하다 hypothesis 가설 halo 광륜(光輪), 후광 portal 입구, 정문 reference point 기준 hopelessly 절망하여, 어쩔 수 없이 circle (공중에서) 빙빙 돌다 porch 현관

5 extensive 아주 넓은[많은], 대규모의 minimize 최소화하다 padding 채워 넣는 것, 충전재 tremor 미진 detector 탐지기 duration 지속, (지속되는) 기간 compressed 압축[압착]된 underlying 근원적인; *밑에 있는 inflate 부풀리다 foundation 토대

22 예술

음악, 미술, 문학, 영화, 사진, 건축 등의 소재를 다루며, 특정 작품이나 인물을 소개하는 문제가 출제되기도 한다.

빈출 어휘

adapt 맞추다; 개작하다[각색하다]
blend 섞다, 혼합하다
celebration 기념[축하] (행사)
corresponding 해당[상응]하는
delight 기쁨, 즐거움
detract (주의를) 돌리다; 손상시키다
devote 바치다; 헌신하다
distinctive 독특한
earnestly 진지하게, 진정으로
epic 서사시; 서사시의
evaluate 평가하다, 감정하다
exhibition 전시; 전시회; 발휘, 표현

expressive 표현적인
extent 정도, 규모
genre (예술 작품의) 장르
identify 확인하다, 알아보다
illustrate 설명하다; 삽화를 넣다
imitate 모방하다, 본뜨다; 흉내 내다
insightful 통찰력 있는
inspiration 영감; 영감을 주는 것
intended 의도된
interpretation 해석, 이해
lament 애통하다, 한탄하다
launch 시작하다; 출시[출간]하다

narrative 묘사; 서술 (기법)
object 물체, 물건; 반대하다
plot 구성[플롯/줄거리]; 음모
prominent 중요한; 유명한; 현저한
pursue 추구하다; 추적하다
recur 되돌아가다; 반복되다
satisfying 만족스러운
simultaneously 동시에
tension 긴장 상태; 긴장[갈등]
theme 주제, 테마
variation 변화[차이]; 변형; 변주곡
word-of-mouth 구두의, 구전의

기출예제 글의 흐름으로 보아, 주어진 문장이 들어가기에 가장 적절한 곳은? **수능**

> As long as the irrealism of the silent black and white film predominated, one could not take filmic fantasies for representations of reality.

Cinema is valuable not for its ability to make visible the hidden outlines of our reality, ₃ but for its ability to reveal what reality itself veils — the dimension of fantasy. (①) This is why, to a person, the first great theorists of film decried the introduction of sound and other technical innovations (such as color) that pushed film in the direction of realism. ₆ (②) Since cinema was an entirely fantasmatic art, these innovations were completely unnecessary. (③) And what's worse, they could do nothing but turn filmmakers and audiences away from the fantasmatic dimension of cinema, potentially transforming ₉ film into a mere delivery device for representations of reality. (④) But sound and color threatened to create just such an illusion, thereby destroying the very essence of film art. (⑤) As Rudolf Arnheim puts it, "The creative power of the artist can only come into play ₁₂ where reality and the medium of representation do not coincide."

*decry: 공공연히 비난하다   **fantasmatic: 환상의

정답 ④

· 적용독해 ·

1

다음 글의 주제로 가장 적절한 것은?

The fact that you can stand before a spectacular scene doesn't necessarily mean you can capture its beauty in a photograph. Whereas our real-life perspective stretches as far as the eye can see, a photograph is limited to a four-sided frame. The viewer can only base his or her interpretation on the contents within that frame. Composition in photography can be defined as the way a scene is framed. However, good composition goes far beyond that. Rather than being a simple act of fitting an image into a confined shape, it focuses more on the precise arrangement of silhouettes, objects, and tones to draw the viewer's attention to the subject matter. Good composition guides the viewer effortlessly to the central theme of the photograph and brings out subtle aspects that might otherwise go unnoticed, such as the interaction between shadows and light.

① the principles of interpreting photographs
② the qualities of a professional photographer
③ the definition of good composition in photographs
④ the reason images can be interpreted in different ways
⑤ the types of photographic subjects preferred by viewers

2

다음 빈칸에 들어갈 말로 가장 적절한 것은?

Gioachino Rossini was a famous Italian opera composer who was known for _____. His great talent is well illustrated by an anecdote about how he wrote the *Aria dei rizi* (the rice aria) from *Tancredi*. Only two nights before the performance of *Tancredi*, the lead singer refused to sing one of the arias Rossini had written. The poor composer returned to his inn to have dinner and think about what he should do. As he despairingly entered his room, the cook asked, "Should the rice be put on the fire?" and Rossini answered in the affirmative. The cook put the rice on the fire, and, amazingly, before it was ready, Rossini had written an entirely new aria. It has been loved ever since, and in Venice it is still known as *Aria dei rizi*.

① being very strict with lead singers
② his good taste in food as well as music
③ his skill when it came to writing comedies
④ his habit of writing music while doing other things
⑤ the amazing speed with which he was able to compose

3 다음 글의 밑줄 친 부분 중, 문맥상 낱말의 쓰임이 적절하지 <u>않은</u> 것은?

Ponte City Tower in Johannesburg is a hollow-centered cylindrical skyscraper that, at 54 stories, is the tallest residential structure in the city. It was completed in 1975, when South Africa was still under Apartheid, a political system in which the government segregated different racial groups. The elegant Ponte City Tower was built for white residents only, and no black people were ① <u>allowed</u> to live there other than the servants. The ground floor of the building featured high-end shops, a bowling alley, and even a space for concerts; it was the most ② <u>modest</u> building of its kind. In the early 1980s, investment in the area ③ <u>declined</u>, and residents started moving to more desirable locations. As the neighborhood ④ <u>worsened</u>, Ponte City Tower became home to criminals rather than the city's elite. The building eventually became run-down and ⑤ <u>damaged</u>, with the center section accumulating nearly five stories of debris at one point.

4 다음 글의 요지로 가장 적절한 것은? 기출

Music is a human art form, an inseparable part of the human experience everywhere in the world. Music is social, and tightly woven into the tapestry of life, and young children are very much a part of this multifaceted fabric. The musical experiences they have provide opportunities for them to know language, behaviors, customs, traditions, beliefs, values, stories, and other cultural nuances. As they become musically skilled through experiences in song and instrumental music, young children can also grow cultural knowledge and sensitivity. Music is an extremely important aspect of culture, shaping and transmitting the above-mentioned aspects that characterize groups of people. Exposing young children to the world's musical cultures brings them into the cultural conversation, allowing them to learn about self and others in an artistically meaningful and engaging way. Prior to the development of social biases and cultural preferences that all too easily turn into prejudices, the opportunity to know people through song, dance, and instrument play is a gift to all who work for the well-balanced development of young children into the responsible citizens they will one day become.

*tapestry: 색색의 실로 수놓은 장식 걸개 **multifaceted: 다면의

① 아이들의 균형 잡힌 성장을 위해서는 다양한 경험이 중요하다.
② 사회적 편견과 문화적 선호도는 서로 밀접하게 관련되어 있다.
③ 어린 나이에 다양한 음악에 노출되면 예술적 감각이 향상된다.
④ 음악을 포함한 예술은 특정 문화에 대한 당대의 사회적 시각을 반영한다.
⑤ 음악은 아이들을 사회·문화적으로 균형 잡힌 시민으로 성장하게 해 준다.

5 **Manzoni의 작품에 관한 다음 글의 내용과 일치하지 <u>않는</u> 것은?**

"Your work stinks" is what Piero Manzoni's father said about his son's art. Rather than being discouraged, this innovative but unusual artist was inspired. Manzoni produced ninety cans and claimed to have sealed thirty grams of his own bodily waste inside 3 them. Manzoni numbered the cans from 001 to 090 and signed them. He asked for each can's weight in gold as payment. Manzoni created satirical work to comment on art being excessively capitalistic. With the public scrambling to obtain every piece of art, 6 Manzoni created absurd masterpieces, like filling balloons with "artist's air." His cans of waste were the most extreme of all. His goal to mock the public worked. Although there is no record of how many cans he sold in his lifetime, they became an important 9 piece of art from this period. Today, the cans are worth considerably more than their weight in gold. In 2016, can no. 069 was sold at an auction in Milan for $300,000. The price of his cans has continued to increase till this day. 12

① 캔 안에 배설물이 밀봉되어 있다.
② 각각의 캔에 번호가 쓰여 있다.
③ 예술이 자본주의화 되는 것을 풍자하는 의도를 담고 있다.
④ 얼마나 많이 팔렸는지 알 수 없다.
⑤ 오늘날에는 같은 무게의 금 가격보다 낮은 가격에 거래되고 있다.

---

1 spectacular 장관을 이루는, 극적인 frame 틀; 틀에 넣다 composition 구성; *(그림·사진의) 구도 go beyond ···을 넘어서다 confined 한정된, 좁은 precise 정확한, 정밀한 arrangement 준비; *배치, 배열 effortlessly 쉽게 subtle 미묘한 unnoticed 눈에 띄지 않는, 간과되는 [문제] principle 원칙[원리]

2 composer 작곡가 anecdote 일화 inn 여관 despairingly 절망하여 affirmative 긍정[동의]의 말 [문제] compose 구성하다; *작곡하다

3 hollow (속이) 빈 cylindrical 원통형의 skyscraper 고층 건물 residential 주거의 segregate (인종에 따라) 분리[차별]하다 high-end 고급의 desirable 바람직한; *호감이 가는 run-down 황폐한 accumulate 모이다, 쌓이다 debris 잔해; *쓰레기

4 inseparable 분리할 수 없는 weave 짜다 (wove-woven) nuance 미묘한 차이, 뉘앙스 instrumental 중요한; *악기에 의한 (n. instrument 기구; *악기) sensitivity 세심함; *감성 transmit 전달하다 characterize 특징짓다 engaging 호감이 가는, 매력적인 prejudice 편견

5 stink 악취를 풍기다; *형편없다 discouraged 낙담한 inspire 영감을 주다 bodily waste 배설물 satirical 풍자적인 comment 논평하다 excessively 지나치게, 과도하게 capitalistic 자본주의적인 scramble 서로 밀치다[앞다투다] masterpiece 명작 mock 놀리다, 조롱하다 considerably 상당히, 많이 auction 경매

23 기타

생활, 스포츠, 여가 활동, 일화 등의 일상적인 소재를 다루며, 주로 요지나 주제, 어휘, 안내문, 심경 변화 등을 묻는 유형으로 출제된다.

빈출 어휘

admirable 감탄[존경]스러운	**desperately** 절망적으로	**precedent** 선례, 전례
ambiguous 모호한	**donation** 기부, 기증	**promptly** 지체 없이, 즉시
arrange 마련하다, 처리하다	**embrace** 껴안다; 수용하다	**reliable** 믿을 수 있는
authority 권위, 권력	**enroll** 등록하다	**restrain** 저지하다; 억누르다[참다]
assignment 과제, 임무	**evoke** 떠올려 주다[환기시키다]	**resume** 재개하다, 다시 시작하다
cherish 소중히 여기다, 아끼다	**exotic** 외국의; 이국적인	**rite** 의식, 의례
compensate 보상하다	**expedition** 탐험, 원정	**significantly** 상당히; 중요하게
compete 경쟁하다	**fragment** 조각, 파편	**spectacular** 장관을 이루는
combat 전투, 싸움; 방지하다	**intrinsic** 고유한, 본질적인	**stretch** 늘이다
complimentary 무료의; 칭찬하는	**magnificent** 훌륭한, 장엄한	**substitute** 대신하는 사람[것]; 대신하다
conspicuous 눈에 잘 띄는, 튀는	**obligation** 의무, 책임	**volunteer** 자원봉사자; 자원[자진]하다
convince 납득시키다	**organize** 준비[조직]하다; 정리하다	**wander** 거닐다, 헤매다

기출예제 다음 글에 나타난 Evelyn의 심경 변화로 가장 적절한 것은? 수능

It was Evelyn's first time to explore the Badlands of Alberta, famous across Canada for its numerous dinosaur fossils. As a young amateur bone-hunter, she was overflowing with anticipation. She had not travelled this far for the bones of common dinosaur species. Her life-long dream to find rare fossils of dinosaurs was about to come true. She began eagerly searching for them. After many hours of wandering throughout the deserted lands, however, she was unsuccessful. Now, the sun was beginning to set, and her goal was still far beyond her reach. Looking at the slowly darkening ground before her, she sighed to herself, "I can't believe I came all this way for nothing. What a waste of time!"

① confused → scared
② discouraged → confident
③ relaxed → annoyed
④ indifferent → depressed
⑤ hopeful → disappointed

정답 ⑤

· 적용독해 ·

1 다음 글의 요지로 가장 적절한 것은?

Many people participate in extreme sports, even though doing so often puts them at a higher risk of injury or death. But just how significant are the risks? We can find out by comparing the micromorts associated with different activities. Micromorts represent ₃ the chances of dying from a certain activity out of a million, and your daily risk of dying from external causes is about one micromort. When it comes to extreme sports, skydiving comes with a risk of ten micromorts. While this figure might seem high, ₆ this is also the risk associated with being under general anesthesia during emergency surgery. The risk of scuba diving is even less, at eight micromorts. And surprisingly, running a marathon carries the same level of risk! In light of this information, it should ₉ come as no surprise that many reasonable people enjoy these activities.

*general anesthesia: 전신 마취

① 운동 종목에 따른 위험성의 차이는 크지 않다.
② 위험한 극한 스포츠 활동을 제한할 필요가 있다.
③ 극한 스포츠는 흔히 생각하는 것만큼 위험하지 않다.
④ 극한 스포츠는 위험 요소를 감안하고도 도전할 만한 가치가 있다.
⑤ 일상생활에서 다칠 확률이 극한 스포츠로 다칠 확률보다 더 높다.

2 다음 글에서 전체 흐름과 관계 <u>없는</u> 문장은?

Frying is a popular cooking method in countries all around the world. But not all cooking oils are equally suited for frying. Oil can become degraded when it is heated, and different oils have different levels of heat tolerance. ① It is important not to use ₃ degraded oils when cooking for guests. ② Heating oil can also create byproducts that lower food's nutritional value. ③ In order to find out what type of cooking oil is the healthiest, a team of researchers tested several types to see how they would maintain ₆ their chemical structure when heated. ④ The researchers used four different oils— olive, corn, soybean, and sunflower—to fry pieces of raw potato. ⑤ Because olive oil turned out to be the most stable, the researchers concluded that frying in olive oil results ₉ in more nutritious food than frying in seed oils.

3 다음 글의 밑줄 친 부분 중, 문맥상 낱말의 쓰임이 적절하지 <u>않은</u> 것은?

People often define leisure as simply the opposite of work. But we can further define it by saying that leisure is time that is free from ① <u>obligations</u> and provides opportunities for meaningful personal experiences. From this point of view, leisure is associated with the ability to make choices that will lead to a feeling of satisfaction with one's life. In addition, a person in a leisurely state can feel that it is their own ② <u>spontaneous</u> choices that are responsible for their actions. The most leisurely activities are those that are freely chosen for ③ <u>internal</u> reasons, such as to experience joy through performing the activity itself, rather than for money, praise from other people, etc. At the opposite extreme, the least leisurely activities are undertaken ④ <u>voluntarily</u> and as a means to an end. They are also linked to high levels of anxiety and limited amounts of personal ⑤ <u>autonomy</u>.

4 다음 글의 밑줄 친 부분 중, 어법상 틀린 것은? 기출

Viewing the stress response as a resource can transform the physiology of fear into the biology of courage. It can turn a threat into a challenge and can help you ① <u>do</u> your best under pressure. Even when the stress doesn't feel helpful—as in the case of anxiety— welcoming it can transform ② <u>it</u> into something that is helpful: more energy, more confidence, and a greater willingness to take action. You can apply this strategy in your own life anytime you notice signs of stress. When you feel your heart beating or your breath quickening, ③ <u>realizing</u> that it is your body's way of trying to give you more energy. If you notice tension in your body, remind yourself ④ <u>that</u> the stress response gives you access to your strength. Sweaty palms? Remember what it felt like ⑤ <u>to go</u> on your first date—palms sweat when you're close to something you want.

*physiology: 생리 기능

5 다음 빈칸에 들어갈 말로 가장 적절한 것은?

As a child, Leopold Auenbrugger, the son of an innkeeper, observed his father tapping wine barrels in order to determine how full they were. He later studied medicine in Vienna and eventually became a physician at the city's Spanish Hospital, which served ₃ primarily as a medical facility for soldiers. In 1754, while working at the hospital, Auenbrugger put his knowledge of wine barrel tapping to an unexpected use, inventing something now known as the percussion technique. Simply by tapping on a patient's ₆ chest and abdomen, Auenbrugger was able to detect the presence of certain diseases. In a time before X-rays and other modern medical technology, this was a great breakthrough in the art of disease diagnosis in living patients. And it all began with an ₉ observation that was _____.

*percussion: 타진(법)

① based on an obvious fallacy
② unrelated to medical science
③ used to save the life of a man
④ recorded by an injured soldier
⑤ made possible by long-term training

---

1   put A at risk A를 위험에 처하게 하다   significant 중요한[의미 있는/커다란]   associated with …와 관련된   represent 대표하다; *나타내다   external 외부의   in light of …에 비추어, …을 고려하여

2   degrade 비하[모멸]하다; *저하시키다   tolerance 용인; *내성, 저항력   byproduct 부산물   nutritional 영양상의   soybean 콩, 대두   stable 안정된, 안정적인   nutritious 영양분이 많은, 영양가가 높은

3   leisure 여가 (*a.* leisurely 한가한, 여유로운)   obligation (법적·도의적) 의무   spontaneous 자발적인   internal 내부의; *내적인   voluntarily 자발적으로   end 끝; *목적, 목표   anxiety 불안(감)   autonomy 자치권; *자주성, 자율성

4   resource 자원   transform A into B A를 B로 변형하다[바꾸다]   biology 생명 작용[활동]   courage 용기   willingness 의지   quicken 빨라지다   tension 긴장   give access to …에 접근을 허가하다   sweaty 땀에 젖은 (*v.* sweat 땀을 흘리다)   palm 손바닥

5   tap 톡톡 두드리다   barrel 통   physician 내과 의사   primarily 주로   abdomen 배, 복부   breakthrough 돌파구; *(과학 등의) 큰 발전, 눈부신 발견   diagnosis 진단   [문제] fallacy 틀린 생각, 오류   long-term 장기적인

 · PART 3 ·
실전편

실전 모의고사 1회
실전 모의고사 2회
고난도 모의고사

18 다음 글의 목적으로 가장 적절한 것은?

Dear Steven,

Yesterday was the first day Rebecca and I took the boat out by ourselves, and we had a fantastic time. The weather was perfect, and we felt a sense of pride as we untied the vessel from the mooring. We used so many of the skills you taught us, including the particularly difficult maneuver of cutting the engine to sail onto an anchorage. We believe there is still so much knowledge that we could learn from you, and we would love for you to give lessons to our children sometime as well. In the meantime, the fact that we already feel firmly rooted in the basic skills of sailing is a testament to your amazing gift for teaching. We appreciate all your help and can't wait for the next opportunity to sail with you in the future.

Sincerely,

Charles Kramer

① 선원을 모집하려고
② 보트 강습을 연기하려고
③ 새로운 보트를 구매하려고
④ 보트 강사에게 감사하려고
⑤ 보트 운항 정보를 문의하려고

19 다음 글에서 필자가 주장하는 바로 가장 적절한 것은?

The traditional mathematics curricula we see in schools begin by establishing skills in arithmetic and algebra. This foundation is then built upon to lead up to a single point: calculus. Most people view calculus as the highest level of achievement in mathematics. While it's no doubt an important subject, probability and statistics are in fact the true summits of mathematical study. This is because these are the skills we use on a daily basis. They help us analyze trends and predict the future. They also help us quantify uncertainty and make better decisions. Therefore, they are important in a variety of fields of study, including economics, science, and engineering. For these reasons, we should reevaluate our mathematics curricula to give probability and statistics more attention.

*calculus: 미적분학

① 수학 실력을 향상시키기 위해서는 교육과정을 충실히 따라야 한다.
② 수학 교육과정은 확률과 통계를 강화하는 방향으로 나아가야 한다.
③ 학생들이 생활 속에서 산수와 대수학을 터득할 수 있도록 해야 한다.
④ 교육과정을 수립할 때는 학생들의 흥미를 최우선으로 고려해야 한다.
⑤ 수학을 효과적으로 지도할 수 있도록 교육과정의 순서를 조정해야 한다.

20 다음 글의 요지로 가장 적절한 것은?

Approximately fifty percent of American adults use supplements on a regular basis, though less than twenty-five percent do so on the instructions of a physician. The most common dietary supplements are multivitamins, with calcium and omega-3 fatty acids coming in at a distant second and third. The benefits claimed by producers of these supplements include the prevention of medical conditions such as cancer, heart disease, and stroke. While there is evidence of a correlation between certain substances and healthful activity at the cellular level, the long-term benefits of ingesting such compounds have yet to be conclusively proven. However, consumers seem to be ignoring the lack of evidence, making supplements a $67 billion industry. While some supplement manufacturers are conducting their own studies to build confidence in their product, the few minor studies currently available have not been enough to sway critics.

① 식이 보충제는 질병 예방에 도움이 된다.
② 식이 보충제는 규칙적으로 먹어야 효과가 있다.
③ 식이 보충제의 효능은 아직 충분히 입증되지 않았다.
④ 식이 보충제의 부작용에 대한 소비자들의 인식이 낮다.
⑤ 식이 보충제 복용 시 반드시 의사의 지시에 따라야 한다.

21 다음 글의 제목으로 가장 적절한 것은?

A bright blue color first used 5,000 years ago, commonly known as Egyptian blue, is considered to be the first artificial pigment ever developed. It was used by ancient Mediterranean cultures to paint tombs, statues, and other objects. Egyptian blue has been found in a wide range of ancient artwork, from a statue on the Parthenon to a fresco in a tomb in Thebes. Scientists studying the pigment, which is also known by the chemical name calcium copper silicate, were surprised to find that it could be broken into unusually thin sheets that produce invisible infrared radiation, much like many modern-day devices, including television remote controls and automatic car door locks. The scientists believe that calcium copper silicate could be the key to producing a whole new type of nanomaterial that could be used in a large number of fields, such as biomedical imaging, telecommunication platforms, and security systems.

*silicate: 규산염

① Searching for a Safer Way to Create Paints
② Pigmentation: The Key to Protecting Devices
③ New Technology Helps Find Ancient Artwork
④ An Ancient Material with Modern Applications
⑤ The Secret Technology of the Mediterranean Culture

22 다음 글의 주제로 가장 적절한 것은?

Managing emergencies poses a considerable challenge: the response to the emergency should be thoroughly and carefully organized, but the spontaneous nature of emergencies demands immediate action. Balancing the conflicting needs of the situation efficiently is a difficult task. Government institutions take on much of the responsibility for dealing with emergencies, but local volunteers are also indispensable. While modern society depends on following well-organized processes, emergency management requires flexibility and cooperation among various groups. By including nongovernmental participants in relief efforts, communities can improve their ability to handle emergencies and shorten the recovery time when future problems arise. Public officials should recognize the value of utilizing community members and organizations in times of crisis.

① the best ways to improve community bonds
② the challenges of preventing large-scale disasters
③ the necessity of supporting nongovernmental organizations
④ the growing responsibility of government during emergencies
⑤ the essential roles of community volunteers in emergency management

23 Carmen에 관한 다음 안내문의 내용과 일치하는 것은?

Carmen

February 6 (Thu.) – 8 (Sat.), 2025
The Newtown Opera House

Time: Thu. – Fri. 7:00 pm / Sat. 7:30 pm
Prices: General Seating — $70 / Box Seating — $150
Running Time: 3 hours and 15 minutes
Age Requirement: 10 years and up

Special Offer!
– Get a 15% discount by ordering your tickets before January 1!

Reservations
– Call our ticket office at (202) 555-0157. Our business hours are Monday through Friday, 10:00 am – 4:00 pm.
– You can also reserve tickets online at our website: *www.newtownopera.com.*

Cancellation Policy
– There is an 80% refund for tickets cancelled at least one day prior to the performance.
– There will be no refund for cancellations on the day of the performance.

① 공연은 주말에만 열린다.
② 전 좌석의 금액이 동일하다.
③ 1월 1일 이후에 티켓 구매 시 할인 혜택이 있다.
④ 매표소의 영업 종료 시각은 공연 시작 시각보다 이르다.
⑤ 공연 당일에 티켓 취소 시 티켓 금액의 80%를 환불받을 수 있다.

24 다음 도표의 내용과 일치하지 <u>않는</u> 것은?

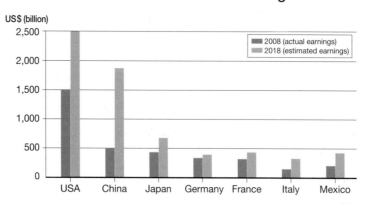

The graph above shows the amount of money earned from tourism in 2008 and the estimated earnings for 2018 in various countries. ① In 2008, the USA had the highest earnings, at nearly $1,500 billion, which was more than twice the amount for any other country. ② China, the second-highest earner in 2008, is projected to have the most growth of all the countries by 2018, more than tripling its earnings from 2008. ③ Other than the USA and China, only Japan is expected to exceed $500 billion in income from tourism in 2018. ④ Both Germany and France earned more than Italy in 2008, and they are expected to do so again in 2018. ⑤ The country with the smallest projected change between 2008 and 2018 is Mexico.

25 purple nutsedge에 관한 다음 글의 내용과 일치하지 <u>않는</u> 것은?

Purple nutsedge, a member of the sedge family, is a type of weed. It appears every growing season, unlike some weeds that die out after one or two seasons. In appearance, it bears a resemblance to grass, having dark green leaves with a prominent vein running along the underside. Its flowers form in a cluster and can be seen from mid-January to March. Purple nutsedges grow worldwide and are harmful to the agricultural industry because they grow in dense, unmanageable colonies that can overpower the local crops and limit their growth. People have found uses for them, however. For example, the tuber, the underground stem of the plant, is edible and has a bitter taste. It is also used for medicinal purposes in some parts of Asia.

*sedge: 사초(莎草)과의 식물 **tuber: 덩이줄기

① 여러해살이 식물이다.
② 잔디와 외관상 유사한 측면이 있다.
③ 1월 중순에서 3월까지 꽃을 피운다.
④ 군집을 이루어 자라기 때문에 농작물에 해를 입힌다.
⑤ 덩이줄기는 식용으로 적합하지 않은 것으로 알려져 있다.

26 (A), (B), (C)의 각 네모 안에서 어법에 맞는 표현으로 가장 적절한 것은? [3점]

The temple Ta Prohm in Angkor, Cambodia, was constructed in the 12th and 13th centuries and remains in nearly the same state (A) which / in which it appeared when first completed. Gigantic trees have grown up around—and through—the ancient temple, and the roots and walls perfectly merge into a dreamlike display of beauty and mystery. The jungle backdrop, combined with the picturesque views, makes (B) it / them one of the area's most heavily visited temples. Ta Prohm was built by the Khmer King Jayavarman VII, but it was later deserted and was left vacant for nearly five hundred years. In the early 20th century, there was a movement to restore Angkor's temples, but Ta Prohm was kept as it (C) had found / had been found to preserve its unique appearance.

(A)		(B)		(C)
① which	⋯⋯	it	⋯⋯	had found
② which	⋯⋯	them	⋯⋯	had been found
③ in which	⋯⋯	it	⋯⋯	had found
④ in which	⋯⋯	it	⋯⋯	had been found
⑤ in which	⋯⋯	them	⋯⋯	had been found

27 다음 글의 밑줄 친 부분 중, 문맥상 낱말의 쓰임이 적절하지 <u>않은</u> 것은?

The Blue Pond is a body of water connected to the Biei River on Japan's island of Hokkaido. The name comes from the unusually bright blue hue of the pond, which gives it an intriguing ① <u>appearance</u>. The body of water, which is an ② <u>artificial</u> pond, was created by the construction of a dam built across the river to prevent mudflows from the volcano Mt. Tokachi after a 1988 eruption. The water held back by the dam ③ <u>accumulates</u> in a section of the forest that has a lower ground level, forming the Blue Pond. Scientists do not fully understand the reason for the pond's color, but it is ④ <u>contributed</u> to the water's high content of aluminum hydroxide. This mineral facilitates the ⑤ <u>reflection</u> of blue wavelengths of light just like the sky.

*aluminum hydroxide: 수산화알루미늄

28 밑줄 친 부분이 가리키는 대상이 나머지 넷과 <u>다른</u> 것은?

A nine-year-old boy with cerebral palsy named Tom took part in the Happy Hills Elementary School Field Day race, and although he quickly became fatigued, he never gave up. ① <u>He</u> fell behind as soon as the race started. However, he kept pushing himself, and he never stopped smiling. At one point, Tom's gym teacher started running alongside ② <u>him</u>, encouraging him not to give up. Then, one boy who had already finished the race started to get the other students involved. Standing near the finish line, ③ <u>he</u> began cheering, "You can do it!" Before long, others were joining in to give Tom support. As ④ <u>he</u> approached the finish line, they chanted "Let's go Tom!" Then they gathered in a crowd behind him and kept cheering. When he made it across the finish line, the whole crowd hugged ⑤ <u>him</u>, screaming, "Great job, Tom! You did it!"

*cerebral palsy: 뇌성 마비

[29~32] 다음 빈칸에 들어갈 말로 가장 적절한 것을 고르시오.

29 A cornucopia represents _____. Originally, it was a goat horn overflowing with staple foods such as fruit and grain. In modern times, a basket in the shape of a horn is often used instead. The cornucopia dates back to Greek mythology and the god Zeus, who is said to have been nursed by a goat. In one form of the legend, Zeus accidentally broke off the horn of the goat from which he was feeding. Feeling guilty, he put an enchantment on the horn that would allow it to always be filled with anything the owner wished for. The Romans adopted the concept of *cornu copiae*, which means "horn of plenty," and the symbol appeared on Roman coins and statues. The Latin *cornu copiae* eventually became cornucopia, a term that has since been associated with plentiful harvests and other large quantities. [3점]

① excess and greed
② money and desire
③ tradition and legend
④ generosity and peace
⑤ abundance and wealth

30 The saying "lightning never strikes the same place twice" means that an unlucky and unlikely event can happen, but not twice to the same person. The saying doesn't reflect the behavior of lightning in nature, however. Lightning is a massive electrical charge that has no memory of, or interest in, where it has struck before. Tall objects are usually the most common targets of strikes due to their relative proximity to the lightning source. Because of this, a forest's tallest tree could suffer a number of strikes during the same storm. Likewise, the Empire State Building receives approximately 100 lightning strikes annually. After a strike, the storm's electrical activity quickly generates another one. When the next bolt discharges, a ground location that was struck moments before is _____. [3점]

① less likely to be struck
② still fair game as a target
③ certain to receive the strike
④ never going to get hit by lightning
⑤ a clue to where the next strike will occur

31 Pangolins are strange mammals whose bodies are almost entirely covered with scales. This makes them look almost like huge, living pine cones. They are found in Africa and Asia, and their diet mostly consists of insects. They have big, strong claws, but it is rare for pangolins to use their claws aggressively. Instead, when threatened, they wrap themselves into a tight ball that's nearly impossible to unroll. Their scales' sharp edges keep them safe from most predators. Pangolins can also cause serious injury by lashing out with their powerful tail. They have even been seen rolling down a hill at high speed to make an escape. And if all else fails, pangolins can spray a foul smelling substance, much like a skunk. For these reasons, _____.

*pangolin: 천산갑

① it's easy to reach out to pangolins
② pangolins are becoming harder to find
③ there's only one good way to catch a pangolin
④ pangolins can have a difficult time finding a mate
⑤ there's almost nothing the pangolins have to be afraid of

32 A 1971 American Supreme Court case highlighted how _____ _____. An African-American employee at a hydroelectric plant complained that a high school diploma was required to be promoted to a better department, despite the fact that a high school education had no bearing on how well a person could do the job. Originally, the company had barred black people from working in the department, which was deemed illegal under the Civil Rights Act. But the employee argued that the diploma requirement still kept African-Americans out of the department, as, at that time, they were considerably less likely to have graduated from high school. The Supreme Court ruled that when a job requirement has a "disparate impact" on a minority group, the employer has to prove that the requirement is directly related to the work in question. [3점]

*the Civil Rights Act: 공민권법(인종·종교·출신국에 따른 차별을 없애기 위해 제정된 연방법)

① the separation of races actually lowered workplace productivity
② workers preferred to solve their job problems through negotiations
③ a high school education is indispensable in the modern job market
④ employers can work together with employees to improve conditions
⑤ a requirement can still be discriminatory even if not outwardly unfair

33 밑줄 친 Apparently, there's a lot!이 다음 글에서 의미하는 바로 가장 적절한 것은?

The "name-letter effect" is the tendency of people to prefer letters that are included in their own names. This occurs even when the link is not consciously perceived. The effect is strongest with the first letter in a person's names, and it can influence important decisions. Research has shown that people are more attracted to places, products, and even other people that share the letters of their names. For example, a person named Frank would be more likely to live on Front Street, while someone named Sarah might prefer Samsung products. It is believed that the effect is caused by our strong sense of self. We generally associate ourselves with positive qualities. So when we see something whose name shares letters with ours, we assume it also has those same qualities. The great writer William Shakespeare once wrote, "What's in a name?" Apparently, there's a lot!

① The length of a name determines its effect on us.
② We are attracted by the names of popular products.
③ Names have more influence on us than we might expect.
④ There are many names, but the number of letters is limited.
⑤ We should spend enough time thinking about appealing names.

34 다음 글에 드러난 'I'의 심경 변화로 가장 적절한 것은?

After sprinting through the airport terminal, heavy carry-on in hand, I arrived at the boarding gate to find it nearly deserted. The plane was still parked outside, but I had missed my chance for boarding by just a few moments. "I'm sorry, but passengers cannot board after the door has been shut," said the unsympathetic gate agent. I walked over to the window and stared at the plane, the last one leaving for London that day. As I watched the pilots make their pre-flight preparations, one of them looked up and saw me—this tired, defeated traveler who just wanted to get home. The next thing I knew, the gate agent was ushering me down the passenger ramp to the plane. "Good news! The pilot is letting you on the plane!" I couldn't believe how quickly my luck had changed.

① scared → hopeful
② anxious → depressed
③ excited → weary
④ disappointed → relieved
⑤ regretful → calm

[35~36] 다음 글에서 전체 흐름과 관계 없는 문장을 고르시오.

35 A contronym is a word that has two opposite meanings. One example is the word "dust," which can mean both "to remove dust" and "to cover with dust." ① Contronyms are sometimes called "Janus words," a term that refers to the Roman god of gates, who was often depicted as having two faces. ② Contronyms generally form due to the development of language over time. ③ In fact, it is believed that language developed from gestures early humans used for communication. ④ For example, the original meaning of the word "bolt" was "a short arrow," but two new meanings eventually evolved. ⑤ The first, "to depart quickly," came from the fact that an arrow travels at great speed, while the second meaning, "to fasten something in one place," derived from the resemblance of an arrow to a small pin used to lock a door.

*contronym: 자체 대립어

36 University science departments and industry scientists are beginning to establish mutually beneficial partnerships. ① For the universities, these new ties mean an influx of much needed funding, while for the corporations, it means improved access to important research. ② These collaborations defy past expectations that such a union between academia and industry would inevitably lead to an erosion of academic freedom. ③ Academic freedom is based on the belief that faculty members need to be protected from those who disagree with what they teach. ④ Instead of serving as a barrier to intellectual curiosity, the partnerships are fostering the development of new fields of study in the classroom, such as green chemistry, funded by the corporations. ⑤ Furthermore, this new source of cash has helped soften the blow of state and federal budget cuts in recent years, while ensuring that students can acquire the practical skills they need.

[37~38] 주어진 글 다음에 이어질 글의 순서로 가장 적절한 것을 고르시오.

37 One day, while exploring caves near the seaside, a man found a bag filled with hardened clay balls. Though they didn't seem like anything important, the man took them with him.

(A) Amazed by what he had found, the man began to break open the rest of the balls, finding a jewel inside each time. He was thrilled about the valuable treasure he had found but soon remembered the clay balls he had thoughtlessly tossed into the ocean.

(B) This is how it is when it comes to people. We may first judge someone by their plain appearance and toss them aside. However, by really getting to the core of who the person is, we can find a precious treasure.

(C) While strolling along the beach, he started throwing them as far as he could into the sea one by one. Then he dropped one of the balls and it cracked open, revealing a priceless jewel.

① (A) – (C) – (B)　　　② (B) – (A) – (C)　　　③ (B) – (C) – (A)
④ (C) – (A) – (B)　　　⑤ (C) – (B) – (A)

38 With a bottle of Febreze, it's possible to make a room odorless with just a few sprays. The secret to Febreze's odor-eliminating power is the compound cyclodextrin, whose molecules form in a ring-like arrangement.

(A) This makes it seem like the odor has been eliminated. In reality, the molecules haven't gone anywhere. However, because they are surrounded by cyclodextrin, they are unable to be perceived by the smell receptors in your nose.

(B) When this circular structure comes into contact with air, the cyclodextrin and the odor molecules become enclosed within tiny droplets of water. The water causes the odor molecules to partially dissolve. They can then bind with the cyclodextrin.

(C) Importantly, these molecules end up in the center of the cyclodextrin ring. This is because they are hydrophobic and the cyclodextrin's exterior is more attracted to water than its interior. As a result, odor molecules form strong bonds with the interior part of cyclodextrin. [3점]

*hydrophobic: 소수성의, 물과의 친화력이 적은

① (A) – (C) – (B)   ② (B) – (A) – (C)   ③ (B) – (C) – (A)
④ (C) – (A) – (B)   ⑤ (C) – (B) – (A)

39 글의 흐름으로 보아, 주어진 문장이 들어가기에 가장 적절한 곳은?

These methods have shown positive results and are still applicable in modern times.

You might think that medical practitioners exclusively implement treatments that have been scientifically proven. (①) However, it is undeniable that physicians and patients are taking advantage of alternative practices for treating certain disorders as well. (②) Some even rely on methods developed centuries ago. (③) The pressures of contemporary society can result in pain, negative thinking patterns, and unhealthy habits. (④) Modern medical science is able to treat these disorders, but there are alternative solutions, such as hypnotherapy. (⑤) Through facilitating lifestyle changes, this therapy provides relief without relying on harsh medications.

*hypnotherapy: 최면 요법

다음 글의 내용을 한 문장으로 요약하고자 한다. 빈칸 (A), (B)에 들어갈 말로 가장 적절한 것은? [3점]

C. P. Snow, a British physicist who had worked both in a physics lab and as a novelist, once delivered a lecture entitled "The Two Cultures," in which he described the divide between the intellectual cultures of the sciences and the humanities. But when I studied economics in graduate school, I discovered it to be a third intellectual culture that incorporates aspects of the other two. Economists use many of the same tools and theories as scientists, but they use them to achieve rhetorical goals. Economics deals with extraordinarily complex systems that often seem dominated by randomness, and in many situations, the data is not good enough to show a clear, obvious solution. Therefore, economists have to convince others that their point of view is correct. Still, in spite of insufficient data and uncertainty, they need to be as mathematically precise as they can in order to support their arguments.

⬇

Economists utilize _____(A)_____ tools to achieve the rhetorical goal of _____(B)_____ others to accept their point of view.

(A)		(B)
① literary	……	refuting
② cultural	……	convincing
③ scientific	……	persuading
④ intellectual	……	dominating
⑤ complicated	……	supporting

Early studies of conformity looked at the ways in which individuals in small groups were affected by the behaviors of the other group members. While these helped to develop our understanding of the topic, they were insufficient in explaining how conformity affects society as a whole. Eventually, research (a) broadened in order to investigate how individuals respond to social norms, what factors influence their responses, and the overall impact of these norms on society.

This new research revealed that there is a higher likelihood of people conforming to a social norm when it is brought to their attention. For example, when people see posters about recycling or see their neighbors recycling their waste, they are (b) reminded that they should do the same. However, seeing others (c) fail to conform to a social norm often discourages adherence to the norm. If a passenger is seen cutting a line to get on a bus, others are more likely to do so too. Social norms are often neglected simply because of the behavior of others. They are more like customs than ethical principles that people should follow. Consider, for instance, certain fashion trends. A man's necktie has nothing to do with ethics, and yet, he may still feel (d) pressure to wear the "correct" tie for a certain occasion. To put it simply, the more people there are doing a certain thing, the more likely it is that others will (e) resist.

41 윗글의 제목으로 가장 적절한 것은?

① Why Some People Can Stand Up to Social Pressure
② Getting to Know Conformity: How Society Influences Us
③ Majority Rule: Conformity Can Actually Be a Good Thing
④ Resisting Peer Pressure to Embrace Personal Individuality
⑤ The Power of Ethical Leadership: Building a Better Society

42 밑줄 친 (a)~(e) 중에서 문맥상 낱말의 쓰임이 적절하지 않은 것은? [3점]

① (a)　　　② (b)　　　③ (c)　　　④ (d)　　　⑤ (e)

(A)

Long ago, deep in the Himalayas, there lived a highly-respected sage who had devoted his life to seeking knowledge and enlightenment through meditation. From time to time, he descended from his mountaintop home to collect provisions in the village and visit his family members. One day in the village, his sister expressed her distress about her teenage son. He was becoming a menace at school, starting arguments with relatives, and exhibiting deviant behavior.

*menace: 골칫거리, 말썽꾸러기

(B)

The sage's sister begged him to come to her home to counsel the boy. Because (a) he had a well-earned reputation for his wise advice, she was certain he was the right person to enlist for help. So, he spent two weeks living at his sister's home. (b) He shared meals with them and assisted with any necessary chores. However, he did not have a conversation with his nephew as his sister had requested. This caused much confusion for the boy, who knew his mother's motives for the invitation. Soon it was time for the sage to return to his home.

(C)

The rest of the family thought of (c) him as nothing more than a burden and an embarrassment. However, his uncle thought otherwise. Seeing tears in his uncle's eyes, the boy felt that someone finally understood him. He knew they were tears of empathy, not of disappointment in his rebellious behavior. On that day, the boy started to change his ways. Inspired by his uncle's compassion, he was able to stop avoiding his pain and face it, which ultimately helped him overcome it.

(D)

As (d) he began gathering his belongings, there was a knock at the door. His nephew entered and sat down beside him. The boy stared at his uncle, waiting for him to say something about changing his behavior. But when his uncle turned toward him, he saw that the old sage had tears in his eyes. The sage was crying because he could feel the boy's pain himself. (e) He truly understood that the boy felt disconnected, lost, and unloved, and that his misbehavior was a symptom of a deep pain, not a desire to be hateful.

43 주어진 글 (A)에 이어질 내용을 순서에 맞게 배열한 것으로 가장 적절한 것은?

① (B) – (D) – (C)   ② (C) – (B) – (D)
③ (C) – (D) – (B)   ④ (D) – (B) – (C)
⑤ (D) – (C) – (B)

44 밑줄 친 (a)~(e) 중에서 가리키는 대상이 나머지 넷과 <u>다른</u> 것은?

① (a)   ② (b)   ③ (c)   ④ (d)   ⑤ (e)

45 윗글의 the sage에 관한 내용으로 적절하지 <u>않은</u> 것은?

① 산속에서 명상을 하며 지냈다.
② 때때로 마을로 내려와 식량을 구하기도 했다.
③ 현명한 조언을 해주는 것으로 평판이 나 있었다.
④ 조카를 골칫거리로 생각하지 않았다.
⑤ 누이의 집을 떠나기 전에 조카의 방을 찾았다.

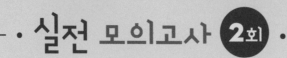

18 다음 글의 목적으로 가장 적절한 것은?

The extent of the damage from last week's fire could have been less severe if proper emergency response procedures had been followed. So should another emergency situation arise, please remember that the first priority is to remain calm. You should then take whatever action you can in order to deal with the cause of the situation. For example, a fire extinguisher can be used in the case of a small fire. Or if there is a controllable leak, the water supply can be shut off. However, such actions should be taken only if there is no risk to your personal safety. And if the situation cannot be controlled, then emergency services should be called immediately. Remembering this could help us to better manage such situations in the future.

① 화재경보기 설치를 요청하려고
② 비상 훈련 일정을 공지하려고
③ 재난 방지의 중요성을 강조하려고
④ 재해 복구 체계 마련을 촉구하려고
⑤ 비상 상황 발생 시 대응법을 설명하려고

19 다음 글에서 필자가 주장하는 바로 가장 적절한 것은?

Volunteering has become common among teenagers and is just another step in the process of reaching adulthood. However, many teens find the experience impersonal and unfulfilling. In many cases, it has simply become an activity done in order to have something to list on university applications. The problem comes from an overemphasis on outcomes and on making volunteer activities fun and easy for teens. These external benefits leave little room for internal benefits such as developing the valuable personal qualities of loyalty, honesty, and determination. Without meaningful volunteer work, future generations may lack empathy, which would adversely affect society. When it comes to volunteering, we should strive to place a higher value on meaning. To do that, we must work together to create opportunities for teens that will not only have a positive effect on the community but also change the teens themselves.

① 대학 입학을 위한 봉사활동 조건을 강화해야 한다.
② 지역 사회를 위해 성인의 봉사활동 참여율을 높여야 한다.
③ 공동체 의식 함양을 위해 지역 사회 봉사를 장려해야 한다.
④ 청소년들에게 의미 있는 봉사활동의 기회를 제공해야 한다.
⑤ 청소년들이 많이 참여하도록 봉사활동 프로그램을 홍보해야 한다.

20

다음 글의 상황에 나타난 분위기로 가장 적절한 것은?

Jacob finished his last bite of steak, set down his knife and fork, and pushed his plate to the side. He always liked to take a walk after a big meal, so he decided to venture out onto the deck of the ship. It was a hot afternoon, and aside from the few passengers snoozing in shaded chairs, the deck was empty. The sea itself seemed empty as the ship glided smoothly along its blue surface, inching ever closer to the horizon. There was not a single cloud in the immense dome of the sky. Jacob stared out onto the placid sea, and his mind drifted into a meditative state. In the distance, the water, as if it were composed of broken glass, reflected the sunlight in thousands of brilliant specks.

① tense and scary
② sad and gloomy
③ calm and tranquil
④ boring and tedious
⑤ exciting and festive

21

다음 글의 요지로 가장 적절한 것은?

It's likely that you'd be in favor of punishing a thief who stole $100 from you, but what would be your motivation for doing so? Researchers have been interested in this question, wondering how we make decisions about when and why we punish others. One experiment was performed to examine whether punishment arises from wanting to cause an equal loss to the wrongdoer or from having a general dislike for inequity. The study revealed that subjects were more concerned with righting unfairness than they were with seeking revenge. That is, when cheaters end up better off than we are, we tend to seek punishment. These findings could help us to better understand the core motives that drive our desire to impose punishment.

① 사람마다 처벌의 동기가 다를 수 있다.
② 벌금은 가장 일반적인 형태의 처벌이다.
③ 처벌의 수위를 결정할 시에는 사회적 합의가 필요하다.
④ 사람들은 부당함을 바로잡기 위해 처벌하는 경향이 있다.
⑤ 부도덕한 행동을 한 사람을 보다 엄중하게 처벌할 필요가 있다.

22 다음 글의 주제로 가장 적절한 것은?

When explorers from the South Pacific region settled in Hawaii, they passed on their traditional beliefs, which developed into what is known today as Hawaiian mythology. One feature of this mythology is animism, the belief that places and non-living objects have spirits. Another prominent feature is polytheism, the belief in and worship of multiple gods. Some of the significant figures in Hawaiian mythology include Lono, a fertility god who descended to earth on a rainbow, and Pele, the goddess of volcanoes. The well-known hula dance of Hawaii originally served as a form of prayer to Pele and other gods. When Hawaii was colonized, however, the ruling classes suppressed traditional practices. Yet some managed to survive, and they remain a part of the area's modern culture.

*polytheism: 다신론

① the most famous Hawaiian myths
② the major elements of Hawaiian mythology
③ the definition of animism in Hawaiian culture
④ the importance of keeping Hawaiian traditions
⑤ similarities between Hawaiian and other South Pacific cultures

23 다음 글의 제목으로 가장 적절한 것은?

Leading companies are taking on greater responsibility in working with other companies and organizations to find practical solutions to environmental problems. A growing number of businesses are forming sustainability partnerships, which foster a positive public image while also offering financial and productivity-related benefits. But if companies form such a partnership solely to follow trends or gain public favor, then their commitment to achieving real results will be weak. Therefore, members of a sustainability partnership should first determine their underlying goals, such as protecting the limited supply of a natural resource. Without clear-cut objectives, partners may fail to meet the agreed upon obligations and create difficulties for other members. If collaborating partners are expected to make meaningful contributions to the sustainability project and the advancement of environmentally friendly initiatives as a whole, the right incentives must be in place for all involved.

① The Key to a Successful Sustainability Partnership
② Beware of Partnerships That Only Serve One Party
③ Corporations Holding Back Environmental Initiatives
④ The Fastest Way to Boost Your Company's Public Image
⑤ Environmental Sustainability: Who Is Ultimately Responsible?

24 Beautiful Barcelona Tour에 관한 다음 안내문의 내용과 일치하지 <u>않는</u> 것은?

Beautiful Barcelona Tour

BB Tourism Office, Barcelona
Weekdays: 2:00 p.m. – 7:00 p.m.
$55 per person

This tour departs every weekday from the BB Tourism Office at 2:00 p.m. It features visits to several of Barcelona's most famous buildings, including La Sagrada Familia, and the Picasso Museum. Finally, the group will stop for dinner at Delicioso to experience some of Spain's finest cuisine.

· **What to expect:** The walking tour will cover about three kilometers.

· **What's provided:** Tour guide, transportation, and museum entry

· **What to bring:** Comfortable walking shoes, sunblock, and a cap or sunglasses

For more information, please email *luisa@bbtours.com*.

① 평일 오후 2시에 BB 여행사에서 출발한다.
② 바르셀로나의 유명 건축물들을 방문한다.
③ 저녁 식사로 스페인 최고급 요리를 먹을 것이다.
④ 도보로 약 3km를 이동할 것이다.
⑤ 박물관 입장권은 참가자가 준비해야 한다.

25 다음 도표의 내용과 일치하지 <u>않는</u> 것은?

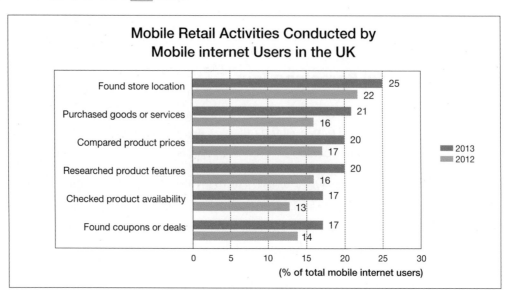

The above graph shows the retail activities conducted by mobile internet users in the UK during 2012 and 2013. ① In both years, the mobile retail activity conducted by the highest percentage of mobile internet users was finding a store location. ② The second most common activity in 2012 was comparing product prices, although this was surpassed by purchasing goods or services in 2013. ③ Researching product features showed the greatest increase between the two years, rising five percentage points. ④ In fact, all of the listed activities showed an increase of at least three percentage points during this period. ⑤ In 2012, checking product availability was the least common activity, and in 2013 it was tied for last with finding coupons or deals.

26 Taiwan blue magpie에 관한 다음 글의 내용과 일치하지 <u>않는</u> 것은?

The Taiwan blue magpie, also known as the "long-tailed mountain lady," is the national bird of Taiwan. It makes its home in the island's mountainous regions, living at elevations of 300 to 1,200 meters. Despite being blue in color, it is a member of the crow family. It travels through the woods in groups of six or more, and makes a distinctive "kyak-kyak-kyak-kyak" cry. Like most members of the crow family, it is an omnivore, surviving on a varied diet that includes insects, snakes, rodents, fruit and seeds. In particular, it enjoys papayas and wild figs. In times of plenty, when it finds more food than it can eat, the Taiwan blue magpie will store the leftovers for future use, placing them on the ground and covering them with dead leaves or hiding them in the branches of trees.

*fig: 무화과 (열매)

① 해발 300미터 이상의 산악 지방에 서식한다.
② 몸이 파란색인데도 까마귓과로 분류된다.
③ 무리 지어 날아다니는 습성이 있다.
④ 주로 곤충이나 뱀 등을 먹이로 하는 육식 동물이다.
⑤ 남은 식량은 나뭇잎이나 나뭇가지들 속에 비축해 둔다.

27 다음 글의 밑줄 친 부분 중, 어법상 <u>틀린</u> 것은? [3점]

A tidal bore is a natural phenomenon in which a wave develops from a rising tide and ① <u>moves</u> up a river in the opposite direction of the usual flow. The process is rare, and a number of conditions ② <u>have to be met</u> in order for it to occur. The river must have a wide funnel-like bay that meets the sea at a narrow opening. It should also be shallow and located where the range between high and low tide ③ <u>is</u> at least six meters. Not only does the bay's shape cause a higher tidal range, but it can also reduce how long the flood tide lasts to the point ④ <u>where</u> it appears as a surge of water. Only when these necessary conditions are in place ⑤ <u>a bore will form</u>. A change in any of the conditions will stop the process from happening.

*tidal bore: 해소(海嘯)   **funnel: 깔때기

28 (A), (B), (C)의 각 네모 안에서 문맥에 맞는 낱말로 가장 적절한 것은?

Essential oils have become popular with consumers seeking alternatives to potentially harmful synthetic products. Now, scientists are (A) eyeing / criticizing them as candidates to replace traditional industry methods of preserving food. For example, edible films containing oils extracted from clove and oregano are known to preserve bread effectively. Seeking to (B) oppose / optimize the use of such films, scientists tested them against calcium propionate, a commercial antimicrobial agent. The scientists placed slices of bread that had been baked without preservatives in plastic bags. Edible films were added to some of the bags, and a commercial preservative containing calcium propionate was added to the others. After 10 days, the calcium propionate had lost its effectiveness, while the edible films continued to (C) prevent / conserve mold.

*essential oil: 정유, 방향유   **clove: (향신료) 정향

	(A)		(B)		(C)
①	eyeing	······	oppose	······	prevent
②	eyeing	······	optimize	······	conserve
③	eyeing	······	optimize	······	prevent
④	criticizing	······	oppose	······	conserve
⑤	criticizing	······	optimize	······	prevent

29 밑줄 친 부분이 가리키는 대상이 나머지 넷과 다른 것은?

Bob Thrace was in a great mood when he sat down at a concert put on by a local chorus group. The music was beautiful, and ① he felt very calm. Then the chorus leader introduced a song about soldiers who had been in a war together. When ② he asked that all who had served in the military stand, Bob and a few others did so proudly. In the middle of the song, ③ he suddenly thought of one of his old comrades, Randy, who had entered the army with him. He remembered how they had become good friends and how bravely they had fought together during the war. But then, as Bob thought about how Randy had been killed in action, all of his joy left ④ him. He tried to hold back his tears while ⑤ he thought about his friend whose life had been cut short.

30 The cuckoo lays its eggs in the nests of other birds, so the victims of this activity have evolved to mark their eggs. Originally, scientists believed that in order for a mother to differentiate between her eggs and those of another, her eggs needed to bear a strong resemblance to their siblings, have markings different from those of other eggs, and feature a complex design so that they could not be easily copied. However, researchers in a recent study determined that all three of these qualities need not be present in order for an egg to be _____. For example, bramblings recognized their own eggs even when they were similar to another mother's. Furthermore, overly detailed markings made it harder for mothers to identify their own eggs. The findings indicate that egg markings need to show enough information while not being too complex.

*brambling: (조류) 되새

① attacked
② mimicked
③ replaceable
④ invulnerable
⑤ distinguishable

31 Until recently, scientists knew of only two types of moth courtship songs. One type is used to directly attract females, while the other is used to imitate the sound of an attacking bat, which causes females to stay still. But now, scientists have discovered that the male yellow peach moth actually combines these two types of song into one. It sends out short pulses that are similar to the hunting calls of a certain bat. But, unlike males of other species, it doesn't direct these pulses at females. Instead, it emits them towards male rivals to drive them away. It also emits a long note that entices females to mate. After hearing this part of the song, a young female moth usually raises her wings as a sign that she accepts the male. Thus the yellow peach moth is the first known species _____. [3점]

*yellow peach moth: 복숭아명나방

① to emit ultrasonic pulses
② to attract females with song
③ to have a dual-purpose melody
④ to imitate the calls of other animals
⑤ to attack male moths of other species

32 You're familiar with the various odors here on Earth, but what does space smell like? According to Eugene Cernan, an astronaut who commanded Apollo 17 on a 1972 moon voyage, moondust has the distinct smell of "spent gunpowder." He had a unique opportunity to encounter the smell inside the lunar module, as the sticky moondust attached itself to the astronauts' suits and was carried with them when they returned to the spacecraft. When they removed their helmets, they noticed that the air was saturated with the moondust odor. However, because samples of the moon's surface being transported to Earth are exposed to moisture and oxygen, odor-causing chemical reactions have already ended by the time they reach Earth. That means if you want to smell the authentic odor of moondust, you'll have to _____.

① take a trip to the moon
② put on an astronaut's suit
③ get access to these samples
④ remove it from real space gear
⑤ find the right chemical composition

33 There are two companies listed on a nation's stock market, each with roughly the same market capitalization, financial leverage, and earnings growth. The only significant difference between the two is that one is a single-business company that issues clear, simple financial statements, while the other is made up of businesses and subsidiaries and puts out complex, obscure financial reports. So which of the two companies is likely to be valued higher? The answer is the former, as without easy access to the information they desire, investors will feel uncertain. Without financial statements that openly display all of the company's relevant information, there is no way to be sure that there aren't hidden risks or large amounts of debt that have been cleverly disguised. Therefore, complex business structures and unclear financial reporting systems are _____. [3점]

① often seen as a red flag for future unpleasant surprises
② some of today's most effective tools for increasing profit
③ perceived as being useful for gaining investors' confidence
④ typically a last resort for businesses on the brink of failure
⑤ rarely viewed as stumbling blocks for receiving investment

34 밑줄 친 going back to the basics가 다음 글에서 의미하는 바로 가장 적절한 것은? [3점]

Many businesspeople believe that the concept of customer satisfaction can be neither defined nor measured in a precise manner, but this is not true. By analyzing what satisfies and dissatisfies customers, businesses have the ability to do both. The causes of satisfaction are mostly small pleasurable things that are not an important part of the product or service's functionality. The causes of dissatisfaction, however, tend to be fundamental aspects of the product or service, such as a smartphone's ability to connect to a Wi-Fi network. These "dissatisfiers" generally have twice the impact of "satisfiers," making them significantly more important. Adding satisfiers may be useful in the short run, but in the long run they can raise customer expectations to unprofitable levels. Eliminating dissatisfiers, on the other hand, provides a long-term cost advantage. Therefore, the best way to optimize customer satisfaction is by going back to the basics.

① establishing a clear definition of what customer satisfaction is
② highlighting positive product aspects rather than negative ones
③ ensuring that a business's fundamentals are meeting expectations
④ focusing on immediate gratification rather than long-term stability
⑤ providing customers with the little things that bring them pleasure

[35~36] 다음 글에서 전체 흐름과 관계 <u>없는</u> 문장을 고르시오.

35 From birth, a baby's senses are bombarded with information. This input must be carried to the brain for processing. To get it there, nerve cells called neurons form connections between one another. ① For the first few years, the brain grows quickly, and the maturing neurons "branch out" to interact with neighboring cells so as to send and receive information. ② They transfer information across special connections called synapses, some of which are removed as we get older. ③ Upon reaching the synapse, nerve impulses prompt the neuron to release chemical neurotransmitters that will relay their message, since the impulse cannot jump directly to the next neuron. ④ This process, known as synaptic pruning, "weeds out" weaker connections in favor of stronger ones. ⑤ Through this process, the inferior or frail "branches" of these connections are "pruned," much like a gardener prunes branches to improve a plant's health. [3점]

*neurotransmitter: 신경 전달 물질   **pruning: (나무 등의) 가지치기, 전지

36 After World War I, the German army began to develop its tank technology, having learned just how effective these mobile weapons could be. ① By the time World War II began, the Germans were already producing some of the highest quality tanks that had ever been created. ② This led to a new form of warfare—the tank battle—that required its own unique set of strategic tactics. ③ Tanks could move quickly and cause massive destruction before the defense could react, and the only way to stop them was with other tanks. ④ German tanks were superior in many ways in combat, but they were outclassed by the ones from the Soviet Union. ⑤ This enabled tank commanders to shift an entire battle in a losing army's favor simply by defeating the enemy's tanks, making them the new war heroes of the battlefield.

37 주어진 글 다음에 이어질 글의 순서로 가장 적절한 것은?

Optogenetics is a branch of neuroscience that uses light-activated proteins from certain strains of algae. These proteins, known as channelrhodopsins, regulate the flow of ions across the cell mcmbrane.

(A) Through this method, researchers can use the cable to turn the channelrhodopsins on and off for any duration of time that they choose. It helps them to control the experiment precisely and gather better data regarding how the brain functions.

(B) When the channelrhodopsins are stimulated by bright light, they open an ion channel within the neuron. And this free flow of ions in and out of the channel activates the neuron. Without a light stimulus, the ion channel stays closed and the neuron remains at rest.

(C) Using the principle, genetic scientists can examine how the activation of specific neurons affects animal behavior. They inject channelrhodopsins into the neurons of animals and insert an optical fiber cable into the skull, by which light can then be transmitted to the brain.

*optogenetics: 광유전학 기술   **cell membrane: 세포막

① (A) – (C) – (B)   ② (B) – (A) – (C)   ③ (B) – (C) – (A)
④ (C) – (A) – (B)   ⑤ (C) – (B) – (A)

38

> That's because there is a chance of it sinking to the bottom of your lungs.

Most people are familiar with the trick of breathing in helium from a balloon and speaking in a high-pitched voice. (①) This works because helium is a low-density gas, and when the density of the air around your vocal cords is lower than that of the surrounding air, your vocal pitch becomes higher. (②) A trick that is less well-known is to inhale sulfur hexafluoride in order to produce a low-pitched voice. (③) Sulfur hexafluoride produces an effect opposite to that of helium thanks to its high density. (④) However, this characteristic also makes the gas risky to inhale. (⑤) In order to get rid of the gas from your lungs, you might need to hang upside down so that all of it can escape!

*sulfur hexafluoride: 육플루오르화황

39

> In spite of this, the word gains validity as speakers begin to use it, and it eventually becomes a "real" word.

When new words are added to a language, the process is usually driven by a practical need. However, a ghost word comes into being for other reasons and often lacks a functional purpose. (①) The best-known ghost word in the English language, *dord*, was created entirely by accident. (②) An editor working for *Webster's Dictionary* added a note stating that "D or d" was an abbreviation for *density*. (③) The note was mistakenly read as "Dord" and was added to the dictionary. (④) A similar phenomenon is the "ghost phrase," which can be illustrated by the glass slipper in *Cinderella*. (⑤) Glass is an unlikely material for footwear, and experts speculate that an error occurred when the story was translated into English, as the French word for fur, *vair*, could have easily been confused with the word for glass, *verre*.

*ghost word: 유령어(오해·오식 등으로 생긴 말)

40 다음 글의 내용을 한 문장으로 요약하고자 한다. 빈칸 (A), (B)에 들어갈 말로 가장 적절한 것은? [3점]

A team of researchers set out to investigate how free time relates to a person's overall well-being in our modern, materialistic society. In the study, over 1,300 adolescents were surveyed about how they viewed their amount of free time (known as "perceived time affluence"), how heavily they valued money and material things, how often they participated in compulsive buying, and how happy they rated themselves. The results indicated that high levels of materialism and compulsive buying behavior lower one's overall happiness. Perceived time affluence also had a major effect on the mood of the participants, and certain amounts of free time actually reduced the negative impact of highly materialistic attitudes or strong compulsive buying habits. The highest happiness levels were found in those who perceived themselves as having neither too much nor too little free time. Meanwhile, a lack of free time or too much free time negatively affected the participants with greater tendencies towards compulsive buying, making them less happy.

⬇

Having a ___(A)___ amount of free time in life promotes well-being by helping to ___(B)___ the effects of living in a money-oriented society.

	(A)		(B)
①	small	......	sustain
②	large	......	reduce
③	large	......	enhance
④	moderate	......	lessen
⑤	moderate	......	increase

In order for us to make educated guesses, our brains have to link together memories of (a) separate experiences. This has been studied through experiments with both people and mice. In one experiment, volunteers participated in an activity in which hearing a sound signaled that a colorful picture would appear. After this activity, the volunteers played a game in which they could win money by finding the same kind of colorful picture. Even though the sound was never (b) directly connected with the prize money, the volunteers started to associate the two with each other.

In another experiment, researchers played a sound before exposing mice to an LED light. Later, the mice were given the chance to find sugar water whenever lights were turned on. Just like the volunteers in the other experiment, the mice started to associate the sound with the reward. The researchers (c) recorded the mice's brain activity and found that they had started linking the sound to the reward through the association of each activity with the lights. They continued to monitor the mice's brains after they completed the activities. They noticed that it was when the mice rested that their brains reinforced the direct association between the sound and the reward, skipping over the (d) intermediate lights. Considering the similarities between the brains of people and mice, these findings suggest that our brains establish these kinds of links while we (e) work as well.

*educated guess: (학식과 경험을 근거로 한) 합리적 추측

41 윗글의 제목으로 가장 적절한 것은?

① Sound Recall: The Key to Enhancing Memory
② Why Is Visual Training Important for Brain Health?
③ How Colorful Imagery Maximizes Our Learning Abilities
④ How Our Brains Connect Our Experiences Together
⑤ Humans Versus Mice: Similarities and Differences in Brain Function

42 밑줄 친 (a)~(e) 중에서 문맥상 낱말의 쓰임이 적절하지 <u>않은</u> 것은? [3점]

① (a)   ② (b)   ③ (c)   ④ (d)   ⑤ (e)

(A)

One day while Antonio Bailey was taking a break in the parking lot behind the restaurant where he worked as a cook, he heard a loud argument between a man and a woman. He approached the pair and saw that the woman was standing in front of two young boys, blocking them from the man. Suddenly, the man struck the woman, causing her to fall over.

(B)

While the police were headed for the restaurant, Bailey was able to catch up to the man, Karl Vance. He grabbed Vance and struggled with him to get the boy free. Once he knew the boy was safe, he pushed the offender to the ground and held (a) him there while he waited for the police. The offender kept shouting and saying that Bailey had no right to take the boy from (b) him. Shortly thereafter, officers arrived and took Vance into custody.

(C)

Bailey saw him snatch the younger of the two boys and start running. Knowing that he had to stop (c) him, Bailey didn't even take a moment to think; he ran after the attacker as fast as he could. At the same time, the older boy ran toward the restaurant, calling for help. He told a group of bystanders that the assaulted woman was his nanny and asked them to call the police for him.

(D)

He was later charged with assault and kidnapping, and received a ten-year sentence when (d) he was found guilty. The day after the event, the boys' father went to the restaurant to thank Bailey in person. He also returned Bailey's heroic action with another kind act— (e) he helped to raise funds for Bailey's daughter, who urgently needed a surgery that the family could not afford. With the funds, Bailey's daughter could have a successful surgery.

43 주어진 글 (A)에 이어질 내용을 순서에 맞게 배열한 것으로 가장 적절한 것은?

① (B) – (D) – (C)   ② (C) – (B) – (D)
③ (C) – (D) – (B)   ④ (D) – (B) – (C)
⑤ (D) – (C) – (B)

44 밑줄 친 (a)~(e) 중에서 가리키는 대상이 나머지 넷과 <u>다른</u> 것은?

① (a)   ② (b)   ③ (c)   ④ (d)   ⑤ (e)

45 윗글의 Antonio Bailey에 관한 내용으로 적절하지 <u>않은</u> 것은?

① 식당에서 요리사로 일했다.
② 한 남자가 여자를 쳐서 넘어지게 하는 장면을 목격했다.
③ 경찰이 오기 전에 범죄자를 쫓아가서 따라잡았다.
④ 행인들에게 경찰을 불러 달라고 부탁했다.
⑤ 소년들의 아버지의 도움으로 딸의 수술비를 마련할 수 있었다.

18 다음 글의 목적으로 가장 적절한 것은?

Recent efforts to spread misinformation about topics ranging from political elections to environmental issues make it clear that information literacy is more important now than ever before. That is why our university's faculty and librarians are working together through the Information Literacy Learning Community, or ILLC, to develop courses that will improve students' information literacy skills. The integration of information literacy into courses will help students better interpret, engage with, and produce new information, whether it be through social media or an academic journal article. To provide additional support to students throughout the semester, each class will be assigned a teaching assistant who will be available to answer any questions about information literacy. Furthermore, ILLC participants will now receive payment for their participation. We invite you to join this exciting program by submitting the application on our website.

*literacy: 문해력(글을 읽고 이해하는 능력)

① ILLC의 활동 목적을 설명하려고
② ILLC의 새로운 강좌를 소개하려고
③ 정보 문해력 향상 방법을 안내하려고
④ ILLC에 참여할 차기 인원을 모집하려고
⑤ 학생들이 ILLC에 가입할 것을 권유하려고

19 다음 글에 드러난 Meera의 심경 변화로 가장 적절한 것은?

Meera woke up one morning and hurried to get her skis. She had been taking lessons every day, and her chance to go out on her own had finally arrived. As she put on her thick winter coat, she thought to herself, "I can't wait to get outside!" However, when she stepped out of her house, Meera saw something unexpected. Her parents were enjoying their morning tea in the garden outside, where, only yesterday, white snow had covered the ground. When Meera's mother looked up and saw her daughter all dressed up to go skiing, she said, "Winter's gone, darling! Spring is here!" "But I love winter," said Meera. "And I was waiting for this day for so long." Meera felt heartbroken, and all she could do was stand still as tears began to fall down her cheeks.

① relaxed → indifferent
② nervous → panicked
③ excited → disappointed
④ eager → terrified
⑤ bored → depressed

20 다음 글에서 필자가 주장하는 바로 가장 적절한 것은?

The term "emotional intelligence" refers to the ability to identify, manage, and use emotions effectively. Emotional intelligence allows people to understand their own emotions, as well as those of others, which assists them in complex social situations. When emotionally intelligent people work together, the benefits of this trait increase. Emotional intelligence can also discourage bad behavior in the workplace. Leaders with high emotional intelligence quickly identify conflicts before they get out of hand and stop them from escalating. They address difficult situations directly, attempting to resolve them rather than simply suppressing them. As a result, they help create an environment where people speak their minds and respect the ideas of others. These leaders are also especially good at guiding team members through challenging times, showing empathy and offering support. This leads to greater unity within the team, as it strengthens the bonds between individuals.

① 창의성을 발휘하는 환경을 만들기 위해서는 지도자의 역할이 중요하다.
② 직장 내 팀워크를 강화하려면 지도자가 높은 정서 지능을 갖춰야 한다.
③ 회사 내 업무 분위기를 개선하려면 구성원들의 갈등부터 해결해야 한다.
④ 직장 내 갈등을 줄이려면 구성원들 모두가 높은 정서 지능을 갖춰야 한다.
⑤ 정서 지능이 높은 집단일수록 타인의 감정에 쉽게 동화되어 갈등을 피하려는 경향이 있다.

21 밑줄 친 personality is not set in stone이 다음 글에서 의미하는 바로 가장 적절한 것은?

According to one theoretical model, everyone's personality can be placed on a spectrum ranging from introvert to extrovert, with ambiverts falling between these two extremes. Introverts are generally quiet and reflective, while extroverts are more outgoing and social. Ambiverts, however, have aspects from both of these personality types. For example, they might be moderately talkative but not overly enthusiastic. This allows them to easily fit into a wide variety of roles and feel comfortable in many different situations. One study conducted at a call center showed that employees who were ambiverts were more successful than their colleagues when it came to persuading customers. They were assertive, but they also listened to what customers had to say. As a result, they had higher average sales. While there are certainly some advantages to being an ambivert, it is important to note that personality is not set in stone. An individual's place on the introvert-extrovert spectrum can shift, and no matter what type of person you are, you can always be your best self by highlighting the positive aspects of your personality.

① the ideal role model depends on the situation
② an individual's personality may change over time
③ an individual's unique personality should be respected
④ no single type of personality is perfect for every career
⑤ society favors personalities between introversion and extroversion

22 다음 글의 요지로 가장 적절한 것은?

In recent years, Finland has been known as the happiest country in the world. Many people try to increase their happiness by adopting habits common in Finland and other Nordic countries, such as taking walks in the forest and going ice fishing. This type of imitation suggests that the entire world defines happiness the same way. At first glance, it seems to be true. A study of 2,799 adults in 12 countries concluded that the psychological definition of happiness is the achievement of "inner harmony." Although inner harmony sounds universal, people in different places define it differently. For example, the Danes use the term *hygge* to explain how inner harmony can be found through coziness and warm, comforting environments. Meanwhile, Americans perceive it as finding their passions and meeting their goals. In the same study, 49 percent of Americans included family relationships in their definition of happiness, while Southern Europeans and Latin Americans generally referred only to themselves. If even psychological definitions can't be objective, there is no certainty as to what happiness is. Therefore, it may be impossible to absolutely say that one country is happier than another or that one way of living will make the world happy.

*Dane: 덴마크 사람

① 복지 정책을 잘 갖춘 선진국일수록 행복의 지수는 높은 편이다.
② 같은 문화권에 속한 나라들은 행복을 동일한 성격으로 규정짓는 경향이 있다.
③ 세계의 행복 지수는 여러 문화권의 다양한 특성을 반영한 지표이므로 신뢰할 수 있다.
④ 나라마다 문화적 관점이 다양하므로 하나의 지표로 각 나라의 행복을 비교하는 것은 적절하지 않다.
⑤ 인류가 공통으로 생각하는 행복의 조건이 존재하며, 이는 행복에 대한 공통된 정서가 있음을 증명한다.

23 다음 글의 주제로 가장 적절한 것은?

Liberal arts colleges take a broad approach to higher education by incorporating the arts, sciences, humanities, and social sciences into their curriculum. Rather than offering narrow courses of study that prepare students for specific jobs, liberal arts colleges encourage students to explore a variety of subjects and pursue knowledge for its own sake, making it possible for them to enter a wide range of different careers in their future. Through a liberal arts education, students also develop their critical thinking skills and learn to make well-informed decisions based on factual information. They also come to realize how facts can sometimes be interpreted in more ways than one when they approach the topic from different points of view. In this way, a liberal arts education teaches students to critically reflect on their own beliefs and assumptions and to understand the views of others, even if they disagree with them. Although this kind of education can be challenging, it gets students accustomed to debating ideas and prepares them for success in whatever field they choose to enter.

① how a liberal arts education affects employability
② the features and benefits of a liberal arts education
③ the importance of critical thinking in a competitive society
④ why a liberal arts education is not suitable for the modern world
⑤ why liberal arts colleges are unpopular with students these days

24 다음 글의 제목으로 가장 적절한 것은? [3점]

Charles Darwin was a young geologist when he boarded the *HMS Beagle* in 1831. Near the end of the ship's voyage in 1835, Darwin began to devise his famous theory of natural selection while exploring the Galapagos Islands. His work would become a scientific explanation that challenged the transmutation of species, an evolutionary concept believed at the time. After returning from his voyage, Darwin worked nonstop to further develop his theory. It was not until 1859 that he published his most well-known work, *On the Origin of Species*. During these twenty years after his voyage, he overcame countless instances of needing to rework his ideas while facing harsh criticisms and mental challenges. People call Darwin's theory one of the greatest scientific breakthroughs in modern history. However, considering that it took over two decades for Darwin to publish his work, his theory may not have been a "breakthrough" at all.

*HMS Beagle: 비글호(영국 군함) **natural selection: 자연 선택설 (생존경쟁에서 살아남은 것이 자손을 남기게 된다는 주장)
***transmutation: 변이

① A Scientific Finding Almost Buried During a Voyage
② How Hard It Is for Scientists to Overcome Their Prejudices
③ The Long-Standing Theory of Evolution Was Proved Wrong
④ Darwin's Prolonged Discovery: The Slow Evolution of Natural Selection
⑤ A Famous Geologist's Advice: Accept the Opinions Criticizing Your Theories

25

다음 표의 내용과 일치하지 <u>않는</u> 것은?

Percentages of 13- to 39-year-olds in the US
Who Enjoyed Listening to Various Music Genres in 2019 and 2021

2019			2021		
Rank	Genres	Percentage	Rank	Genres	Percentage
1	Pop	62%	1	Hip-Hop/Rap	54%
2	Hip-Hop/Rap	56%	2	Rock	37%
3	Rock	47%	3	Pop	34%
4	Alternative	40%	4	R&B/Soul	33%
5	R&B/Soul	35%	5	Country	31%
6	Country	30%	6	Alternative	28%

The tables above show the percentages of people in the US aged 13 to 39 who reported enjoying various music genres in surveys conducted in 2019 and 2021. ① No other genre was as well liked as pop in 2019, but it fell to third place in 2021, with only 34% of people reporting that they enjoyed listening to it. ② In both years, pop, hip-hop/rap, and rock were the top three most popular genres, but the ranking of each one changed from one year to the other. ③ Rock was ranked higher in 2021 than it was in 2019. ④ R&B/soul grew in popularity between 2019 and 2021 from fifth to fourth, while alternative fell to sixth over the same period of time. ⑤ Country was the least popular genre on the 2019 list, with only 30%, and it maintained its position at the bottom in 2021.

26 Norman Borlaug에 관한 다음 글의 내용과 일치하지 <u>않는</u> 것은?

Norman Borlaug grew up in a small farming community in the American state of Iowa. He studied forestry at the University of Minnesota, where he went on to study plant pathology as a graduate student. He received his Ph.D. in 1942, and two years later, Borlaug became the lead scientist in charge of the improvement of wheat crops in Mexico. He spent sixteen years in this role, training many young Mexican scientists and dedicating himself to solving a number of problems that were limiting the country's cultivation of wheat. He was successful in developing several wheat varieties with resistance to a broad range of diseases. Together with improved crop management practices, these new varieties of wheat had an enormous impact on agricultural production in Mexico during the 1940s and 1950s, as well as in Asia and Latin America in later years. For his great work toward feeding the world's hungry, Borlaug was awarded the Nobel Peace Prize in 1970.

① 미국의 작은 농촌 지역에서 자랐다.
② 대학원에서 식물 병리학을 공부했다.
③ 16년간 후배를 양성했고 밀 생산성을 높이는 노력을 하였다.
④ 새로운 밀 품종을 개발하여 아프리카의 농업에 큰 영향을 끼쳤다.
⑤ 기아 문제를 개선한 공로로 노벨 평화상을 수상했다.

27 Graduation Photos에 관한 다음 안내문의 내용과 일치하지 <u>않는</u> 것은?

Graduation Photos

Congratulations, graduates! Capture this special moment to look back on for years to come.

Your Photo Session
Your photo session will include two looks: casual and formal.

What to Wear
(1) Casual Photos
✔ Avoid busy patterns, stripes, and clothing with large pictures.

(2) Formal Photos
Photos will be taken with graduation gowns and caps.
✔ Girls: Wear a V-neck shirt that will not show under the gown.
✔ Guys: Wear a collared shirt and tie that match your school colors. (Shirts and ties are available if needed.)

Book an Appointment
✔ Book an appointment online using the link provided.
✔ Appointment changes can be made only by phone (514-5678-1234) at least 48 hours before the session.

Prints and digital copies of your graduation photos are available to order. Please visit our website at www.ABCStudios.com to book your photo session today!

① 졸업생들은 두 종류의 사진을 촬영한다.
② 복잡한 패턴이나 큰 그림이 없는 옷을 입어야 한다.
③ 셔츠와 넥타이는 현장에서 빌릴 수 있다.
④ 예약 변경은 촬영 시작 최소 48시간 전에 인터넷으로 해야 한다.
⑤ 졸업 사진은 인화본과 디지털 사본 둘 다 주문할 수 있다.

28 Tour of Historical Places에 관한 다음 안내문의 내용과 일치하는 것은?

Tour of Historical Places

Looking for an opportunity to better understand New York City's fascinating local history? Here's your chance! Join the school history club's field trip!

Who
10th and 11th graders

When & Where
• Friday, May 16
• 10:00 a.m. - 12:00 p.m.: St. Paul's Chapel
• 2:00 - 3:30 p.m.: Bowling Green Park
• 4:00 - 5:00 p.m.: New York City Hall

Registration
• The first 20 students to sign up can participate.
• $30 per student (lunch and transportation included)

Things to Consider
• A permission slip must be signed by a parent or guardian and your teachers for this semester.
• The tour will not be cancelled due to rainy weather.

① 미술 동아리의 현장 학습이다.
② 3개 학년을 대상으로 한다.
③ 먼저 등록한 30명만 참여할 수 있다.
④ 참가비에 교통비가 포함되어 있지 않다.
⑤ 허가서에 성인의 서명이 필요하다.

29 다음 글의 밑줄 친 부분 중, 어법상 틀린 것은?

Zero-tolerance policies rely on an "all-or-nothing" approach to problems in the workplace and involve ① taking action against workers who break even minor rules. The idea is that by enforcing rules with an attitude ② that shows no tolerance for exceptions, companies can create a safe, stable, and productive workplace. The effectiveness of these zero-tolerance policies, however, ③ are open to debate. Adopting zero-tolerance policies ensures that the company's rules will be clearly understood by all employees, as will the consequences of failing to obey them. This guarantees that everyone is following the same guidelines for behavior and ④ reduces the chances of someone getting in trouble for unknowingly breaking the rules. While zero-tolerance policies may be effective at eliminating gray areas, they can also increase levels of stress. When workers feel like they will be punished for even small mistakes, it is easy for morale and productivity levels ⑤ to drop. This is why many companies decide against implementing zero-tolerance policies.

*all-or-nothing: 모 아니면 도인

30 다음 글의 밑줄 친 부분 중, 문맥상 낱말의 쓰임이 적절하지 않은 것은?

In recent years, avocados have been added to the list of superfoods, and they are now included in recipes across the globe. Unfortunately, the environmental impact of the high demand for avocados has become ① problematic. As with the mass production of any crop, growing avocados requires large areas of land. Growing only avocados in an area causes the soil to become less ② fertile, which leaves crops more susceptible to pests and diseases. Furthermore, farming avocados ③ contributes to deforestation because forests are burned down to make space for new avocado plantations. However, the biggest problem caused by the avocado industry is the amount of water it uses. Growing avocados at a large scale puts an incredible degree of ④ pressure on a region's water supply. According to the World Economic Forum, around 9.5 billion liters of water is used for avocado farming every day. That's about 3,800 Olympic-sized pools of water. Since many avocado farms are in drier areas, the farming of avocados could ⑤ provide communities of the water they need to survive.

31 Around 200 B.C., an ancient Greek mathematician, geographer, and astronomer named Eratosthenes made a remarkable discovery. Without any of today's advanced technology, he was able to calculate the circumference of our planet. He did so by measuring the angles of shadows that were cast in different cities at the same time. He knew that at noon on one particular day each year, there were no shadows cast in the city of Syene as the sun was located directly above the city at that time. On the same day and time, the angle of the sun's rays in Alexandria was measured to be 7.2 degrees, or approximately 1/50th of a complete circle. This suggested that the distance between the two cities, 800 kilometers, was equal to 1/50th of the circumference of the globe. Based on this information, Eratosthenes was able to calculate that our planet's circumference measures approximately _____ kilometers. [3점]

*circumference: 원주, 둘레 **Syene: 시에네 (이집트의 도시 Aswan의 옛 지명)

① 360　　　　　　　　② 800　　　　　　　　③ 5,760
④ 40,000　　　　　　　⑤ 288,000

32 Research has suggested that ecological communities with low levels of plant diversity tend to be less stable and productive than those with a greater variety of species. Moreover, one study has shown that in order for ecosystems to function well and remain healthy, species diversity needs to be conserved not only at individual locations but also across entire landscapes. In this study, an international network of plant scientists looked at the health and productivity of a wide range of grassland ecosystems across the globe. They recorded the number of plant species in individual ecosystems and in landscapes as a whole. It was found that these ecosystems function best when _____.
According to the lead author of the study, ecological traits in different plants, such as leaf area and root depth, complement each other better when there is a wide variety of plant species at the local level and across the landscape at the same time. This information is highly valuable when it comes to the management and restoration of grasslands. In particular, promoting high local and landscape diversity by using a variety of seed mixtures in different areas is now known to be better than achieving high local diversity but low landscape diversity by seeding an entire field with a single mixture. [3점]

① a variety of crops are cultivated organically
② farmland is left uncultivated for several years
③ diversity is high at both levels simultaneously
④ native species are removed to promote biodiversity
⑤ crop rotation is practiced across the entire grassland

33 In a market economy, resources are owned by individuals whose self-interest acts as the primary motivator for economic activity. It is true that in many cases, self-interest can lead to unfair pricing and corrupt business practices, but in a market economy, it is kept in check by competition. When multiple self-interested individuals are competing for customers, excess greed inevitably leads to one's failure. Bakers can only succeed in selling bread to customers if they offer bread of better quality or can sell it at a cheaper price compared to other bakers in the area. If a baker increases the price of their bread by too much, customers will go elsewhere. If a baker's bread is the same price as another's but of inferior quality, shoppers will have no incentive to purchase from them. In short, the successful merchant will offer a high quality product at a reasonable price. Competition in the marketplace guarantees this because it _____
_____. [3점]

*keep in check: 억제하다, 방지하다

① ensures success regardless of customer satisfaction
② restrains one's ability to take advantage of customers
③ prevents two merchants from offering the same goods
④ enables merchants to operate independently of one another
⑤ allows merchants to manipulate the market to their advantage

34 Parasitic plants are able to complete their life cycles by taking the water and nutrients that they need from a host plant. Many parasitic plant species have been known to cause severe and extensive agricultural damage through this process. As a result, parasitic plants are widely regarded as pests that do nothing but destroy the ecosystems that they enter. However, this view does not take into consideration the ways in which the competitive balance and community structure of the ecosystem tend to be altered by parasitic plants. In many ecosystems, a small number of species are dominant, which limits diversity and restricts reproductive opportunities for other species. However, when the plants of a dominant species become hosts for parasitic plants, their levels of growth and overall competitive ability are reduced. This allows other species that are resistant to the parasitic plants to take advantage of the newly available resources and free space. In this way, the harmful effects that parasitic plants have on their hosts _____. [3점]

① lead to the evolution of new kinds of parasitic plants
② reduce the level of species diversity in the ecosystem
③ are balanced by positive effects at the community level
④ enhance plants' resilience against other pests and diseases
⑤ improve the chances of pollination in the dominant species

35

다음 글에서 전체 흐름과 관계 없는 문장은?

Self-checkout is available in many stores and has gained immense popularity for its convenience. Self-checkout is provided as an alternative way to pay for items, and it can often be found in a dedicated area with multiple stations, allowing several customers to check out simultaneously. Despite its benefits, some customers have psychological barriers that discourage them from using this service. ① Self-checkout uses advanced technology to make the process efficient, but some customers are not entirely comfortable with using technology. ② It may be an overwhelming and intimidating experience, which can lead to frustration. ③ It is noted that accepting negative emotions is one of the keys to building self-trust and confidence. ④ Customers who are already uncomfortable during self-checkout fear embarrassing themselves if they make a mistake or encounter difficulties. ⑤ The idea of seeking help from a worker ultimately makes customers opt for cashier-assisted checkout lanes rather than use self-checkout.

[36~37] 주어진 글 다음에 이어질 글의 순서로 가장 적절한 것을 고르시오.

36

A recent study has been published about a species of ant that has caused a dramatic change in the ecosystem of Laikipia, Kenya.

(A) However, the lion population did not decline. The big cats switched to hunting buffalo instead. Although the lions were able to adapt successfully, only time will tell if the invasion of the big-headed ants will cause trouble for other species.

(B) As a consequence of the big-headed ants' predatory behavior, the loss of local ant protection for the whistling-thorn acacia trees has disrupted the ecosystem on the Kenyan plains. With more animals eating from the trees, there is less cover for lions, making it harder to sneak up on prey, particularly zebras. Researchers monitored the changes in lions' hunting patterns and found that zebras were being hunted three times less than before.

(C) The species, known as the big-headed ant, is believed to have originated from an island in the Indian Ocean, making it an invasive species in the Kenyan plains. On these plains, the whistling-thorn acacia tree offers food and shelter to a local species of ant. In return, the ants protect the tree's seeds from hungry animals. However, after the arrival of the big-headed ants, they became predators of the local ants, leaving the trees unprotected from herbivores.

*herbivore: 초식동물

① (A) – (C) – (B)   ② (B) – (A) – (C)   ③ (B) – (C) – (A)
④ (C) – (A) – (B)   ⑤ (C) – (B) – (A)

37 With more and more interaction taking place online, participation in community organizations, social clubs, and religious groups has significantly declined in recent years, and loneliness in young people is reportedly reaching levels once associated only with older adults.

(A) However, as people move beyond middle age, maintaining these connections can become more challenging. As people age, opportunities to participate in social groups, whether professional, community, or family-based, begin to decline. At this time, as in young adulthood, people become more likely to agree with statements such as "I wish I had more friends around me."

(B) While it is true that people can feel lonely at any age, middle-aged adults tend to have stronger social connections than people in other age groups due to regular interactions with coworkers, spouses, and children. These relationships are usually stable and give the feeling of being appreciated by others.

(C) Researchers have suggested that this reduced level of face-to-face interaction is one of the primary reasons for loneliness. They have also shown that loneliness tends to follow a U-shaped curve throughout our lives, being high in young adulthood, declining as we become middle-aged, and then rising again around the age of sixty. Why do middle-aged adults not feel much loneliness?

① (A) – (C) – (B)   ② (B) – (A) – (C)   ③ (B) – (C) – (A)
④ (C) – (A) – (B)   ⑤ (C) – (B) – (A)

38

Research indicates, however, that these assumptions are not true.

In conflicts over the introduction of bike lanes, those opposed typically say that bike lanes will increase traffic congestion and that they will be bad for local businesses. (①) These arguments seem logical. (②) If the amount of space available for cars is reduced, then congestion should increase, and if parking spaces outside shops are removed to make room for bike lanes, then business would seem likely to decline. (③) A typical motor vehicle lane allows for the transportation of approximately 2,000 people per hour. (④) The research reports that this number is more than doubled when an equivalent amount of space is used for public transport, and if the space is used for bike lanes, it increases to around 10,000. (⑤) When it comes to local commerce, cyclists have been found to spend more money in local shops than car drivers perhaps because cycling to nearby shops is usually easier than driving to them and finding parking.

39

People oftentimes allow their emotional responses to spread to other nearby objects without realizing it.

According to one theory, there are two different methods that are normally used in order to persuade others to believe or do something. The first method appeals to a person's conscious thought processes by offering logical arguments and evidence. (①) It involves encouraging someone to thoughtfully consider certain information and make a rational decision based on the presented facts. (②) The other method is different in that it appeals to a person's feelings and relies on unconscious positive or negative associations. (③) To exploit this response, advertisers place beautiful or desirable items alongside the products they are trying to sell. (④) By doing so, they hope that the positive feelings people get from the appealing items will spread to their product. (⑤) In this way, people come away with a heightened impression of the marketed item without ever consciously thinking about it. [3점]

Many people mistakenly remember Nelson Mandela, the former president of South Africa, dying in prison in the 1980s. They even claim to remember news coverage about his death. In reality, Mandela passed away in 2013. How can these memories of Mandela's passing in prison be explained? A researcher named Fiona Broome coined the term "the Mandela Effect" to describe this phenomenon. Research suggests that when we misremember something, false memories can form, causing our long-term memories to become distorted over time. False memories can also be created by suggestions or misinformation around us. The internet, especially social media, can be a big source of misinformation that causes the creation of shared false memories. Due to the speed at which information can be spread, shared beliefs, both accurate and inaccurate, can happen overnight. According to a psychologist, people become more confident in a memory as they repeatedly recall it, even if it becomes more inaccurate over time. The psychologist added that when we are continually exposed to incorrect details online, our memory saves them as facts.

⬇

The Mandela Effect is a phenomenon in which _____(A)_____ memories, often influenced by misinformation and repeated recall, lead people to _____(B)_____ remember events, which can be exacerbated by the rapid spread of information online.

	(A)		(B)
①	fixed	......	alternatively
②	false	......	mistakenly
③	accurate	......	unreliably
④	specific	......	regularly
⑤	personal	......	indirectly

Although many people think that there is no gravity in outer space, this is actually untrue. Gravity is the mutual attraction of all objects with mass in the universe, and the strength of that attraction depends on both the mass of the objects and where they are in relation to each other. Gravitational force is stronger between objects of greater mass, and it is inversely proportional to the distance between them. In other words, as the distance between two objects increases, the gravitational force of attraction between them (a) intensifies.

These laws apply to all objects in the universe with mass, from stars to planets to people. However, the gravitational attraction between small objects, like human beings, is so tiny that we do not feel it. If you have seen videos of astronauts floating in the International Space Station (ISS), you might think that they have (b) escaped the pull of gravity, but this is not the case. In fact, the ISS revolves around Earth at incredible velocities between 17,000 and 18,000 miles per hour in order to (c) compensate for the planet's strong gravitational pull. The ISS and the astronauts inside it are actually (d) constantly being pulled toward Earth, but by traveling at just the right speed, the ISS is able to orbit the planet at a safe distance instead of being pulled toward it. Since the astronauts are traveling at the (e) same speed as the space station, they feel as if they are floating and experiencing "zero gravity." However, the force of attraction is always present.

*inversely proportional: 반비례하는

41 윗글의 제목으로 가장 적절한 것은?

① How the Universe Operates: Mass and Gravity
② Mysterious Planets Where Gravity Has No Effect
③ The Absence of Gravity in Distant Parts of the Universe
④ What Would Happen If Gravity Disappeared From Space?
⑤ The Misconception of Zero Gravity: Gravity Is Everywhere

42 밑줄 친 (a)~(e) 중에서 문맥상 낱말의 쓰임이 적절하지 <u>않은</u> 것은? [3점]

① (a)　　　② (b)　　　③ (c)　　　④ (d)　　　⑤ (e)

[43~45] 다음 글을 읽고, 물음에 답하시오.

(A)

Mark was leaving the subway station on a cold winter night. (a) He wore a thick, baggy jacket and dark gloves to keep his hands warm. The station was deserted except for him, a woman around his age, and an older man. Mark noticed the woman picking up her pace as they approached the stairs.

(B)

As (b) he glanced down at his own clothes, he heard a sudden sound behind him. Without a moment of hesitation, the woman started to run. She didn't even turn around to see what had happened. Concerned for her safety, Mark took off after her. She rushed into a nearby hotel and almost jumped into the elevator.

(C)

Just before the elevator doors closed, (c) he managed to slip into the elevator. "Leave me alone! Get away from me!" the woman screamed. Mark quickly introduced himself, assuring her that (d) he wasn't a threat. She let out a loud sigh of relief and explained how scared she had been. Mark explained that the noise had been caused by the older man tripping on a step. They both laughed at the misunderstanding and eventually became friends.

(D)

She seemed to be trying to gain some distance from the old man. Mark wondered if she felt unsafe walking alone with the man behind her. Perhaps she had seen him on the train earlier and felt uneasy. Mark also wondered if there was something about the older man's appearance that made (e) him seem threatening.

43 주어진 글 (A)에 이어질 내용을 순서에 맞게 배열한 것으로 가장 적절한 것은?

① (B) – (D) – (C)　　　② (C) – (B) – (D)

③ (C) – (D) – (B)　　　④ (D) – (B) – (C)

⑤ (D) – (C) – (B)

44 밑줄 친 (a)~(e) 중에서 가리키는 대상이 나머지 넷과 <u>다른</u> 것은?

① (a)　　　② (b)　　　③ (c)　　　④ (d)　　　⑤ (e)

45 윗글에 관한 내용으로 적절하지 <u>않은</u> 것은?

① Mark는 두꺼운 재킷과 어두운 색의 장갑을 끼고 있었다.

② Mark는 여자가 걱정되어 뒤따라갔다.

③ 나이 든 남자가 계단에서 넘어져서 큰 소리가 났다.

④ 여자와 Mark는 엘리베이터에서 대화를 나눈 후 친구가 되었다.

⑤ Mark는 여자와 나이 든 남자가 지하철에서 다투는 것을 본 후 불안감을 느꼈다.

MEMO

필요충분한 수학유형서로 등급 상승각을 잡다!

'22개정
교육과정

시리즈 구성

공통수학1

공통수학2

교재구성
미리
보기

1 **Goodness 빼어난 문제**
'22 개정 교육과정에 맞춰 빼어난 문제를 필요한 만큼
충분하게 담아 완전 학습을 할 수 있습니다.

2 **Analysis 철저한 분석**
수학 시험지를 철저하게 분석하여 적확한 유형으로 구성,
가로로 익히고, 세로로 반복하는 학습을 할 수 있습니다.

3 **Kindness 친절한 해설**
선생님의 강의 노트 같은 깔끔한 해설로 알찬 학습,
정확하고 꼼꼼한 해설로 꽉 찬 학습을 할 수 있습니다.

BOOK LIST

도/서/목/록

어휘 · 문법 · 구문

능률VOCA

대한민국 어휘서의 표준

어원편 Lite | 어원편 | 고교기본 | 고교필수 2000 |
수능완성 2200 | 숙어 | 고난도

GRAMMAR ZONE

대한민국 영문법 교재의 표준

입문 | 기초 | 기본 1 | 기본 2 | 종합 (각 Workbook 별매)

필히 통하는

시험에 필히 통하는 고등 영문법과 서술형

필히 통하는 고등 영문법 기본편 | 실력편
필히 통하는 고등 서술형 기본편 | 실전편

문제로 미스터하는 고등영문법

고등학생을 위한 문법 연습의 길잡이

천문장

구문이 독해로 연결되는 해석 공식

입문 | 기본 | 완성

능률 기본 영어

최신 수능과 내신을 위한 고등 영어 입문서

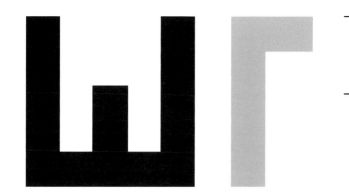

빠른독해 바른독해

수능실전

정답 및 해설

빠른독해 바른독해 빠른독해 바른독해

수능
실전

정답 및 해설

기출예제
p. 8

천연자원의 관리자는 보통 (자원) 이용에 대한 금전적인 보상을 제공하는 시장 유인에 직면한다. 예를 들어, 삼림 지대의 소유자는 탄소 포집, 야생 동물 서식지, 홍수 방지 및 다른 생태계 공공사업을 위해 숲을 관리하기보다는 나무를 베어 내는 시장 유인이 있다. 이러한 공공사업은 소유자에게 어떠한 금전적인 이익도 제공하지 않으므로, 관리 결정에 영향을 미칠 가능성이 낮다. 그러나 이러한 공공사업에 의해 제공되는 경제적 이익은, 그것의 비(非)시장적 가치에 근거하여, 목재의 경제적 가치를 넘어설 수도 있다. 예를 들어, UN의 한 계획은 기후 규제, 수질 정화 및 침식 방지를 포함하여 열대 우림이 제공하는 생태계 공공사업의 경제적 이익이 시장의 이익보다 헥타르당 세 배나 더 크다고 추정했다. 따라서 나무를 베는 것은 경제적으로 비효율적이며, 시장은 벌채보다 생태계 공공사업을 더 선호하도록 올바른 '신호'를 보내지 않고 있다.

구문해설
1행 Managers of natural resources typically face market incentives [that provide financial rewards for exploitation]. ▶ [ ]는 선행사인 market incentives를 수식하는 주격 관계대명사절이다.

5행 But the economic benefits [provided by these services], [based on their non-market values], may exceed the economic value of the timber. ▶ 첫 번째 [ ]는 the economic benefits를 수식하는 과거분사구이다. 두 번째 [ ]는 추가적인 정보를 제공하기 위해 삽입되었다.

어휘
incentive 유인 carbon capture 탄소 포집(이산화탄소 저장) habitat 서식지 influence 영향을 미치다 initiative 계획 estimate 추정하다 regulation 규제 purification 정화 erosion 침식 hectare 헥타르(땅 면적 단위 중 하나) favor A over B B보다 A를 선호하다 extractive 채광[채굴]의

적용독해
pp. 9~11

1 ④ 2 ⑤ 3 ③ 4 ① 5 ②

1 ④

공리는 가장 기본적이고 보편적인 것으로 여겨지는 논리적이며 자명한 전제이다. 그것은 일반적인 진리이고, 그것을 증명하는 데 다른 어떤 전제도 필요하지 않다. 상정은 특정 주제에 대해 참으로 받아들여지는 전제이다. '공리'와 '상정'이라는 용어는 종종 혼용되지만, 그것들이 동일한 것은 아니다. 유클리드 기하학이 널리 사용되는 예에 해당한다. 그리스의 수학자 유클리드는 그가 상정이라고 언급한 10가지 진술을 생각해 냈고

그것들을 5개씩 두 그룹으로 나눴다. 그가 '통념'이라고 분류한 첫 번째 그룹은 실제로 일반적인 진리, 즉 공리였다. 두 번째 그룹은 특별히 기하학 분야에 적용되는 상정들로 구성되어 있었다. 두 번째 그룹의 진술들은 그것들이 다른 주제에 적용될 때 반드시 딱 들어맞지는 않는다는 점에서 첫 번째 그룹의 진술들과 달랐다.

구문해설
5행 The Greek mathematician Euclid **came up with** ten statements [that he referred to as postulates] and **divided** them into two groups of five. ▶ came up with와 divided가 접속사 and로 병렬 연결되어 있다. [ ]는 선행사인 ten statements를 수식하는 목적격 관계대명사절이다. them은 앞에 나온 ten statements를 가리킨다.

9행 The statements in the second group differed from **those** in the first group *in the sense that* they would not necessarily hold true [when (they were) applied to other subjects]. ▶ those는 앞에 나온 The statements를 가리킨다. 「in the sense that ....」은 '…라는 점에서'라는 의미이다. when이 이끄는 부사절 [ ]에서 접속사 다음에 「주절의 주어와 동일한 주어+be동사」가 생략되었다.

문제해설
공리와 상정의 차이를 유클리드 기하학의 예를 들어 설명하는 글이므로, 제목으로는 ④ '공리를 상정과 구별하는 것'이 가장 적절하다.
① 공리의 모호한 본질
② 이론적 진술의 분류
③ 공리: 상정이 틀렸음을 입증하는 최고의 방법
⑤ 유클리드 기하학에서 논리적 전제는 어떻게 사용되는가?

2 ⑤

육체적으로 힘들거나 지루한 일에 관한 한, 사람들은 그들이 평가받고 있다는 것을 알면 더 잘 해내는 경향이 있는데, 그들이 평가자에게 깊은 인상을 줄 수 있도록 더 열심히 일하기 때문이다. 하지만 창의성이 필요한 일에 있어서는 꼭 그렇지만도 않다. 이러한 경우에, 사람들이 최고의 기량을 발휘하게 해주는 것은 바로 사실 평가에 대한 예상으로부터의 자유이다. 창의적인 사람들은 비범한 연상과 참신한 아이디어를 만들어 내는 여러 무의식적인 정신적 과정에 의존한다. 이러한 과정을 가장 잘 이끌어 내기 위해서, 창의적인 사람들은 칭찬이나 어떤 다른 보상을 얻으려고 적극적으로 노력하는 대신 한 걸음 물러나서 상황이 자연스럽게 진전되도록 해야 한다.

구문해설
1행 **When it comes to** physically demanding or tedious tasks, people tend to perform better when they know [(that) they are being evaluated], *as they will* work harder **so that** they **can** impress the evaluator. ▶ 「when it comes to ....」는 '…에 관한 한'이라는 의미로, 여기서 to는 전치사이므로 뒤에 명사구가 왔다. [ ]는 know의 목적어로 쓰인 명사절로, 접속사 that이 생략되었다. as는 이유를 나타내는 접속사이다. 「so that+주어+can ....」은 '…가 ~할 수 있도록'이라는 의미이다.

4행 In these cases, **it is** actually freedom from the expectation of evaluation **that** allows people to perform at the peak of their abilities. ▶「it is ... that ~」 강조 구문으로, '~한 것은 바로 …이다'라는 의미이다.

문제해설
창의성이 필요한 일에 있어서는 평가가 사람들의 기량을 그리 높여 주지 않고, 그 이유를 설명하는 글이므로, 주제로는 ⑤ '평가가 창의성에 좋지 않은 이유'가 가장 적절하다.
① 사람들에게 동기가 부여되게 만드는 것
② 압박감 속에서 창의적으로 일하는 법
③ 다양한 직원 성격 유형
④ 창의적인 사람들을 격려하는 최고의 방법들

3 ③
오징어 촉수에는 수백 개의 아주 작은 빨판이 있고, 각각의 빨판은 오징어가 먹이를 잡는 데 도움을 주는 극도로 날카로운 '이빨들'의 고리가 있다. 이 빨판 고리 이빨들(SRT)은 전적으로 단백질로만 이루어져 있기 때문에 대부분의 다른 천연 중합체나 뼈 같은 경조직과는 다른데, 이것들은 제대로 기능하기 위해 무기물이나 다른 물질들을 필요로 한다. SRT 단백질은 매우 튼튼한 거미줄 구조와 비슷한 구조로 조합된다. 그것들은 또한 다른 모양으로 다시 만들어질 수도 있고 잠재적으로 많은 획기적인 방식으로 쓰일 수 있다. 그것들은 거미줄보다 실험실에서 재현하기가 더 수월하고, 그것들을 쓸모 있는 재료로 가공하는 것이 환경에 더 이로울 것으로 기대된다. 이 놀라운 단백질은 복원 수술에서의 이용과 친환경 포장재의 생산을 포함하여 온갖 종류의 응용이 가능할 것이다.

구문해설
1행 ..., and each sucker has its own ring of razor-sharp "teeth" [that **help** the squid **catch** its prey]. ▶ [ ]는 선행사인 its own ring of razor-sharp "teeth"를 수식하는 주격 관계대명사절이다. help는 목적격 보어로 동사원형이나 to부정사를 쓴다.
3행 ..., they are different from most other natural polymers and hard tissues such as bones, [which need minerals or other substances to function properly]. ▶ [ ]는 선행사인 most other natural polymers ... bones를 부연 설명하는 계속적 용법의 주격 관계대명사절이다.
7행 ... they could be easier than spider silk **to recreate** in the lab, and [processing them into usable materials] could be better for the environment. ▶ to recreate는 형용사 easier를 수식하는 부사적 용법의 to부정사이다. [ ]는 주어로 쓰인 동명사구이다.

문제해설
SRT 단백질이 다양한 응용이 가능하고 친환경적일 것이라는 내용이므로, 제목으로는 ③ 'SRT 단백질: 잠재적으로 획기적인 소재'가 가장 적절하다.
① 연구원들이 어떻게 SRT 단백질을 발견했는가
② 동물 단백질의 획기적이고 흥미진진한 용도
④ 무엇이 빨판 고리 이빨을 뼈와 다르게 하는가
⑤ 거미와 오징어의 놀라운 유사성

4 ①
「생쥐와 인간」과 「분노의 포도」와 같은 소설에서 노동자 계층의 미국인들

에 대한 묘사로 가장 잘 알려진 미국의 작가 John Steinbeck은 연극 소설이라 불리는 문학 형식의 발전에 대단히 중요한 역할을 했다. 희곡과 유사하게, 연극 소설은 서너 개의 막으로 나뉘고, 문제는 장면 묘사가 대화와 주된 사건이 시작되기 전에 주어진다는 점에서 무대 공연과 비슷하다. 게다가, 줄거리는 라이브 공연에 적합할 극적이고 과장된 측면들을 포함한다. 연극 소설은 공연용으로 각색되도록 의도되었기 때문에 장편 소설보다 더 짧다. 더욱이, 그것은 심리 소설과 다른 장르에서 발견되는 내면 내레이션보다는 등장인물들 사이의 흥미로운 사건과 대화를 따라 줄거리를 진행해 나가는 것에 크게 의존한다.

구문해설
1행 The American writer John Steinbeck, [best known for his portrayal of working-class Americans in novels ...], played a critical role in the development of a literary form [called the play-novella]. ▶ 첫 번째 [ ]는 The American writer John Steinbeck을 부연 설명하는 과거분사구로, 문장의 주어와 동사 사이에 삽입되었다. 두 번째 [ ]는 a literary form을 수식하는 과거분사구이다.
9행 ... rather than the internal narration [found in psychological novels and other genres]. ▶ [ ]는 the internal narration을 수식하는 과거분사구이다.

문제해설
연극 소설이라는 문학 형식에 관해 설명하는 글이므로, 주제로는 ① '연극 소설을 정의하는 것은 무엇인가'가 가장 적절하다.
② 글을 더 극적으로 만드는 방법
③ 소설을 희곡으로 각색하는 도전
④ John Steinbeck 작품들의 주된 주제
⑤ 무대 연극과 연극 소설의 차이

5 ②
많은 도시 소비자들이 자연과 연관된 식품을 사서 먹는다는 개념에 분명히 끌렸지만, 광고가 주장하는 그 자연은 더 이상 그 식품을 만들어낸 자연이 아니었다. 실제로, 많은 광고들이 주장하는 그 자연은 '오직' 광고의 부착물로만 식품 제품과 연관이 있었다. 이는 프랑스의 사회학자 Henri Lefebvre가 말한 '지시성의 감소,' 즉 자본주의의 영향을 받은 단어가 의미 있는 연관성에서 분리되는 경향의 명백한 사례이다. 갈수록 식품 광고는 소비자가 '신선한'과 '자연의' 같은 단어의 새로운 정의에 익숙해지도록 도왔는데, (이 정의는) 전통적인 의미와는 정반대라 할 수 있을 정도였다. 그 새로운 정의는 최근 생겨난 식품 산업 시스템의 필요에 더 잘 부합했는데, 그 시스템은 관례적인 의미와 기대에 맞는 식품을 공급할 수 없었다. 그리고 비록 겉치레이긴 하나, 그것들은 소비자들의 욕구를 더 잘 충족했다.

구문해설
1행 While many city shoppers were clearly drawn to the notion of [buying and eating foods {associated with nature}], the nature [claimed by the ads] was **no longer** the nature [that created the foods]. ▶ the notion과 첫 번째 [ ]는 동격이다. { }는 foods를 수식하는 과거분사구이다. 두 번째 [ ]는 the nature를 수식하는 과거분사구이다. 「no longer ...」는 '더 이상 … 아닌'이라는 의미이다. 세 번째 [ ]는 선행사인

the nature를 수식하는 주격 관계대명사절이다.

4행 This is clearly a case of [what French sociologist Henri Lefebvre has called {"the decline of the referentials,"} or {the tendency of words under the influence of capitalism <to become separated from meaningful associations>}]. ▶ [ ]는 선행사를 포함하는 관계대명사 what이 이끄는 명사절로, 전치사 of의 목적어 역할을 한다. 두 { }는 동격이며, 동격 어구를 연결하는 or는 '즉[곧]'이라는 의미이다. < >는 words under the influence of capitalism을 수식하는 형용사적 용법의 to부정사구이다.

문제해설
자본주의의 영향으로 새롭게 정의된 최근 식품 광고 속 단어들은 전통적인 의미와는 맞지 않으나, 새로운 식품 산업과 소비자의 욕구를 더 잘 충족한다는 내용의 글이다. 따라서 글의 주제로는 ② '식품 광고와 관련된 단어 의미의 변화'가 가장 적절하다.
① 자연식품 광고의 신뢰도 감소
③ 자본주의가 식품 산업 시스템에 미치는 영향
④ 식품 산업에서 고객을 끌어들이는 다양한 방법
⑤ 상업 광고에서 유의미한 단어 연관의 필요성

02 요지·주장

기출예제
p. 12

가치만으로는 문화를 창조하고 구축할 수 없다. 가치를 단지 가끔씩만 실천하는 것은 문화의 창조와 유지에 기여하지 못한다. 가치를 행동으로 변화시키는 것은 전투의 절반에 불과하다. 물론 이것은 올바른 방향으로 나아가는 한 걸음일 수 있지만, 그러한 행동은 기대되는 바를 명확하고 간결하게 설명하는 것과 함께 조직 전체에 널리 공유되고 배포되어야 한다. 단순히 그것에 관해 이야기하는 것만으로는 충분하지 않다. 지도자와 모든 인력 관리자가 직원들을 지도하는 데 사용할 수 있는 구체적인 행동을 시각적으로 표현하는 것이 중요하다. 마치 스포츠팀이 잘 수행하고 승리하는 데 도움이 되도록 고안된 구체적인 플레이를 담은 플레이 북을 갖고 있는 것처럼, 여러분의 회사도 문화를 행동으로 변환하고 가치를 승리하는 행동으로 바꾸는 데 필요한 주요 변화를 담은 플레이 북을 갖고 있어야 한다.

구문해설
6행 It is critical [to have a visual representation of the specific behaviors {that leaders and all people managers can use **to coach** their people}]. ▶ It은 가주어이고 [ ]가 진주어이다. { }는 선행사인 a visual representation of the specific behaviors를 수식하는 주격 관계대명사절이며, to coach는 목적을 나타내는 부사적 용법의 to부정사이다.

7행 Just like a sports team has a playbook with specific plays [designed to help them perform well

and win], your company should have a playbook with the key shifts [needed **to transform** your culture into action and (**to**) **turn** your values into winning behaviors}]. ▶ 두 개의 [ ]는 각각 a playbook with specific plays와 a playbook with the key shifts를 수식하는 과거분사구이다. needed의 목적어로 쓰인 명사적 용법의 to부정사인 to transform과 (to) turn이 접속사 and로 병렬 연결되어 있다.

어휘
contribute 기여하다 maintenance 유지 distribute 배포하다 concise 간결한 description 설명, 기술 critical 중요한, 결정적인 visual 시각적인 representation 표현, 묘사 specific 특정한, 구체적인 playbook 플레이 북(팀의 공수 작전을 그림과 함께 기록한 책) shift 변화 transform 바꾸다

적용독해
pp. 13~15

1 ① **2** ④ **3** ③ **4** ⑤ **5** ③

1 ①
대부분의 경우, 신원 확인은 한 사람의 신체적 외모를 신분증 사진에 대조하는 것에 의존한다. 그러나 오류 비율을 낮추기 위해, 생체 정보의 사용이 최근에 더 흔해졌다. 홍채 인식과 지문 인식이 이미 일부 장소에서 사용되고 있지만, 이런 기술들의 문제점은 그것들이 전과 기록과 연관될 수 있어서, 개개인들이 이러한 정보를 제공하는 것에 협조하는 것을 꺼리게 만든다는 것이다. 하지만 생체 측정을 이용한 개인 신원 확인 분야에 새로운 가능성이 생겨났다. 최근의 한 연구가 개인은 고유의 체취를 지니고 있고 사람들은 오로지 이 체취만으로, 85퍼센트가 넘는 정확도로 신원 확인이 될 수 있음을 입증했다. 그 결과로, 연구원들은 이제 체취를 기반으로 한 신원 확인 기술들을 개발할 방법들을 찾고 있는데, 이 기술들은 덜 침해적이지만 여전히 정확할 것이다.

구문해설
4행 ..., but the problem [with these techniques] is [that they can be connected to criminal records, {making individuals reluctant to cooperate with providing this data}]. ▶ 첫 번째 [ ]는 the problem을 수식하는 전치사구이다. 두 번째 [ ]는 주격 보어로 쓰인 명사절이다. { }는 결과를 나타내는 분사구문이다.

8행 Consequently, researchers are now looking for ways **to develop** odor-based identification techniques, [which would be less invasive but still accurate]. ▶ to develop은 ways를 수식하는 형용사적 용법의 to부정사이다. [ ]는 선행사인 odor-based identification techniques를 부연 설명하는 계속적 용법의 주격 관계대명사절이다.

문제해설
덜 침해적이면서 정확한 신원 확인을 위해 개인의 고유한 체취를 기반으로 한 생체 정보 인식 기술을 활용할 수 있을 것이라는 내용이므로, 글의 요지로는 ①이 가장 적절하다.

2 ④

'안락 지대'와 '안전지대'라는 용어는 흔히 같은 개념을 나타내는 데 사용된다. 슬로프가 너무 위험하다는 것을 감지하는 스키 선수는 불편함을 느끼고 다른 경로를 택해서 발생할 가능성이 있는 심각한 부상을 피한다. 우리는 우리의 안락과 안전을 위협하는 힘들을 처리하는 데 일생을 보내고, 그 과정에서 우리는 어떤 행동들과 장소들이 위험한지 배우며, 그것들을 멀리한다. 그리고 그곳, 안전지대에서, 우리는 편안함을 느낀다. 하지만 이런 현시대에서는 우리의 안락함이 더는 안전을 보장하지 않는다. 사실상, 이렇게 급변하는 세상에서 우리에게 가장 큰 이득을 줄 것은 바로 불편함을 받아들이는 것인데 즉, 새로운 도전에 맞서고, 이전의 한계를 넘어서도록 스스로를 독려하며, 필요하다면 위험을 감수하는 것을 말한다. 이것은 우리가 더 나은 사람이 되는 것과 우리의 안전을 유지하면서 삶을 헤쳐나가는 것에 도움이 될 것이다.

구문해설

3행 We **spend** our entire lives **navigating** the forces [that threaten our comfort and safety], and along the way, we learn [which actions and places are hazardous], and we keep away from them. ▶「spend+시간+v-ing」는 '…하는 데 시간을 보내다'라는 의미이다. 첫 번째 [ ]는 선행사인 the forces를 수식하는 주격 관계대명사절이다. 두 번째 [ ]는 learn의 목적어로 쓰인 의문사절이다.

7행 ..., **it is** embracing the uncomfortable—facing fresh challenges, pushing ourselves past our previous limits, and taking risks when necessary—**that** will provide us with the largest benefits. ▶「it is ... that ~」 강조 구문으로 '~한 것은 바로 …이다'라는 의미이다.

문제해설

필자는 급변하는 현시대에서 뒤처지지 않기 위해 안락함에서 벗어나 새롭게 도전하고, 한계를 넘어서며, 때론 위험을 감수해야 한다고 주장하고 있다.

3 ③

연구원들은 포식자들이 지속적인 위협인 곳에 사는 동물들은 불안감과, 다른 부정적인 감정들이 생긴다는 것을 관찰했다. 반면에, 자원이 풍부한 지역에 사는 동물들은 더 긍정적인 감정을 보인다. 이러한 감정들은 단지 경험의 반영일 뿐만 아니라, 특히, 동물들이 불확실한 상황에 직면하고 있을 때 그들이 결정을 하는 방식도 형성한다. 한 동물이 모호한 자극에 보이는 반응은 의사 결정 과정에 있어 그것이 낙관적인 접근법을 취하는지 비관적인 접근법을 취하는지를 보여 준다. 예를 들어, 가까운 곳의 풀의 움직임은 포식자나 먹이를 암시하는 것으로 해석될 수 있다. 부정적인 감정 상태의 동물은 비관적인 접근법을 취하고 그 지역을 피해 스스로를 안전하게 보호함으로써 이득을 얻을 것이다. 그 대신에, 긍정적인 감정 상태의 동물은 낙관적으로 생각하고 그 움직임을 살펴, 먹이를 찾을 기회를 갖게 될 것이다.

구문해설

1행 Researchers have observed that animals [living {where predators are a constant threat}] develop anxiety and other negative emotions. ▶ [ ]는 animals를 수식하는 현재분사구이다. { }는 선행사가 생략된 형태의 관계부사절이다.

문제해설

동물들의 감정 상태가 그들의 의사 결정 방식을 형성한다는 내용이므로, 글의 요지로는 ③이 가장 적절하다.

4 ⑤

과학자들에게 그들의 연구를 발표하는 것의 압박이 최근 증가해 왔다. 발표되는 것은 보조금을 받을 가능성을 높이는데, 과학자들은 그것이 필요하므로, 그들은 대중의 관심을 끌 연구에 점점 더 많이 마음이 기울고 있다. 하지만, 인기 있는 것이 반드시 최고인 것은 아니며, 언론에 보도되는 모든 주제가 진정한 과학적 가치를 지닌 것도 아니다. 예를 들어, 기자들은 이전에 믿어졌던 것에 반박하는 과학적 발견들에 대한 이야기들을 다루는 것을 좋아한다. 그렇지만, 그러한 연구 결과들은 면밀히 조사해보면, 특히 선행 연구가 확실한 증거를 바탕으로 한 경우에 보통 사실이 아니다. 이러한 이유들로, 우리가 언론에 의해 다뤄지게 되는 과학 보고서를 볼 때, 우리는 그것들을 비판적인 시각으로 바라보아야 한다.

구문해설

1행 Being published increases the likelihood of getting grants, [which scientists need], so they are leaning more and more towards research [that will have public appeal]. ▶ 첫 번째 [ ]는 선행사인 grants를 부연 설명하는 계속적 용법의 목적격 관계대명사절이다. 두 번째 [ ]는 선행사인 research를 수식하는 주격 관계대명사절이다.

5행 ..., journalists like to cover stories about scientific discoveries [that contradict {what was previously believed}]. ▶ [ ]는 선행사인 scientific discoveries를 수식하는 주격 관계대명사절이다. { }는 선행사를 포함하는 관계대명사 what이 이끄는 명사절로, contradict의 목적어 역할을 한다.

문제해설

필자는 대중의 관심을 끌거나 언론에 보도되는 연구가 반드시 진정한 과학적 가치를 지닌 것은 아니므로, 언론에서 과학 보고서를 접할 때는 비판적 시각을 가져야 한다고 주장하고 있다.

5 ③

원인을 알지 못한 채 감정을 경험한다면, 당신은 그 감정을 세상에 대한 당신의 경험이라기보다 세상에 대한 정보로 다룰 가능성이 더 크다. 심리학자 Gerald L. Clore는 사람들이 매일 어떻게 직관에 기반하여 결정을 내리는지 더 잘 이해하기 위해 수십 년 동안 기발한 실험을 수행해 왔다. 이러한 현상을 '정동 실재론'이라고 부르는데, 이는 우리의 감정에 의해 부분적으로 만들어진 세상에 대한 가정된 사실을 경험하기 때문이다. 예를 들어, 사람들이 햇살이 비치는 날에 더 많은 행복감과 삶의 만족을 말하는데, 이는 단지 날씨에 대해 명시적으로 질문받지 '않을' 때에만 그러하다. 직장, 대학 또는 의과 대학 등에 지원할 때는 면접관들이 비 오는 날에는 지원자를 더 부정적으로 평가하는 경향이 있기 때문에, 맑은 날에 면접을 보도록 해라. 또한, 친한 친구가 갑자기 당신에게 퉁명스럽게 굴면 정동 실재론을 기억하라. 어쩌면 친구가 당신에게 화가 났을 수도 있지만, 그저 전날 밤 잠을 잘 못 잤을 수도 있고, 아니면 단지 점심시간이어서 그럴 수도 있다. 그녀의 신체 예산의 변화, 즉 그녀가 감정으로 경험하고 있는 것은 당신과는 아무런 상관이 없을 수도 있다.

구문해설

문제해설

---

03 글의 목적

기출예제

관계자분에게

진심으로,
Michael Brown 드림

구문해설

어휘

적용독해

pp. 17~19

1 ③ **2** ⑤ **3** ③ **4** ② **5** ①

1 ③

Aristotle 대학교 법대생들에게,

Oscar G. Franklin 드림

구문해설

문제해설

2 ⑤

6

관리, 지적 재산과 훨씬 더 많은 것들에 대해 상세한 지식을 얻게 해줄 것이다. 그리고 이 프로그램에 의해 제공되는 관리 기술과 고도의 산업 특화 지식의 조합은 당신이 이 전도유망한 산업에서의 성공적인 경력을 시작하도록 도와줄 것이다.

구문해설

2행 As a result, **it** has become critical *for businesses and governments* [to have reliable cybersecurity specialists on hand]. ▸ it은 가주어이고 [ ]가 진주어이며, for businesses and governments는 to have의 의미상 주어이다.

8행 And the combination of management skills and advanced, industry-specific knowledge [that is provided by the program] will **help** you **launch** a successful career in this up-and-coming industry. ▸ [ ]는 선행사인 the combination of ... knowledge를 수식하는 주격 관계대명사절이다. help는 목적격 보어로 동사원형이나 to부정사를 쓴다.

문제해설

5행의 'Elite University's Master of Science in Information Technology with a Concentration in Cybersecurity will prepare you for a successful career ....'와 7행의 'This program will allow you to gain in-depth knowledge ....'를 통해, 정보 기술 이학 석사 학위 과정을 홍보하는 글임을 알 수 있다.

3 ③

Northwest 역사 협회의 자문 위원회에서 근무한 것은 교육적이고 개인적으로 성취감을 주는 경험이었습니다. 저는 우리 지역의 중요한 사적지들을 보존하기 위한 노력의 일원이 되는 것을 진심으로 즐겼습니다. 하지만 우리가 지난주에 전화로 의논했듯이, 저는 6월 1일 자로 제 직책에서 사직해야 함을 공식적으로 알려 드리기 위해 이 (사직) 서한을 제출합니다. 저는 샌프란시스코에 있는 정규직 자리를 제안받아, 이달 말까지 그곳으로 이동할 계획입니다. 제 업무의 대부분은 직접 수행되어야 하므로, 제가 더는 그 일들을 할 수 없을 것이 분명합니다. 제가 이 지역으로 돌아오게 된다면, 저는 기꺼이 필요한 어떤 지위에서든 다시 이 단체에서 일하겠습니다. 앞으로의 프로젝트들이 잘 되길 기원합니다.

구문해설

1행 [Serving on the advisory board for the Northwest Historical Society] has been an educational .... ▸ [ ]는 문장의 주어로 쓰인 동명사구이다.

8행 **Should I return** to the area, I would be more than happy *to get* involved with the group again in any capacity [that is needed]. ▸ Should I return은 if가 생략된 가정법 구문으로, 주어와 조동사가 도치되었다. 이는 비교적 실현 가능성이 희박한 미래의 일에 대한 가정을 나타낸다. to get은 감정의 원인을 나타내는 부사적 용법의 to부정사이다. [ ]는 선행사인 any capacity를 수식하는 주격 관계대명사절이다.

문제해설

4행의 '..., I am submitting this letter as formal notification that I must step down from my role ....'을 통해, 필자가 자신의

사임을 알리는 글임을 알 수 있다.

4 ②

수년 전에, 두 그룹의 사람들이 새와 다른 동물들을 사냥하러 가곤 했던 대중적인 크리스마스 전통이 있었다. 어느 그룹이든 가장 많이 잡은 쪽이 승자로 선언되었다. 하지만 20세기에 들어설 즈음에, 과학자들은 감소하는 조류 개체 수에 대해 우려하기 시작했다. 그래서 Frank Chapman이라는 한 조류학자는 '크리스마스 조류 개체 수 조사'라는 새로운 명절 전통이 있어야 한다고 제안했다. 그것의 목적은 새를 사냥하는 것이라기보다는 그 수를 세는 것이었다. 지난 세기 동안 많은 사람들이 자진해서 참여했고, 그들이 모은 정보는 생물학자들과 환경 보호론자들이 북미 전역의 조류 개체군의 건강 상태를 연구하게 해 주었다. 크리스마스 조류 개체 수 조사는 여전히 매년 진행되지만, 헌신적인 자원봉사자들이 필요하다. 올해 참여를 고려해 보는 것이 어떤가? 당신은 전통을 이으며 향후 몇 년 동안 과학자들이 조류를 보호하는 데 도움을 줄 수 있다!

구문해설

1행 ..., there was a popular Christmas tradition [in which two groups of people **would** go hunting for birds and other animals]. ▸ [ ]는 선행사인 a popular Christmas tradition을 수식하는 관계사절이다. would는 '…하곤 했다'의 의미로 과거의 반복적인 일을 나타내는 조동사이다.

2행 $\underset{S}{\text{**Whichever** group}}$ killed the most $\underset{V}{\text{was declared}}$ the winner. ▸ Whichever는 '어느 …이든, 어느 쪽을 …하든'이라는 의미로, 문장의 주어로 쓰인 명사절을 이끄는 복합 관계형용사이다.

문제해설

'크리스마스 조류 개체 수 조사'라는 조류 보호 활동을 소개하면서 이 활동에 참여할 것을 독려하는 글이다.

5 ①

학부모님께

제 이름은 Danielle Hamilton이고 저는 Techville 고등학교의 교장입니다. 여러분도 아시다시피, 다음 달에 우리 학교 앞에서 큰 도로 공사가 예정되어 있습니다. 이 공사는 안전에 대한 우려를 불러일으킵니다. 그러므로, 우리는 교통 지도를 도와주실 학부모 자원봉사자들을 모집하고 있습니다. 자원봉사 시간은 등교일 오전 8시부터 8시 30분, 오후 4시 30분부터 5시까지입니다. 교통안전 자원봉사단에 참여하실 의사가 있다면, info@techville.edu로 저희에게 원하시는 일정을 이메일로 보내주시기 바랍니다. 여러분의 참여가 우리 학생들을 위해 더 안전한 학교 환경을 만드는 데 도움이 될 것입니다. 여러분의 기여에 미리 감사 드립니다.

진심으로,

Danielle Hamilton 드림

구문해설

3행 ..., there is major road construction [scheduled to take place in front of our school next month]. ▸ [ ]는 major road construction을 수식하는 과거분사구이다.

8행 Your participation will be helpful in [building a safer school environment for our students]. ▸ [ ]는 전치

사 in의 목적어 역할을 하는 동명사구이다.

문제해설
학교 앞 도로 공사를 앞두고 학생들의 안전을 위해 교통 지도를 도울 학부모 자원봉사자를 모집하는 글이다.

O4 내용 (불)일치

기출예제

Niklas Luhmann은 20세기의 저명한 사회학자로, 1927년 독일 뤼네부르크에서 태어났다. 제2차 세계 대전 이후, 그는 1949년까지 프라이부르크 대학교에서 법학을 공부했다. 경력 초기에 그는 Lower Saxony 주에서 일했는데, 그곳에서 그는 교육 개혁을 담당했다. 1960년에서 1961년 사이, Luhmann은 하버드 대학교에서 사회학을 공부할 기회가 있었는데, 그곳에서 가장 유명한 사회 체계 이론가 중 한 명인 Talcott Parsons의 영향을 받았다. 이후 Luhmann은 자신의 사회 체계 이론을 발전시켰다. 1968년, 그는 Bielefeld 대학교에서 사회학 교수로 부임했다. 그는 대중 매체와 법을 포함한 다양한 주제를 연구했다. 그의 책들이 번역하기 어렵다고 알려져 있지만, 실제로는 여러 언어로 널리 번역되었다.

구문해설
3행 ..., he worked for the State of Lower Saxony, [where he was in charge of educational reform]. ▸ [ ]는 선행사인 the State of Lower Saxony를 부연 설명하는 관계부사절이다.

9행 ..., they **have** in fact **been** widely **translated** into other languages. ▸ have been translated는 결과를 나타내는 현재완료형 수동태이다.

어휘
renowned 유명한 be in charge of ⋯을 담당하다, 책임지다 reform 개혁 sociology 사회학 translate 번역하다 widely 널리

적용독해

1 ④ 2 ③ 3 ④ 4 ③ 5 ④

1 ④

아프리카 탄자니아에 위치한 활화산인 Ol Doinyo Lengai는 그것의 독특한 용암 때문에 다른 화산들과 구별된다. 흔히 암석을 형성하며 대부분의 종류의 용암에서 발견되는 무기물인 규산염을 다량 함유하지 않는 대신에, Ol Doinyo Lengai의 용암은 탄산염 무기물이 풍부하다. 이 무기물은 그 용암이 다른 종류의 용암 온도보다 훨씬 더 낮은 온도에서 분출하게 하여, 어둠 속에서는 붉은빛을 정말로 내뿜긴 하지만, 보통의 빛나는 붉은 색조와 대조적으로 낮에는 그것을 검게 보이게 한다. 또 다른 차이점은 이 용암의 높은 유동성인데, 이는 그것이 간혹 물보다 더 잘 흐르게 해준다. 게다가, 이 용암을 이루는 무기물은 특히 풍화에 취약하다. 그 결과, 굳어진 검은색 용암은 급격하게 침식되어, 회색 물질과 독특한 풍경을 남긴다.

구문해설
2행 **Rather than** containing large amounts of *silicates*, [the minerals {that commonly form rocks and are found in most types of lava}], Ol Doinyo Lengai's lava is rich in carbonate minerals. ▸ 「rather than ...」은 '...보다는[...하지 않고/대신에]'라는 의미이다. silicates와 [ ]는 동격이다. { }는 선행사인 the minerals를 수식하는 주격 관계대명사절이다.

4행 These minerals cause the lava to erupt at temperatures far lower than **those** of other types of lava, [giving *it* a black appearance in daylight as opposed to the usual glowing red tones], ... ▸ those는 앞에 나온 temperatures를 가리킨다. [ ]는 결과를 나타내는 분사구문이다. it은 앞에 나온 the lava를 가리킨다.

8행 ..., the minerals [that make up the lava] are particularly vulnerable to weathering; consequently, the hardened black lava rapidly erodes, [leaving behind a gray substance and a one-of-a-kind landscape]. ▸ 첫 번째 [ ]는 선행사인 the minerals를 수식하는 주격 관계대명사절이다. 두 번째 [ ]는 결과를 나타내는 분사구문이다.

문제해설
④ 유동성이 높아 간혹 물보다 더 잘 흐른다고 했다.

2 ③

Jabuticaba는 브라질의 남부 지역에서 나는 나무의 일종이다. 이것의 열매는 송이로 열리지 않고 나무줄기와 가지에서 바로 열리는데, 지름이 약 3~4cm인 이 열매들은 속에 커다란 씨가 있다. 이 열매의 안쪽 부분은 과육이 많고 달콤한 데 반해 두꺼운 겉껍질은 진한 자주색이다. 자연 상태에서, 이 나무는 일 년에 한두 번 열매를 맺는다. 하지만 정기적으로 물을 주면 그것은 일 년 내내 열매를 맺을 수 있다. Jabuticaba 열매는 수확 직후 3~4일 이내에 발효가 시작되기 때문에 보통 신선하게(갓 땄을 때) 먹는다. 이 때문에, 이 열매는 재배지 근처의 시장에서만 신선한 상태로 판매되는 경향이 있으며, 남은 것들은 흔히 잼과 포도주로 만들어지거나 타르트에 넣어 구워진다.

구문해설
5행 However, it can produce fruit throughout the year if (it is) watered regularly. ▸ 조건을 나타내는 접속사 if 다음에 「주절의 주어와 동일한 주어+be동사」가 생략되었다.

문제해설
③ 자연 상태에서는 일 년에 한두 번 열매를 생산하지만, 정기적으로 물을 주면 일 년 내내 열매를 맺을 수 있다고 했다.

3 ④

로마 시대에는, 축제와 특별한 휴일들은 그것이 결혼이나 출산 같은 사적인 일이든, 아니면 공적인 축제이든지 간에 흔히 Hilaria로 불렸다. 이 명칭은 또한 'The Day of Joy'라는 한 특정 국경일에도 사용되었는데, 그것은 8일간의 춘분 기념행사의 일부였다. 이 축제는 '대모신(大母神)'으로도 알려진 키벨레 여신에게 경의를 표하고, 겨울의 끝을 축하하기 위해 행해졌다. 축제 행사의 일부분으로서, 부유한 시민들이 소유한 값비싼 미술품과 도자기가 그 여신의 조각상과 함께 거리에 전시되었다. 이 축제의 하이라이트는 참가자들이 고위 관리를 포함하여 다른 로마 시민들로 변장했던 화려한 가장무도회였다. 게임, 짓궂은 장난, 그리고 장난스러운 조롱이 즐거운 분위기에 더해졌다.

구문해설

4행 This festival served **to honor** the goddess Cybele, [also known as "The Great Mother]," and **to celebrate** the end of winter. ▶ to honor와 to celebrate는 목적을 나타내는 부사적 용법의 to부정사이다. [ ]는 the goddess Cybele를 부연 설명하는 과거분사구이다.

5행 **As** part of the festivities, expensive artwork and ceramics [belonging to wealthy citizens] were paraded through the streets along with a statue of the goddess herself. ▶ As는 '…로서'의 의미를 나타내는 전치사이다. [ ]는 expensive artwork and ceramics를 수식하는 현재분사구이다.

7행 The highlight of the festival was an extravagant masquerade [in which participants dressed up as other Roman citizens], ... ▶ [ ]는 선행사인 an extravagant masquerade를 수식하는 관계사절이다.

문제해설

④ 값비싼 예술품들이 거리에 전시되었다고만 했다.

4 ③

이탈리아의 Fermignano에서 태어난 Donato Bramante는 일찍이 그림을 그리기 시작했다. 그의 아버지는 그가 그림을 공부하도록 격려했다. 후에, 그는 Urbino의 Piero della Francesca의 조수로 일했다. 1480년경, 그는 밀라노에 몇 개의 교회들을 새로운 양식으로 지었다. 그는 레오나르도 다빈치와 가까운 관계였고, 그들은 그 도시에서 함께 작업했다. 건축이 그의 주된 관심사가 되었지만, 그는 그림을 포기하지 않았다. Bramante는 1499년에 로마로 이사했고 교황 Julius 2세의 로마 재개발 계획에 참여했다. 그는 로마에 새로운 성 베드로 대성당을 설계했는데, 그것은 인류 역사상 가장 야심 찬 건축 계획 중 하나였다. Bramante는 1514년 4월 11일에 사망했고, 로마에 묻혔다. 그의 건축물들은 수 세기 동안 다른 건축가들에게 영향을 미쳤다.

구문해설

1행 His father **encouraged** him **to study** painting. ▶ 「encourage A to-v」는 'A가 …하도록 격려[고무]하다'라는 의미이다.

문제해설

③ 건축이 그의 주된 관심사가 되었을 때에도 그림을 포기하지 않았다고 했다.

5 ④

moshav(이스라엘의 자영 농업 협동 농장)는 농사일을 함께하기 위해 세워진 농장 집단이다. 그 공동체의 구성원들은 개별적으로 자신의 농장을 소유하지만, 그 토지들은 모두 같은 크기이다. 그 공동체는 공유되는 노동력과 마케팅을 강조하고 농작물 판매를 통해 재정적으로 자활한다. moshav의 구성원들은 또한 세금을 내야 하는데, 이러한 자금은 필요한 물품을 사들이고 농장들에 의해 생산되는 농산품을 광고하는 데 쓰인다. 각각의 농부들은 같은 양의 세금을 내므로, 더 많은 수확량을 내는 더 우수한 농부들에게 유리한 점이 있다. moshav 체계는 1921년부터 존재해 왔는데, 그때 이스라엘의 Jezreel Valley에 첫 moshav가 설립되었다. 그곳은 1948년에 이스라엘이 수립된 이후에 인기가 많아졌는데, 이런 형태의 정착지가 새로 온 이주민들에게 적합했기 때문이었으며, 40년 이내에 거의 450개의 moshav가 운영되었다.

구문해설

6행 **Each farmer pays** the same amount of tax, so there is an advantage to better farmers [who produce higher yields]. ▶ 주어가 단수명사인 Each farmer이므로 단수동사 pays를 썼다. [ ]는 선행사인 better farmers를 수식하는 주격 관계대명사절이다.

7행 The moshav system has existed **since** 1921, [when the first one was founded in Israel's Jezreel Valley]. ▶ since는 '…부터[이후로]'라는 의미로, 현재완료와 함께 쓰여 계속의 의미를 나타낸다. [ ]는 선행사인 1921을 부연 설명하는 계속적 용법의 관계부사절이다.

문제해설

④ moshav는 이스라엘 건국 전인 1921년에 Jezreel Valley에 처음 설립되었다고 했다.

05 빈칸 추론 1

기출예제
p. 24

지난 10년 넘게 어린이가 어떻게 읽기를 배우는지에 관한 관심은 '텍스트성'의 본질과, 모든 연령대의 독자가 텍스트에 의미를 부여하는 다양한 상호 연관된 방식의 본질을 부각시켰다. '읽기'는 이제 과거 어느 시대보다 훨씬 더 많은 표현 형식에 적용되는데, 그림, 지도, 화면, 디자인 그래픽 및 사진이 모두 텍스트로 간주된다. 새로운 인쇄 공정에 의해 그림책에서 가능해진 혁신 외에도, 디자인적 특성은 시집이나 정보 텍스트 같은 다른 종류에서도 두드러진다. 따라서 읽기는 어린이들의 관심이 인쇄된 텍스트에 집중되고, 스케치나 그림이 부속물이었던 때보다 더 복잡한 해석의 형태가 된다. 어린이들은 이제 그림책에서 단어와 삽화가 서로를 보완하고 강화된다는 것을 배운다. 읽기는 단순히 단어 인식이 아니다. 가장 쉬운 텍스트에서도 문장이 '말하는' 것과 그것이 의미하는 것은 종종 다르다.

1행 Over the last decade the attention [given to {how children learn to read}] has foregrounded the nature of *textuality*, and of the different, interrelated ways [in which readers of all ages **make** texts **mean**]. ▸ 첫 번째 [ ]는 the attention을 수식하는 과거분사구이다. { }는 전치사 to의 목적어로 쓰인 의문사절이다. 두 번째 [ ]는 선행사인 the different, interrelated ways를 수식하는 관계사절이다. 사역동사 make의 목적격 보어로 동사원형 mean이 쓰였다.

7행 Thus, reading becomes a more complicated kind of interpretation than **it** was [when children's attention was focused on the printed text, with sketches or pictures as an adjunct]. ▸ it은 앞에 나온 reading을 가리킨다. [ ]는 시간을 나타내는 부사절이다.

어휘

foreground 특히 중시하다 textuality 텍스트성 interrelated 서로 관계있는 representational 대표의; *표상의 innovation 혁신, 획기적인 것 predominate 지배적이다, 두드러지다 complicated 복잡한 interpretation 해석 illustration 삽화 complement 보완하다 [문제] acquisition 습득 imaginative 창의적인 subjective 주관적인

적용독해

pp. 25~27

1 ① 2 ① 3 ③ 4 ④ 5 ③

1 ①

행동 경제학자 Richard Thaler와 법학자 Cass Sunstein은 <u>선택</u>이 공익을 촉진하는 데 이용될 수 있는 특정 방식을 설명하기 위해 '자유주의적 개입주의'라는 용어를 제시했다. 그것은 실제로 아무도 특정 방식대로 행동하도록 강요받지 않는다는 점에서 자유주의적이고, 사람들 자신의 이익을 위해 그들의 행동을 바꾸려 한다는 점에서 개입주의적이다. 한 가지 예로 네덜란드 정부가 많은 자전거 도로를 건설하고 유지함으로써 사람들이 자전거를 타도록 장려하는 방법을 들 수 있다. 아무도 자전거를 탈 것을 요구받지 않고, 여전히 많은 사람들이 차를 몰지만, 자전거를 타는 것이 용이한 교통수단이 되었기 때문에 그것은 인기의 급격한 증대를 경험해 왔다. 사람들은 일반적으로 자신이 무엇인가를 하는 방식을 바꾸고 싶어 하지 않는다. 하지만 무언가가 노력이 덜 드는 다른 방식으로 행해질 수 있다면, 사람들은 그 새로운 방식을 택하는 경향이 있다.

구문해설

1행 ... came up with the term "libertarian paternalism" **to describe** a certain way [in which choices can be used to promote the general good]. ▸ to describe는 목적을 나타내는 부사적 용법의 to부정사이다. [ ]는 선행사인 a certain way를 수식하는 관계사절이다.

5행 One example is how the Netherlands government has **encouraged** people **to cycle** by *constructing* and *maintaining* an abundance of cycling paths.

▸ 「encourage A to-v」는 'A가 …하도록 권장[장려]하다'라는 의미이다. 「by v-ing」는 '…함으로써'라는 의미로, constructing과 maintaining이 접속사 and로 병렬 연결되어 있다.

9행 People typically don't want to change the way [they do things]. ▸ [ ]는 선행사인 the way를 수식하는 관계부사절이다.

문제해설

빈칸 뒤에 사람들을 강요하지 않고 스스로 유익한 선택을 할 수 있는 여건을 조성함으로써 공익을 달성한 네덜란드 정부의 예가 나오고 있으므로, 빈칸에는 ① '선택'이 들어가는 것이 가장 적절하다.

2 ①

NASA는 놀라운 신기술들을 개발하고 우주 공간의 신비를 연구하는 것으로 유명하지만, 그곳은 테니스공 같은 대단히 일상적인 대상들에 대한 연구도 했다. 과학에 대한 학생들의 관심을 키우는 수단으로, NASA는 1990년대 후반에 테니스공을 이용하여 여러 물리학과 공기역학 원리들을 입증하고 연구하는 프로젝트를 시작했다. 이 프로젝트는 결국 런던에 본사를 둔 국제테니스연맹(ITF)에 특히 유용하게 되었다. 그 당시에, ITF는 경기에 영향을 끼쳤었던 다른 신기술들을 <u>상쇄하기</u> 위해 더 느린 공을 도입하는 것을 고려하고 있었다. 예를 들어, 개선된 라켓은 프로 테니스 선수가 시속 약 240킬로미터로 공을 서브하는 것을 가능하게 만들어, 프로 경기에서의 더 짧아진 랠리와 더 잦은 동점 결승전 세트(타이 브레이커)를 야기했다. NASA의 연구를 검토한 후에, ITF는 경기 속도를 늦추고 경쟁이 더 치열한 경기 방식을 회복시키는 데 도움을 주는 더 큰 공의 사용을 시험하고 승인했다.

구문해설

8행 ..., improved rackets made **it** possible *for tennis pros* [to serve the ball at around 240 kilometers per hour], ... ▸ it은 가목적어이고 [ ]가 진목적어이며, for tennis pros는 to serve의 의미상 주어이다.

10행 [After looking at NASA's research], the ITF tested and approved the use of a larger ball [that **helped to slow down** the game and **(to) restore** a more competitive style of play]. ▸ 첫 번째 [ ]는 의미를 명확히 하기 위해 접속사를 생략하지 않은 분사구문이다. 두 번째 [ ]는 선행사 the use of a larger ball을 수식하는 주격 관계대명사절이다. help는 to부정사 또는 동사원형을 목적어로 쓸 수 있으며, to slow down과 (to) restore가 접속사 and로 병렬 연결되어 있다.

문제해설

빈칸 뒤에 개선된 라켓이 더 짧아진 랠리와 더 잦은 동점 결승전 세트를 야기하긴 했지만, ITF가 경기 속도를 늦추고 경쟁이 더 치열한 경기 방식을 회복시키는 데 도움을 주는 더 큰 테니스공의 사용을 시험하고 승인했다는 내용이 이어지므로, 빈칸에는 ① '상쇄하다'가 들어가는 것이 가장 적절하다.

3 ③

대부분의 선진국에서의 출생률은 감소하고 있는 반면, 사람들이 더 오래 살고 있기 때문에, 이러한 국가들의 평균 연령이 증가하고 있다. 예를 들어, 독일은 80세의 평균 수명과 여성 한 명당 겨우 1.4명의 출산율을 가지고 있다. 이것은 감소하는 노동 인구가 증가하는 의료비와 연금 납입

금을 낼 형편이 안 되는 것에 대한 우려를 불러일으켰다. 하지만 소비 패턴에 대한 최근의 한 연구에 따르면, 독일과 같은 국가들에게 몇 가지 희소식이 있을지도 모른다. 그들의 고령화가 반세기 넘게 보이지 않던 1인당 이산화탄소 배출물의 수준으로 이어질지도 모른다는 것이다. 이 연구는 서구 국가들에서 아이들이 성인이 되고 결국 더 부유해짐에 따라 1인당 배출물은 꾸준히 증가함을 보여 준다. 하지만 60세 이후에, 일반적으로 사람들은 덜 이동하기 시작하여, 그 결과 배출물의 약 20퍼센트가 감소한다. 다시 말해서, 고령화는 더 환경친화적인 것을 의미할 수도 있다.

구문해설
4행 ... about **a shrinking workforce** [being unable to afford increasing healthcare costs and pension payments]. ▸ [ ]는 전치사 about의 목적어 역할을 하는 동명사구이며, a shrinking workforce는 동명사구의 의미상 주어이다.
10행 ..., individuals generally start to travel less, [resulting in about a 20 percent decline in emissions]. ▸ [ ]는 결과를 나타내는 분사구문이다.

문제해설
일부 국가에서는 고령화가 진행됨에 따라 1인당 이산화탄소 배출물이 감소할 수 있다는 내용이므로, 빈칸에는 ③ '더 환경친화적인'이 들어가는 것이 가장 적절하다.

4 ④
의료 전문가들이 중대한 판단을 내릴 때 어느 정도의 융통성을 지니는 것은 중요하다. 예를 들어, 신생아가 태어나서 취약성에 대한 검사를 받을 때, 체중에 관한 두 가지의 중요한 구분점이 있다. 첫 번째는 2,500그램 미만을 '저'체중으로 지정하고, 두 번째는 1,500그램 미만을 '극저'체중으로 지정하는 것이다. 이 기준점에 관해 생물학적으로 특별한 것이 없긴 하지만, 그것은 치료에 영향을 미친다. 1,500그램을 약간 밑도는 체중으로 태어난 신생아들은 (1,500그램이) 약간 넘는 체중으로 태어난 신생아들과 다른 치료를 받는다. 하지만 사실, 연구는 1,500그램이 약간 넘는 체중으로 태어난 신생아들이 (1,500그램을) 약간 밑도는 체중으로 태어난 신생아들보다 태어난 첫해에 사망할 위험이 더 높다는 것을 보여 주었다. 하지만 이러한 경우 의사들이 종종 재량 없이 행동하기 때문에, 신생아는 결국 사망하게 된다.

구문해설
6행 ...: infants [born weighing slightly less than 1,500 grams] receive different treatment than **those** [born weighing slightly more]. ▸ 첫 번째 [ ]는 infants를, 두 번째 [ ]는 those를 수식하는 과거분사구이다. those는 infants를 가리킨다.
10행 ..., infants' lives **end up being lost**. ▸ 「end up v-ing」는 '결국 ···하게 되다'라는 의미이다.

문제해설
저체중과 극저체중을 나누는 기준에 특별한 생물학적 근거가 없음에도 이는 치료에 영향을 미쳐, 오히려 극저체중의 신생아들보다 저체중인 신생아들이 조기 사망할 위험이 더 높아졌다는 내용이다. 이때 의사들이 종종 재량 없이 행동하기 때문에 신생아가 사망한다고 했으므로, 빈칸에는 ④ '융통성'이 들어가는 것이 가장 적절하다.

5 ③
노동을 분담하는 집단에서 사람들은 정기적으로 (수확처럼 계절에 따른 농업 일을 위해) 또는 비정기적으로 (화재로 인해 피해를 입은 헛간을 재건할 필요 등의 위기 상황에서) 다른 사람들에게 노동을 제공한다. 노동 분담 집단은 아무도 각 가족이 얼마나 기여하고 받는지에 관한 공식 기록을 남기지 않기 때문에 '도덕적 경제'라고 불리워져 온 것의 일부분이다. 대신, 정산은 사회적으로 규제된다. 그 집단은 수년간의 신뢰와 나눔을 기반으로 하는 도덕적 공동체 의식을 지니고 있다. 북미의 특정 공동체에서는 노동 분담이 사회적 응집성의 주요 경제적 요인이다. 한 가정이 새로운 헛간이 필요하거나 단체 노동이 필요한 수리 작업을 해야 할 때 헛간 짓기 모임이 소집된다. 많은 가정이 도움을 주기 위해 나타난다. 성인 남성들은 육체노동을 제공하고, 성인 여성들은 일을 위한 음식을 제공한다. 나중에, 다른 가정이 도움을 필요로 할 때, 그들은 같은 사람들에게 도움을 요청한다.

구문해설
3행 Labor sharing groups are part of [what **has been called** a "moral economy"] *since* no one keeps formal records on [how much any family puts in or takes out]. ▸ 첫 번째 [ ]는 선행사를 포함하는 관계대명사 what이 이끄는 명사절로 전치사 of의 목적어로 쓰였다. has been called는 현재완료형 수동태이다. since는 '··· 때문에'라는 의미의 접속사이다. 두 번째 [ ]는 전치사 on의 목적어로 쓰인 의문사절이다.

문제해설
노동을 분담하는 집단은 신뢰와 나눔을 바탕으로 한 공동체이기에 어느 가정이 얼마나 도움을 주고받았는지에 관해 기록을 남기지 않고, 도움이 필요할 때마다 모여서 서로 돕는다는 내용이므로, 빈칸에는 ③ '사회적으로 규제된다'가 들어가는 것이 가장 적절하다.
① 법적으로 확립된다　　　　② 정기적으로 보고된다
④ 수동으로 계산된다　　　　⑤ 신중하게 기록된다

06 빈칸 추론 2

기출예제
p. 28

최상의 교육은 단순한 지식 그 이상을 가르친다. 그것은 비판적 사고, 즉 행동하기 전에 멈춰서 생각하고 감정적 압박에 굴복하지 않도록 하는 능력을 가르친다. 이것은 사고 통제가 아니다. 그것은 그 반대인 정신적 해방이다. 아무리 가장 뛰어난 지성인이라도 이 기술에 불완전할 수 있다. 하지만 그것(= 이 기술)을 불완전하게나마 소유하는 것은 주변 환경, 가장 밝은 색, 또는 가장 큰 소리에 끊임없이 반응하는 '자극에 이끌리는' 부담에서 사람을 벗어나게 한다. 항상 본능과 감정에 따라 사는 체험적 반응에 의해 이끌리는 것은 여러 면에서 매우 쉬운 삶의 방식이다. 특히 경험이 없는 사람들에게 생각은 노력이 필요하다. 그러나 감정 또한 지치게 하며, 단기적인 반응은 장기적으로 볼 때 건강과 생존에 가장 이롭지 않을 수 있다. 우리가 편리함을 위해 햄버거를 찾지만 언젠가 우리를 죽일 수 있는 동맥 지방을 저장하는 것처럼, 감정에 의존하는 것은 우리에게 큰 해를 끼칠 수 있다.

구문해설

6행 [Being driven by heuristic responses, {living by instinct and emotion all the time}], **is** a very easy way to live, in many ways: thought is effortful, especially for the inexperienced. ▸ [ ]는 문장의 주어로 쓰인 동명사구로 단수 취급하므로 단수동사 is가 쓰였다. { }는 Being driven by heuristic responses를 부연 설명하는 분사구문이다.

10행 **Just as** we reach for burgers for the sake of convenience, [storing up the arterial fat {which may one day kill us}], **so** our reliance on feelings can do us great harm. ▸ 「just as A, so B」는 '마치 A 하듯이 B하다'라는 의미이다. [ ]는 동시동작을 나타내는 분사구문이다. { }는 선행사인 the arterial fat을 수식하는 주격 관계대명사절이다.

어휘

reverse (방금 언급한 것의) 반대 liberation 해방 intellectual 지능의; *지식인 possession 소유, 소지, 보유 stimulus 자극 immediate 즉각적인; *아주 가까이에 있는 heuristic 체험적인, 스스로 발견하게 하는 instinct 본능 effortful 노력이 필요한 for the sake of …을 위해서, …때문에 [문제] intensify 심화시키다, 강화하다 inevitability 불가피성

적용독해

---

1 ④ 2 ③ 3 ① 4 ③ 5 ①

1 ④

음식점 주인들은 고객들을 끌어모으는 데 엄청난 노력을 기울이고 그들의 사업에 상당한 양의 시간과 (상당한 액수의) 돈을 들인다. 그러면 왜 일부 음식점 주인들은 다시 찾는 고객들을 얻지 못하는 것일까? 소비자 행동은 복잡한 심리 과정에 의해 좌우되고, 의견들은 거의 감지할 수 없는 여러 요인들에 의해 영향을 받을 수 있다. 예를 들어, '고장 났음'이라는 표지판은 잠재 의식적으로 고객들이 다시 방문하지 않게 할 수 있으므로, 즉시 수리를 하거나 최소한 전문적으로 보이는 표지판을 세우는 것이 필요하다. 게다가, '금연'이나 '개인 수표 사용 불가'라고 쓰인 표지판과 같은, 고객들이 무언가를 하지 못하게 하는 표지판은 고객 인상에 부정적인 영향을 끼치는데, 아무도 '안 된다'는 말을 듣는 것을 즐거워하지 않기 때문이다. 대신에, 이러한 메시지들은 부정적이거나 통제적인 느낌 없이 그 취지를 전달할 수 있도록 바꾸어 표현되어야 한다. 미묘한 암시의 영향을 이해하는 것이 완벽한 고객 경험을 보장하는 데 있어 큰 차이를 만들어 낼 수 있다.

구문해설

5행 ..., "Out of Order" signs can subconsciously **discourage** customers **from returning**, so *it*'s necessary [**to make** repairs immediately or at least **(to) put up** a professional-looking sign]. ▸ 「discourage A

from v-ing」는 'A가 …을 그만두게 하다'라는 의미이다. it은 가주어이고 [ ]가 진주어이다. to make와 (to) put up이 접속사 or로 병렬 연결되어 있다.

7행 ..., signs [that **prohibit** customers **from doing** something, such as *those* {that say "No Smoking" or "No Personal Checks,"}] negatively affect customer impressions, ... ▸ [ ]는 선행사인 signs를 수식하는 주격 관계대명사절이다. 「prohibit A from v-ing」는 'A가 …을 하지 못하게 하다'라는 의미이다. those는 앞에 나온 signs를 가리킨다. { }는 선행사인 those를 수식하는 주격 관계대명사절이다.

문제해설

음식점 내부의 표지판들이 고객에게 부정적이거나 통제적인 인상을 주지 않도록 주의해야 한다는 내용이므로, 빈칸에는 ④ '미묘한 암시의 영향을 이해하는 것'이 들어가는 것이 가장 적절하다.
① 부유한 고객들에게 주력하는 것
② 안내 표지판을 더 보기 쉽게 만드는 것
③ 고객들에게서 의견을 수집하는 것
⑤ 식당에 많은 돈을 투자하는 것

2 ③

자전거를 동력으로 이용하는 영화 상영은 자원봉사로 페달을 밟는 사람들이 영사기를 작동시키는 것인데, 단순히 작은 지역 사회에 할리우드 블록버스터를 보급하는 데에만 사용되고 있는 것은 아니다. 그것은 또한 아프리카의 외딴 지역에서 중요한 원조 수단이 되었다. 그것은 환경을 보호하는 것의 중요성에 대해 현지 주민들을 교육하는 프로젝트에 사용되고 있다. 상영되는 영화들은 삼림 벌채, 파괴적인 농업 기술, 그리고 밀렵 같은 문제들을 다룬다. 현지 주민들이 그들의 행동이 미치는 영향을 반드시 충분히 이해하게 함으로써, 이 프로젝트 주최자들은 현지 주민들이 그들의 행동을 변화시키고 자연과 더 조화롭게 살도록 그들을 고무하기를 바란다. 궁극적으로 이러한 영화관들이 현지 학교에도 도입될 수도 있는데, 이는 분명 다음 세대가 주변 세상을 더욱 깊이 이해하도록 할 것이다.

구문해설

5행 **By making** sure that the local people fully understand the impact of their actions, the project organizers hope to *inspire* them *to change* their behavior and (to) *live* more harmoniously with nature. ▸ 「by v-ing」는 '…함으로써'라는 의미이다. 「inspire A to-v」는 'A가 …하도록 격려[고무]하다'라는 의미로, to change와 (to) live가 접속사 and로 병렬 연결되어 있다.

문제해설

빈칸 뒤에 환경 문제를 다룬 영화 상영을 통해 프로젝트 주최자들이 현지 주민들의 행동 변화를 기대한다는 내용이 나오므로, 빈칸에는 ③ '환경을 보호하는 것의 중요성에 대해 현지 주민들을 교육하는'이 들어가는 것이 가장 적절하다.
① 상업 영화관들이 전통문화를 훼손하는 것을 막는
② 시골의 마을 사람들이 전기를 만들어내는 새로운 방법들을 찾도록 장려하는
④ 아프리카 대륙 전역에 걸쳐 영화관 네트워크를 개발하는

⑤ 대개 외국인 근로자들로 채워지는 첨단 기술 직업에 아프리카 청년들을 채용하는

3 ①

케냐에서, 야생 동물 보호가들은 무인 항공기를 예상 밖의 방식으로 이용하고 있다. 이 무인 항공기의 원래 용도는 그저 항공 사진을 찍고 밀렵꾼들을 추적하는 것이었다. 하지만 야생 동물 보호가들은 곧 이 원격 조종 항공기가 코끼리 떼를 모는 효과적인 도구임을 알게 되었다. 코끼리들은 가까워지는 무인 항공기의 윙윙거리는 소리를 들을 때마다 반대 방향으로 재빨리 이동하곤 했다. 현재, 만약 야생 동물 보호가들이 코끼리 떼가 밀렵꾼들에 의해 희생당하기 쉬운 위험 지역으로 이동하고 있는 것을 목격하면, 그들은 무인 항공기를 이용해 코끼리 떼가 더 안전한 지역으로 방향을 바꾸게 한다. 코끼리들을 보호하는 일을 맡은 지역 단체는 한 대의 무인 항공기가 50명의 공원 관리원의 일을 할 수 있음을 알아차리고, 그 도움을 고마워한다. 코끼리들 자신은 무인 항공기들이 골칫거리라고 생각할지도 모르지만, 그것은 멸종을 피하기 위해 치러야 할 작은 대가이다.

구문해설

1행 The original purpose of the drones was simply [**to take** aerial photographs and (**to**) **keep** track of poachers]. ▸ [ ]는 주격 보어로 쓰인 명사적 용법의 to부정사구로, to take와 (to) keep이 접속사 and로 병렬 연결되어 있다.

5행 Now, if the conservationists **observe** a herd of elephants **moving** toward a dangerous area [where they are likely to be victimized by poachers], ... ▸ 지각동사 observe의 목적어와 목적격 보어가 능동 관계이므로, 목적격 보어로 현재분사인 moving이 쓰였다. [ ]는 선행사인 a dangerous area를 수식하는 관계부사절이다.

8행 The local organization [tasked with protecting the elephants] appreciates the assistance, [noting {that a single drone can do the job of fifty park rangers}]. ▸ 첫 번째 [ ]는 The local organization을 수식하는 과거분사구이다. 두 번째 [ ]는 동시동작을 나타내는 분사구문이며, { }는 noting의 목적어로 쓰인 명사절이다.

문제해설

빈칸 뒤에 야생 동물 보호가들이 코끼리 떼를 안전한 지역으로 이동시키는 데 무인 항공기를 이용한다는 내용이 이어지므로, 빈칸에는 ① '코끼리 떼를 모는 효과적인 도구임'이 들어가는 것이 가장 적절하다.
② 제대로 유지하는 데 너무 많은 비용이 듦
③ 그것이 해결한 것보다 더 많은 문제들을 일으킴
④ 밀렵꾼들을 코끼리 서식지에서 몰아냄
⑤ 코끼리들에게 스트레스를 주는 짜증 나는 것임

4 ③

식물들은 독특하고 대단히 흥미로운 방식으로 진화해 왔다. 일부는 심지어 유익한 생물들을 유인하는 데 반해 도움이 안 되는 생물들은 쫓아내도록 적응해왔다. 고추 식물이 한 예이다. 그것은 씨가 제대로 퍼지도록 하기 위해 그것의 열매를 먹는 동물들이 필요하다. 설치류와 같은, 씨를 먹는 작은 포유동물들은 보통 씨를 씹어서 그것을 번식력이 없는 상태로 만들어 배설하는데, 이는 식물에 도움이 안 된다. 반면에, 새들은 보통 씨를 완전히 손상되지 않은 채로 그들의 몸을 거쳐 내보낸다. 고추는 이것을 이용하기 위해 캡사이신을 발달시켰다. 캡사이신은 입안에 고통스럽게 '맵거나' '얼얼한' 느낌을 야기하는 화학 물질이다. 흥미롭게도, 모든 포유동물에게 캡사이신 수용기가 있는 반면, 새들에게는 없다. 그래서 포유동물들에게는 좋지 않은 맛이 나고 새들에게는 좋은 맛이 남으로써, 고추는 확실하게 그것의 씨가 손상되지 않은 상태로 널리 퍼지게 한다.

구문해설

1행 Some have even adapted to drive away unhelpful creatures [while attracting useful **ones**]. ▸ [ ]는 의미를 명확히 하기 위해 접속사를 생략하지 않은 분사구문이다. ones는 앞에 나온 creatures를 가리킨다.

3행 Small mammals [that eat seeds], such as rodents, usually chew **them** up and excrete **them** in an infertile state, [which *is of no help* to the plant]. ▸ 첫 번째 [ ]는 선행사인 Small mammals를 수식하는 주격 관계대명사절이다. 두 개의 them은 앞에 나온 seeds를 가리킨다. 두 번째 [ ]는 앞 절 전체를 선행사로 하는 계속적 용법의 주격 관계대명사절이다. 「be of no help」는 '도움이 되지 않다'라는 의미이다.

문제해설

고추 식물이 번식에 도움이 안 되는 포유동물과는 달리 도움이 되는 새들을 유인하기 위해 캡사이신을 발달시켰다는 내용이므로, 빈칸에는 ③ '유익한 생물들을 유인하는 데 반해 도움이 안 되는 생물들은 쫓아내도록'이 들어가는 것이 가장 적절하다.
① 동물의 소화를 조절하는 데 도움이 되는 씨를 퍼뜨리도록
② 굶주린 새에게 먹히지 않을 지역에서 자라도록
④ 새와 설치류에게 특히 좋은 맛이 나는 화학 물질을 생성하도록
⑤ 동물의 도움 없이 그것의 씨를 널리 퍼뜨릴 수 있도록

5 ①

Elinor Ostrom은 공유지의 문제에 대한 안정적인 제도적 해결책을 도출하는 데 있어서 대단히 중요한 몇 가지의 요인이 있다는 것을 발견했다. 예를 들어, 그녀는 자원의 이용과 관리를 위한 규칙에 의해 영향을 받는 행위자들이 규칙을 변경하는 결정에 참여할 권리를 가져야 한다고 지적했다. 그러한 이유로, 사용자들의 행동을 감시하고 통제하는 사람들 또한 사용자이고/사용자이거나, 모든 사용자에 의해 위임을 받았어야 한다. 이것은 중요한 통찰인데, 이것이 사용자가 개인적 책임을 지는 지역적인 해결책과 비교하여 국가 권력이 공유지의 문제에 대해 중앙에서 주도하는 해결책의 전망이 좋지 않다는 것을 보여 주기 때문이다. Ostrom은 또한 민주적인 결정 과정의 중요성과, 모든 사용자가 그들 사이의 문제와 갈등을 해결하기 위한 지역 포럼에 대한 접근권을 받아야 한다는 것을 강조한다. 중앙과 지방의, 그리고 지역 차원의 정치 기관은 사용자가 자신들만의 규정을 고안하고, 반드시 독립적으로 (규정) 준수를 하게 해주어야 한다.

구문해설

4행 For that reason, the people [who monitor and control the behavior of users] should also be users and/or **have been given** a mandate by all users. ▸ [ ]는 선행사인 the people을 수식하는 주격 관계대명사절이다. have been given은 완료를 나타내는 현재완료형 수동태이다.

..., **as** it shows [that prospects are poor for a centrally directed solution to the problem of the commons {coming from a state power} in comparison with a local solution {for which users assume personal responsibility}]. ▸ as는 '…때문에'라는 의미를 나타내는 접속사이다. [ ]는 shows의 목적어로 쓰인 명사절이다. 첫 번째 { }는 a centrally directed ... the commons를 수식하는 현재분사구이다. 두 번째 { }는 선행사인 a local solution을 수식하는 관계사절이다.

11행 Political institutions at central, regional, and local levels must **allow** users **to devise** their own regulations and independently **(to) ensure** observance. ▸ 「allow A to-v」는 'A가 …하게 해 주다'라는 의미이다. to devise와 (to) ensure가 접속사 and로 병렬 연결되어 있다.

문제해설
Elinor Ostrom은 공유지의 문제에 대한 해결책으로서 국가 권력이 중앙에서 주도하는 해결책은 전망이 좋지 않으며, 실제로 자원을 사용하는 사람들이 자신들만의 규정을 만들고 그것을 독립적으로 준수할 수 있게 해 주어야 한다고 주장한다는 내용이므로, 빈칸에는 ① '규칙을 변경하는 결정에 참여할'이 들어가는 것이 가장 적절하다.
② 자원에 대한 개인의 소유권을 주장할
③ 그들의 이익을 극대화하기 위해 그 자원을 이용할
④ 공동의 자원에 대한 자유로운 이용 권한을 요구할
⑤ 자신들의 가치에 근거하여 적절한 분배를 요청할

07 함축 의미 추론

기출예제
p. 32

로마 제국 시대에 건축가의 지위가 상승했는데, 이는 건축이 상징적으로 특히 중요한 정치적 발언이 되었기 때문이다. Cicero는 건축가를 의사, 교사와 함께 분류했고, Vitruvius는 '이토록 위대한 직업'이라고 말했다. Augustus Caesar 통치 기간 동안 실무 건축가였던 Marcus Vitruvius Pollio는 건축에는 실용적인 지식과 이론적 지식이 모두 필요하다는 것을 인정하였고, 그는 그가 생각하기에 장래의 건축가가 습득해야 할 학문으로 문학과 작문, 제도, 수학, 역사, 철학, 음악, 의학, 법, 천문학을 열거했는데, 이 커리큘럼은 지금도 그것을 추천하는 많은 사람들이 있다. 그는 이 모든 공부가 필수적이라고 주장했는데, 학문 없이 수작업 기술을 습득하는 것을 목표로 해온 건축가는 그들의 계획에 부합하는 권위 있는 위치에 결코 도달할 수 없기 때문이고, 반면 이론과 학문에만 의존해온 사람들은 명백히 <u>실체가 아닌 그림자를 쫓고</u> 있었기 때문이다.

구문해설
3행 **Marcus Vitruvius Pollio**, [a practicing architect during the rule of Augustus Caesar], recognized [that architecture requires both practical and theoretical knowledge], and he listed the disciplines [(that/ which) {he felt} the aspiring architect should master]: literature and writing, draftsmanship, mathematics, history, philosophy, music, medicine, law, and astronomy—a curriculum [that still has much to recommend it]. ▸ Marcus Vitruvius Pollio와 첫 번째 [ ]는 동격이다. 두 번째 [ ]는 recognized의 목적어로 쓰인 명사절이다. 세 번째 [ ]는 선행사인 the disciplines를 수식하는 목적격 관계대명사절로 목적격 관계대명사가 생략되었으며, { }는 삽입절이다. 네 번째 [ ]는 선행사인 a curriculum을 수식하는 주격 관계대명사절이다.

8행 All of this study was necessary, [he argued], because architects [who have aimed at acquiring manual skill without scholarship] have never been able to reach a position of authority [to correspond to their plans], while those [who have relied only upon theories and scholarship] were obviously "hunting the shadow, not the substance." ▸ 첫 번째 [ ]는 삽입절이다. 두 번째 [ ]는 선행사인 architects를 수식하는 주격 관계대명사절이다. 세 번째 [ ]는 a position of authority를 수식하는 형용사적 용법의 to부정사구이다. 네 번째 [ ]는 '사람들'이라는 의미의 선행사인 those를 수식하는 주격 관계대명사절이다.

어휘
architect 건축가 (n. architecture 건축학[술] a. architectural 건축학[술]의) class A with B A를 B와 같은 부류에 넣다 physician 의사, 내과 의사 profession 직업 practicing (현재) 활동하고 있는 rule 규칙; *통치, 지배 theoretical 이론의 aspiring 장차 …가 되려는 draftsmanship 제도[도안] 실력 authority 권위 correspond to …에 일치하다, 들어맞다 rely upon …에 의존하다 scholarship 장학금; *학문 substance 물질; *실체 [문제] discount (무가치한 것으로) 치부하다, 무시하다 precedent 선례, 판례

적용독해
pp. 33~35

1 ② **2** ⑤ **3** ① **4** ② **5** ②

1 ②

만약 자동차 제조사들이 안전띠와 에어백을 설치하라는 요구를 받지 않는다면 교통 사고사가 20퍼센트 정도 더 많을 것이라고 추정되어 왔다. 그러나, Sam Peltzman이라는 경제학 교수는 이 숫자가 인간의 행동을 고려하지 않기 때문에 부정확하다고 주장했다. 펠츠만 효과로 알려진 그의 이론은 사람들이 위험 수준에 따라 그들의 행동을 조절한다는 것이다. 다시 말해서, 사람들은 안전하다고 느낄 때 더 무모하게 행동하는 경향이 있다. 이런 이유 때문에, Peltzman은 모든 차에 안전 장비를 요구하는 법들이 교통사고로 인한 사망을 크게 줄이지는 않았다고 생각한다. 그것들은 운전자가 직면한 죽음의 위험성은 줄였을지도 모르지만, (그것의) 결과로 초래된 이 운전자들의 무모한 행동은 보행자와, 자전거 타는 사람들이 직면한 위험성을 높였다. 펠츠만 효과는 안전 법규가 유용하지 않다는 것을 의미하지는 않는다. 그것은 단순히 우리에게 만약 우리가 주

의하지 않으면 더한 안전성이 우리를 덜 안전하게 만들 수 있다는 것을 일깨워 준다.

구문해설

1행 It has been estimated [that traffic deaths *would be* about 20% higher *if* automobile manufacturers *weren't* required to install seat belts and air bags]. ▶ It 은 가주어이고 [ ]는 진주어이다. 「If+주어+동사의 과거형, 주어+조동사의 과거형+동사원형」은 현재 사실과 반대되는 내용을 가정하는 가정법 과거이다.

6행 For this reason, Peltzman believes [that laws {requiring safety equipment in all cars} have not significantly reduced deaths from traffic accidents]. ▶ [ ]는 believes의 목적어로 쓰인 명사절이다. { }는 laws를 수식하는 현재분사구이다.

문제해설

펠츠만 효과에 따르면, 사람들은 위험 수준에 따라 행동을 조절하며, 운전자는 자신이 안전하다고 느낄 때 더 부주의하게 운전하는 경향이 있어 결과적으로 보행자와, 자전거 타는 사람들의 안전을 위협하게 된다는 내용의 글이다. 따라서, 밑줄 친 부분이 의미하는 바로 가장 적절한 것은 ② '자동차 내의 더 많은 안전 장비는 우리가 덜 안전하게 운전하도록 한다'이다.
① 우리는 교통량이 적을 때 안전하다고 느끼기 더 쉽다
③ 차 안에 더 많은 안전띠가 있지만 그것들은 덜 자주 사용된다
④ 더 무모한 행동이 안전 법규에 대한 더 적은 집중을 초래한다
⑤ 더 많은 사람들이 안전하게 운전하고 있어서 도로가 덜 위험하다

2 ⑤

해양 산성화는 심각한 환경 문제이다. 산업화 이전부터 인간의 활동은 해양 산성도가 26퍼센트까지 오르게 했다. 이산화탄소 배출물이 상당히 줄어들지 않는다면, 세기말까지 해양 산성도가 170퍼센트 증가할 수도 있다. 이러한 산성화 속도는 지난 5500만 년간 그래왔던 것보다 10배 더 빠를 것이다. 수백만 년 전에 자연적인 산성화 사건이 일어났지만, 그것은 현재 일어나고 있는 것보다 훨씬 더 느렸다. 이에도 불구하고, 그 당시에 해양 종의 대량 멸종이 일어났다. 과학자들은 오늘날의 해양 종이 계속되는 산성화에 어떻게 대처할 것인지 확실히 알지 못한다. 많은 해양 종들은 현재 잘하고 있지만, 다른 것들은 이미 부정적인 영향을 보이기 시작하여 역사가 되풀이될 것이라는 걱정거리를 불러일으킨다.

구문해설

5행 Millions of years ago, a natural acidification event took place, but it was much slower than the **one** [that is currently occurring]. ▶ one은 natural acidification event를 가리킨다. [ ]는 선행사인 the one을 수식하는 주격 관계대명사절이다.

7행 Scientists are unsure of [how today's marine species are going to deal with continued acidification]. ▶ [ ]는 전치사 of의 목적어로 쓰인 의문사절이다.

9행 Many are currently doing well, but others are already beginning to show negative effects, [causing fears {that history will repeat itself}]. ▶ [ ]는 결과를 나타내는 분사구문이다. fears와 { }는 동격이다.

문제해설

수백만 년 전에 자연적으로 발생했던 해양 산성화는 현재의 것보다 속도가 훨씬 더 느렸음에도 불구하고 해양 종을 대량 멸종시켰는데, 오늘날의 해양 산성화 속도는 점점 빨라지는 추세이므로 과거의 대량 멸종이 또다시 재현될지도 모른다는 내용의 글이다. 따라서, 밑줄 친 부분이 의미하는 바로 가장 적절한 것은 ⑤ '바닷속에 살고 있는 많은 종들이 죽어갈 것이다'이다.
① 산성화 속도가 빨라질 것이다
② 이산화탄소 배출물이 줄어들 것이다
③ 자연적인 산성화 사건이 일어날 것이다
④ 바다는 자연적으로 다시 건강해질 것이다

3 ①

가까운 미래에, 우리는 개발된 놀라운 뇌 정보 해독 기술 때문에 인간의 뇌 상태를 감시할 수 있을지도 모른다. 이것으로부터, 사람들에게 자신의 정신 건강을 더 잘 이해하고 관리할 수 있는 능력을 주는 것과 같은 많은 긍정적인 영향이 있을 수 있다. 그러나 어떤 전문가들은 그것이 인간으로 하여금 그들의 자유의 마지막 보루를 잃게 할 수 있을까 봐 걱정한다. 사람들은 어쩌면 그들의 건강 보험에 대한 할인의 대가로, 혹은 일자리를 지키기 위해서 기업들에게 그들의 뇌로의 접근권을 주도록 요구받을지도 모른다. 어떤 공장들은 이미 근로자들에게 그들이 일하는 동안 그들의 감정 상태를 관찰하는 뇌전도 센서를 착용하도록 요구하고 있다고 주장되어 왔다. 만약 그들이 매우 감정적인 것으로 보이면, 그들은 집으로 보내진다. 머지않아 이것은 세계 곳곳의 일터에서 일반적인 상태가 될 것이다.

구문해설

3행 ..., such as giving people the ability [**to** better **understand** and **(to) control** their own mental health]. ▶ [ ]는 the ability를 수식하는 형용사적 용법의 to부정사구로, to understand와 (to) control이 접속사 and로 병렬 연결되어 있다.

7행 It has been claimed [that some factories *are* already *requiring* workers to wear EEG sensors {that monitor their emotional state while they are working}]. ▶ It은 가주어이고 [ ]가 진주어이다. 「require A to-v」는 'A가 …하도록 요구하다'라는 의미이다. { }는 선행사인 EEG sensors를 수식하는 주격 관계대명사절이다.

문제해설

인간의 뇌 정보를 해독하는 기술이 정신 건강을 관리하는 데 도움이 될 수도 있지만, 일터에서 근로자들이 뇌전도 센서를 착용하도록 요구받음으로써 감정 상태를 관찰당하는 것과 같이 개인의 사생활이 침해받을 수도 있다는 내용의 글이다. 따라서, 밑줄 친 부분이 의미하는 바로 가장 적절한 것은 ① '그들의 정신적 사생활을 포기하는 것'이다.
② 그들의 정신 건강으로 어려움을 겪는 것
③ 더 이상 기술을 이용할 수 없는 것
④ 집중할 수 있는 그들의 능력을 제어할 수 없게 되는 것
⑤ 그들 자신의 뇌에 대한 정보의 접근을 거부당하는 것

4 ②

'단순 노출 효과'라는 용어는 사람들이 단순히 어떤 제품에 익숙하기 때문에 그것에 대한 호의적인 태도를 나타내는 심리적 경향을 일컫기 위해 광고주들에 의해 사용된다. 비슷하게, 대인 관계에서의 매력과 관련된 연

구에서 사용되는 '노출 원리'라는 용어는 우리가 어떤 사람을 많이 볼 수록 그 사람을 더 매력적이라고 판단한다는 믿음을 일컫는다. 그러나 새로운 연구는 다른 사람에 대한 추가 정보를 받는 것이 사실은 우리가 그 들을 덜 좋아하게 한다는 것을 시사하며 이 이론에 이의를 제기한다. 그러므로, 친밀성은 경멸로 이어지는 반면 모호함은 친근감을 조성한다고 말할 수 있다. 이런 '적을수록 더 좋다'라는 생각은 최초의 결점이 드러난 후에 발생하는 눈덩이 효과의 결과로 볼 수 있다. 그다음의 정보는 추가의 결점을 찾기 위해 면밀하게 검토될 가능성이 높은데, 이는 그 사람에 대한 우리의 감정에 부정적인 영향을 준다.

구문해설

1행 The term "mere exposure effect" is used by advertisers [to refer to people's psychological tendency {to express a favorable attitude toward a product simply because they are familiar with it}]. ▸ [ ]는 목적을 나타내는 부사적 용법의 to부정사구이다. { }는 people's psychological tendency를 수식하는 형용사적 용법의 to부정사구이다.

3행 Similarly, the term "exposure principle," [used in research related to interpersonal attraction], refers to the belief [that **the more** we see a person, **the more attractive** we judge that person to be]. ▸ 첫 번째 [ ]는 the term "exposure principle"을 부연 설명하는 과거분사구로, 문장의 주어와 동사 사이에 삽입되었다. the belief와 두 번째 [ ]는 동격이다. 「the+비교급 ..., the+ 비교급 ~」은 '···할수록 더 ~하다'라는 의미이다.

5행 New studies, however, challenge this theory, [suggesting {that receiving additional information about others actually **causes** us **to like** them less}]. ▸ [ ]는 동시동작을 나타내는 분사구문이다. { }는 suggesting의 목적어로 쓰인 명사절이다. 「cause A to-v」는 'A가 ···하게 하다'라는 의미이다.

8행 This idea [that "less is more"] can be attributed to a snowball effect [that occurs {after an initial drawback is revealed}]. ▸ This idea와 첫 번째 [ ]는 동격이다. 두 번째 [ ]는 선행사인 a snowball effect를 수식하는 주격 관계대명사절이다. { }는 시간을 나타내는 부사절이다.

문제해설

어떤 사람을 많이 볼수록 그 사람을 더 매력적이라고 판단하는 경향이 있다는 기존 이론과는 반대로, 어떤 사람을 알면 알수록 추가적인 결점을 찾게 되기 때문에 그 사람에 대한 부정적인 감정을 갖기 쉬우며, 모호함이 오히려 친근감을 조성할 수 있다고 주장하는 내용의 글이다. 따라서, 밑줄 친 부분이 의미하는 바로 가장 적절한 것은 ② '우리는 우리가 잘 모르는 사람을 선호한다'이다.

① 타인에게의 줄어든 노출은 건강에 좋지 않다
③ 우리는 친근한 제품만 구매한다
④ 부정적인 의견은 긍정적인 의견보다 덜 중요하다
⑤ 사람을 덜 판단하는 것은 그들이 우리를 더 좋아하게 한다

5 ②

프로젝트에서 금 도금은 예상된 결과를 불필요하게 향상하는 것, 즉 비용

이 많이 들고, 필요하지 않으며, 목표와 관련해서 낮은 부가가치를 가진 특성을 추가하는 것으로, 다시 말하면 자신의 재능을 과시하는 것 외에는 실질적인 명분 없이 더 많은 것을 제공하는 것을 의미한다. 금 도금은 전문적인 요소가 현저한 프로젝트, 즉 입증된 경험과 광범위한 전문적 자율성을 가진 전문가들이 참여하는 프로젝트의 전형이기 때문에, 특히 프로젝트 팀원들에게 흥미롭다. 이러한 환경에서 전문가들은 종종 프로젝트를 자신의 다양한 기술을 시험하고 강화할 수 있는 기회로 본다. 따라서 선의로 금 도금에 참여하고 싶은, 즉 전문가를 만족시키지만 고객의 요구에 가치를 부여하지 않고 동시에 프로젝트에서 귀중한 자원을 제거하는, 더 많거나 더 높은 품질의 업무를 달성하려는 강한 유혹이 있다. 속담에서 말하듯이, '최고는 좋음의 적'이다.

구문해설

1행 Gold plating in the project means needlessly **enhancing** the expected results, [namely, adding characteristics {that are costly, not required}, and {that have low added value with respect to the targets}] .... ▸ 동명사 enhancing은 동사 means의 목적어로 쓰였다. [ ]는 needlessly enhancing the expected results를 부연 설명한다. 두 개의 { }는 선행사 characteristics를 수식하는 주격 관계대명사절로, 접속사 and로 병렬 연결되어 있다.

8행 There is therefore a strong temptation, [in all good faith], **to engage** in gold plating, [namely, to achieve more or higher-quality work {that *gratifies* the professional but *does not add* value to the client's requests, and at the same time *removes* valuable resources from the project}]. ▸ 첫 번째 [ ]는 삽입구이다. to engage는 a strong temptation을 수식하는 형용사적 용법의 to부정사이다. 두 번째 [ ]는 to engage in gold plating을 부연 설명한다. { }는 선행사 more or higher-quality work를 수식하는 주격 관계대명사절이다. gratifies와 does not add, 그리고 removes는 접속사 but과 and로 병렬 연결되어 있다.

문제해설

프로젝트에서 금 도금은 명분이 없음에도 자신의 재능을 과시하기 위해 불필요하게 더 많은 것을 제공하는 것으로, 전문가가 고객의 요구와는 관계없이 자기가 만족할 만한 성과를 달성하기 위해 귀중한 자원을 제거하기도 한다는 내용의 글이다. 따라서, 밑줄 친 부분이 의미하는 바로 가장 적절한 것은 ② '오로지 자신을 증명하려고 업무의 품질을 높이는 것은 바람직하지 않다.'이다.

① 일에서 완벽을 추구하면 팀원 간의 갈등을 초래한다.
③ 프로젝트에 필요 이상의 자격을 갖춘 전문가를 초대하는 것은 나쁜 결과를 가져온다.
④ 고객의 변화하는 요구에 대응하는 것은 불필요하다.
⑤ 프로젝트를 위해 다양한 기술을 습득한다고 해서 성공이 보장되는 것은 아니다.

O8 지칭 추론

차 쟁반이 방을 가로질러 그들의 테이블로 옮겨질 때, Chloe의 눈이 동그래졌고 헉 소리를 낼 뻔했다. 아주 작은 디저트와 미니 샌드위치, 그리고 작은 비스킷 같은 것들이 많이 있었다. 어디서부터 먹을까? 어디부터 먹을까? 그녀의 할머니는 테이블 건너편에서 미소 지으며 윙크했다. Chloe도 윙크로 답했다. 그녀는 달콤한 차를 한 모금 마시고 할머니가 먼저 움직이기를 기다렸다. 그녀는 할머니의 행동을 조심스레 따라하며 작고 섬세한 샌드위치로 시작했다. 그것은 맛있었다. 그녀는 그것을 다 먹고 다른 하나를 골랐다. 시간이 지나 샌드위치가 모두 없어지자, Chloe는 대담하게 할머니보다 먼저 비스킷 같은 것을 골랐다. "스콘이 정말 맛있지 않니, 얘야?" 할머니가 그녀의 스콘에 크림과 잼을 발라가며 물었다. 스콘, 이것들을 그렇게 부르는 건가? Chloe는 이미 크림과 잼 없이 그녀의 스콘을 먹기 시작했는데, 실제로는 대부분이 이미 그녀의 입 속에 있었다.

구문해설
9행 Scones, was that [what they were called]? ▸ [ ]는 선행사를 포함하는 관계대명사 what이 이끄는 명사절로, 문장의 주격 보어 역할을 한다.

어휘
gasp 숨이 턱 막히다   take a sip of …을 한 모금 마시다 delicate 섬세한   eat ... up …을 다 먹다   boldly 대담하게 spread (얇게) 펴 바르다 (spread-spread)

적용독해

1 ②   2 ②   3 ④   4 ⑤   5 ④

1 ②

퍼비(Furby)는 1998년에 출시된 전자 봉제완구였다. 그것의 엄청난 인기에도 불구하고, 그것이 어떻게 작동하는지에 대한 근본적인 오해는 많은 사람들을 안절부절못하게 했다. 각각의 퍼비는 어린애 같은 가짜 언어로 말하기 시작하도록 설정되어 있었다. 이것은 'Furbish'로 알려져 있었는데, 시간이 지나면서 그것은 단계적으로 사라지고 영어로 대체되었다. 이것은 마치 퍼비와 놀고 있는 아이가 그것에게 의사소통하는 것을 가르치고 있는 것처럼 보이게 했다. 그러나 사실 모든 퍼비는 정확히 똑같은 것들을 말하도록 설정되어 있었다. 그럼에도 불구하고, 많은 사람들이 퍼비가 정말로 들음으로써 배운다고 믿었다. 그들은 또한 그것이 기업과 정부의 기밀을 포함해서, 들은 말을 되풀이할지도 모른다고 생각했다. 이러한 잘못된 두려움 때문에, 그것은 많은 기업의 사무실, 심지어는 미국 국가안보국 구내식당에서조차 금지되었다.

구문해설
2행 ..., a fundamental misunderstanding about [how it worked] put many people on edge. ▸ [ ]는 전치사 about의 목적어로 쓰인 의문사절로, 「의문사+주어+동사」의 어순을 따른다.

4행 This **made** it **seem** as if the child [playing with the Furby] were teaching it to communicate. ▸ 사역동사 made의 목적격 보어로 동사원형이 쓰였다. 「as if+가정법 과거」는 '마치 …인 것처럼'이라는 의미로, 주절과 같은 시제의 반대 사실을 가정한다. [ ]는 the child를 수식하는 현재분사구이다.

6행 Still, many people **were under the impression that** the Furby really did learn by listening. ▸ 「be under the impression that ....」은 '(보통 사실이 아닌데) …라고 믿고 있다'라는 의미이다. did는 동사 learn을 강조하는 조동사이다.

문제해설
②는 'Furbish'를 가리키고, 나머지는 모두 퍼비(Furby)를 가리킨다.

2 ②

해군 하급 장교인 Andrew는 해군 자격증을 따기 위해 노력하고 있었다. 어느 날 밤, 그는 항로가 아닌 곳으로 배를 몰면 아마 틀림없이 충돌 사고를 일으킬 수 있을 매우 위험한 지대인 대보초 사이로 배를 조종하고 있었다. 공교롭게도, Andrew는 항해 중 방향 감각을 잃어서 배를 멈추게 했다. 그러고 나서 그는 함장을 부르러 갔는데, 함장은 자신의 선실에서 잠을 자던 중이었다. 함장은 Andrew가 예정된 항로로 돌아오도록 도와주고 다시 잠을 자러 갔다. Andrew의 교대 근무가 끝났을 때, 그는 일어났던 일을 생각할 약간의 시간을 가졌다. 그는 그런 식으로 길을 잃은 것이 자신의 경력에 해가 될 수 있음을 걱정했다. 하지만 이튿날, 함장은 Andrew에게 자격증을 수여했다. 함장은 그가 옳은 결정을 내렸으며 최고의 장교들은 자신에게 도움이 필요하다는 것을 언제 인정해야 할지 안다고 말했다.

구문해설
2행 ..., he was steering the ship through the Great Barrier Reef, [a highly risky area {where taking the ship off course could easily result in a crash}]. ▸ the Great Barrier Reef와 [ ]는 동격이다. { }는 선행사인 a highly risky area를 수식하는 관계부사절이다.

9행 The captain said [that he had made the right decision] and [that the best officers know **when to admit** {(that) they need help}]. ▸ 두 개의 [ ]는 said의 목적어로 쓰인 명사절로, 접속사 and로 병렬 연결되어 있다. 「when to-v」는 '언제 …할지'라는 의미이다. { }는 admit의 목적어로 쓰인 명사절로, 접속사 that이 생략되었다.

문제해설
②는 함장을 가리키고, 나머지는 모두 Andrew를 가리킨다.

3 ④

전형적인 산호와 상당히 많이 닮았지만, 불산호(fire corals)는 실제로 자포동물문에 속한다. 이는 그것이 해파리와, 유사한 생물들과 더 밀접하게 관련이 있다는 것을 의미한다. 그것은 카리브해와 같은 열대와 아열대 해양 환경 원산종이다. 그것의 이름은 접촉될 경우 그것이 유발하는 독성의 작열감에서 유래되었다. 이 쓰라림은 불산호가 방어 용도뿐만 아니라 먹이를 걸려들게 하는 수단으로도 사용하는 미세한 털 같은 촉수들에 의해 유발된다. 그것들은 또한 경쟁자들을 몰아내는 데 사용될 수도 있는데, 이는 불산호가 빠른 팽창을 통해 새로운 영역을 공격적으로 차지하게 해준다. 불산호의 외골격은 갈색 또는 밝은 황록색을 띠는 경향이 있는데, 이는 스쿠버다이버들이 자주 그것을 일종의 해초로 착각하게 한다.

구문해설
4행 Their name comes from the toxic burning sensation [(which/that) they cause when they are touched]. ▸ [ ]는 선행사인 the toxic burning sensation을 수식하는 목적격 관계대명사절로, 목적격 관계대명사가 생략되었다.

문제해설
④는 tiny hair-like tentacles를 가리키고, 나머지는 모두 불산호(fire corals)를 가리킨다.

4 ⑤

역대 가장 성공적인 연재만화의 하나인 「Dilbert」의 창작자 Scott Adams는 두 통의 개인적인 편지가 자신의 인생을 극적으로 바꾸었다고 말한다. 어느 날 밤, 그는 만화 제작에 대한 PBS-TV의 프로그램을 시청하던 중, 만화가가 되는 것에 대한 조언을 구하기 위해 그 프로그램의 진행자인 Jack Cassady에게 편지를 쓰기로 결심했다. 그가 매우 놀랍게도, 그는 손 편지의 형태로 몇 주 안에 Cassady로부터 답장을 받았다. 그 편지는 Adams에게 초기에 거절을 당하더라도 낙심하지 말라고 조언했다. Adams는 고무되어 몇 편의 만화를 제출했지만, 그는 바로 거절당하고 말았다. Cassady의 조언을 따르지 않고, 그는 낙심했으며, 자신의 자료들을 치우고, 만화 제작을 직업으로 삼는 것을 잊기로 결심했다. 약 15개월 후, 그는 Cassady로부터 또 한 통의 편지를 받고 놀랐는데, 특히나 그가 Cassady의 첫 번째 조언에 대해 그에게 감사를 표하지 않았었기 때문이었다. 그는 Cassady의 격려를 다시 행동에 옮겼고, 이번에는 그것을 계속했으며 명백히 크게 성공했다.

구문해설
9행 ..., he was surprised **to receive** yet another letter from Cassady, especially since he *hadn't thanked* him for his original advice. ▸ to receive는 감정의 원인을 나타내는 부사적 용법의 to부정사이다. hadn't thanked는 주절의 과거시제보다 더 이전 시점에 일어난 일을 나타내는 과거완료시제이다.

문제해설
⑤는 Jack Cassady를 가리키고, 나머지는 모두 Scott Adams를 가리킨다.

5 ④

'짧은 얼굴의 거대한 캥거루'로도 불리는 sthenurine은 아마도 점점 더 건조해진 기후의 결과로 3만 년 전쯤에 멸종될 때까지 1250만 년 동안 호주에 살았다. 오늘날의 캥거루와 다르게, sthenurine은 우리가 그러는 것처럼 한 번에 한 다리에 의지해 걸었다. 그들은 그들의 발이 체중을 지탱하도록 도와줄 튼튼한 정강이뼈가 있었다. 그리고 걸어 다니는 영장류와 같이, 그들의 골반은 둔부에서 넓어져 오늘날의 캥거루의 둔근보다 훨씬 더 큰 둔근이 생기도록 했다. 이 근육이 걷는 동안 다리를 받쳐 주었을 것이다. sthenurine은 또한 오늘날의 캥거루보다 더 짧은 꼬리를 갖고 있었는데, 그들(= 오늘날의 캥거루)은 꼬리를 세 번째 다리처럼 쓴다.

각 다리를 독립적으로 사용하는 sthenurine의 능력은 그들이 한 나무나 관목에서 다른 곳으로 깡충깡충 뛰어 이동하는 데 에너지를 낭비하지 않고 나무와 관목을 뜯어 먹을 수 있게 해주었다는 것이 제기되어 왔다.

구문해설
6행 ..., their pelvises widened at the rear, [allowing for gluteal muscles {that were much larger than **those** of modern kangaroos}]. ▸ [ ]는 결과를 나타내는 분사구문이다. { }는 선행사인 gluteal muscles를 수식하는 주격 관계대명사절이다. those는 앞에 나온 gluteal muscles를 가리킨다.

8행 Sthenurines also had tails [that were shorter than **those** of modern kangaroos], [which use their tails like a third leg]. ▸ 첫 번째 [ ]는 선행사인 tails를 수식하는 주격 관계대명사절이다. those는 앞에 나온 tails를 가리킨다. 두 번째 [ ]는 선행사인 modern kangaroos를 부연 설명하는 계속적 용법의 주격 관계대명사절이다.

9행 **It** has been suggested [that sthenurines' ability {to use each leg independently} allowed them to browse trees and shrubs *without having* to waste energy ...]. ▸ It은 가주어이고 [ ]가 진주어이다. { }는 sthenurines' ability를 수식하는 형용사적 용법의 to부정사구이다. 「without v-ing」는 '…하지 않고'라는 의미이다.

문제해설
④는 오늘날의 캥거루를 가리키고, 나머지는 모두 sthenurines를 가리킨다.

기출예제   p. 40

달리기 경주의 마지막 몇 걸음에 모든 힘을 쏟아부은 Jamie는 결승선을 통과하였다. 실망스럽게도 그녀는 자신의 개인 최고 기록을 깨는 데 또 실패했다. Jamie는 자신의 기록을 마침내 깨기 위해 몇 달 동안 자신을 몰아붙였지만, 모든 것이 헛수고였다. 그녀가 자신의 실패에 대해 어떻게 느끼는지 인지하여 그녀의 동료 Ken이 그녀에게 다가와 말했다. "Jamie, 오늘 네가 개인 최고 기록을 세우지는 못했지만, 네 경기력은 극적으로 향상되었어. 네 달리기 실력은 정말 많이 발전해 왔어! 다음 경기에서는 네가 분명히 개인 최고 기록을 깰 거야!" 그의 말을 듣고 그녀는 자신감을 갖게 되었다. Jamie는, 이제 자신의 목표를 계속해서 밀고 나갈 의욕을 가지고, 미소를 지으며 대답했다. "네 말이 맞아! 다음 경주에서는 내가 반드시 내 최고 기록을 깰 거야!"

구문해설
2행 Jamie had pushed herself for months [to finally break her record], but it was all for nothing. ▸ [ ]는 목적을 나타내는 부사적 용법의 to부정사구이다.

4행 [Recognizing {how she felt about her failure}],

18

Ken, her teammate, approached her and said, "Jamie, even though you didn't set a personal best time today, your performances **have improved** dramatically. ▶ [ ]는 이유를 나타내는 분사구문이다. { }은 Recognizing의 목적어로 쓰인 의문사절이다.

8행 Jamie, [now motivated to keep pushing for her goal], replied with a smile. ▶ [ ]는 Jamie를 부연 설명하는 과거분사구이며, 문장의 주어와 동사 사이에 삽입되었다.

어휘

to one's disappointment 실망스럽게도 push oneself 스스로 채찍질하다 all for nothing 헛수고인 dramatically 극적으로 progress 진전을 보이다 motivate 의욕을 갖게 하다

적용독해
pp. 41~43

1 ③ **2** ⑤ **3** ③ **4** ② **5** ①

1 ③

어느 여름 방학 동안, 나는 나의 오두막 근처 연못에서 아주 커다란 송어 한 마리를 발견했다. 나는 낚시를 하러 갈 때마다 그 송어를 잡으려고 애썼다. 하지만 어떤 기술을 써 보아도, 나는 그것을 잡을 수 없었다. 그러고 나서 방학 마지막 날, 마침내 내 운이 바뀌었다. 돌다리가 연못 위를 가로질러 놓여 있었는데, 그날 트럭 한 대가 잘못하여 난간과 충돌하고 옆으로 뒤집혔다. 부상은 없었지만, 트럭 안에 든 것들이 연못으로 떨어졌다. 몇 분 이내에, 나는 내가 여름 내내 잡으려고 했었던 송어를 봤다. 그것은 연못이었던 곳 바닥의 진흙탕 속에서 퍼덕거리고 있었다. 그 트럭은 압지를 운반 중이었는데, 그것(= 트럭)이 뒤집히면서 그 종이들이 연못의 거의 모든 물을 빨아들여 버렸다. 나는 그저 송어를 향해 곧장 걸어가 그것을 두 팔로 안아 올리기만 하면 되었다.

구문해설

2행 But **no matter what** technique I tried, I wasn't able to catch it. ▶ no matter what은 '어떤 …을 ~한다 할지라도'라는 의미로, whatever와 바꿔 쓸 수 있다.

6행 ..., I saw the trout [(that) I had been hunting all summer]. ▶ [ ]는 선행사인 the trout를 수식하는 목적격 관계대명사절로, 목적격 관계대명사가 생략되었다.

문제해설

③ 필자는 방학 내내 갖은 방법을 동원해도 송어를 잡지 못해 좌절했다가, 트럭이 일으킨 사고로 그 송어를 손쉽게 잡을 수 있게 되어 기뻤을 것이다.

2 ⑤

이른 아침 태양이 지평선 위로 살짝 보이기 시작했을 때, Jessica는 잠자리에서 일어나 한기를 막으려고 재빨리 가운을 걸쳤다. 그녀는 자신의 방 발코니로 나갔다. 그녀 앞에 드넓은 평원이 펼쳐져 있었다. 그녀는 심호흡을 하며 시원하고 상쾌한 공기를 들이마셨고, 규칙적으로 하는 아침 스트레칭을 시작했다. 그녀가 (그것을) 마친 후에, 그녀는 난간에 기대어 끝이 없어 보이는 바위투성이의 지형을 가만히 내다보며, 시원한 산들바람이 그녀의 얼굴을 어루만지게 했다. 그녀는 자신의 새로운 환경에 신이 났고, 다가올 날들이 가져올지도 모르는 것에 대한 기대로 가득 차 있었다. 활기를 느끼며, 그녀는 미지의 것이 어떻게 항상 자신의 영혼의 활기를 되찾게 하고 감각을 일깨울 힘을 가지는지에 다시 한번 경이로워했다.

구문해설

3행 **Before her** stretched the open plains. ▶ 장소를 나타내는 부사구가 문두에 나와 주어와 동사가 도치되었다.

4행 ..., she leaned on the railing and gazed out at the seemingly endless rugged terrain, [**letting** the cool breeze **touch** her face]. ▶ [ ]는 동시동작을 나타내는 분사구문이다. 사역동사 let의 목적격 보어로 동사원형이 쓰였다.

7행 [Feeling energized], she marveled once again at [how the unknown always had the power **to rejuvenate** her spirit and **(to) awaken** her senses]. ▶ 첫 번째 [ ]는 동시동작을 나타내는 분사구문이다. 두 번째 [ ]는 전치사 at의 목적어로 쓰인 의문사절로, 「의문사＋주어＋동사」의 어순을 따른다. to rejuvenate와 (to) awaken은 the power를 수식하는 형용사적 용법의 to부정사로, 접속사 and로 병렬 연결되어 있다.

문제해설

⑤ 글의 등장인물이 상쾌한 공기를 마시며 스트레칭하고, 다가올 날들을 기대하는 내용이므로, 글의 분위기가 '상쾌하고 낙관적임'을 알 수 있다.

3 ③

정문을 향해 가는 동안 나는 어릴 때 그 똑같은 문을 지나 걸어갔던 기억이 문득 떠올랐다. 어릴 때, 나는 넘어져서 팔이 부러졌고, 할머니께서는 나를 줄곧 안심시키시면서 이곳으로 데려오셨다. 이제 내가 안에 들어서자, 나는 정신이 번쩍 들어 현재로 돌아왔고, 내가 있는 곳을 알기 위해 중환자실을 둘러보았다. 근무 중이던 간호사가 나에게 어느 환자를 방문하러 왔는지 물어봐서, 나는 그에게 할머니의 성함을 대고 그녀의 병실 번호를 물었다. 내가 복도를 따라 걷는 동안 내 발소리가 울렸다. 나는 문을 밀어 열고 안으로 들어갔다. 내 앞의 노쇠한 여인의 모습이 거의 내 숨을 멎게 했다. "어떻게 되신 거예요, 할머니?" 나는 믿기지 않는다는 듯이 속삭였다. 튜브가 할머니의 연약한 몸에서 차갑고 냉담한 기계까지 연결되어 있었다. "저는 할머니가 여전히 제 말을 들으실 수 있다는 것을 알아요. 저는 할머니를 떠나지 않을 거예요. 깨어나실 거라고 제게 약속만 해 주세요."

구문해설

2행 ..., and my grandmother brought me here, [reassuring me along the way]. ▶ [ ]는 동시동작을 나타내는 분사구문이다.

4행 A nurse on duty asked [which patient I was there **to visit**], ... ▶ [ ]는 asked의 목적어로 쓰인 의문사절이다. to visit는 목적을 나타내는 부사적 용법의 to부정사이다.

문제해설

③ 필자는 자신의 할머니가 중환자실에 누워 계신 것을 보고 충격을 받고 걱정스러웠을 것이다.

4 ②

Nelson이 십 대였을 때, 그의 아버지는 자신의 아들에게 일자리를 구할 수 있기를 바라면서 그를 자신이 일하는 모피 공장에 데려갔다. Nelson이 공장에 들어가자마자, 그는 마치 벽들이 그를 둘러싸며 다가오고 있는 것처럼 느꼈다. 그 공간은 더웠고, 작고 먼지로 뒤덮인 창문으로 어떤 빛도 거의 들어오지 않았다. 기계들은 빽빽이 들어차 있었고 시끄럽게 돌아가고 있었다. 모피 조각들이 기계에서 날리면서 공기 중에 탁하고 불쾌한 냄새가 나게 했다. 한편, 노동자들은 털가죽 위로 등을 구부려, 재봉하느라 너무 바빠서 한시도 일에서 눈을 떼지 못했다. 감독관은 모든 열을 왔다 갔다 하며 노동자들에게 더 서두르라고 소리쳤다. Nelson은 숨쉬기가 어렵다고 생각했다. 그는 아버지 뒤에 거의 숨다시피 서서 그 감독관이 자신에게도 소리치지 않게 해달라고 기도했다.

구문해설

1행 ..., his father brought him to the fur factory [where he worked], [hoping to get his son a job]. ▸ 첫 번째 [ ]는 선행사인 the fur factory를 수식하는 관계부사절이다. 두 번째 [ ]는 동시동작을 나타내는 분사구문이다.

2행 ..., he felt **as if** the walls **were closing** in around him. ▸ 「as if+가정법 과거」는 '마치 …인 것처럼'이라는 의미이며, 주절과 같은 시제의 반대 사실을 가정한다.

6행 ..., the workers were hunched over their pelts, **too** *busy sewing* **to look** away from their work for even a moment. ▸ 「too+형용사/부사+to-v」는 '너무 …해서 ~할 수 없는'이라는 의미이다. 「(be) busy v-ing」는 '…하느라 바쁘다'라는 의미이다.

문제해설

② 십 대 소년인 Nelson이 아버지가 일하는 공장에 따라갔다가, 빛이 들어오지 않는 공간에서 시끄러운 기계들이 돌아가고, 서두르라고 소리치는 감독관으로 인해 노동자들이 쉴 틈 없이 일하는 것을 보게 된 내용이므로, 글의 분위기가 '억압적이고 답답함'을 알 수 있다.

5 ①

정비공이 그녀의 차를 수리하는 동안, Jennifer는 대기실을 왔다 갔다 걸어 다녔다. 그녀는 차를 고치는 데 얼마나 비용이 들지 매우 걱정하고 있었다. 그날 아침 그녀의 차의 엔진에서 소음이 나기 시작했고, 계속 시동이 꺼졌으며, 그녀는 엔진을 교체하는 것이 매우 비쌀 수 있다고 들었다. 몇 분 후, 정비공이 대기실로 돌아왔다. "좋은 소식이 있습니다. 그저 점화 플러그가 더러웠을 뿐입니다. 제가 이미 깨끗이 닦았고 당신의 차는 새것만큼 상태가 좋습니다." 그는 Jennifer에게 청구서를 건넸고 그녀가 그것을 확인해 봤을 때, 전체 수리 비용은 10달러 안쪽이었다. 그것은 그녀가 예상했던 것보다 훨씬 적었으며, 그녀는 그 금액을 쉽게 감당할 수 있겠다는 것을 알고 마음이 편해졌다.

구문해설

2행 She was deeply concerned about [how much it was going to cost to **get** her car **fixed**]. ▸ [ ]는 전치사 about의 목적어로 쓰인 의문사절이다. get의 목적어와 목적격 보어가 수동 관계이므로 과거분사인 fixed가 쓰였다.

8행 That was **far** less than she had expected and she felt at ease, [knowing she could easily afford it]. ▸ far는 비교급을 강조하는 부사이다. [ ]는 동시동작을 나타내는 분사구문이다.

문제해설

① Jennifer는 자동차 엔진을 교체하게 되면 비용이 많이 나올 수 있다는 것을 알게 되어 매우 근심하고 있다가, 전체 수리 비용이 10달러도 되지 않는다는 것을 알고 안심했을 것이다.

10 도표

기출예제
p. 44

2017년, 2019년, 2022년에 5개의 국가에서
뉴스를 가끔 또는 자주 적극적으로 회피한 응답자의 비율

위 도표는 2017년, 2019년, 2022년에 5개의 국가에서 뉴스를 가끔 또는 자주 적극적으로 회피한 응답자의 비율을 보여준다. 각 3년 동안, 아일랜드는 도표에 나타난 국가들 중에서 가끔 또는 자주 적극적으로 뉴스를 회피한 응답자의 가장 높은 비율을 보여 주었다. 독일에서는 각 3년 동안 뉴스를 가끔 또는 자주 적극적으로 회피한 응답자의 비율이 30% 미만이었다. 덴마크에서는 2019년에 뉴스를 가끔 또는 자주 적극적으로 회피한 응답자의 비율이 2017년보다 높았지만 2022년보다는 낮았다. 핀란드에서는 2019년에 뉴스를 가끔 또는 자주 적극적으로 회피한 응답자의 비율이 2017년보다 낮았고, 이는 일본에서도 마찬가지였다. 일본에서는 각 3년 동안 뉴스를 가끔 또는 자주 적극적으로 회피한 응답자의 비율이 15%를 초과하지 않았다.

구문해설

8행 In Finland, the percentage of the respondents [who sometimes or often actively avoided news in 2019] was lower than **that** in 2017, [which was also true for Japan]. ▸ 첫 번째 [ ]는 선행사인 the respondents를 수식하는 주격 관계대명사절이다. that은 앞에 나온 the percentage of the respondents who sometimes or often actively avoided news를 대신한다. 두 번째 [ ]는 앞 절 전체를 선행사로 하는 계속적 용법의 주격 관계대명사절이다.

어휘

respondent 응답자 actively 적극적으로 exceed 초과하다

적용독해
pp. 45~47

1 ③ 2 ⑤ 3 ③

1 ③

인종/민족 및 빈곤 지위에 따른 성인들 사이의 COPD 발병률

위 도표는 2007년부터 2009년까지 인종/민족과 빈곤 지위에 따라 분

류된 미국 성인 중 만성 폐쇄성 폐 질환(COPD)이 얼마나 흔했는지를 보여 준다. 모든 집단이 합쳐진 경우, 빈곤 수준 아래의 집단은 8.3퍼센트로 COPD 발병률이 가장 높았고, 소득 수준이 상승할수록 COPD 발병률은 감소했다. 비 히스패닉 백인 집단에서는, 소득이 가장 높은 집단의 사람들 중 5퍼센트 미만이 COPD에 걸렸다. 전반적으로, 비 히스패닉 백인들이 비 히스패닉 흑인들보다 COPD 발병률이 더 낮았다. 멕시코계 미국인들은 모든 소득층의 평균이 단 2.6퍼센트로, 전체에서 가장 낮은 발병률을 보였다. 푸에르토리코인들의 경우에는, 가장 가난한 집단의 발병률이 가장 부유한 집단의 발병률보다 두 배 넘게 높았다.

구문해설

1행 The graph above shows [how common Chronic Obstructive Pulmonary Disease (COPD) was from 2007 to 2009 among adults in the U.S. {grouped by race/ethnicity and poverty status}]. ▸ [ ]는 shows의 목적어로 쓰인 의문사절이다. { }는 adults in the U.S.를 수식하는 과거분사구이다.

6행 Overall, non-Hispanic whites had a lower rate of COPD than non-Hispanic blacks **did**. ▸ did는 앞에 나온 had를 대신하는 대동사이다.

문제해설

③ 전반적으로 비 히스패닉 백인 집단의 COPD 발병률이 비 히스패닉 흑인 집단보다 더 높았다.

2 ⑤

여러 국가에서의 65세가 넘는 노동자들의 비율

위 도표는 직업을 가진 65세가 넘는 사람들의 비율이 그들이 어느 국가에 사는지에 따라 다르다는 것을 보여 준다. 도표의 상위 4개국은 도표의 하위 절반에 있는 국가들보다 평균적으로 비율이 더 낮다. 호주는 65세 이상 근로자의 비율이 가장 낮은데, 대략 5퍼센트일 뿐이다. 반면에, 고령 근로자의 가장 높은 비율은 솔로몬 제도에서 찾아볼 수 있는데, 그곳에서는 65세 이상 남성의 60퍼센트가 넘는 사람이 일을 하고 있다. 일하는 남성과 여성 간의 가장 큰 격차를 보이는 국가는 피지인데, 그곳에서는 일하는 남성의 비율이 일하는 여성의 비율보다 3배 넘게 높다. 베트남에서는, 65세가 넘는 여성의 30퍼센트와 남성의 40퍼센트가 일을 하고 있다.

구문해설

1행 The graph above shows that **the percentage of people over the age of 65** [who have jobs] **varies** depending on [which country they live in]. ▸ 「the percentage of+복수명사」는 단수 취급하므로 단수동사 varies를 썼다. 첫 번째 [ ]는 선행사인 people over the age of 65를 수식하는 주격 관계대명사절이다. 두 번째 [ ]는 전치사 on의 목적어로 쓰인 의문사절이다.

5행 ..., the highest percentage of older workers is found in the Solomon Islands, [where over 60% of men over the age of 65 are working]. ▸ [ ]는 선행사인 the Solomon Islands를 부연 설명하는 계속적 용법의 관계부사절이다.

문제해설

⑤ 베트남에서는 65세가 넘는 여성의 약 25퍼센트가 일을 하고 있다.

3 ③

2011년, 2016년, 2021년 미국 내 18세에서 24세 사람들의 인종/민족별 대학 등록률

비고: 반올림된 수치로 보여진다.

위 표는 미국 내 다섯 인종/민족 집단의 18세에서 24세 사람들의 2011년, 2016년, 그리고 2021년 대학 등록률을 보여준다. 다섯 집단 중에서 아시아인은 표에 나열된 연도마다 50퍼센트를 넘는 가장 높은 대학 등록률을 보였다. 백인은 3년 내내 모든 집단 중에서 대학 등록률이 두 번째로 높았으나, 2021년에 그 비율은 40퍼센트 아래로 하락했다. 흑인과 히스패닉 두 집단의 대학 등록률은 2011년과 2021년에 35퍼센트보다는 높았지만 40퍼센트보다는 낮았다. 표에 나타난 연도 중, 2016년은 히스패닉의 대학 등록률이 흑인의 대학 등록률보다 높았던 유일한 해였다. 매년, 아메리카 인디언/알래스카 원주민은 가장 낮은 대학 등록률을 보여주었다.

구문해설

6행 The college enrollment rates of **both** Blacks **and** Hispanics were higher than 35% but lower than 40% in 2011 and in 2021. ▸ 「both A and B」는 'A와 B 둘 다[모두]'라는 의미이다.

7행 Among the years displayed in the table, 2016 was the only year [when the college enrollment rate of Hispanics was higher than **that** of Blacks]. ▸ [ ]는 선행사 the only year를 수식하는 관계부사절이다. that은 앞에 나온 the college enrollment rate를 대신한다.

문제해설

③ 2021년 히스패닉의 대학 등록률은 33퍼센트로, 35퍼센트를 넘지 않았다.

11 어휘 적절성 판단

기출예제

고개를 돌리는 모든 곳에서 우리는 전능한 '사이버 공간'에 대해 듣는다! 과대광고는 우리가 지루한 삶을 떠나 고글과 전신복을 입고, 금속성의 3차원 멀티미디어의 다른 세상으로 들어갈 것이라고 약속한다. 위대한 혁신인 전동기와 함께 산업혁명이 찾아왔을 때 우리는 어떤 외딴 전동 공간으로 가기 위해 우리의 세상을 떠나지 않았다! 반대로 우리는 전동기를 자동차와 냉장고, 드릴 프레스, 연필깎이로 우리 삶에 끌어들였다. 이 흡수는 매우 완전하여 우리는 모든 이 도구들을 그것들의 '전동성'이 아닌 용도를 선언하는 이름으로 부른다. 이러한 혁신들은 우리의 일상생활에 들어와 깊이 영향을 끼쳤기에 주요한 사회경제적인 움직임으로 이어졌다. 사람들은 수천 년 동안 근본적으로 변화하지 않았다. 기술이 끊임없이 변화한다. 우리에게 적응해야 하는 것은 바로 기술이다. 이것이 인간 중심의 컴퓨터 조작하에 정보 기술 및 그 장치들에 일어날 일이다. 컴퓨터가 우리를 마법의 신세계로 데려가 줄 것이라고 더 오래 계속해서 믿을수록, 우리는 (컴퓨터가) 우리의 삶과 자연스럽게 융합되는 것, 즉 사회경제적인 혁명이라고 불리기를 열망하는 모든 주요 움직임의 특징을 더 오래 유지할(→ 지연시킬) 것이다.

구문해설

6행 This absorption has been **so** complete **that** we refer to all these tools with names [that declare their usage, not their "motorness."] ▸ 「so+형용사/부사+that ~」은 '너무 … 해서 ~하다'라는 의미이다. [ ]는 선행사인 names를 수식하는 주격 관계대명사절이다.

10행 That's exactly [what will happen with information technology and its devices under human-centric computing]. ▸ [ ]는 선행사를 포함하는 관계대명사 what이 이끄는 명사절로, 문장의 주격 보어로 쓰였다.

12행 **The longer** we continue to believe [that computers will take us to a magical new world], **the longer** we will delay their natural fusion with our lives, [the hallmark of every major movement {that aspires to be called a socioeconomic revolution}]. ▸ 「the+비교급 …, the+ 비교급 ~」은 '…할수록 더 ~하다'라는 의미이다. 첫 번째 [ ]는 believe의 목적어로 쓰인 명사절이다. 두 번째 [ ]는 their natural fusion with our lives와 동격이다. { }는 선행사인 every major movement를 수식하는 주격 관계대명사절이다.

어휘

almighty 전능한 metallic 금속성의, 금속으로 된 dimensional … 차원의 Industrial Revolution 산업혁명 drill press 드릴 프레스(회전축에 드릴을 달아 구멍을 뚫을 때 쓰는 기계) absorption 흡수 declare 선언하다 usage 사용 socioeconomic 사회경제적인 profoundly 깊이 adapt 적응하다 human-centric 인간 중심의 fusion 융합 aspire 열망하다

적용독해

pp. 49~51

1 ③ 2 ④ 3 ③ 4 ⑤ 5 ②

1 ③

기업들은 어피니티 마케팅(affinity marketing)이라고 불리는 방법을 통해 그들의 마케팅 활동을 집중할 수 있다. 이 방법을 이용해서, 기업들은 자사 제품을 구매하는 것에 대해 수용적일 가능성이 가장 큰 특정 집단을 찾아 오로지 그 집단만을 위한 광고를 개발한다. 그 결과, 그들은 소비자들로부터 긍정적 반응을 얻을 확률을 높인다. 이러한 실행은 회사가 각기 다른 인구 집단에 일반적인(→ 특화된) 제품을 홍보하게 해준다. 예를 들어, 오로지 젊은 남성들만을 위해서 만들어진 비타민 보충제를 판매하는 기업이 여성 잡지에 광고를 싣는 것은 시간과 돈의 낭비일 것이다. 매출을 극대화하기 위해서, 그 기업은 그 제품을 젊은 남성들이 자주 찾는 웹사이트와, 대상 연령층에게 인기 있는 프로그램 도중에 방송되는 광고에 내놓아야 한다. 어피니티 마케팅을 활용함으로써, 기업들은 매우 효율적인 방식으로 그들이 목표로 하는 집단에게 다가갈 수 있다.

구문해설

2행 …, companies **identify** the specific audience [that *is* most *likely to be* receptive to {purchasing their product}] and **develop** ads solely for that audience. ▸ 동사 identify와 develop이 접속사 and로 병렬 연결되어 있다. [ ]는 선행사인 the specific audience를 수식하는 주격 관계대명사절이다. 「be likely to-v」는 '…할 것 같다, …할 가능성이 있다'라는 의미이다. { }는 전치사 to의 목적어로 쓰인 동명사구이다.

6행 …, **it** would be a waste of time and money *for a company* [selling a vitamin supplement {designed exclusively for younger men}] [to place ads in women's magazines]. ▸ it은 가주어이고 두 번째 [ ]가 진주어이며, for a company는 to place의 의미상 주어이다. 첫 번째 [ ]는 a company를 수식하는 현재분사구이다. { }는 a vitamin supplement를 수식하는 과거분사구이다.

8행 …, the company should market its product on websites [frequented by young men] and in commercials [run during programs {that are popular with the target demographic}]. ▸ 두 개의 [ ]는 각각 websites와 commercials를 수식하는 과거분사구이다. { }는 선행사인 programs를 수식하는 주격 관계대명사절이다.

문제해설

③ 자사 제품을 구매하는 것에 수용적일 가능성이 가장 큰 특정 집단을 찾아 그 집단만을 위한 광고를 개발함으로써 소비자들로부터 긍정적인 반응을 얻을 확률을 높이는 마케팅 방식에 관한 내용이므로, 이러한 실행은 회사가 각기 다른 인구 집단에 '특화된' 제품을 홍보하게 해준다는 흐름이 자연스럽다. 따라서, generalized를 specialized 등으로 고쳐야 한다.

2 ④

어떤 사람들은 운동과 식습관 개선으로 제2형 당뇨병에 대처하는 반면에, 다른 사람들은 그들의 혈당을 허용할 수 있는 수준으로 유지해 주는 약물 치료에 의존한다. 하지만 생활 방식의 변화는 많은 사람들이 유지하기에 어렵고, 약물 치료는 일부 당뇨병 환자들이 감당하기에 너무 비싸다. 그것이 바로 허브가 혈당치를 조절하는 자연적인 수단을 제공할 수 있는지 알아보기 위해 연구가 진행되고 있는 이유이다. 연구원들은 당뇨병 관련 효소를 억제할 가능성을 더 알아보기 위해 시판용 허브와 온실에서 자란 허브를 모두 조사했다. 그들은 같은 양의 시판용 허브보다 온실에서 자란 허브에 폴리페놀과 플라보노이드가 더 많다는 것을 발견했는데, 그것들은 당뇨병의 진행을 제한하는 것으로 입증되었다. 하지만 이것이 시판용 허브가 (당뇨병 관련) 효소를 덜 보충할(→ 억제할) 수 있다는 뜻은 아니었다. 실제로, 오레가노와 로즈메리의 시판용 추출물은 더 나은 효소 억제제인 것으로 드러났다.

구문해설

2행 …, while others rely on medication [that keeps their blood sugar at acceptable levels]. ▸ [ ]는 선행사인 medication을 수식하는 주격 관계대명사절이다.

3행 But lifestyle changes are hard **to sustain** for many people, and the medication is *too* expensive **for**

22

some diabetes sufferers *to afford.* ▸ to sustain은 '…하기에'라는 의미로 형용사인 hard를 수식하는 부사적 용법의 to부정사이다. 「too+형용사/부사+to-v」는 '너무 …해서 ~할 수 없는'이라는 의미이다. for some diabetes sufferers는 to afford의 의미상 주어이다.

7행 They found that there were more polyphenols and flavonoids, [which have been proven to limit the development of diabetes], in greenhouse-grown herbs .... ▸ [ ]는 선행사인 polyphenols and flavonoids를 부연 설명하는 계속적 용법의 주격 관계대명사절로, 문장 내에 삽입되었다.

문제해설
④ 역접의 연결사 However 뒤에는 앞의 내용과 상반되는 내용이 나오므로, 문맥상 시판용 허브가 온실에서 자란 허브보다 (당뇨병 관련) 효소를 덜 '억제할' 수 있다는 뜻은 아니었다는 흐름이 자연스럽다. 따라서 supplement를 suppress 등으로 고쳐야 한다.

3 ③

음악, 문학, 영화와 같은 예술 형식들은 우리가 힘든 시기를 견디도록 도와줄 수 있는 감정적 동료애의 원천이다. 이전의 연구들은 개인의 기분이 그들이 선호하는 것에 영향을 미친다는 것을 입증했는데, 부정적인 감정을 경험하는 사람들은 자신의 불쾌한 감정에 대응하기 위해 긍정적인 심미적 경험을 선호한다. 하지만 새로운 연구는 특정 상황에서는, 부정적인 감정을 느끼는 개인이 더 즐거운 선택권들을 이용할 수 있음에도 불구하고, 자신의 가라앉은 감정 상태와 일치하지 않는(→ 일치하는) 경험들을 선택할 수도 있음을 시사한다. 예를 들어, 한 연구는 참가자들이 불만스러운 상황에 처해진 후에 음악을 평가해 달라고 요청했다. 그 짜증이 특정 개인과 상관없는 문제가 아니라 대인 관계에 관련된 것에 의해 야기되었을 때, 유쾌한 음악보다 격렬한 음악이 선호되었다. 이것이 깨진 관계로 인한 감정적 고통을 겪는 개인이 약간 우울한 경험에서 흔히 위안을 찾는 이유를 설명해 줄지도 모른다.

구문해설
2행 ... that individuals' moods affect their preferences, **with** *those* [experiencing negative feelings] **favoring** positive aesthetic experiences in order to counter their unpleasant emotions. ▸ 「with+(대)명사+v-ing」는 '…가 ~하면서'라는 의미이다. those는 individuals를 가리킨다. [ ]는 those를 수식하는 현재분사구이다.
5행 ... that under certain circumstances, individuals [feeling negative emotions] may opt for experiences [that are consistent with their low emotional state], ... ▸ 첫 번째 [ ]는 individuals를 수식하는 현재분사구이다. 두 번째 [ ]는 선행사인 experiences를 수식하는 주격 관계대명사절이다.

문제해설
③ 후반부의 예시 내용으로 보아, 특정 상황에서는 사람들이 부정적인 감정을 느낄 때 긍정적인 경험보다 현재의 가라앉은 감정과 '일치하는' 경험을 선택하기도 한다는 흐름이 자연스러우므로, inconsistent를 consistent 등으로 고쳐야 한다.

4 ⑤

편승 효과가 어떻게 발생하는지는 광속 측정의 역사로 입증된다. 이 속력은 상대성 이론의 기초이기 때문에, 그것은 과학에서 가장 빈번하고 면밀하게 측정된 물리량 중 하나이다. 우리가 아는 한, (빛의) 속력은 시간이 흘러도 변함이 없었다. 그러나 1870년부터 1900년까지, 모든 실험에서 너무 빠른 속력이 발견되었다. 그리고 나서, 1900년부터 1950년까지는 그 반대 현상이 일어나, 모든 실험에서 너무 느린 속력이 발견되었다! 결과치가 항상 실제 값의 어느 한쪽에 있는 이런 종류의 오류를 '편향'이라고 한다. 그것은 아마 시간이 지나면서 실험자들이 자신들이 발견할 것이라 예상한 것과 일치하도록 잠재 의식적으로 그들의 결과를 조정했기 때문에 생겨났을 것이다. 만약 결과가 그들이 예상한 것과 부합하면, 그들은 그것을 유지했다. 만약 결과가 부합하지 않으면, 그들은 그것을 버렸다. 그들이 의도적으로 부정직하게 군 것은 아니었고, 단지 일반 통념에 의해 영향을 받았을 뿐이었다. 그 패턴은 누군가가 예상한 것 대신에 실제로 측정된 것을 보고할 용기가 부족했을(→ 있었을) 때에야 바뀌었다.

구문해설
1행 [How the bandwagon effect occurs] is demonstrated by the history of measurements of the speed of light. ▸ [ ]는 문장의 주어로 쓰인 의문사절이다.
4행 However, from 1870 to 1900, all the experiments found speeds [that were too high]. ▸ [ ]는 선행사인 speeds를 수식하는 주격 관계대명사절이다.
6행 This kind of error, [where results are always on one side of the real value], is called "bias." ▸ [ ]는 This kind of error를 부연 설명하는 계속적 용법의 관계부사절로, 문장의 주어와 동사 사이에 삽입되었다.
7행 It probably happened because over time, experimenters subconsciously adjusted their results [to match {what they expected to find}]. ▸ [ ]는 목적을 나타내는 부사적 용법의 to부정사구이다. { }는 선행사를 포함하는 관계대명사 what이 이끄는 명사절로, match의 목적어 역할을 한다.
11행 The pattern only changed when someone had the courage [to report {what was actually measured} instead of {what was expected}]. ▸ [ ]는 the courage를 수식하는 형용사적 용법의 to부정사구이다. 두 개의 { }는 선행사를 포함하는 관계대명사 what이 이끄는 명사절로, 각각 report와 instead of의 목적어 역할을 한다.

문제해설
⑤ 광속 측정의 역사에서, 실험자들은 일반 통념의 영향을 받아 실험 결과가 그들이 예상한 것과 부합하면 그것을 유지하고 부합하지 않으면 그것을 버렸다는 내용이다. 따라서, 그러한 패턴은 누군가가 예상된 것 대신에 실제로 측정된 것을 보고할 용기가 '있었을' 때에야 바뀌었다는 흐름이 자연스러우므로, lacked를 had 등으로 고쳐야 한다.

5 ②

팽이는 그것의 오랜 역사 동안 많은 변화를 겪지 않았다. 하지만, 최근에 연구 과학자들은 거의 모든 형태의 물체들이 팽이처럼 회전하도록 그것들을 안정적이게 하는 방법을 개발했다. 그 연구원들은 보통은 회전을 계속할 정도로 충분히 오래 균형을 유지할 수 있는(→ 없는) 형태들을 연구했고, 그들은 회전 안정성을 개선하기 위해 이 물체들의 무게 중심을 조절했다. 이것은 물체 내부에 정밀하게 배치된 빈 공간을 만듦으로써 행해졌다. 이 방법 덕분에, 그 과학자들은 회전할 때 즉시 쓰러지지 않는 동물, 찻주전자, 그리고 다른 비대칭 형태의 물체들을 만들 수 있었다. 이 팀의 연구는 온갖 종류의 재미있는 팽이를 만들어 낼 수 있지만, 이는 또한 실용적인 용도도 있다. 예를 들어, 이 방법은 로봇과 기계 구조물을 더 안정감 있게 개발하는 데 도움이 될 수 있을 것이다.

구문해설

2행 ..., research scientists developed a method for stabilizing objects of almost any shape [to allow them to spin like tops]. ▸ [ ]는 목적을 나타내는 부사적 용법의 to부정사구이다.

3행 The researchers worked with shapes [that are normally unable to balance **long enough to sustain** a spin], ... ▸ [ ]는 선행사인 shapes를 수식하는 주격 관계대명사절이다. 「형용사+enough to-v」는 '···할 정도로 충분히 ~한'이라는 의미이다.

문제해설

② 연구원들이 새로운 방법을 연구하여 원래는 회전을 계속하여 오래 균형을 유지할 수 없는 형태의 물체들을 안정적으로 회전할 수 있게 만들었다는 흐름이 자연스러우므로, able을 unable 등으로 고쳐야 한다.

---

12 어법 적절성 판단

기출예제

p. 52

많은 연구들이 사회적 자극에 차별적으로 반응하는 인간의 타고난 성향에 대한 상당한 증거를 제공한다. 태어날 때부터 아기들은 인간의 얼굴과 목소리 쪽으로 우선적으로 향하게 되며, 그러한 자극이 자신들에게 특히 의미가 있다는 것을 아는 것 같다. 더욱이, 그들은 혀 내밀기, 입술 꽉 다물기, 입 벌리기와 같이 자신들에게 보여지는 다양한 얼굴 제스처를 모방하면서 이 연관성을 적극적으로 마음에 새긴다. 그들은 심지어 자신에게 약간 어려운 몸짓도 맞추려고 시도하며, 성공할 때까지 자신의 얼굴로 실험한다. 그들은 정말 성공하면, 눈을 반짝이는 것으로 기쁨을 표현하고, 실패하면 괴로움을 나타낸다. 즉, 그들은 운동 감각적으로 경험한 자신의 신체 움직임을 시각적으로 인지된 다른 사람의 움직임과 일치시키는 타고난 능력뿐만 아니라, 그렇게 하려는 타고난 욕구도 가지고 있다. 다시 말해, 그들은 자신이 '나와 비슷하다'고 판단한 타인을 모방하려는 타고난 욕구가 있는 것으로 보인다.

구문해설

2행 From birth, infants will orient ..., [seeming to know {that such stimuli are particularly meaningful for **them**}]. ▸ [ ]는 동시동작을 나타내는 분사구문이다. { }는 know의 목적어로 쓰인 명사절이다. them은 앞에 나온 infants를 가리킨다.

8행 In other words, they not only have an innate capacity for [matching their own kinaesthetically experienced bodily movements with those of others {that are visually perceived}]; they have an innate drive **to *do* so**. ▸ [ ]는 전치사 for의 목적어로 쓰인 동명사구이다. { }는 선행사인 those of others를 수식하는 주격 관계대명사절이다. to do 는 an innate drive를 수식하는 형용사적 용법의 to부정사구이다. do so는 바로 앞에서 언급한 [ ]를 가리킨다.

어휘

substantial 상당한 differentially 차별적으로, 구별하여 stimulus 자극 (*pl.* stimuli) infant 아기, 유아 orient (어떤 특정한 방향으로) 향하다 preferentially 우선적으로 register 등록하다; *마음에 새기다, 명심하다 protrusion 내밀기 distress 고통, 괴로움 capacity 용량; *능력 drive 자동차 여행; *욕구

적용독해

pp. 53~55

1 ⑤

세계에서 가장 치명적인 거미 중 하나인 브라질 방황 거미(Brazilian wandering spider)는 중남미 열대 지역의 토착종이다. 그것은 너무 독성이 강해서 0.006mg만큼의 소량으로도 쥐와 같은 작은 동물을 죽일 수 있는 독을 만들어 낸다. 독성을 가진 것 외에도, 이 거미한테 물리는 것은 거미의 유난히 큰 이 때문에 극심한 통증을 유발할 수 있다. 그 독은 어쩌면 인간 희생자를 마비시키고 극심한 호흡 곤란을 일으킬 수 있는데, 이는 때때로 사망을 초래한다. 그것은 세계에서 가장 치명적인 거미류라는 말이 있지만, 이 거미의 위험성은 상대적으로 작은 크기 때문에 흔히 간과된다. 다 자란 브라질 방황 거미는 지름이 평균 13cm 정도인데, 다리가 전체 길이의 대부분을 차지한다.

구문해설

5행 The venom can potentially paralyze human victims and cause severe breathing difficulty, [which sometimes results in death]. ▸ [ ]는 앞 절 전체를 선행사로 하는 계속적 용법의 주격 관계대명사절이다.

6행 Although **it is said to be** the world's most lethal arachnid, ... ▸ 「주어+be said to-v」는 '···가 ~하다고 말해진다'라는 의미이다.

문제해설

⑤ 다리가 전체 길이의 대부분을 '차지한다'라는 의미로, 명사구 its legs와 동사가 능동 관계이므로 「with+(대)명사+v-ing」를 써야 한다. 따라서 taken up을 현재분사인 taking up으로 고쳐야 한다.

2 ③

아제르바이잔은 동유럽과 서아시아 사이에 위치한 작은 나라이며, 그곳의 이국적인 요리, 고대 문화 유적지, 그리고 이화산으로 매년 백만 명이 넘는 관광객들을 끌어모은다. 가장 유명한 화산은 Yanar Dag인데, 그것은 '불타는 화산'으로 번역된다. 이름이 암시하듯, 이 116미터 높이의

언덕은 수 세기 동안 불타고 있다. 이 언덕의 다공성 사암층 아래에 계속해서 불길을 내뿜는 천연가스 매장층이 있는데, 그 불길은 3미터가 넘는 높이에 이를 수 있다. 언덕을 둘러싸고 있는 개울 또한 불길을 내뿜는다. 물속의 유황 함량이 극도로 높아서, 불타는 성냥개비 하나의 접촉만으로도 불이 붙을 정도로 그것이 충분히 가연성을 띠게 한다. 현지 주민들은 그 물이 약으로 이롭다고 여겨서 자신들의 발을 그 물속에 푹 담근다.

구문해설

3행 The most famous volcano is Yanar Dag, [which is translated as "Burning Volcano."] ▸ [ ]는 선행사인 Yanar Dag를 부연 설명하는 계속적 용법의 주격 관계대명사절이다.

5행 ... lies a deposit of natural gas [that continuously shoots flames], [which can reach a height of more than three meters]. ▸ 첫 번째 [ ]는 선행사인 a deposit of natural gas를 수식하는 주격 관계대명사절이다. 두 번째 [ ]는 선행사인 flames를 부연 설명하는 계속적 용법의 주격 관계대명사절이다.

8행 ..., [**making** it **flammable** enough to catch fire by the touch of a burning match stick]. ▸ [ ]는 결과를 나타내는 분사구문이다. making의 목적격 보어로 형용사인 flammable이 쓰였다.

문제해설

③ 주어가 복수명사인 The streams이므로 동사 emits를 emit으로 고쳐야 한다. surrounding the hill은 주어 The streams를 수식하는 현재분사구이다.

3 ①

Death Valley 국립공원 내의 마른 호수 바닥인 Racetrack Playa는 그것의 표면을 가로질러 기이하게 움직이는 '저절로 움직이는 돌'로 유명하다. 오래전에, 탐험가들은 바위 뒤 땅 위의 자국들을 보고 이 이상한 현상을 알아차렸다. 하지만 최근에 와서야 비로소 이러한 움직임이 과학적으로 이해되었다. 어떤 사람들은 이전에 그 바위들이 공중에 뜰 수 있다고 주장했었다. 다른 사람들은 바위들이 자기력에 의해 움직여졌다고 믿었다. 마침내 2014년에, 저속 촬영 비디오가 낮은 풍속에 움직이는 돌들을 보여 주었다. 이것이 그것이 일어나는 방식이다. 먼저, 비가 마른 땅에 얇은 수분층을 형성한다. 그것은 밤새 얼었다가 아침에 얇은 얼음막으로 쪼개진다. 그다음에, 바람이 그 얼음을 바위 쪽으로 밀어붙여, 바위들이 땅을 가로질러 미끄러지게 한다.

구문해설

1행 Racetrack Playa, [a dry lake bed in Death Valley National Park], is famous for the "sailing stones" [that move mysteriously across its surface]. ▸ Racetrack Playa와 첫 번째 [ ]는 동격이다. 두 번째 [ ]는 선행사인 the "sailing stones"를 수식하는 주격 관계대명사절이다.

6행 ..., a time lapse video showed the stones [moving at low wind speeds]. ▸ [ ]는 the stones를 수식하는 현재분사구이다.

9행 Then, wind pushes the ice against the rocks, [making them slide across the ground]. ▸ [ ]는 연속상황을 나타내는 분사구문이다. them은 앞에 나온 the rocks를 가리킨다.

문제해설

① Racetrack Playa의 표면을 가리키므로, their를 단수형 소유격 대명사 its로 고쳐야 한다.

4 ④

윌리엄 셰익스피어가 살던 시대에, 영어는 여전히 발달 중이었고 아직 어떤 사전에도 기록되어 있지 않았다. 아마도 그것 때문에 셰익스피어는 단어들을 많이 만들어 냈던 이로 여겨지며, 그의 단어들 중 다수는 오늘날에도 여전히 흔히 쓰인다. 그는 발달하고 있던 영어에 '지연시키다(impede)', '고함치다(rant)', '헛된 노력(wild goose chase)'을 포함하여 1,000개가 넘는 단어와 관용구를 추가했다고 여겨진다. 셰익스피어가 정확히 얼마나 많은 단어들을 실제로 만들어 냈는지는 확실하지 않다. 사실상, 그의 단어 창조 과정은 난데없이 새로운 단어들을 뽑아내는 것보다는 오래된 단어를 수정하는 것에 가까웠다. 그의 희곡 중 하나에서 최초로 사용된 것으로 기록된 단어 중 일부는 일상적인 대화나 그 이후에 유실된 작품들에서 쓰였을지도 모른다.

구문해설

6행 It is unclear [exactly how many words Shakespeare actually coined]. ▸ It은 가주어이고 [ ]가 진주어이다.

8행 Some of the words [whose first recorded usage is in one of his plays] **may have been used** in casual conversation or in written works [that have since been lost]. ▸ 첫 번째 [ ]는 선행사인 the words를 수식하는 소유격 관계대명사절이다. 「may have+p.p.」는 '…했을지도 모른다'라는 의미로, 과거 사실에 대한 불확실한 추측을 나타낸다. 두 번째 [ ]는 선행사인 written works를 수식하는 주격 관계대명사절이다.

문제해설

(A) to부정사가 문장의 동사(is thought) 시제보다 이전의 시점을 나타내므로, 완료부정사인 to have been이 적절하다.

(B) 비교 대상인 (a matter) of modifying과 동일한 문법 형태가 와야 하므로, of plucking이 적절하다.

(C) 선행사 the words와 뒤의 명사구 first recorded usage가 소유 관계에 있으므로, 소유격 관계대명사 whose가 적절하다.

5 ②

불러오기 연습을 복습보다 훨씬 더 좋게 만드는 것은 무엇인가? 한 대답이 심리학자 R. A. Bjork의 바람직한 어려움이라는 개념에서 나온다. 불러오기 행위 자체가 성공적이라면 더 어려운 불러오기는 더 나은 학습으로 이어진다. 학생에게 힌트를 주지 않고 그들이 기억할 수 있을 만큼 회상해야 하는 자유 회상 시험은 기억해야 할 것에 관해 학생들에게 힌트가 주어지는 단서 회상 시험보다 더 좋은 (기억) 보유력 결과를 보이는 경향이 있다. 그다음으로는 단서 회상 시험이 정답을 인식해야 하나 만들 필요는 없는 선다형 정답 같은 인식 시험보다 더 낫다. 누군가에게 뭔가 배우게 한 직후 시험을 보게 하면 정답이 필요할 때 답이 떠오르지 않을 정도로 충분한 시간을 두고 약간의 지연을 주는 것보다 (기억) 보유력이 덜 향상된다. 어려움은 불러오기 작업을 수행하는 데 장애물이 아니라, 오히려 그것이 (효과적으로) 이루어지는 이유의 일부분일 수 있다.

2행 More difficult retrieval leads to better learning, **provided** the act of retrieval is itself successful.
▸ provided는 '…라면'이라는 의미의 조건을 나타내는 접속사이다.

8행 [Giving someone a test immediately after they learn something] **improves** retention less than giving them a slight delay, long enough *so that* answers aren't in mind when they need them. ▸ [ ]는 문장의 주어로 쓰인 동명사구로, 단수 취급하므로 단수동사 improves가 쓰였다. 「so that+주어+동사」는 '…가 ~하도록[하기 위해서]'이라는 의미이다.

10행 Difficulty, [**far from being** *a barrier to making retrieval work*], may be part of the reason it does so. ▸ [ ]는 Difficulty를 부연설명하는 형용사구로, 문장의 주어와 동사 사이에 삽입되었다. 「far from v-ing」는 '…이 아니라 오히려 (그 반대인)'이라는 의미이다. a barrier to의 to는 전치사이므로 목적어로 동명사 making이 쓰였다.

문제해설
② 「전치사+관계대명사」인 in which가 이끄는 관계사절이므로 완전한 절이 와야 하고, 문맥상 주어인 학생들에게 힌트가 '주어져야' 하므로, give를 수동태인 are given으로 고쳐야 한다.

13 흐름과 무관한 문장

기출예제   p. 56

배우, 가수, 정치인 및 무수히 많은 다른 사람들은 사용된 단어의 단순한 해독을 넘어 의사소통 수단으로써 사람의 목소리의 힘을 인식한다. 따라서, 여러분의 목소리를 통제하고 다양한 목적을 위해 그것을 사용하기를 배우는 것은 초임 교사로서 개발해야 할 가장 중요한 기술 중 하나이다. 여러분이 지시를 더 자신 있게 할수록, 긍정적인 학급 반응을 얻을 가능성이 높아진다. 목소리를 크게 낼 수 있는 것이 학교에서 일하다 보면 매우 유용할 때가 있으며, 여러분이 시끄러운 교실, 급식실, 혹은 운동장을 목소리로 관통할 수 있음을(목소리가 잘 들리게 할 수 있다는 것을) 아는 것은 갖춰야 할 훌륭한 기술이다. (학교 내의 심각한 소음 문제를 처리하기 위해 학생, 학부모, 교사가 함께 해결책을 모색해야 한다.) 그러나 나는 가장 큰 목소리를 아주 드물게 사용하고 가능한 한 소리 지르는 것을 피하라고 조언하려 한다. 조용하고, 권위적이며 차분한 어조가 다소 당황한 듯한 고함보다 훨씬 더 큰 영향을 준다.

구문해설

3행 [Learning to control your voice and use it for different purposes] is, therefore, one of the most important skills **to develop** as an early career teacher. ▸ [ ]는 문장의 주어로 쓰인 동명사구로, 단수 취급하므로 단수동사 is가 쓰였다. to develop은 one of the most important skills를 수식하는 형용사적 용법의 to부정사이다.

5행 There are times [when being able to project your voice loudly will be very useful {when (you are) working in school}], ... ▸ [ ]는 times를 수식하는 관계부사절이다. 접속사 when이 이끄는 부사절 { }에서 「주어+be동사」가 생략되었다.

9행 However, I would always advise [that you **use** your loudest voice incredibly sparingly and **avoid** shouting as much as possible]. ▸ [ ]는 advise의 목적어로 쓰인 명사절이다. 명사절 안의 동사 use와 avoid가 접속사 and로 병렬 연결되어 있다.

어휘
beyond … 이상 decode 해독하다 project 계획[기획]하다; *(소리를) 내지르다 cut through …을 질러가다 address 연설하다; *다루다, 처리하다 incredibly 대단히 sparingly 절약하여 authoritative 권위적인 measured 신중한, 침착한 panic 허둥대게 하다 (panicked-panicked)

적용독해   pp. 57~59

| 1 ② | 2 ③ | 3 ③ | 4 ④ | 5 ④ |

1 ②

아포페니아(apophenia)는 어떤 사람이 실제로 존재하지 않는 패턴을 인식하는 상태이다. 아포페니아의 흔한 유형은 숫자를 수반한다. 수와 관련된 아포페니아를 겪는 사람들은 흔히 특정 숫자가 그들의 삶에서 계속 나타난다고 생각한다. 그들은 그 숫자 자체든지, 합이 그 수가 되는 다른 숫자들의 형태로든지, 도처에서 그 숫자를 보기 시작할지도 모른다. (그것은 사람들이 숫자와 함께 제시되는 정보를 더 신뢰하는 경향이 있기 때문이다.) 파레이돌리아(pareidolia)라고 불리는 아포페니아의 또 다른 유형은 사람들이 아무 의미가 없는 것들에서 형체를 보거나 소리를 듣는 것을 수반한다. 이것의 흔한 예는 구름 응시하기인데, 사람들은 자신이 구름의 형태에서 특정한 모양을 본다고 믿는다. 파레이돌리아를 겪는 사람들은 라디오에서 나오는 잡음을 들을 때 자신들에게 의미 있는 소리가 들린다고 생각할 수도 있다.

구문해설

1행 Apophenia is a condition [in which someone recognizes patterns {that do not actually exist}]. ▸ [ ]는 선행사인 a condition을 수식하는 관계사절이다. { }는 선행사인 patterns를 수식하는 주격 관계대명사절이다.

4행 They may start seeing that number everywhere, **either** by *itself* **or** in the form of other numbers [that add up to *it*]. ▸ 「either A or B」는 'A이거나 B'라는 의미이다. itself와 it은 모두 앞에 나온 that number를 가리킨다. [ ]는 선행사인 other numbers를 수식하는 주격 관계대명사절이다.

6행 Another form of apophenia, [called pareidolia], involves *people* **seeing** shapes or **hearing** sounds in things [that have no meaning]. ▸ 첫 번째 [ ]는 Another form of apophenia를 부연 설명하는 과거분사구이다. 두 개의 동명사 seeing과 hearing은 involves의 목적어로, 접속사 or로 병렬 연

결되어 있다. people은 동명사의 의미상 주어이다. 두 번째 [ ]는 선행사인 things를 수식하는 주격 관계대명사절이다.

문제해설

실재하지 않는 규칙성을 찾아내는 인식 작용인 아포페니아의 한 유형으로 숫자와 관련된 예를 보여 주고 있으므로, 사람들이 숫자와 함께 제시되는 정보를 더 신뢰한다는 내용의 ②는 글의 흐름과 무관하다.

2 ③

우리는 석유와 목재 같은 천연자원의 부족과, 이러한 부족이 어떻게 경쟁으로 이어지는지에 대한 이야기를 자주 듣는다. 하지만 사랑과 관심 같은 정서적, 심리적 자원도 희소 자원으로 여겨질 수 있다. 학교를 중퇴하는 학생들의 유감스러운 사례를 생각해 보라. 교실에서의 상호 작용이 담긴 비디오테이프를 살펴본 후에, 연구원들은 어느 학생이 나중에 학교를 중퇴할지 예측할 수 있었다. 흥미롭게도, 결정적인 요인은 교사로부터의 눈 맞춤이었는데, 이것은 학생들이 교실에서 공부를 더 잘하는 데 도움이 된다. (사실, 연구들은 눈 맞춤이 청중의 신뢰를 얻는 데 있어 가장 중요한 요인임을 시사한다.) 따라서, 교사로부터의 눈 맞춤은 학생들이 필요로 하고 그것을 위해 경쟁하는 한정된 자원으로 여겨질 수 있다. 이것이 아이들이 흔히 서로, 그리고 심지어는 교사와 다투는 하나의 이유인데, 그들은 관심을 전혀 받지 못하는 것보다 부정적인 관심을 선호한다.

구문해설

1행 We often hear talk of [the scarcity of natural resources like oil and timber and {how this scarcity leads to competition}]. ▸ [ ]는 전치사 of의 목적어이다. { }는 의문사절로, 「의문사+주어+동사」의 어순을 따른다.

6행 Interestingly, the determining factor was eye contact from teachers, [which **helps** students **perform** better in the classroom]. ▸ [ ]는 선행사인 eye contact from teachers를 부연 설명하는 계속적 용법의 주격 관계대명사절이다. help는 목적격보어로 동사원형이나 to부정사를 쓴다.

10행 This is one reason [why children often fight with each other and even with their teacher]—they **prefer** negative attention **to** no attention at all. ▸ [ ]는 선행사인 one reason을 수식하는 관계부사절이다. 「prefer A to B」는 'B보다 A를 선호하다'라는 의미이다.

문제해설

교사로부터의 눈 맞춤과 같은 정서적, 심리적인 것들도 희소 자원으로 여겨질 수 있다는 내용의 글이므로, 눈 맞춤이 청중의 신뢰를 얻는 데 있어 가장 중요한 요인이라는 내용의 ③은 글의 흐름과 무관하다.

3 ③

피그미 숲은 대개 영양분이 몹시 부족한 토양으로 인한 왜소 생장에 의해 영향을 받아 온 숲이다. 이러한 숲에서는 피그미 서식지에서만 자라는 일부 종뿐만 아니라, 흔한 식물과 나무의 왜소한 형태들이 자라는 것이 흔히 발견된다. 그런 숲의 하나인 북부 캘리포니아의 피그미 숲은 수천 년에 걸쳐 변화되는 해수면과 융기되는 육지의 결과로 형성되었다. (연구원들은 일부 숲의 토양이 해수면이 상승하는 속도보다 더 빠르게 축적되고 있다는 것을 발견했다.) 결국, 이것이 일련의 크고 평평한 계단식 대지를 형성했는데, 각 대지는 그것이 얼마나 오래되었는지에 따라 서로 다른 생

태계의 서식지가 된다. 이 계단식 대지는 생물학자들이 그 안을 돌아다니며 뚜렷이 구별되는 환경을 연이어 접할 수 있기 때문에 때때로 '생태학적 계단'으로 불리기도 한다.

구문해설

1행 Pygmy forests are forests [that have been affected by stunted growth, generally due to soil {that is unusually low in nutrients}]. ▸ [ ]는 선행사인 forests를 수식하는 주격 관계대명사절이다. { }는 선행사인 soil을 수식하는 주격 관계대명사절이다.

7행 Eventually, this formed a series of large, flat terraces, [each of which is home to a different ecosystem depending on {how old it is}]. ▸ [ ]는 선행사인 a series of large, flat terraces를 부연 설명하는 계속적 용법의 관계대명사절이다. { }는 전치사 on의 목적어로 쓰인 의문사절이다.

9행 ... because biologists can wander through them, [accessing one distinct environment after another]. ▸ [ ]는 동시동작을 나타내는 분사구문이다.

문제해설

수천 년에 걸친 해수면의 변화와 육지의 융기로 형성된 한 피그미 숲의 생태학적 특성에 관한 글이므로, 일부 숲의 토양이 해수면이 상승하는 속도보다 더 빨리 쌓이고 있다는 내용의 ③은 글의 흐름과 무관하다.

4 ④

정보 체계의 도입 이후로, 그것은 사업이 운영되는 방식을 상당히 변화시켜 왔다. 이것은 여러 부문에 걸쳐 가치 사슬의 통합을 수반하는 기업들 간의 협력 형태의 사업에 특히 해당된다. 그 결과로 생겨나는 네트워크는 단일 기업의 사업 부문을 포함시킬 뿐만 아니라 일반적으로 서로 다른 기업들의 여러 부문을 포함하기도 한다. 결과적으로, 기업들은 지속 가능한 사업 성과를 보장하기 위해 그들의 내부 조직을 정말로 고려할 필요가 있을 뿐만 아니라, 그들을 둘러싸고 있는 부문의 전체 생태계를 고려할 필요도 있다. (많은 주요 기업들은 수익성이 있는 부문에 집중하고 수익성이 덜한 것들은 처냄으로써 그들의 사업 모델을 근본적으로 바꾸고 있다.) 이러한 서로 다른 부문들이 성공적으로 협력하게 해주기 위해서, 공통의 플랫폼의 존재가 매우 중요하다.

구문해설

2행 This is particularly true for business [in the shape and form of cooperation between firms {that involves an integration of value chains across multiple units}]. ▸ [ ]는 business를 수식하는 전치사구이다. { }는 선행사인 cooperation between firms를 수식하는 주격 관계대명사절이다.

5행 As a consequence, firms **do** not only need to consider their internal organization in order to ensure sustainable business performance; they also need to take into account the entire ecosystem of units [surrounding *them*]. ▸ do는 동사 need 앞에 쓰여 내부 조직을 고려할 필요가 있다는 점을 강조하는 조동사이다. [ ]는 the entire ecosystem of units를 수식하는 현재분사구이다. them은 앞에 나온 firms를 가리킨다.

문제해설

정보 체계의 도입 이후 기업이 사업을 수행하는 방식에 많은 변화가 있었으며, 기업들은 지속 가능한 사업 성과를 위해 내부 조직뿐만 아니라 그들을 둘러싼 부문의 전체 생태계도 고려해야 한다는 내용의 글이다. 따라서, 많은 주요 기업들이 수익성이 있는 부문에 집중하고 수익성이 낮은 부문은 없앰으로써 자신들의 사업 모델을 근본적으로 변화시키고 있다는 내용의 ④는 글의 흐름과 무관하다.

5 ④

우리가 친구를 선택하는 방식의 이면에 있는 동기는 단지 상호 보완적인 성격에 관한 것만이 아니다. 최근의 한 연구는 사람들이 유전적 수준에서 자신과 비슷한 친구들에게 잠재 의식적으로 호의를 보인다는 것을 시사한다. 연구원들은 약 2,000명의 게놈 정보를 조사해서 친구로 묶인 쌍과 낯선 사람들로 묶인 쌍을 비교했다. 연구 결과들은 우리가 친구로 택하는 사람들이 낯선 사람들보다 우리와 훨씬 더 많은 수의 유전적 유사점들을 가지고 있다는 것을 보여 준다. 사실, 거의 1퍼센트의 유전적 일치가 있는데, 이것은 당신이 10촌들 사이에서 발견할 수 있는 것이다. (공통된 DNA를 가지고 있지 않을 가능성은 10촌들 사이에서 매우 높고, 12촌들 사이에서는 훨씬 더 높아진다.) 연구원들은 오래전에 유전적으로 비슷한 사람들을 친구로 택하는 것에 대한 진화상의 이점이 있었다고 추측하는데, 같은 욕구와 선호를 가진 이들에게 둘러싸이는 것이 공동체 의식을 조성하는 것을 더 수월하게 했기 때문이다.

구문해설

5행 The findings show [that the people {(who(m)/that) we choose as friends} have a much greater number of genetic similarities with us than strangers]. ▸ [ ]는 show 의 목적어로 쓰인 명사절이다. { }는 선행사인 the people을 수식하는 목적격 관계대명사절로, 목적격 관계대명사가 생략되었다.

6행 ..., there is a genetic match of approximately one percent, [which is {what you would find between fourth cousins}]. ▸ [ ]는 선행사인 a genetic match of approximately one percent를 부연 설명하는 계속적 용법의 주격 관계대명사절이다. { }는 선행사를 포함하는 관계대명사 what이 이끄는 명사절로, 주격 보어로 쓰였다.

9행 Researchers speculate that long ago there was an evolutionary benefit to [choosing genetically similar people as friends], [as {being surrounded by people with the same needs and preferences} made it easier {to foster a sense of community}]. ▸ 첫 번째 [ ]는 전치사 to의 목적어로 쓰인 동명사구이다. as는 이유를 나타내는 접속사로, 두 번째 [ ]는 이유를 나타내는 부사절이다. 첫 번째 { }는 부사절의 주어로 쓰인 동명사구이다. it은 가목적어이고 두 번째 { }가 진목적어이다.

문제해설

사람들은 유전적으로 비슷한 사람들을 친구로 택하는 경향이 있다는 내용의 글이므로, 먼 친척일수록 서로 공통된 DNA가 없을 가능성이 높아진다는 내용의 ④는 글의 흐름과 무관하다.

14 글의 순서 파악

기출예제   p. 60

시장 집행의 가능성은 계약 당사자들이 계약 위반 시 평가 절하될 수 있는 평판 자본을 개발했을 때 더 커진다. (C) 농부와 토지 소유자는 정직, 공정함, 높은 수확량을 생산하는 것, 자신이 하는 일에 뛰어나다는 것을 지속적으로 입증하는 것으로 평판을 쌓는다. 소규모의 밀집된 농업 공동체에서는 평판이 잘 알려져 있다. (B) 시간이 지남에 따라 토지 소유자는 보고된 생산량, 토양의 전반적인 품질, 그리고 특이하거나 극단적인 행동을 관찰하며 농부를 간접적으로 감시한다. 농부와 토지 소유자의 평판은 일종의 유대 역할을 한다. 어떤 재배 기간이든 농부는 노력을 줄이거나 토양을 과도하게 사용하거나 수확량을 과소 보고할 수도 있다. (A) 마찬가지로, 토지 소유자는 울타리, 개천, 물을 대는 시스템을 제대로 관리하지 않을 수 있다. 시간이 지남에 따라 농부와 토지 소유자의 행동에 대한 정확한 평가가 이루어질 것이며, 서로를 희생해서 (이익을) 얻고자 하는 농부와 토지 소유자는 향후 다른 사람들이 그들과 거래하는 것을 거부할 수 있다는 것을 알게 될 것이다.

구문해설

4행 Accurate assessments of farmer and landowner behavior will be made over time, and those farmers and landowners [who attempt to gain at each other's expense] will find [that others may refuse to deal with them in the future]. ▸ 첫 번째 [ ]는 선행사인 those farmers and landowners를 수식하는 주격 관계대명사절이다. 두 번째 [ ]는 find의 목적어 역할을 하는 명사절이다.

11행 Farmers and landowners develop reputations for [**honesty, fairness, producing** high yields, and consistently **demonstrating** {that they are good at <what they do>}]. ▸ [ ]는 전치사 for의 목적어이며, honesty, fairness, producing, demonstrating이 접속사 and에 의해 병렬 연결되어 있다. { }는 demonstrating의 목적어 역할을 하는 명사절이며, < >는 선행사를 포함하는 관계대명사 what이 이끄는 명사절로, 전치사 at의 목적어 역할을 한다.

어휘

potential 가능성 enforcement 집행 contracting parties 계약 당사자 reputational 평판의, 명성이 있는 (*n.* reputation 평판, 명성) capital 자본금, 자금 devalue 평가 절하하다 violate 위반하다[어기다] undermaintain 기반을 약화시키다 at each other's expense 서로를 희생하여 output 생산량 bond 유대 underreport (소득·수입 등을) 적게 신고하다 crop (농)작물; *수확량 fairness 공정성 yield (농작물 등의) 산출[수확]량 consistently 지속적으로

적용독해

1 ⑤ **2** ② **3** ⑤ **4** ②

1 ⑤

예전에 지역 사회와 상점들이 훨씬 더 소규모였을 때에는, 쇼핑객들이 현장 판매원과 신뢰 관계를 형성했는데, 그는 쇼핑객들이 구매 결정을 하는 것을 도와주곤 했다. (C) 쇼핑객의 욕구와 과거의 접촉들로부터 추론될 수 있는 것을 고려함으로써, 이 사람(= 판매원)은 무엇을 살지에 관해 실질적인 조언을 해주곤 했고, 심지어 그 고객의 구매를 보완할 부가적인 제품들을 제안하기도 했다. 모두가 이러한 체계로 득을 보았다. (B) 하지만, 현대 사회에서 고객들은 자신에게 가장 알맞은 것들(= 상품과 서비스들)을 찾기 위해 굉장히 많은 상품과 서비스를 찾아봐야 한다. 큰 상점들은 대개 일손이 모자라는데, 운영비가 삭감되었고 숙련된 직원을 찾는 것이 쉬운 일이 아니기 때문이다. 그리고 흔히 혼자 하는 활동인 온라인 쇼핑을 하는 사람들은 거의 도움을 받을 수가 없다. (A) 다행히도, 새로운 마케팅 기법이 이 모든 것을 바꾸고 있다. 고객들의 배경, 인터넷 습관, 그리고 과거 구매에 관한 자료를 수집하고 분석함으로써, 사업체들은 전통적인 판매원이 따라 할 수 있었던 것을 훨씬 넘어선, 개개인의 요구에 정확히 맞춘 경험을 제공하고 있다.

구문해설

1행 ... were **much** smaller, shoppers built a relationship of trust with the on-site salesperson, [who *helped* **them** *make* purchasing decisions]. ▶ much 는 비교급을 강조하는 부사이다. [ ]는 선행사인 the on-site salesperson을 부연 설명하는 계속적 용법의 주격 관계대명사절이다. help는 목적격 보어로 동사원형이나 to부정사를 쓴다. them은 앞에 나온 shoppers를 가리킨다.

5행 ..., far beyond [what the traditional salesperson could have hoped to replicate]. ▶ [ ]는 선행사를 포함하는 관계대명사 what이 이끄는 명사절로, 전치사 beyond의 목적어로 쓰였다.

13행 ..., this person would provide practical advice about **what to buy**, [even suggesting additional goods {that would complement the customer's purchase}]. ▶ 「what to-v」는 '무엇을 …할지'라는 의미로, 여기서는 전치사 about 의 목적어로 쓰였다. [ ]는 동시동작을 나타내는 분사구문이다. { }는 선행사인 additional goods를 수식하는 주격 관계대명사절이다.

문제해설

상점의 규모가 작았던 과거에는 고객들이 현장 판매원의 도움을 받아 구매 결정을 내렸다는 주어진 글에 이어, 이러한 전통적인 판매원의 역할을 자세히 설명하는 (C)가 오고, 현대 사회에서는 과거와는 달리 고객들이 구매 결정에 직접적인 도움을 거의 받을 수 없게 되었다는 내용의 (B)가 이어진 후, 개개인의 요구에 맞춘 경험을 제공하는 새로운 마케팅 기법이 모든 것을 바꾸고 있다는 내용의 (A)로 이어지는 것이 가장 자연스럽다.

2 ②

북미의 다섯 개의 대호 중 네 번째로 큰 Erie 호는 제조업, 항해, 그리고 상업에 있어 핵심적인 역할을 한다. (B) 하지만, 호숫가 주변의 급속한 산업화는 호수의 자연 서식지에 부정적인 영향을 미쳤다. 예를 들어, 최근에는 오염된 지역에 생기는 거대한 녹조가 심각한 문제가 되었다. (A) 매년 여름, 대규모의 조류 군집이 호수를 뒤덮고 물속의 인을 먹고 사는데, 이것은 하수 처리장에서 나오는 폐기물과 화학 비료에서 생긴다. 이 조류는 호수 표면에서 빠르게 번식하고 그것들이 죽으면 광범위한 파괴를 초래하는데, 그것들의 사체가 호수 바닥에 가라앉으며 수중 산소 농도를 급격하게 감소시키기 때문이다. (C) 이것은 해양 생물이 살기에 산소가 불충분한 죽음의 해역을 야기한다. 2011년에 Erie 호의 15퍼센트 넘게 퍼진 그 호수의 역사상 가장 큰 규모의 녹조는 수천 마리의 물고기가 죽게 했다.

구문해설

3행 ..., massive colonies of algae take over the lake and feed on the phosphorus in the water, [which comes from waste {from sewage treatment plants} and commercial fertilizers]. ▶ [ ]는 선행사인 the phosphorus in the water를 부연 설명하는 계속적 용법의 주격 관계대명사절이다. { }는 waste를 수식하는 전치사구이다.

9행 For example, huge algal blooms, [which grow in polluted areas], have become a serious problem in recent years. ▶ [ ]는 선행사인 huge algal blooms를 부연 설명하는 계속적 용법의 주격 관계대명사절로, 문장의 주어와 동사 사이에 삽입되었다.

11행 This results in dead zones [where there is insufficient oxygen **for marine creatures** to live]. ▶ [ ]는 선행사인 dead zones를 수식하는 관계부사절이다. for marine creatures는 to live의 의미상 주어이다.

문제해설

Erie 호가 여러 산업 분야에서 핵심적인 역할을 한다는 내용의 주어진 글에 이어, 급속한 산업화로 인해 생긴 녹조 현상이 Erie 호의 환경에 악영향을 미치고 있다는 내용의 (B)가 오고, 녹조의 발생 원인과 그것이 생태계에 끼치는 영향을 언급한 (A)가 이어진 후, 그로 인해 생물이 살 수 없는 환경이 된다는 내용의 (C)로 이어지는 것이 가장 자연스럽다.

3 ⑤

오늘날의 시장에서 미술품은 가치가 매우 높아서, 위조가 심각한 문제가 될 수 있다. 그러나 미술품을 복제하는 것은 결코 현대에 나타난 현상이 아니다. (C) 위조범들의 역사는 기원전 4세기 중 어느 시기에 미술품 시장이 처음 형성된 때로 거슬러 올라간다. 이 시기에, 그리스 예술가들은 지중해 지역의 다른 문명사회로 자신들의 작품을 수출하기 시작하고 있었다. (B) 이러한 미술품들 중에는 신전을 장식하는 데 사용된 그리스 조각상들이 있었다. 로마 제국의 번영으로, 부유하고 힘 있는 사람들은 자신만의 그리스 미술품을 원하기 시작했다. 기원전 1세기쯤에는, 그리스 조각상에 대한 수요가 공급을 앞지르기 시작한 상태였다. (A) 로마의 상인들은 재능 있는 예술가들이 그리스 조각상의 복제품을 만들어내는 현지 작업장을 세움으로써 이러한 상황에 대처했다. 이것은 수입 경비를 절감하고 해양 사고나 절도로 귀중한 미술품을 잃게 될 위험을 없애 주었다.

구문해설

3행 Roman merchants dealt with this situation by

29

setting up local workshops [in which talented artists produced copies of Greek statues]. ▸ [ ]는 선행사인 local workshops를 수식하는 관계사절이다.

6행 Among these works of art were Greek statues
　　　　　　　sc　　　　　　　　　v　　　 s
[used to adorn temples]. ▸ 주격 보어인 전치사구 Among these works of art가 문두에 나와 주어와 동사가 도치되었다. [ ]는 Greek statues를 수식하는 과거분사구이다.

문제해설
오늘날 미술품 시장에서 문제가 되는 위조가 현대에 나타난 현상이 아니라는 주어진 글에 이어, 위조범들이 등장한 시기의 배경을 설명하는 (C)가 오고, 로마 제국의 번영으로 그리스 조각상에 대한 수요가 공급을 앞지르기 시작했다는 내용의 (B)가 이어진 후, 그러한 상황에 대처하기 위해 로마 상인들이 복제품을 만드는 작업장을 설립했다는 내용의 (A)로 이어지는 것이 가장 자연스럽다.

4 ②
지구는 태양계 형성 과정에서 암석과 금속 조각들로부터 형성되었는데, 이것들은 초기 핵에 의해 쓸려 들어와 중력의 힘에 의해 하나의 덩어리로 끌어당겨진 잔해들이다. (B) 원래의 물질들은 우주 공간만큼 차갑고 먼지처럼 건조했는데, 그들이 포함하고 있던 물과 가스는 무엇이든지 개별 조각들 안에 화학 혼합물의 형태로 갇혀 있었다. 그 조각들이 결합하면서 지구의 중력이 커졌고, 점점 더 큰 물체들이 지구와 충돌하게 되었다. (A) 이 증가하는 중력은 우라늄과 토륨 같은 원소들의 지속적인 방사성 붕괴와 결합하여 새로운 지구를 가열시켰다. 내부 온도와 압력은 많은 혼합물들이 분해되거나 녹아 물과 가스를 방출할 만큼 높았다. (C) 심지어 고체 물질도 이러한 조건에서 움직이고 흐르기 시작할 수 있었다. 밀도에 따른 분리가 시작되었고, 지구는 현재의 층 구조로 구성되기 시작했다. 가장 무거운 금속들은 중심부로 가라앉았고, 가장 가벼운 물질들은 바깥쪽으로 이동했다.

구문해설
1행 The Earth formed from rocky and metallic fragments during the construction of the solar system —[debris {that **was swept** up by an initial nucleus and (was) **attracted** together into a single body by the force of gravity}]. ▸ rocky and metallic fragments와 [ ]는 동격이다. { }는 선행사인 debris를 수식하는 주격 관계대명사절이다. 수동태인 was swept와 (was) attracted가 접속사 and로 병렬 연결되어 있다.

4행 This increasing gravity, [combined with the timeless radioactive decay of elements like uranium and thorium], **caused** the new Earth **to heat up**. ▸ [ ]는 This increasing gravity를 부연 설명하는 과거분사구로, 문장의 주어와 동사 사이에 삽입되었다. 「cause A to-v」는 'A가 …하게 하다'라는 의미이다.

문제해설
지구는 하나의 덩어리로 끌어당겨진 잔해들인 암석과 금속 조각들로 형성되었다는 주어진 글에 이어, 중력이 더 커져서 지구가 점점 더 물체들과 충돌하게 되었다는 (B)가 가장 먼저 나오고, 앞에서 언급한 증가하는 중력

으로 인해 혼합물이 분해되거나 녹을 만큼 새로운 지구를 가열시켰다는 내용의 (A)가 이어진 후, 높은 온도와 압력으로 인해 고체 물질도 움직이고 흘렀으며 밀도에 따른 분리가 이루어져 지구가 현재의 층 구조가 되었다는 내용의 (C)로 이어지는 것이 가장 자연스럽다.

15 주어진 문장의 위치

기출예제　　　　　　　　　　　　　　　　　p. 64

책이나 어떤 서면 메시지에 있는 오탈자는 보통 내용에 부정적인 영향을 미치며, 때로는 (문자 그대로) 치명적이다. 예를 들어, 쉼표 위치의 이동은 생사가 걸린 문제일 수 있다. 마찬가지로 대부분의 돌연변이는 그것이 발생한 유기체에게 해로운 결과를 초래하는데, 이는 그것들이 생식 적합성을 감소시킨다는 것을 의미한다. 그러나 때때로 유기체의 적합성을 증가시키는 돌연변이가 발생하기도 하는데, 이는 우연히 초판의 글을 재생산하지 못한 실수가 더 정확하거나 최신 정보를 제공할 수도 있는 것과 비슷하다. 그러나 다음 단계의 논거에서는 이 유사성이 성립하지 않는다. 유리한 돌연변이는 다음 세대에 더 많이 나타날 것인데 그 돌연변이가 발생한 유기체는 더 많은 자손을 낳을 것이고 돌연변이가 자손에게 전달되기 때문이다. 반면, 초판의 오류를 우연히 수정한 책이 더 잘 팔리게 될 경향이 있는 메커니즘은 없다.

구문해설
4행 Similarly most mutations have harmful consequences for the organism [in which they occur], [meaning {that they reduce its reproductive fitness}]. ▸ 첫 번째 [ ]는 선행사인 the organism을 수식하는 관계사절이다. 두 번째 [ ]는 결과를 나타내는 분사구문이며, { }는 meaning의 목적어로 쓰인 명사절이다.

6행 Occasionally, however, a mutation may occur [that increases the fitness of the organism], **just as** an accidental failure [to reproduce the text of the first edition] might provide *more accurate* or *updated* information. ▸ 첫 번째 [ ]는 선행사인 a mutation을 수식하는 주격 관계대명사절이다. just as는 '…인 것과 마찬가지로'라는 의미인 접속사이다. 두 번째 [ ]는 an accidental failure를 수식하는 형용사적 용법의 to부정사구이다. more accurate과 updated가 접속사 or로 병렬 연결되어 있다.

11행 ..., there is no mechanism [by which a book {that accidentally corrects the mistakes of the first edition} will tend to sell better]. ▸ [ ]는 mechanism을 수식하는 관계사절이다. { }는 a book을 수식하는 주격 관계대명사절이다.

어휘
literally 문자 그대로　fatally 치명적으로　displacement (제자리에서 쫓겨난) 이동　organism 유기체　reproductive 생식의 (*v.* reproduce 복사[복제]하다)　fitness (신체적인) 건강; *적합성 accidental 우연한 (*ad.* accidentally 우연히)　favorable 호의

적인; *유리한 represent 대표하다; *나타내다 transmit 보내다; *전달하다 offspring 자손 mechanism 기계 장치; *메커니즘, 방법

적용독해

1 ④ **2** ② **3** ⑤ **4** ④ **5** ④

1 ④

'제네릭 브랜드'라는 용어는 일반적으로 특정 상표명으로 광고되거나 판매되지 않는 상품들을 가리킨다. 최초의 상표 없는 상품들은 1970년대에 개발되어 슈퍼마켓에서 판매되었는데, 그것들의 포장에는 어떤 매력적인 상표명이나 디자인도 없었다. 그것은 단순히 구매자에게 상품이 무엇인지를 알려 주는 검은 글자가 있는 흰색 바탕이었다. 이러한 단순한 포장은 제조사들이 생산비를 절감하게 해 주었는데, 이것은 결과적으로 그들이 그들의 제품을 유명 상표보다 더 낮은 가격에 판매하면서 수익을 내게 해주었다. 이후에, 상표 없는 브랜드 개념이 자가(상점) 브랜드의 창출로 이어졌다. 상품 포장에 소매상의 이름을 넣는 것은 상표 없는 상품들을 광고하는 완전히 새로운 방식이었다. 포장은 여전히 매우 기본적이었지만, 가게 이름을 포함하는 것이 상품들을 더 매력적으로 만드는 데 도움이 되었다.

구문해설

5행 **It** was simply white with black lettering [that *let* the shopper *know* {what the product was}]. ▸ It은 앞 문장에 나온 their packaging을 가리킨다. [ ]는 선행사인 black lettering을 수식하는 주격 관계대명사절이다. 사역동사 let의 목적격 보어로 동사원형이 쓰였다. { }는 know의 목적어로 쓰인 의문사절이다.

6행 This simple packaging allowed manufacturers to reduce production costs, [which, in turn, allowed them to profit {while selling their products at lower prices than name brands}]. ▸ [ ]는 앞 절 전체를 선행사로 하는 계속적 용법의 주격 관계대명사절이다. { }는 의미를 명확히 하기 위해 접속사를 생략하지 않은 분사구문이다.

9행 ..., but [featuring the name of the store] **helped** *make* the products more *appealing*. ▸ [ ]는 절의 주어로 쓰인 동명사구이다. help는 to부정사 또는 동사원형을 목적어로 쓸 수 있다. make의 목적격 보어로 형용사인 appealing이 쓰였다.

문제해설

주어진 문장은 상표 없는 브랜드(제네릭 브랜드) 개념이 자가 브랜드의 창출로 이어졌다는 내용이므로, 제네릭 브랜드에 대한 설명이 제시된 문장과 자가 브랜드에 대한 구체적인 설명이 시작되는 문장 사이인 ④에 들어가는 것이 가장 적절하다.

2 ②

은판(銀板) 사진들이 오래전의 이미지를 담고 있긴 하지만, 최근에 과학자들은 그것들의 표면이 매우 살아 있다는 것을 발견했다. 은판 사진은 동판에 은을 겹겹이 발라 빛과, 금을 포함한 여러 화학 물질에 노출시켜 만든 19세기의 대중적인 사진술의 전신이었다. 안타깝게도, 이 선명한 이미지들 중 많은 것들이 만들어진 지 150년이 지난 지금, 흐릿해지거나 색이 바랬다. 최근에, 그 이미지들을 복원하는 방법을 알아내고자 하는 한 연구팀이 고성능 현미경으로 그것들의 표면을 살펴보고 놀라운 무언가를 발견했는데, 바로 기생충이었다. 그것들은 은판 사진 표면의 금속층을 조금씩 갉아먹으면서 이미지를 훼손하는 아주 작은 금과 은 입자들을 배설한다. 그래도 몇 가지 좋은 소식이 있다. 출처가 모호한 은판 사진에 서식하는 다양한 생물 형태들은 그것(= 은판 사진)들이 어디에서 만들어졌는지에 관해 단서들을 제공할 수도 있다.

구문해설

6행 ..., a team of researchers [hoping to figure out a way **to restore** them] examined their surfaces with a powerful microscope and discovered *something surprising*: parasites. ▸ [ ]는 a team of researchers를 수식하는 현재분사구이다. to restore는 a way를 수식하는 형용사적 용법의 to부정사이다. something은 형용사가 뒤에서 수식한다.

11행 The variety of life forms [inhabiting unattributed daguerreotypes] could offer clues **as to** [where they were made]. ▸ 첫 번째 [ ]는 life forms를 수식하는 현재분사구이다. 「as to ....」는 '…에 관해'라는 의미이다. 두 번째 [ ]는 전치사 to의 목적어로 쓰인 의문사절이다.

문제해설

주어진 문장은 은판 사진의 선명한 이미지가 시간이 지나면서 손상되었다는 내용이므로, 이를 복원할 방법을 알아내려는 어느 연구팀의 실험 내용이 처음 언급된 문장 바로 앞인 ②에 들어가는 것이 가장 적절하다.

3 ⑤

베네수엘라의 마라카이보호수에 있는 카타툼보 강어귀에는, 카타툼보 번개라고 불리는 강력하고 불가사의한 자연 현상이 있다. 그것은 자주 발생하는 폭풍에서 생겨나고, 번개의 90퍼센트가 구름에서 구름으로 이동한다. 그것은 1년에 160일 밤까지 발생할 수 있고 10시간 동안 지속될 수 있다. 그리고 번개의 강도와 엄청난 빈도 때문에, 그것은 지구에서 유일하게 오존을 가장 많이 발생시키는 것으로 여겨진다. 이 지역은 매년 1,176,000번의 전기 방전을 보이고, 그것은 최대 40km 떨어진 곳에서도 관측되는 것으로 추정된다. 배들은 수백 년 동안 그것을 향해 표지로 이용해 왔다. 그것은 매우 예외적인 현상이어서 현지 환경 운동가들은 국제 연합이 그 지역을 유네스코 세계 문화유산으로 지정함으로써 그곳을 보호하는 데 도움을 주기를 바란다.

구문해설

6행 ..., **it** *is thought to be* the planet's single greatest generator of ozone. ▸ it은 앞에 나온 the Catatumbo lightning을 가리킨다. 「be thought to-v」는 '…로 여겨지다'라는 의미이다.

9행 It is **such** an exceptional phenomenon **that** local environmentalists hope [that the United Nations will help protect ...]. ▸ 「such+a(n)+형용사+명사+that ~」은 '매우 …해서 ~하다'라는 의미이다. [ ]는 hope의 목적어로 쓰인 명사절이다.

문제해설

주어진 문장의 them은 ⑤ 바로 앞 문장의 electrical discharges를

가리키며, 주어진 문장은 이것(= 전기 방전)이 1년에 백만 번이 넘고 멀리서도 보여 배들이 그것을 향해 표지로 이용해 왔다는 내용이므로 ⑤에 들어가는 것이 가장 적절하다.

4 ④

디자이너는 새로운 프로젝트에 착수할 때 자신의 디자인 경험을 활용한다. 이것은 그들이 효과가 있다고 알고 있는 이전의 디자인, 즉 그들이 직접 만들었던 디자인과 다른 사람들이 만들었던 디자인을 모두 활용하는 것을 포함한다. 다른 사람들의 창작물은 흔히 새로운 아이디어와 혁신으로도 이어지는 영감을 불러일으킨다. 이는 잘 알려져 있고 이해된다. 그러나 한 아이디어의 표현은 저작권에 의해 보호되며, 그 저작권을 침해하는 사람들은 법정에 소환되고 기소될 수 있다. 저작권은 아이디어의 표현을 다루지, 아이디어 그 자체를 다루지는 않는다는 점에 유의하라. 예를 들어, 이것은 유사한 기능을 모두 가진 많은 스마트폰이 있지만, 그 아이디어가 서로 다른 방식으로 표현되었고 저작권 보호를 받은 것은 바로 그 표현이기 때문에 이것이 저작권 침해를 나타내지 않는다는 것을 의미한다. 저작권은 무료이며 저작자, 예를 들어 어떤 책의 저자나 프로그램을 개발하는 프로그래머가 저작권을 다른 누군가에게 양도하지 않는 한 그 저작자에게 자동으로 부여된다.

구문해설

2행 Designers draw on their experience of design [when approaching a new project]. ▶ [ ]는 시간을 나타내는 분사구문으로, 의미를 명확히 하기 위해 접속사를 생략하지 않은 형태이다.

2행 This includes the use of previous designs [that {they know} work]—both designs [that they have created themselves] and those [that others have created]. ▶ 첫 번째 [ ]는 선행사인 previous designs를 수식하는 주격 관계대명사절이며, { }는 삽입절이다. 두 번째와 세 번째 [ ]는 각각 선행사인 designs와 those를 수식하는 복적격 관계대명사절이다.

4행 Others' creations often spark inspiration [that also leads to new ideas and innovation]. ▶ [ ]는 선행사인 inspiration을 수식하는 주격 관계대명사절이다.

문제해설

주어진 문장은 저작권이 아이디어 그 자체를 다루는 것이 아니라, 아이디어의 표현을 다룬다는 점에 유의해야 한다는 내용이므로, 그것의 예로 유사한 기능을 가진 스마트폰이 많지만 그 아이디어가 서로 다른 방식으로 표현되었으므로 이는 저작권을 침해한 것이 아니라고 설명한 문장 바로 앞인 ④에 들어가는 것이 가장 적절하다.

5 ④

1986년에, 체르노빌 원자력 발전소에서 끔찍한 원자로 노심 용해가 있었다. 방사성 동위 원소가 인근 지역으로 유출되어 그곳을 오염된 불모지로 남겨 두었다. 현재 공식적으로 체르노빌 출입 금지 구역으로 알려진 그곳은 우크라이나 북부와 벨라루스 남부에 걸쳐 펼쳐진 4,000평방킬로미터가 넘는 지역을 차지하고 있다. 그 사고 이후, 소련 정부는 표토를 제거하고, 방사선을 지면 근처에 머물러있게 하기 위해 화학 물질을 살포하고, 사람들을 대피시켰으며, 모든 가축을 죽였다. 그럼에도 불구하고,

여전히 위험 수준의 방사능이 존재한다. 하지만 놀랍게도, 이 황폐한 지역에서 자연이 다시 회복되고 있다. 자연 식생뿐만 아니라 야생 동물들도 돌아오기 시작했다. 최근 몇 해 동안 곰, 야생 돼지, 부엉이, 그리고 늑대가 목격되었다. 사실상, 체르노빌 출입 금지 구역 내의 인간 활동 부재로, 그곳은 비공식적인 야생 동물 보호 구역이 되었다.

구문해설

2행 Radioactive isotopes were released into the surrounding area, [leaving it a contaminated wasteland]. ▶ [ ]는 결과를 나타내는 분사구문이다.

4행 [Now officially known as the Chernobyl Exclusion Zone], it covers more than 4,000 square kilometers in an area [spread across northern Ukraine and southern Belarus]. ▶ 첫 번째 [ ]는 주절의 주어를 부연 설명하는 과거분사구이다. 두 번째 [ ]는 an area를 수식하는 과거분사구이다.

문제해설

주어진 문장은 자연 식생뿐만 아니라 야생 동물들도 돌아오기 시작했다는 내용이므로, 오염된 불모지에서 자연이 회복되고 있다고 언급한 문장과 최근에 목격된 야생 동물들을 구체적으로 언급한 문장 사이인 ④에 들어가는 것이 가장 적절하다.

16 요약문 완성

기출예제
p. 68

Philip Kitcher와 Wesley Salmon은 설명에 대한 철학적 이론들 중 두 가지 가능한 대안이 있다고 제안했다. 하나는 과학적 설명이 최소한의 일반화로 넓은 범위의 현상을 '통합'하는 것이라는 견해이다. 이 견해에 따르면, 과학의 목표(혹은 어쩌면, 목표 중 하나)는 모든 관찰 가능한 현상을 포함할 수 있는 법칙이나 일반화의 경제적인 틀을 구축하는 것이다. 과학적 설명은 우리의 경험적인 세계에 대한 지식을 조직하고 체계화하는데, 체계화가 더 경제적일수록 설명된 것에 대한 우리의 이해는 더 깊어진다. 다른 관점은 '인과 관계적/기계론적' 접근이다. 그것에 따르면, 한 현상에 대한 과학적 설명은 관심 있는 현상을 발생시킨 메커니즘을 알아내는 것이다. 이 관점은 개별 사건들에 대한 설명을 우선시하며, 일반화에 대한 설명은 그것들로부터 파생된다고 본다. 즉, 과학적 일반화의 설명은 규칙성을 만들어내는 인과적인 메커니즘에서 비롯된다.
→ 과학적 설명은 모든 관찰을 포괄하는 최소한의 원칙을 찾거나 개별 현상에서 도출된 일반적인 패턴을 발견함으로써 이루어질 수 있다.

구문해설

2행 One is the view [that scientific explanation ...]. ▶ the view와 [ ]는 동격이다.

7행 ...; **the more economical** the systematization, **the deeper** our understanding of [what is explained]. ▶ 「the+비교급 ..., the+ 비교급 ~」은 '···할수록 더 ~하다'라는 의미이다. [ ]는 선행사를 포함하는 관계대명사 what이 이끄는 명사절로, 전치

사 of의 목적어 역할을 한다.

[11행] This view **sees** the explanation of individual events **as** primary, *with the explanation of generalizations flowing* from **them**. ▶ 「see A as B」는 'A를 B로 보다[여기다]'라는 의미이다. 「with+(대)명사+v-ing」는 '…가 ~한 채로[하면서]'라는 의미이다. them은 앞에 나온 individual events를 가리킨다.

어휘

alternative 대안 philosophical 철학적인 view 견해; *관점 consist in …에 있다 unification 통합 body 많은 양[모음] phenomenon 현상 (*pl.* phenomena) minimal 최소의 generalization 일반화 construct 건설하다, 구축하다 framework 뼈대; *틀 observable 관찰할 수 있는 systematize 체계화하다 (*n.* systematization 체계화) causal 인과 관계의 mechanical 기계의; *기계론적인 uncover 덮개를 벗기다; *알아내다 primary 주요한 regularity 정기적임; *규칙적임 cover …을 덮다; *포함시키다 [문제] feature 특징 assumption 추정, 가정

적용독해

pp. 69~71

1② 2② 3⑤

1②

사람들이 그들의 마음을 바꾸게 하기란 쉽지 않다. '신념 집착'으로 알려진 현상은 우리가 사람들은 왜 그들의 확립된 생각을 계속 믿으려는 경향이 있는지 이해하는 데 도움이 된다. 우리는 이 현상을 역사를 통틀어 찾아볼 수 있다. 예를 들어, 지구가 평평하다는 생각은 그것이 틀렸음이 입증된 후에도 오랫동안 많은 사람들에 의해 믿어졌다. 이것은 조직 내에서도 발생한다. 회사의 문화, 제도, 또는 절차에 있어 변화를 시행하려 할 때, 경영진은 비효율적인 것으로 밝혀진 바로 그것들을 완강하게 고수하는 직원들에 관한 문제에 자주 맞닥뜨리게 될 것이다. 그들에게 그들 방식에 오류가 있음을 깨닫게 하기 위해, 경영자들은 사실들을 모으고, 프레젠테이션을 만들어서, 일을 하는 새로운 방식이 어떻게 예전 방식보다 뛰어난지를 직접 보여주려 시도할 것이다. 유감스럽게도, '신념 집착'은 이를 효과 없게 한다. 직원들은 그들의 부적절한 신념을 고수할 뿐만 아니라 사실상 결국 그것들을 훨씬 더 확고하게 지키려고 할지도 모른다.
→ 사람들은 흔히 자신의 믿음이 <u>잘못되었음</u>을 입증하는 사실과 증거가 제시될 때조차도 자신의 믿음을 <u>유지</u>하려 한다.

구문해설

[3행] The idea [that the earth is flat], for example, was believed by many people long after **it** was proved to be false. ▶ The idea와 [ ]는 동격이다. it은 앞에 나온 The idea ... flat을 가리킨다.

[5행] [When attempting to implement changes in the culture, systems, or processes of an office], management will often run into the problem of employees [stubbornly clinging to the very things {that

have been found to be inefficient}]. ▶ 첫 번째 [ ]는 의미를 명확히 하기 위해 접속사를 생략하지 않은 분사구문이다. 두 번째 [ ]는 employees를 수식하는 현재분사구이다. { }는 선행사인 the very things를 수식하는 주격 관계대명사절이다.

[8행] ..., managers will **assemble** facts, **put together** presentations, and **attempt** to demonstrate first-hand [how the new way of doing things is superior to the old way]. ▶ 조동사 will 뒤의 동사원형 assemble, put together, attempt가 접속사 and로 병렬 연결되어 있다. [ ]는 demonstrate의 목적어로 쓰인 의문사절로, 「의문사+주어+동사」의 어순을 따른다.

문제해설

사람들은 자신의 신념이 잘못된 것으로 판명되더라도 그것을 고수하려는 '신념 집착' 현상을 보이는 경향이 있다고 설명하는 글이다.

2②

진화 과정은 가능한 유전적 변이에 작용한다. 따라서 자연 선택이 완벽하고 '최대로 적합한' 개체의 진화로 이어질 가능성은 낮다. 오히려 생물체는 '가능한 가장 적합한' 혹은 '지금까지 있는 것 중 가장 적합한' 상태로 환경에 맞춰지게 되는데, 이들은 '상상할 수 있는 최고의' 존재는 아니다. 적합성 부족의 부분은 생물체의 현재 특성이 모두 지금 살고 있는 환경과 모든 면에서 유사한 환경에서 비롯된 것이 아니기 때문에 발생한다. 진화의 역사 동안, 생물체의 먼 조상들은 나중에 미래의 진화를 제약하는 일련의 특성들 즉, 진화적 '짐'을 발달시켰을 수도 있다. 수백만 년 동안, 척추동물의 진화는 척추를 가진 생물체에 의해 달성될 수 있는 것으로 제한되어 왔다. 더욱이, 현재 생물체와 환경 간의 정확한 적응으로 보이는 것 중 많은 부분이 동시에 제약으로도 보일 수 있는데, 코알라는 유칼립투스 잎을 먹고 성공적으로 살아가지만, 다른 관점에서 보면 코알라는 유칼립투스 잎이 없이는 살 수 없기도 하다.
→ 생물체가 현재 가지고 있는 생존 특성은 그 생물체가 환경에서 일어나는 변화들에 대처할 때 적응성에 <u>장애물</u>로 작용할 수 있다.

구문해설

[5행] ... the present properties of an organism have not all originated in an environment [similar in every respect to the **one** {in which *it* now lives}]. ▶ [ ]는 an environment를 수식하는 형용사구이다. one은 앞에 나온 an environment를 가리킨다. { }는 선행사인 the one을 수식하는 관계사절이며, it은 앞에 나온 an organism을 가리킨다.

[7행] ..., an organism's remote ancestors **may have evolved** a set of characteristics—evolutionary 'baggage'—[that subsequently constrain future evolution]. ▶ 「may have+p.p.」는 '…했을지도 모른다'라는 의미로, 과거 사실에 대한 불확실한 추측을 나타낸다. [ ]는 a set of characteristics를 수식하는 주격 관계대명사절이다.

[11행] Moreover, <u>much of [what we now **see as** precise</u> (s) <u>matches between an organism and its environment]</u> <u>may equally be seen as constraints</u>: .... (v) ▶ [ ]는 선행사를 포함하는 관계대명사 what이 이끄는 명사절로, 전치사 of의 목적어 역할

을 한다. 「see A as B」는 'A를 B로 보다[여기다]'라는 의미이다.

문제해설
코알라는 유칼립투스 잎을 먹게끔 진화했지만 되려 그 잎이 없이는 살 수 없는 한계점을 지니게 되었다는 사례를 통해 생물체가 진화를 통해 얻게 된 생존적 특성이 오히려 변화할 환경에 적응하기 어렵게 하는 장애물이 될 수도 있다는 글이다.

3 ⑤

연구원들은 '많으면 많을수록 더 좋다'라는 속담의 타당성을 시험하기 위해 몇 가지 실험들을 했다. 한 실험에서, 잼 판매를 위한 탁자들이 식료품점에 설치되었다. 한 탁자에는 6가지의 다른 맛이 나는 잼들이 있었고, 다른 탁자에는 24가지의 다른 맛이 나는 잼들이 있었다. 두 탁자를 찾은 구매자들이 잼을 맛보는 동안 그들은 행동상의 차이를 보이지 않았다. 하지만 흥미롭게도, 6개의 선택 사항이 있는 탁자를 찾은 고객들의 30퍼센트가 결국 잼을 산 반면, 24개의 선택 사항이 있는 탁자를 찾은 고객들의 3퍼센트만이 구매를 했다. 또 다른 실험에서, 학생들은 한정되거나 다양한 초콜릿 중에서 선택할 수 있게 되었다. 한정된 그룹에는 선택할 수 있는 6가지 종류의 초콜릿이 있었고, 다양한 그룹에는 30가지 (종류가) 있었다. 다양한 그룹에서 선택한 학생들은 많은 선택 사항이 있어 더 좋았다고 말했지만, 그들은 자신이 최종적으로 한 선택에 대해서 더 큰 불만과 후회를 보이기도 했다.
→ 실험에 따르면, 소비자들에게 <u>한정된</u> 선택 사항을 제시하는 것이 그 구매로 인한 만족감뿐만 아니라 구매도 증대시킬지도 모른다.

구문해설
5행 ..., thirty percent of the customers [who visited the table with six choices] **ended up purchasing** jam, while only three percent of those [who visited the table with twenty-four choices] made a purchase.
▸ 두 개의 [ ]는 각각 선행사인 the customers와 those를 수식하는 주격 관계내명사절이다. 「end up v-ing」는 '결국 …하게 되다'라는 의미이다.

11행 Although those [who selected from the wider range] reported being happier with their large number of options, they also showed more dissatisfaction and regret regarding the choices [that they ultimately made]. ▸ 첫 번째 [ ]는 선행사인 those를 수식하는 주격 관계대명사절이다. 두 번째 [ ]는 선행사인 the choices를 수식하는 목적격 관계대명사절이다.

문제해설
'많으면 많을수록 더 좋다'라는 속담의 타당성을 입증하기 위해 실시된 두 가지 실험에 의하면, 소비자들은 선택권이 어느 정도 제한될 때 오히려 만족감과 구매율이 높아지는 경향이 있다고 설명하는 글이다.

---

17 일반 장문

기출예제 pp. 72~73

이야기를 과장하는 데 기여하는 것을 피하는 한 가지 방법은 아무 말도 하지 않는 것이다. 그러나 그것은 대중과 정책 입안자에게 (정보를) 전하고/전하거나 제안을 해야 한다는 강한 책임감을 느끼는 과학자들에게 현실적인 선택안이 아니다. 언론의 구성원과 대화하는 것은 메시지를 전달하고 호의적인 인식을 얻을 수도 있다는 이점이 있지만, 오역, 반복된 해명의 필요, 그리고 끊임없는 논란에 연루될 위험이 있다. 따라서 언론과 대화할 것인지에 대한 결정은 매우 개별적인 경향이 있다. 수십 년 전에는 지구 과학자들이 언론에 관심을 받을 만한 결과를 내는 것은 드물었고, 따라서 언론과의 접촉은 기대되거나 장려되지 않았다. 1970년대에는 언론과 자주 대화하는 소수의 과학자들이 그렇게 (대화)했던 일에 대해 종종 동료 과학자들로부터 비판을 받았다. 지금 상황은 매우 다른데, 많은 과학자들이 지구 온난화와 이와 관련된 문제들의 중요성 때문에 목소리를 내는 데 책임감을 느끼고 있으며, 많은 기자들도 이러한 감정을 공유하고 있기 때문이다. 또한 많은 과학자들은 자신들이 언론의 관심과 그에 따른 대중의 인정을 즐기고 있음을 알고 있다. 동시에 다른 과학자들은 기자들과의 대화를 계속해서 거부하여, 그렇게 함으로써 과학에 더 많은 시간을 할애하고, (자신의 말이) 잘못 인용될 위험과 언론 보도와 관련된 다른 불쾌한 상황을 겪을 위험을 <u>감수하고 있다</u>(→ 피하고 있다).

구문해설
8행 Decades ago, **it** was unusual *for Earth scientists* [to have results {that were of interest to the media}], ...
▸ it은 가주어이고 [ ]가 진주어이다. for Earth scientists는 [ ]의 의미상 주어이다. { }는 선행사 results를 수식하는 주격 관계대명사절이다.

9행 In the 1970s, the few scientists [who spoke frequently with the media] were often criticized by their fellow scientists for **having done** so. ▸ [ ]는 선행사인 the few scientists를 수식하는 주격 관계대명사절이다. having done은 주절의 시제보다 더 이전의 시점을 나타내는 완료동명사이다.

15행 ..., other scientists continue to resist speaking with reporters, [thereby preserving more time for their science] and [avoiding the risk of being misquoted and the other unpleasantries {associated with media coverage}]. ▸ 두 개의 [ ]는 결과를 나타내는 분사구문이며, 접속사 and로 병렬 연결되어 있다. { }는 the other unpleasantries를 수식하는 과거분사구이다.

어휘
realistic 현실적인 inform 알리다[통지하다] policymaker 정책 입안자 favorable 호의적인 misinterpretation 오해, 오역 clarification 해명 individualized 개별화된, 개별적인 fellow 친구; *동료 thereby 그렇게 함으로써, 그 때문에 preserve 보존하다, 확보하다 misquote (말·글을) 잘못 인용하다 unpleasantry 불쾌한 상황[사건] coverage 보도[방송]

적용독해

1 ④ **2** ④ **3** ① **4** ④ **5** ① **6** ⑤

1 ④ 2 ④

통계학에서 '평균으로의 회귀'는 특이한 결과가 평균으로 돌아가는 상황을 나타낸다. 이는 그러한 결과가 보통 어떤 사람이 동전을 던져서 다섯 번 연속으로 앞면이 나올 때와 같이 반복될 가능성이 낮은 여러 변수를 포함하기 때문에 발생한다. 결과적으로, 평균적인 결과가 극단적인 결과에 뒤따를 것으로 예상될 수 있다. 예를 들어, 한 식당의 첫 번째 방문이 매우 특별했다면, 이 규칙은 다음번 방문이 그만큼 특별하지는 않을 것임을 시사한다. 음식의 질, 종업원들의 친절함, 그리고 당신의 기분과 같이 기억에 남을 만한 첫 번째 방문을 만든 모든 요소들이 두 번째 방문에서 반복될 가능성은 낮다.

대부분의 경우, 평균으로의 회귀는 단순히 흥미로운 현상이다. 그러나 사람들이 상황을 잘못 해석하면 문제가 발생할 수 있다. 그들이 저지르는 논리적인 실수는 매우 특별한 결과가 계속될 것이라고 가정하는 것이다. 또한 사람들은 극단적인 결과가 발생하면 조치를 취할 가능성이 더 크다. 이러한 결과가 정상으로 돌아오면, 사람들은 자신의 조치가 원인이었다고 잘못 생각한다. 예를 들어, 정기적으로 가벼운 허리 통증을 경험하는 남자를 상상해 보라. 통증이 갑자기 정상적(→ 극단적)이 되어서, 그는 새 책상 의자를 사는 것으로 조치를 취한다. 통증 수준이 평균으로 돌아오면, 그 남자는 새 의자가 유일한 원인이라고 추정한다. 그러나 이것은 논리적인 실수이다. 평균으로의 회귀가 언제 발생했는지 인식하는 것이 항상 쉬운 것은 아니다. 그러나 이러한 유형의 상황을 인식하는 것은 당신이 이를 파악하는 데 도움이 될 수 있다.

구문해설

1행 In statistics, "regression to the mean" refers to a situation [where an unusual outcome returns to average]. ▸ [ ]는 선행사인 a situation을 수식하는 관계부사절이다.

11행 The logical mistake [(that/which) they make] is assuming [that the exceptional results will continue]. ▸ 첫 번째 [ ]는 선행사인 The logical mistake를 수식하는 목적격 관계대명사절로, 목적격 관계대명사가 생략되었다. 두 번째 [ ]는 is assuming의 목적어로 쓰인 명사절이다.

18행 [Recognizing {when a regression to the mean has occurred}] isn't always easy. ▸ [ ]는 문장의 주어로 쓰인 동명사구로 단수 취급하므로 단수동사 isn't가 쓰였다. { }는 Recognizing의 목적어로 쓰인 의문사절이다.

문제해설

1 극단적인 결과가 평균으로 돌아오는 상황인 '평균으로의 회귀'를 소개하고, 이러한 통계적 현상을 잘못 해석하는 논리적인 실수를 사례로 들어 설명하는 글이므로, 제목으로는 ④ '극단에서 평균으로: 오해를 불러일으키는 통계적 현상'이 가장 적절하다.
① 유사한 사건의 반복 뒤에 숨겨진 이상한 논리
② 평균으로의 회귀로 인해 생기는 순환을 어떻게 끊을 수 있는가
③ 평균으로의 회귀가 어떻게 기존의 믿음을 종종 무너뜨리는가

⑤ 관찰의 힘 : 변화를 알아차리는 것이 결과를 향상시킨다

2 정기적으로 가벼운 허리 통증을 경험하는 사람이 새 책상 의자를 사는 조치를 취한 것은 갑자기 통증이 '극단적'이 되었을 때일 것이다. 따라서 (d)의 normal을 extreme 등으로 고쳐야 한다.

3 ① 4 ④

매우 간단한 알고리즘마저도 단순한 예측 문제에 대한 전문가의 판단을 능가할 수 있다는 증거가 있다. 예를 들어, 가석방된 죄수가 또 다른 범죄를 저지를지 예측하거나, 유력한 후보자가 미래에 직무를 잘 수행할지 예측하는 데 알고리즘은 사람보다 더 정확한 것으로 입증되었다. 다양한 분야에 걸쳐 100개가 넘는 연구에서, 모든 사례의 절반은 단순 공식이 인간 전문가보다 더 나은 주요한 예측을 하고, 나머지는 (아주 소수를 제외하고) 둘 사이에 무승부를 보여준다. 다양한 관련 요인이 많고 상황이 매우 불확실할 때, 단순 공식은 가장 중요한 요소에 집중하고 일관성을 유지함으로써 처리할 수 있는데, 반면 인간의 판단은 특히 두드러지며 어쩌면 무관할 수도 있는 고려 사항에 매우 쉽게 영향을 받는다. (이와) 비슷한 개념은 사람들이 느긋하다고(→ 일이 너무 많다고) 느낄 때 중요한 단계나 고려 사항이 빠지지 않도록 함으로써 '체크리스트'가 다양한 영역에서 전문가의 결정의 질을 향상시킬 수 있다는 추가 증거에 의해 뒷받침된다. 예를 들어, 집중 치료 중인 환자를 치료하는 것은 하루에 수백 가지의 작은 조치를 필요로 할 수 있고, 하나의 작은 실수가 생명을 앗아갈 수도 있다. 중요한 단계가 빠지지 않도록 체크리스트를 사용하는 것은 실시간 감염 예방부터 폐렴 감소에 이르기까지 다양한 의료 상황에서 놀라울 정도로 효과적인 것으로 입증되었다.

구문해설

1행 There is evidence [that even very simple algorithms can outperform expert judgement on simple prediction problems]. ▸ evidence와 [ ]는 동격이다.

9행 ..., simple formulas can win out [**by focusing** on the most important factors and **being** consistent], ... ▸「by v-ing」는 '…함으로써'라는 의미이며, 동명사인 focusing과 being이 접속사 and로 병렬 연결되어 있다.

16행 [Using checklists {to ensure that no crucial steps are missed}] **has proved** to be remarkably effective in a range of medical contexts, *from* preventing live infections *to* reducing pneumonia. ▸ 첫 번째 [ ]는 문장의 주어로 쓰인 동명사구로, 단수 취급하므로 단수동사 has proved가 쓰였다. { }는 목적을 나타내는 부사적 용법의 to부정사구이다.「from A to B」는 'A부터 B에 이르기까지'라는 의미이다.

문제해설

3 다양한 관련 요인이 많고 상황이 불확실할 때 단순 공식은 집중력을 잃지 않고 일관성 있게 판단하는 데 도움이 되지만, 인간의 판단은 여러 상황에 쉽게 영향을 받는다고 설명하며, 체크리스트를 활용하는 것이 중요한 단계를 빠뜨리지 않고 오류를 줄이는 데 도움을 줘 다양한 영역에서 전문가의 결정의 질을 향상시킨다는 내용의 글이므로, 제목으로는 ① '의사결정에서의 단순 공식의 힘'이 가장 적절하다.
② 항상 우선순위를 결정하라: 빅데이터를 관리하는 팁
③ 알고리즘의 실수: 단순함의 근거 없는 믿음
④ 준비하라! 만일을 대비해 체크리스트를 만들어라

35

⑤ 인간의 판단이 알고리즘을 능가하는 방법

4 집중 치료 중인 환자를 치료할 때 많은 조치가 필요하므로 중요한 일을 놓치지 않도록 체크리스트를 사용하는 것이 효과적이다는 내용이므로, '일이 너무 많다고' 느낄 때 체크리스트가 필요하다는 흐름이 자연스럽다. 따라서, (d)의 relaxed를 overloaded 등으로 고쳐야 한다.

5 ① 6 ⑤

　미국의 농업은 꾸준히 단순화되는 방향으로 나아가고 있다. 한때 다양성이 풍부한 황야였던 곳이 더 획일적이고 의도적으로 계획된 풍경으로 서서히 바뀌어 왔다. 초기 정착민들은 땅을 쓸모 있게 만드는 데 힘썼으며, 시간이 지남에 따라 농부들은 수익을 내기에 가장 효율적인 방식을 따랐는데, 이는 단일 작물 재배에 집중적으로 초점을 맞추는 것이었다. 이러한 전략은 무슨 일이 있어도 생산 방식에 있어서의 표준화를 필요로 했고, 그것들을 획일화하기 위해 독특한 풍경을 고치기까지 했다.

　그러나 이익이라는 명목으로 땅이나 작물에 있어서의 자연적인 다양성을 광범위하게 없애는 것은 환경 훼손으로 이어졌다. 여러 가지 요인들이 이것의 원인이 되었는데, 제한된 수의 상업용 작물 종에 대한 과도한 의존, 비료와 살충제로 인한 오염, 그리고 관개를 조절하기 위한 자연적 수로 패턴의 붕괴가 이에 해당된다. 원인이 무엇이든 간에, 생산을 단순화하는 시도 때문에 환경이 고통받고 있다는 것은 확실하다.

　환경에 미치는 부정적인 영향이 획일성을 극대화하는 추세의 유일한 결과는 아니다. 이 추세는 또한 경제적으로 취약한 농업 체계를 초래했다. 효율성은 과잉 생산으로 이어져, 작물 가격을 떨어뜨리고 농부들이 사업 유지를 위해 정부 보조금에 의존하게 한다. 다행히도, 마침내 이 문제가 주목을 받고 있으며, 일부 농부들은 환경에 맞서는 대신 환경과 더불어 일하기 위해 더 나은 방법들을 택하고 있다. 만약 농업이 땅의 자연적 다양성을 인정하고 획일성(→ 다양성)의 이점들을 충분히 인식하기 시작한다면, 농부들은 환경을 소중히 여기는 동시에 충분한 이익을 얻을 수 있을지도 모른다.

구문해설

1행 ...; [what was once a wilderness rich in diversity] has slowly shifted to a more uniform and purposefully designed landscape. ▶ [ ]는 선행사를 포함하는 관계대명사 what이 이끄는 명사절로, 문장의 주어 역할을 한다.

12행 ..., **it** is clear [that the environment suffers due to attempts at simplifying production]. ▶ it은 가주어이고 [ ]가 진주어이다.

문제해설

5 농업의 획일화가 환경에 부정적인 영향을 미치고 경제적으로 취약한 농업 체계를 가져왔다는 내용의 글이므로, 제목으로는 ① '농업의 획일성: 파괴적인 관행'이 가장 적절하다.
② 단순화가 소규모 농장이 경쟁력을 유지하는 것을 돕는다
③ 농업 기술이 식품에 대한 수요를 따라잡고 있는가?
④ 사람 대 자연: 농부들이 땅을 경작하는 새로운 방법을 찾다
⑤ 자신의 땅을 환경친화적인 방식으로 경작하는 농부들

6 농작물 생산 방식의 표준화와 획일화가 환경과 경제에 부정적인 영향을 미치는 문제가 발생했으나 이러한 문제가 주목을 받게 되면서 일부 농부들이 환경과 더불어 일하기 위해 더 나은 방법들을 택하고 있다는 내용이므

로, 농업이 '다양성'의 이점들을 충분히 인식하기 시작한다면 농부들이 환경을 소중히 여기는 동시에 충분한 이익을 얻을 수 있을지도 모른다는 흐름이 자연스럽다. 따라서, (e)의 uniformity를 diversity 등으로 고쳐야 한다.

18 순서 장문

기출예제 　　　　　　　　　　　　 pp. 78~79

(A) Emma와 Clara는 끝없이 펼쳐진 바다에 시선을 고정한 채, 해변 도로에 나란히 서 있었다. 그들을 둘러싼 숨 막히는 풍경은 말로 할 수 없을 정도였다. 해가 막 뜨자, 그들은 해변 도로를 따라 자전거를 탈 준비를 마쳤다. Emma는 Clara에게 질문을 하며 돌아섰다. "이것이 네 인생 최고의 라이딩이 될 것 같니?"라고 물었다. Clara가 고개를 끄덕였고 그녀의 얼굴이 환한 미소로 밝아졌다. "그럼! 나는 저 아름다운 파도를 보면서 자전거를 타고 싶어!"

(D) Emma와 Clara는 자전거에 올라타고 해변 도로가 끝나는 하얀 절벽을 향해 페달을 밟기 시작했다. 속도를 내어 넓고 푸른 바다를 즐기면서, Emma는 자신의 흥분을 감추지 못하고 "Clara, 경치가 멋져!"라고 외쳤다. 하지만, Clara의 침묵은 그녀가 생각에 빠져 있다고 말하는 것 같았다. Emma는 그녀의 침묵의 의미를 이해했다. 자신의 곁에서 자전거를 타는 Clara를 바라보며, Emma는 그녀가 지금은 극복한 것처럼 보이는, Clara의 과거 비극에 대해 생각했다.

(C) Clara는 한때 재능 있는 수영 선수였지만, 어깨 부상 때문에 올림픽 수영 메달리스트가 되겠다는 자신의 꿈을 포기해야만 했다. 하지만 그녀는 그 역경에 건설적인 방식으로 내응했다. 수년간의 고된 훈련 끝에, 그녀는 믿기 어려울 정도로 회복했고 자전거 타기에 대한 새로운 열정을 발견했다. Emma는 고통스러운 과거가 그녀를 어떻게 더 성숙하게 했는지, 그리고 그것이 결국에는 그녀를 어떻게 더 강하게 만들었는지를 보았다. 한 시간 후, Emma보다 앞서가던 Clara가 뒤를 돌아보며 "저 하얀 절벽 좀 봐!"라고 외쳤다.

(B) 그들이 목적지에 도착했을 때, Emma와 Clara는 자전거를 멈췄다. Emma는 Clara에게 다가가 "자전거 타기는 수영과는 다르지, 그렇지 않니?"라고 말했다. Clara는 미소를 지으며 "사실은, 꽤 비슷해. 수영처럼 자전거 타기는 내게 진짜 살아있다는 느낌이 들게 해 주거든."이라고 대답했다. "그건 내게 인생의 힘든 도전에 맞서 산다는 것이 어떤 의미인지 보여줘."라고 그녀는 덧붙였다. Emma는 동의하며 고개를 끄덕이고, "네 첫 해변 자전거 타기는 대성공이었어. 내년 여름에 다시 오는 건 어때?"라고 제안했다. Clara는 "너와 함께라면, 물론이지!"라고 기쁘게 대답했다.

구문해설

1행 Emma and Clara stood side by side on the beach road, **with** their eyes **fixed** on the boundless ocean. ▶ 「with+(대)명사+p.p.」는 '…가 ~된 채'라는 의미이다.

7행 Emma approached Clara, [saying "Bicycle riding

is unlike swimming, **isn't it?**"] ▸ [ ]는 동시동작을 나타내는 분사구문이다. isn't it은 '그렇지 않니?'라는 의미의 부정의문문이다.

17행 Emma saw [how the painful past made her maturer] and [how it made her stronger in the end]. ▸ 두 개의 [ ]는 동사 saw의 목적어인 의문사절이며, 접속사 and로 병렬 연결되어 있다.

24행 ..., Emma thought about Clara's past tragedy, [which she now seemed **to have overcome**]. ▸ [ ]는 선행사인 Clara's past tragedy를 부연 설명하는 계속적 용법의 목적격 관계대명사절이다. to have overcome은 문장의 동사가 나타내는 시제보다 더 이전의 시점을 나타내는 완료부정사이다.

어휘

boundless 한[끝]이 없는 breathtaking 숨이 (턱) 막히는[멎는 듯한] beyond description (말로) 형용할 수 없을 만큼 sunrise 동틀 녘, 일출 preparation 준비[대비] destination 목적지 hardship 어려움[곤란] constructive 건설적인 mature 어른스러운, 분별 있는 exclaim 소리치다, 외치다 tragedy 비극 overcome 극복하다 (overcame-overcome)

적용독해

pp. 80~83

---

1 ① 2 ③ 3 ③ 4 ④ 5 ② 6 ④

1 ① 2 ③ 3 ③

(A) 내가 낯선 사람과 대화를 시작하는 일은 항상 수월했다. 마찬가지로, 다른 사람들도 내게 말을 거는 것을 아주 수월하게 생각하는 것 같다. 나는 이런 짧은 대화를 즐기는데, 그저 다른 사람들이 말하는 것을 들어주는 것이 예의인 것 같다. 나는 보통 이러한 짧은 만남에서 값진 교훈을 배울 것이라고 기대하지 않지만, 그중 한 번은 정말로 내게 중대한 영향을 주었다.

(B) 나는 장거리 비행 중이었고 통로 쪽 좌석에 앉아 있었다. 내 옆의 가운데 좌석에는 노부인이 있었다. 우리가 이륙하기도 전에, 그녀는 내게 그녀의 인생에 대해 쾌활하게 이야기하고 있었다. 그녀는 성공한 자녀들, 자신의 병원 진료비, 그리고 심지어 랩 음악에 대한 자신의 반감에 대해서까지 이야기했다. 나는 그녀의 과거 이력에 대해 알게 되었고, 그녀는 내게 고인이 된 남편에 관해서도 이야기했는데, 그녀는 그를 몹시 그리워했다. 이 대화는 내게 좋은 기분을 남겨 주었다.

(D) 마침내, 그 노부인은 잠이 들었고, 나는 승무원에게 그녀를 덮어 줄 담요를 요청했다. 그때, 창가 쪽 좌석에 앉아 있던 신사가 나를 향해 웃으며 "당신의 부모님은 틀림없이 당신이 자랑스러울 거예요."라고 말했다. 그 남자의 말은 칭찬이었지만, 나는 그의 말이 무슨 뜻인지 제대로 이해하지 못했다. "당신은 전혀 모르는 사람을 돌보고 있잖아요. 그런데 당신은 단지 그녀에게 담요를 구해다 준 것보다 훨씬 더 중요한 일을 했어요. 당신은 그녀의 이야기를 들어 주었지요. 단지 들어줌으로써, 당신은 그녀가 특별하다고 느끼게 해주었어요."라고 그는 말했다.

(C) 나는 그 남자가 이렇게 말하는 것을 듣고 놀랐다. 그리고 그때가 내가 매우 중요한 것을 깨달은 때였다. 나는 가능한 한 빨리 집에 가고 싶었다. 내가 정작 내 어머니의 이야기를 들어드린 지 아주 오랜 시간이 흘렀었다. 나는 늘 어머니에게 내 생활, 내 일, 내가 여행한 장소들, 그리고 그

저 나 자신에 대한 많은 다른 일들에 관해서만 이야기하고 있었다. 나는 나 역시 이야기를 들어드려야 하는 특별한 사람이 있다는 것을 잊고 있었다.

구문해설

1행 Likewise, other people seem to find **it** very easy [to talk to me]. ▸ it은 가목적어이고 [ ]가 진목적어이다.

3행 ..., and **it** just seems polite [to listen to {what others have to say}]. ▸ it은 가주어이고 [ ]가 진주어이다. { }는 선행사를 포함하는 관계대명사 what이 이끄는 명사절로, listen to의 목적어 역할을 한다.

10행 ..., and she even talked to me about her late husband, [whom she missed dearly]. ▸ [ ]는 선행사인 her late husband를 부연 설명하는 계속적 용법의 목적격 관계대명사절이다.

12행 I was surprised **to hear** the man *say* this. ▸ to hear는 감정의 원인을 나타내는 부사 용법의 to부정사이다. 지각동사 hear의 목적격 보어로 동사원형인 say가 쓰였다.

문제해설

1 필자가 짧은 만남에서 큰 영향을 받았다며 과거를 회상하는 내용인 (A)에 이어, 비행기에서 만난 노부인의 이야기를 들어준 일을 언급한 (B)가 오고, 필자가 그 부인의 이야기를 들어주는 것을 본 신사가 필자를 칭찬하는 내용의 (D)가 이어진 후, 신사의 말을 들은 필자가 항상 자신의 이야기만 하고 어머니의 이야기는 제대로 들어드리지 않았다는 것을 깨닫게 되는 (C)의 순서로 이어지는 것이 자연스럽다.

2 (c)는 필자의 어머니를 가리키고, 나머지는 모두 비행기에서 필자의 옆 좌석에 앉은 노부인을 가리킨다.

3 ③ 필자는 어머니에게 항상 자신의 이야기만 했으며 정작 어머니의 이야기를 들어드린 지는 오래되었다고 했다.

4 ④ 5 ② 6 ④

(A) 끔찍한 비극적 사건들의 한 가지 좋은 점은 그것들이 흔히 사람들에게서 가장 좋은 것을 끌어낸다는 점이다. 예를 들어, 유대인 대학살 시기 동안, 자신의 목숨을 걸고 유대인 가족을 나치로부터 숨겨주거나, 그러지 않았으면 보호해 준 무수한 사람들이 있었다. 이러한 사람들 가운데 한 명이 바로 폴란드 출신의 군의관이었던 Eugene Lazowski란 이름의 남자였다. 그는 최소한 8천 명의 사람들을 강제 수용소로 보내지는 것에서 구해주었는데, (거기에 보내졌다면) 그곳에서 그들은 아마 죽었을 것이다.

(D) Lazowski는 나치 점령에 저항하는 데 무기보다는 자신의 지적 능력을 이용하기로 했다. 그는 사실 그의 부모의 발자취를 따르고 있었는데, 그의 부모는 그들의 집을 두 유대인 가족을 숨겨주는 데 이용했다. Lazowski 자신이 자기 집에 누군가를 숨겨주지는 않았지만, 그는 Rozwadow라는 어느 작은 마을의 모든 주민을 구해내기 위해 예상 밖의 새로운 방식으로 자신의 의학적 전문 지식을 이용했다.

(B) 이들을 안전하게 보호하기 위해, 그는 전염병의 출현을 야기했는데, 이것은 나치가 그 지역을 즉시 격리하게 했다. 그는 죽은 유행성 발진티푸스 박테리아를 그 지역 사람들에게 주사함으로써 이를 수행했다. 그의 친구 중 한 명이 그렇게 하면 사람들이 실제로는 그 병의 어떠한 증상도

일으키지 않으면서 유행성 발진티푸스에 양성 반응을 보이게 할 수 있음을 이전에 발견했었다. 독일인들은 치명적이고 전염성이 높은 이 병을 두려워했기 때문에, 감염된 사람들은 강제 수용소로 보내지지 않았다. (C) 얼마 후, 나치는 수상쩍게 여기게 되었고 그 의사를 조사하기 위해 한 무리의 군인들이 보내졌다. 그는 당황하지 않고 군인들을 먹을 것과 마실 것들과 함께 맞이했다. 상급 장교는 이러한 환대에 매우 만족해서 단지 두 명의 젊은 군인들만 환자들을 살펴보도록 보냈다. 감염될까 봐 두려워서, 그들은 더 자세히 조사하지 않고 약간의 혈액을 재빨리 채취했다. 그 혈액 샘플들이 유행성 발진티푸스에 양성 반응을 보이자, Lazowski는 자신이 성공했다는 것을 알았다.

구문해설

2행 ..., there were countless people [who risked their own lives {**hiding** or otherwise **shielding** Jewish families from the Nazis}]. ▸ [ ]는 선행사인 countless people을 수식하는 주격 관계대명사절이다. { }는 동시동작을 나타내는 분사구문으로, hiding과 shielding이 접속사 or로 병렬 연결되어 있다.

5행 He saved at least 8,000 people from [being sent to concentration camps], [where they would have likely died]. ▸ 첫 번째 [ ]는 전치사 from의 목적어로 쓰인 동명사구이다. 두 번째 [ ]는 선행사인 concentration camps를 부연 설명하는 계속적 용법의 관계부사절이다.

7행 ..., he created the appearance of an epidemic, [which **caused** the Nazis **to** immediately **quarantine** the area]. ▸ [ ]는 선행사인 the appearance of an epidemic을 부연 설명하는 계속적 용법의 주격 관계대명사절이다. 「cause A to-v」는 'A가 …하게 하다'라는 의미이다.

16행 The superior officer was **so** pleased with this hospitality **that** he only sent two younger soldiers .... ▸ 「so+형용사/부사+that ~」은 '너무 …해서 ~하다'라는 의미이다.

문제해설

4 유대인 대학살 시기 동안 유대인들을 구해준 폴란드 출신의 군의관 Lazowski를 소개하는 (A)에 이어, 그가 나치에 대항하고자 자신의 의학 지식을 이용하기로 했다는 내용의 (D)가 오고, 그가 그 지식을 활용하여 유대인들에게 가짜 전염병을 퍼뜨려 그들이 강제 수용소로 끌려가지 않게 했다는 내용의 (B)가 이어진 후, 이를 수상쩍게 여긴 나치군의 조사에서도 그는 당황하지 않고 위기를 모면했다는 내용의 (C)의 순서로 이어지는 것이 자연스럽다.

5 (b)는 상급 장교를 가리키고, 나머지는 모두 Lazowski를 가리킨다.

6 ④ 그의 부모는 유대인 가족들을 집에 숨겨주었었지만, Lazowski 본인은 자신의 집에 유대인을 숨겨주지는 않았다고 했다.

---

19 인문

기출예제   p. 86

빨리 말하는 것은 위험 부담이 큰 일이다. 입이 속도 제한을 훨씬 초과하여 움직일 때 설득력 있고, 말을 잘하며, 효과적인 이상적 조건을 유지하는 것은 거의 불가능하다. 우리는 우리의 머리가 항상 최고의 효율로 좋은 결정을 내릴 수 있을 만큼 충분히 예리하다고 생각하고 싶겠지만, (우리의 머리는) 그렇지 않다. 실제로 머리는 말할 가능성이 있는 네다섯 가지의 교차점에 도달하고서 몇 초 동안 선택지를 고려하며 빈둥거린다. (좋은 결정을 내리는 것은 대답을 생각해 내는 데 더 많은 시간을 제공하므로 더 빠르게 말하는 데 도움이 된다.) 머리가 입으로 향해 지시를 보내는 것을 멈추고 입은 멈추기에 너무 빨리 움직일 때, 우리는 필러(filler)라고 알려진 언어적 충돌을 일으킨다. '음, 아, 알다시피'와 '그러니까'는 입이 갈 곳이 없을 때 하는 것이다.

구문해설

1행 **It**'s nearly impossible [to maintain the ideal conditions {to be persuasive, well-spoken, and effective}] [when the mouth is traveling well over the speed limit]. ▸ It은 가주어이고, 첫 번째 [ ]가 진주어이다. { }는 the ideal conditions를 수식하는 형용사적 용법의 to부정사구이다. 두 번째 [ ]는 시간을 나타내는 부사절이다.

4행 In reality, the brain arrives at an intersection of four or five possible things **to say** and sits idling for a couple of seconds, *considering* the options. ▸ to say는 four or five possible things를 수식하는 형용사적 용법의 to부정사이다. considering은 '…을 고려하면'이라는 의미이다.

7행 When the brain **stops sending** navigational instructions back to the mouth and the mouth is moving *too* fast *to pause*, that's (the moment) [when you get a verbal fender bender, otherwise known as filler]. ▸ 「stop v-ing」는 '…하기를 멈추다'라는 의미이다. 「too+형용사/부사+to-v」는 '너무 …해서 ~할 수 없는'이라는 의미이다. [ ]는 선행사가 생략된 형태의 관계부사절이며, 주격 보어로 쓰였다.

문제해설

빠르게 말할 때 뇌의 처리 속도와 불일치가 발생하여 언어적 충돌이 발생한다는 내용의 글이므로, 좋은 결정을 내리는 것이 빠르게 말하는 것에 도움이 된다는 내용의 ③은 글의 흐름과 무관하다.

어휘

proposition 제의; *일 maintain 유지하다 persuasive 설득력 있는 sharp 뾰족한, 예리한 reality 현실 intersection 교차로 come up with …을 생각해 내다 navigational 항해의 instruction 지시 verbal 언어[말]의 fender bender 가벼운 사고

적용독해

1 ①　2 ⑤　3 ⑤　4 ④　5 ③

1 ①

에피쿠로스 철학은 고대 그리스의 철학자인 에피쿠로스의 신념에 기반을 둔 철학이다. 그것은 인간의 완전한 행복에 이르는 길은 기쁨의 극대화와 고통의 회피에 있다고 가르친다. 하지만 일반적인 오해와 달리, 에피쿠로스 철학은 실제로는 사치스러운 삶을 장려하지 않는다. 대신, 그것은 친구들과 공유되어야 하는 금욕적 생활 방식을 요구한다. 이것은, 에피쿠로스에 따르면, 기쁨을 얻는 방법은 겸손하게 생활하고, 두려움과 미신을 없애며, 거짓된 욕망을 억제하는 것이기 때문이다. 따라서, 누군가는 우리 시대의 소비 지상주의 문화를 보고 그것을 에피쿠로스 철학이 실현된 것이라고 여길지도 모르지만, 그러한 견해는 잘못 이해한 것일 것이다. 에피쿠로스는 기쁨에 탐닉하는 것은 필연적으로 고통으로 이어질 것이라고 가르쳤다. 그러니, 완전한 쾌락주의적 삶에는 검소함이 필요하다. 오직 검소함을 통해서 사람은 부유하고 사치스러운 삶으로 인해 야기되는 두려움과 역경을 피할 수 있다.

구문해설

2행 It teaches [that the path {to complete human happiness} lies in the maximization of pleasure and the avoidance of pain]. ▶ [ ]는 동사 teaches의 목적어로 쓰인 명사절이다. { }는 the path를 수식하는 형용사적 용법의 to부정사구이다.

6행 ..., the way [to attain pleasure] is [to live modestly, to eliminate fears and superstitions, and to suppress artificial desires]. ▶ 첫 번째 [ ]는 the way를 수식하는 형용사적 용법의 to부정사구이다. 두 번째 [ ]는 주격 보어로 쓰인 명사적 용법의 to부정사구로, to live, to eliminate, to suppress가 접속사 and로 병렬 연결되어 있다.

10행 Only through frugality can one avoid the fears and difficulties [that are brought on by a life of wealth and luxury]. ▶ 부정의 의미를 나타내는 Only가 이끄는 부사구가 문두에 와서 주어와 조동사가 도치되었다. [ ]는 선행사인 the fears and difficulties를 수식하는 주격 관계대명사절이다.

(부사구 / 조동사 / S / V 표시)

문제해설

에피쿠로스가 주장한 철학에 대해 설명하는 글이므로, 글의 주제로는 ① '에피쿠로스 철학의 진정한 의미'가 가장 적절하다.
② 검소함을 가르치는 것의 중요성
③ 에피쿠로스 철학은 왜 세월이 지나면서 변해왔는가
④ 에피쿠로스는 어떻게 그의 철학을 생각해 냈는가
⑤ 현대 문화가 어떻게 에피쿠로스 철학을 반영하는가

2 ⑤

인터넷과 디지털 기술은 상호 작용성과 연결성이 증대되는 세상을 불러왔다. 이러한 변화는 아동 문학 분야에 흥미로운 방식으로 반영되어 있다. 현대의 많은 아동용 도서에서, 정보는 전통적이고 선형적인 방식으로 제시되지 않는다. 예를 들어, David Macaulay의 「Black and

White」는 네 개의 이야기를 동시에 보여 주는 그림책으로, 매우 다양한 방식으로 상호 연결된 여러 관점과 줄거리를 특징으로 한다. 이렇게 커진 연결성은 아이들이 본문과 상호 작용하는 방식 또한 변화시켰다. 그들은 거리낌 없이 제시된 정보를 구조화하여 단순히 좌에서 우로, 그리고 처음부터 끝까지가 아니라 자신이 선택하는 어떤 순서로든 연결해 나간다. 이러한 종류의 독서는 아이들이 디지털 시대에 의해 상당한 영향을 받은 방식대로 의미를 적극적으로 찾음으로써 그들 자신만의 이야기를 만들어 내게 해준다.

구문해설

1행 They **feel free to organize** the presented information and (**to**) **make** connections *not just* from left to right and from beginning to end, *but* in any order [(that) they choose]. ▶ 「feel free to-v」는 '마음대로[거리낌 없이] …하다'라는 의미로, to organize와 (to) make가 접속사 and로 병렬 연결되어 있다. 「not just A but B」는 '단지 A가 아니라 B도'라는 의미이다. [ ]는 선행사인 any order를 수식하는 목적격 관계대명사절로, 목적격 관계대명사가 생략되었다.

7행 ... is a picture book [that tells four stories simultaneously], [featuring various perspectives and plots {that interconnect in many different ways}]. ▶ 첫 번째 [ ]는 선행사인 a picture book을 수식하는 주격 관계대명사절이다. 두 번째 [ ]는 동시동작을 나타내는 분사구문이다. { }는 선행사인 various perspectives and plots를 수식하는 주격 관계대명사절이다.

문제해설

주어진 문장은 그들(= 아이들)이 단순히 선형적인 방식을 취하는 것이 아니라 제시된 정보의 순서를 자유롭게 구성하고 연결한다는 내용이므로, 아이들이 본문과 상호작용을 하는 방식이 변화되었다는 문장 뒤인 ⑤에 들어가는 것이 가장 적절하다.

3 ⑤

잉글랜드의 Somerset Levels에 있는 Sweet Track은 신석기 시대까지 거슬러 올라가는 높은 목재 보도이다. 그것은 축축하고 늪 같은 지형 위에 마른 길로 사용되었던 보도 설비 가운데 남은 전부이다. 그것이 건설되었을 당시, Sweet Track은 Westhay에 있는 한 섬을 River Bruce 근처의 더 높은 산등성이에 이어주었다. 이 길은 어느 고대 정착지의 일부인데, 그 지역에서 발견된 흙더미가 이것이 사실임을 확인해 준다. Sweet Track은 길이가 거의 1.6킬로미터이고 Ray Sweet에게서 그 이름을 따왔는데, 그는 1970년대에 이 길을 발견했다. 나이테 연대 결정법을 사용해서, 과학자들은 이 길이 기원전 3807년경에 만들어졌다는 것을 알아냈다. 그것은 2009년에 유사한 구조물 하나가 발견되기 전까지 북유럽에서 그것의 부류 중 가장 오래된 것으로 알려진 길이었다.

구문해설

6행 ... and got its name from Ray Sweet, [who discovered the track in the 1970s]. ▶ [ ]는 선행사인 Ray Sweet를 부연 설명하는 계속적 용법의 주격 관계대명사절이다.

7행 **By using** tree-ring dating techniques, scientists have determined [that the track was built around 3807

39

BCE]. ▸ 「by v-ing」는 '…함으로써'라는 의미이다. [ ]는 have determined의 목적어로 쓰인 명사절이다.

문제해설
⑤ 2009년에 유사한 구조물이 발견되기 전까지 가장 오래된 보도로 알려져 있었다고 했다.

4 ④

P-stranding으로도 알려져 있는 전치사 좌초는 전치사와 그 목적어가 문장의 다른 부분에 나타날 때 발생한다. 예를 들어, 'What are you talking about?'에서 'about'은 문장의 끝에 나타나는 반면, 'what'은 시작 부분에 위치한다. 17세기 영국의 시인 John Dryden은 P-stranding이 비문법적이라고 주장한 것으로 유명하다. 그러나, 이 '규칙'은 역사적으로 널리 무시되어 왔다. 사실, P-stranding은 구어체 영어에서 빈번하게 나타나며, 대부분의 언어학자들은 이것이 종종 보다 바람직하다는 데 동의한다. 예를 들어, 'This is the type of English with which I will not put up'이라는 문장은 P-stranding을 피하는 반면, 'This is the type of English I will not put up with(이것은 내가 참을 수 없는 영어 유형이다)'는 훨씬 더 자연스럽게 들린다. 그러니 마음껏 전치사로 문장을 끝내도 좋다. 하지만, 'look up'과 같은 구동사의 부사는 이동될 수 없음을 기억해야 하는데, 왜냐하면 'up'은 동사의 의미에 필수적이기 때문이다.

구문해설
2행 …, "about" appears at the end of "What are you talking about?" [while "what" is located at the beginning]. ▸ [ ]는 대조를 나타내는 부사절이다.

5행 However, this "rule" **has been** widely **ignored** throughout history. ▸ has been ignored는 계속을 나타내는 현재완료형 수동태이다.

9행 But remember [that the adverb of phrasal verbs like "look up" cannot be moved, {since "up" is essential to the verb's meaning}]. ▸ [ ]는 remember의 목적어로 쓰인 명사절이다. { }는 이유를 나타내는 부사절이다.

문제해설
이 글은 P-stranding이 비문법적임에도 불구하고 구어체 영어에서 빈번하게 나타나며, 대부분의 언어학자들은 오히려 이것을 더 선호한다는 내용이다. 빈칸을 포함한 문장은 그에 대한 예시 문장으로 빈칸 앞부분에는 P-stranding을 피한 예시 문장을 제시했기 때문에, 빈칸에는 P-stranding이 적용된 예시 문장이 와야 빈칸 뒤에 자연스럽게 들린다는 내용과 호응이 된다. 그러므로 빈칸에는 ④ 'This is the type of English I will not put up with'가 들어가는 것이 가장 적절하다.
① 나는 이런 유형의 영어는 참을 수 없다
② 이것은 내가 말하지 않을 영어 유형이다
③ 비문
④ 이것은 내가 참을 수 없는 영어 유형이다
⑤ 비문

5 ③

반증하는 증거에 직면할 때조차, 많은 사람들은 영향력 있는 사람들이 대중을 속이기 위해 공조하고 있다고 믿으며 음모론을 사실로 받아들인다.

외계 생명체에 대한 증거를 감추는 것과 같은 음모들이 성공적으로 수행될 수 있다고 믿는 사람들에게는 추구할 수 있는 거의 무한한 수의 그럴듯한 음모론이 있다. 어떤 끔찍한 사건의 원인이 완전히 설명될 수 없을 때마다, 그들은 책임이 있을 수도 있는 집단이나 조직을 찾아낸다. 그리고 이러한 종류의 추측이 소셜 네트워크에 올라갈 때마다, 우리는 그것이 입소문이 나는 것을 보게 될 가능성이 있다. 이것은 더 많은 사람들을 끌어들이는데, 그들 중 일부는 잘 알려져 있지 않은 음모 이면의 진실을 추적하는 것이 추리 소설을 읽는 것과 같은 류의 매력을 가지고 있다는 것을 알게 된다.

구문해설
6행 …, they seek out a group or organization [that **could have been** responsible]. ▸ [ ]는 선행사인 a group or organization을 수식하는 주격 관계대명사절이다. 「could have+p.p.」는 '…할 수도 있었다'라는 의미로, 과거 사실에 대한 불확실한 추측을 나타낸다.

7행 …, there is the potential [that we will *see* it *go* viral]. ▸ the potential과 [ ]는 동격이다. 지각동사 see의 목적격 보어로 동사원형이 쓰였다.

8행 This draws in more people, [some of whom find that the idea of {tracking down the truth behind shadowy conspiracies} has **the same** sort of appeal **as** reading a mystery novel]. ▸ [ ]는 선행사인 more people을 부연 설명하는 계속적 용법의 관계사절이다. the idea와 { }는 동격이다. 「the same … as ~」는 '~와 같은 …'이라는 의미이다.

문제해설
(A) 접속사 when이 이끄는 부사절에서 「주절의 주어와 동일한 주어+be동사」가 생략된 형태이며, 「be faced with ….」는 '…에 직면하다'라는 의미이므로, 과거분사 faced가 적절하다.
(B) possible conspiracy theories를 뒤에서 수식하는 형용사적 용법의 to부정사가 와야 하므로, to pursue가 적절하다.
(C) that절의 핵심 주어가 the idea로 단수이므로, 단수동사 has가 적절하다.

20 사회

기출예제
p. 90

Green 씨께
저의 이름은 Donna Williams이며, Rogan 고등학교의 과학 교사입니다. 저는 우리 학교의 과학 교사들을 위한 특별 워크숍을 계획하고 있습니다. 우리는 온라인 과학 수업을 가르치는 방법을 배우는 데 관심이 있습니다. 저는 과학 수업에 인터넷 플랫폼을 활용하는 당신의 아이디어에 깊은 인상을 받았습니다. 당신이 온라인 교육의 전문가이기에, 저는 다음 달로 예정된 워크숍에 귀하가 특별 강연을 해주시기를 부탁드리고 싶습니다. 저는 그 강연이 저희 교사들이 성공적인 온라인 과학 수업을 해내는 데 도움이 되리라 확신하며, 당신의 통찰력으로부터 저희가 배울 수 있기를 희망합니다. 귀하의 답변을 기다리고 있겠습니다.

진심을 담아,

Donna Williams

구문해설

3행 We are interested in [learning **how to teach** online science classes]. ▶ [ ]는 전치사 in을 목적어로 하는 동명사구이다. 「how to-v」는 '…하는 방법'이라는 의미이다.

5행 **Since** you are an expert in online education, I would like to ask you to deliver a special lecture at the workshop [scheduled for next month]. ▶ since는 이유를 나타내는 접속사이다. [ ]는 the workshop을 수식하는 과거분사구이다.

6행 I am sure the lecture will **help** our teachers **manage** successful online science classes, and I hope [(that) we can learn from your insights]. ▶ help는 목적격 보어로 동사원형이나 to부정사를 쓴다. [ ]는 hope의 목적어로 쓰인 명사절로, 접속사 that이 생략되었다.

문제해설

5행의 'I would like to ask you to deliver a special lecture at the workshop scheduled for next month.'를 통해 한 교사가 교내 워크숍에 특별 강의를 해달라고 부탁하는 글임을 알 수 있다.

어휘

workshop 연수회, 워크숍 impressed 인상 깊게 생각하는 expert 전문가 deliver a lecture 강의를 하다 schedule 일정을 잡다, 예정하다 manage (간신히) 해내다 insight 통찰력

적용독해

pp. 91~93

1 ⑤   2 ②   3 ④   4 ④   5 ⑤

1 ⑤

최근 전자 상거래로의 전환의 결과로, 소매상들은 그들의 물리적 장소의 중요성을 과소평가하기 시작했다. 이는 주로 소매상들이 상점 환경을 바라보는 방식 때문인데, 그들은 그것을 단순히 그들이 물품들을 팔 수 있는 하나의 수단으로 여긴다. 그러나 소매상과의 온라인 거래와는 달리, 실제 상점으로의 방문은 고객들에게 그들의 모든 감각을 동원하여 브랜드를 경험해 볼 기회를 제공한다. 이러한 브랜드 경험은 궁극적으로 고객들이 소매상과 그것의 상품들에 대해 어떻게 느끼는지를 결정하여, 잠재적으로 긍정적 인상을 만들어내고 고객 충성도를 높인다. 이는 소매상의 단순한 매출 기여보다 이익을 극대화한다는 측면에서 브랜드 경험을 훨씬 더 중요하게 만든다.

구문해설

2행 This is largely due to the way [the retailers view the store environment]—they see it simply as a medium [through which they can sell items]. ▶ 첫 번째 [ ]는 선행사인 the way를 수식하는 관계부사절이다. 두 번째 [ ]는 선행사인 a medium을 수식하는 관계사절이다.

6행 This brand experience ultimately determines [how customers feel about the retailer and its products], [potentially **creating** positive impressions and **increasing** consumer loyalty]. ▶ 첫 번째 [ ]는 determines의 목적어로 쓰인 의문사절로, 「의문사+주어+동사」의 어순을 따른다. 두 번째 [ ]는 결과를 나타내는 분사구문으로, creating과 increasing이 접속사 and로 병렬 연결되어 있다.

문제해설

최근 전자 상거래가 대두되고 있긴 하지만, 실제 상점들을 통해 고객들에게 브랜드 경험의 기회를 제공함으로써 그들에게 긍정적인 인상을 주고 고객 충성도를 높일 수 있다는 내용이므로, 주제로는 ⑤ '긍정적인 브랜드 경험을 창출하기 위해 상점들을 이용하는 것의 중요성'이 가장 적절하다.

① 브랜드 경험과 소매상 운영 사이의 균형

② 소매상들이 실제 상점을 웹사이트로 대체하는 이유

③ 고객들을 끌어모으고 유지하기 위해 전자 상거래를 이용하는 것의 부정적인 면

④ 새로운 브랜드를 고객들에게 소개하는 가장 효과적인 방법

2 ②

창작물에 대한 저작권은 보통 창작자 사망 후 70년간 존속된다. 반면에, 기능성 제품에 적용되는 디자인권은 제품이 만들어지고 나서 단 10년이나 15년 후에 만료된다. 이것은 어떤 것을 권리 소유자의 허가 없이 복제하는 행위의 합법성은 그것이 기능적으로 여겨지는지 아니면 예술적으로 여겨지는지에 따라 달라진다는 것을 의미한다. 이러한 구별은 'Lucasfilm 대 Ainsworth' 소송 사건의 핵심이었는데, 이 사건에서 영화 「Star Wars」에 쓰인 Stormtrooper 헬멧을 디자인한 남자가 Lucasfilm의 동의 없이 그 헬멧을 복제해 판매하기 시작했었으며, Lucasfilm은 권리를 소유한 곳이었다. 만약 Lucasfilm이 그 헬멧이 '조각품'이었다는 것을 증명했더라면, 그곳은 소송에서 이길 수 있었을 것이다. 하지만 법원은 영화에서 쓸 용도로 만들어진 헬멧들은 예술 조각품이 아니라는 판결을 내렸다. 결국, 해당 디자인권이 만료되기에 충분한 시간이 흘렀기 때문에 Ainsworth 씨가 헬멧을 계속 생산하고 판매하는 것이 허용되었다.

구문해설

3행 This means [that the legality of reproducing something without the right-owner's permission varies depending on {whether it is considered functional or artistic}]. ▶ [ ]는 means의 목적어로 쓰인 명사절이다. { }는 접속사 whether가 이끄는 명사절로, 전치사 on의 목적어 역할을 한다.

5행 This distinction was key to the case of *Lucasfilm* v. *Ainsworth*, [in which the man {who designed the Stormtrooper helmets <used in the *Star Wars* movies>} had started reproducing and selling them without the consent of Lucasfilm, ...]. ▶ [ ]는 선행사인 the case of *Lucasfilm* v. *Ainsworth*를 부연 설명하는 계속적 용법의 관계사절이다. { }는 선행사인 the man을 수식하는 주격 관계대명사절이다. < >는 the Stormtrooper helmets를 수식하는 과거분사구이다.

8행 **Had** Lucasfilm **shown** that the helmet was a "sculpture," then it **could have won** the case. ▶ if가 생략되어 주어와 조동사가 도치된 가정법 과거완료 구문이다.

문제해설

디자인권은 기능성 제품에 적용되며 창작 후 10년이나 15년 뒤에 만료되는 권리인데 빈칸 뒤에 Ainsworth 씨가 만든 헬멧의 디자인권이 만료되어 그가 제품을 계속 생산할 수 있었다는 내용이 나오므로, 그 헬멧은 예술품이 아닌 기능성 제품이라는 판결이 났음을 추론할 수 있다. 따라서, 빈칸에는 ② '영화에서 쓸 용도로 만들어진 헬멧들은 예술 조각품이 아니다'가 들어가는 것이 가장 적절하다.

① 그 헬멧들을 복제할 권리가 Lucasfilm에 있었다

③ 그 헬멧들은 기능성 제품의 정의에 맞지 않았다

④ 그 헬멧이 예술적인지 기능적인지는 중요하지 않았다

⑤ 실제로는 Ainsworth 씨가 Stormtrooper 헬멧들을 만들지 않았다

3 ④

대다수의 국제 분쟁은 주(州) 내의 갈등이기 때문에, 많은 연구가 이러한 지역 충돌의 원인을 이해하기 위해 행해져 왔다. 게다가, 정부 기관들은 미래의 위기들을 방지하기 위한 전략뿐만 아니라 그것들을 예측할 방법들을 개발하기 위해 상당한 노력을 해왔다. 이 연구원들과 기관들이 깨달은 것은 국가들이 완전한 평화나 전면적인 내전 상태에 있는 경우는 드물다는 것이다. 오히려, 국가들은 시공간 모두에서 발생하는 다양한 강도의 분쟁을 경험한다. 대규모의 폭력 소요는 더 작은 정치적 시위에서 초래될 수 있고, 국지적인 것으로 여겨진 갈등이 쉽게 인근 지역으로 번질 수 있다. 그렇다면, 내전을 국가 차원에서만 발생하는 현상으로 보는 것은 모든 내전에 앞서는 (전쟁) 규모 확대에 연계되는 과정을 방치하는 것이다. 이러한 초기의 지역 분쟁에 적절히 대처하는 것이 그 분쟁들이 내전으로 확대되는 것을 막는 데 도움이 될 것이다.

구문해설

3행 ..., government agencies have made substantial efforts [to develop ways **to predict** future crises *as well as* strategies **to prevent** them]. ▶ [ ]는 목적을 나타내는 부사적 용법의 to부정사구이다. to predict와 to prevent는 각각 ways와 strategies를 수식하는 형용사적 용법의 to부정사이다. 「A as well as B」는 'B뿐만 아니라 A도'라는 의미이다.

4행 [What these researchers and agencies have realized] is [that countries are rarely in a state of absolute peace or total civil war]. ▶ 첫 번째 [ ]는 선행사를 포함하는 관계대명사 what이 이끄는 명사절로, 문장의 주어로 쓰였다. 두 번째 [ ]는 주격 보어로 쓰인 명사절이다.

8행 To **view** civil war **as** a phenomenon [that occurs only at the national level], then, is [to neglect the escalatory processes {that precede all civil wars}]. ▶ 「view A as B」는 'A를 B로 보다[여기다]'라는 의미이다. 첫 번째 [ ]는 선행사인 a phenomenon을 수식하는 주격 관계대명사절이다. 두 번째 [ ]는 주격 보어로 쓰인 명사적 용법의 to부정사구이다. { }는 선행사인 the escalatory processes를 수식하는 주격 관계대명사절이다.

문제해설

필자는 내전으로 이어질 수 있는 소규모의 지역 분쟁들을 방치하지 말고 초기에 적절히 대처하는 것이 바람직하다고 주장하고 있다.

4 ④

미국인들이 선호하는 거주지 유형 (2020년 조사)

비고: 비율은 반올림 때문에 합계가 100퍼센트가 안 될 수 있음

위 도표는 2020년 조사를 기반으로 연령대별로 미국인이 선호하는 거주지 유형의 비율을 보여준다. 각기 세 연령대에서 읍내/시골 지역이 가장 선호되는 거주지 유형이었다. 18~34세 연령대에서는 대/소도시를 선호하는 비율이 대/소도시 근교를 선호하는 비율보다 더 높았다. 35~54세 연령층에서는 대/소도시 근교를 선호하는 비율이 대/소도시를 선호하는 비율을 앞질렀다. 55세 이상의 연령층에서는 세 가지 선호하는 거주지 유형 중에서 대/소도시를 선택한 비율이 가장 낮았다. 세 가지 선호하는 거주지 유형 중 각각의 비율은 세 연령대에 걸쳐 20퍼센트보다 더 높았다.

구문해설

3행 ..., the percentage of those [who preferred Big/Small City] was higher than **that** of those who preferred Suburb of Big/Small City. ▶ [ ]는 선행사인 those를 수식하는 주격 관계대명사절이다. that은 앞에 나온 the percentage를 대신한다.

8행 **Each percentage** of the three preferred types of place *to live* **was** higher than 20% across the three age groups. ▶ 핵심 주어가 Each percentage로 단수이므로 단수동사 was를 썼다. to live는 place를 수식하는 형용사적 용법의 to부정사이다.

문제해설

④ 55세 이상의 연령층에서 선호도가 가장 낮은 곳은 대/소도시 근교이다.

5 ⑤

오랫동안, 미국에는 공식 경찰관이 존재하지 않아서, 범죄자들은 일반 시민들에 의해 체포되어야 했다. 이러한 '시민의 체포'라는 관행은 1285년 영국에서 도입된 법에서 비롯했으며, 이것은 일반 대중의 구성원에 의해 이루어진 체포를 합법화했다. 이 관행은 결국 미국이 될 영국 식민지를 포함하여 영국 식민지 전역으로 퍼졌다. 그러나, 시민의 체포 권한은 종종 남용되었다. 특히, 이는 흑인 지역 사회를 위협하고 공포에 떨게 하는 데 사용되었다. 그리고 이제 대부분의 체포는 공식 경찰관에 의해 이루어지지만, 시민의 체포에 있어서 인종적 편견과 차별이라는 문제가 많은 유산은 계속해서 존재한다. 예를 들어, 2020년 조지아에서 백인 남성 무리가 Ahmaud Arbery라는 이름의 흑인 남성을 총으로 쏘아 죽였는데, 그는 그저 실외에서 조깅을 하고 있었다. 그들이 그들 자신을 변호하려고 시도할 때, 그들은 Arbery가 범죄를 저질렀다고 믿었기 때문에, 그들의 행동은 그 주의 시민의 체포법 하에 합법적이었다고 주장했다.

구문해설

2행 This practice of "citizen's arrest" originated from a law [introduced in England in 1285], [which legalized arrests made by ordinary members of the public]. ▶ 첫 번째 [ ]는 a law를 수식하는 과거분사구이다. 두 번째 [ ]는 a law introduced in England in 1285를 선행사로 하는 계속적 용법의 주격 관계대명사절이다.

4행 This practice spread throughout the British

colonies, including **those** [that would eventually become the United States]. ▸ those는 the British colonies를 가리키며, [ ]는 선행사 those를 수식하는 주격 관계대명사절이다.

11행 ..., they claimed [that, {because they had believed that Arbery had committed a crime}, their actions were legal under the state's citizen's arrest law]. ▸ [ ]는 claimed의 목적어로 쓰인 명사절이다. { }는 이유를 나타내는 부사절로, 백인 남성 무리가 자신들의 행동이 합법적이었다고 주장한 이유를 강조하기 위해 that이 이끄는 명사절의 앞에 쓰였다.

문제해설
이 글은 미국의 '시민의 체포' 관행의 유래와 이 관행이 특히 흑인 지역 사회를 차별하고 위협함으로써 남용되었고, 지금까지도 이 차별과 위협이 계속되고 있음을 설명하는 글이므로, 제목으로는 ⑤ '미국에서 시민의 체포에 관한 문제가 많은 역사와 지속적인 논란'이 가장 적절하다.
① 미국의 경찰 부서의 놀라운 기원
② 미국 법에서 인종적 편견 문제를 해결한 방식
③ 미국 정의의 숨겨진 스펙트럼: 시민의 체포에 대한 논쟁
④ 미국 사법 시스템의 최근 발전과 개선

21 과학

기출예제
p. 94

물벼룩이라는 매우 흥미로운 종은 진화 생물학자들이 '적응적 가소성'이라고 부르는 일종의 유연성을 보여준다. (B) 만약 새끼 물벼룩이 물벼룩을 먹이로 하는 생물의 화학적 특징을 포함하는 물에서 성체로 성장하고 있다면, 그것(새끼 물벼룩)은 자신을 포식자로부터 방어하기 위해 머리 투구와 가시 돌기를 발달시킨다. 그 주변의 물이 포식자의 화학적 특징을 포함하지 않으면, 물벼룩은 이러한 보호 장치를 발달시키지 않는다. (A) 그것은 영리한 묘책인데, 가시 돌기와 머리 투구를 만드는 것은 에너지 측면에서 비용이 많이 들고, 에너지를 보존하는 것이 생존하고 번식하는 생물체의 능력에 필수적이기 때문이다. 물벼룩은 필요할 때에만 가시 돌기와 머리 투구를 만드는 데 필요한 에너지를 쓴다. (C) 따라서 이러한 가소성은 적응, 즉 번식 적합성에 기여했기 때문에 한 종에서 존재하게 된 특성일 것이다. 많은 종에 걸쳐 적응적 가소성의 여러 사례가 있다. 환경에 충분한 변화가 있다면 가소성은 적합성에 도움이 된다.

구문해설
3행 That's a clever trick, because [producing spines and a helmet] **is** costly, in terms of energy, and [conserving energy] **is** essential for an organism's ability [to survive and reproduce]. ▸ 첫 번째와 두 번째 [ ]는 주어로 쓰인 동명사구로, 단수 취급하므로 단수동사 is가 각각 쓰였다. 세 번째 [ ]는 an organism's ability를 수식하는 형용사적 용법의 to부정사구이다.

7행 If the baby water flea is developing into an adult in water [that includes the chemical signatures of creatures {that prey on water fleas}], it develops a helmet and spines to defend itself against predators. ▸ [ ]는 선행사인 water를 수식하는 주격 관계대명사절이다. { }는 선행사인 creatures를 수식하는 주격 관계대명사절이다.

문제해설
물벼룩의 적응적 가소성을 소개하는 주어진 글에 이어, 물벼룩은 포식자가 있는 물에서는 머리 투구와 가시 돌기를 발달시키고, 포식자가 없는 물에서는 그러한 보호 장치를 발달시키지 않는다는 내용의 (B)가 오고, 이렇게 필요할 때만 방어책을 세우는 것이 영리한 묘책이라고 언급한 (A)가 이어진 후, 이러한 가소성은 변화하는 환경에 적응하는 특성으로 볼 수 있다는 내용의 (C)로 이어지는 것이 가장 자연스럽다.

어휘
water flea 물벼룩 flexibility 유연성 conserve 보존하다 reproduce 생식[번식]하다 (*a.* reproductive 생식[번식]의) expend (돈·에너지 등을) 쏟다[들이다] signature 서명; *특징, 특유의 징후 defend 방어하다 predator 포식자 protective 보호하는, 방어용의 device 장치, 기구 may well 아마 …일 것이다 trait 특성, 특징 fitness 적합성 sufficient 충분한 variation 차이, 변화

적용독해
pp. 95~97

1 ③ 2 ⑤ 3 ④ 4 ② 5 ②

1 ③
식품과, 다른 물질에 들어 있는 특정 알레르겐(알레르기 유발 항원)에 반응하는 사람들은 '알레르기 교차 반응성'을 통해 추가적인 알레르기가 생기는 것으로 알려져 왔다. 이것은 동일한 알레르겐을 함유하고 있는 다른 물질이나 매우 유사한 단백질 구조를 가진 또 다른 알레르겐에 의해 유발될 수 있다. 교차 반응성은 알레르기 환자들을 원래의 (알레르기를 유발하던) 알레르겐을 가까이하지 않을 때조차도 알레르기 반응의 위험에 처하게 할 수 있다. 예를 들어, 땅콩 알레르기 때문에 주의하여 땅콩을 피하는 사람이 콩, 완두콩, 혹은 렌즈콩과 같은, 식물 분류상 같은 과(科)에 속하는 식품에 반응할지도 모른다. (땅콩 알레르기는 어린이들 사이에서 점점 더 널리 퍼지고 있고, 그것은 보통 그들에게 평생 영향을 미친다.) 또한 일부 식품과 꽃가루 알레르기를 일으키는 꽃가루 사이에서 알레르기 교차 반응이 일어날 가능성도 있다. 임상적으로 식품 알레르기 진단을 받은 사람이라면, 이러한 반응을 유발할지도 모르는 유사 식품들을 피하는 것이 바람직하다.

구문해설
1행 People [who react to specific allergens in foods and other substances] have been known to develop .... ▸ [ ]는 선행사인 People을 수식하는 주격 관계대명사절이다.

2행 This may be caused by a different substance [containing the same allergen] or another allergen [with a closely matching protein structure]. ▸ 첫 번째 [ ]는 a different substance를 수식하는 현재분사구이다. 두 번째 [ ]는 another allergen을 수식하는 전치사구이다.

10행 For anyone [clinically diagnosed with food allergies], **it** is advisable [to avoid similar foods {that might trigger these reactions}]. ▸ 첫 번째 [ ]는 anyone을 수식하는 과거분사구이다. it은 가주어이고 두 번째 [ ]가 진주어이다. { }는 선행사인 similar foods를 수식하는 주격 관계대명사절이다.

문제해설
땅콩 알레르기를 예로 들어, 특정 알레르겐에 반응하는 사람들이 알레르기 교차 반응성으로 인해 추가적인 알레르기가 생길 수 있음을 설명하는 글이므로, 어린이들 사이에서의 땅콩 알레르기의 확산 추세를 언급하는 ③은 글의 흐름과 무관하다.

2 ⑤

죽은 척하는 것은 때때로 'playing possum'이라고 불리는데, 이는 북아메리카주머니쥐에서 영감을 얻은 관용구이다. 위험에 직면하면, 이 주머니쥐는 처음에 쉬익 하는 소리를 내고, 으르렁거리며, 이빨을 드러내고, 심지어 물기까지 하면서 반응한다. 이러한 방법들이 실패하면, 이 주머니쥐에게는 비상 대책이 있는데, 바로 죽은 척을 하는 것이다. 극도로 위험한 상황에서, 그것은 쓰러지고, 완전히 조용히 누운 채로 입에 거품을 일으킨다. 그러는 동안, 악취가 나는 체액이 분비되어 그것에게 진짜 죽은 것 같은 냄새가 나게 한다. 대부분의 포식자들은 먹이를 직접 죽이는 것을 더 좋아하고 겉보기에 죽은 것 같은 동물을 남겨 둘 것이므로, 이것은 매우 효과적인 방어법이다. 가장 놀라운 것은 이러한 행위가 의식적으로 행해지지 않는다는 사실이다. 대신에, 그것은 포식자를 맞닥뜨리는 스트레스에 대한 무의식적인 생리 반응이다. 보통, 포식자가 떠나고 나서야 비로소 주머니쥐는 이러한 상태에서 깨어난다.

구문해설
2행 [Pretending to be dead] is sometimes called "**playing possum**," [a phrase {inspired by the North American opossum}]. ▸ 첫 번째 [ ]는 문장의 주어로 쓰인 동명사구로 단수 취급한다. "playing possum"과 두 번째 [ ]는 동격이다. { }는 a phrase를 수식하는 과거분사구이다.

6행 ..., it collapses and foams at the mouth [while lying completely still]; meanwhile, a foul-smelling fluid is secreted, [giving **it** a realistic smell of death]. ▸ 첫 번째 [ ]는 의미를 명확히 하기 위해 접속사를 생략하지 않은 분사구문이다. 두 번째 [ ]는 결과를 나타내는 분사구문이다. it은 앞 문장에 나온 the opossum을 가리킨다.

10행 Normally, **it is not until** the predator is gone **that** the opossum wakes from this state. ▸ 「it is not until ... that ~」은 '…가 되어서야 비로소 ~하다'라는 의미이다.

문제해설
주어진 문장의 it은 위기의 순간에 죽은 척을 하는 주머니쥐의 행위를 의미하며 이것이 무의식적인 생리 반응이라고 했으므로, 주어진 문장은 이러한 행위가 의식적으로 일어나는 것이 아님을 언급한 문장 다음인 ⑤에 들어가는 것이 가장 적절하다.

3 ④

제2차 세계 대전 중에는, 우리가 현재 알고 있는 컴퓨터가 존재하지 않았다. 그것은 대포 목록 같은 것들을 만들기 위해 필요한 길고 복잡한 계산들이 수작업으로 이뤄져야 했음을 의미했다. 그리고 미국의 다른 산업들이 전쟁에 참전한 남성들에 의해 남겨진 소임을 다할 수만 명의 여성들을 고용했던 방식처럼, 미군은 이런 중요한 산출을 할 뛰어난 계산 능력을 지닌 수백 명의 여성들을 고용했다. 이 여성들은 'Rosies'라고 불렸는데, 이것은 다른 산업에서 전통적으로 남성들이 하던 일을 맡았던 여성들에게 붙여진 별명과 같았다. 전쟁이 끝나고 군이 어려운 계산 작업을 대신할 기계를 개발하기 시작했을 때, 많은 Rosies가 도움을 주기 위해 그곳에 있었다. 수십 명의 여성들이 방 크기 정도의 새로운 기계에 대해 오류를 검출하여 제거하고 코드를 실행하는 작업을 하여, 세상을 컴퓨터의 시대로 이끄는 데 도움을 주었다.

구문해설
1행 That meant [that the long, complex calculations {needed in order to make things like artillery tables} had to be done by hand]. ▸ [ ]는 meant의 목적어로 쓰인 명사절이다. { }는 the long, complex calculations를 수식하는 과거분사구이다.

3행 And just like [how other American industries hired tens of thousands of women to fill the roles {that had been left by men <involved in the war effort>}], ... ▸ [ ]는 방법을 나타내는 관계부사절이다. { }는 선행사인 the roles를 수식하는 주격 관계대명사절이다. < >는 men을 수식하는 과거분사구이다.

9행 Dozens of women worked on debugging and running code for the new, room-sized machines, [thus helping to bring the world into the age of computers]. ▸ [ ]는 결과를 나타내는 분사구문이다.

문제해설
제2차 세계 대전 당시에 군대의 중요한 산출 작업을 위해 계산 능력이 뛰어난 여성들이 고용되었고, 'Rosies'라는 별명으로 불린 이 여성들이 전쟁 후에는 컴퓨터 개발을 도왔다는 내용이므로, 제목으로는 ④ 'Rosies: 전시의 계산자들에서 컴퓨터 개발자들로'가 가장 적절하다.
① Rosies가 제2차 세계 대전의 가장 용감한 군인들이었는가?
② 컴퓨터가 현대의 전투에 미치는 엄청난 영향력
③ 컴퓨터 기술이 시대에 따라 어떻게 발전해 왔는가
⑤ 제2차 세계 대전 동안의 여성 근로자들이 어떻게 별명을 얻게 되었는가

4 ②

나방이 왜 빛에 끌리는지에 관한 많은 논의가 있어 왔다. 나방은 빛에 끌리는 것이 아니라 빛에 의해 갇히는 것이 합의인 것처럼 보인다. 빛은 곤충이 방향을 잃게 하고 그것이 제자리를 맴돌게 하는 감각 과부하를 일으킨다. 마하 밴드 이론이라는 가설에 따르면, 나방은 광원 주변의 어두운 영역을 보고 빛을 피하고자 그쪽으로 향한다. 또 다른 이론은 나방이 광원에서 나오는 빛을 중앙에 어두운 점이 있는, 널리 퍼진 광륜(光輪)으로 인식한다는 것을 보여 준다. 나방은 빛을 피하려고 애쓰면서, 상상 속의 '입구'를 향해 날아가 광원에 더 가까이 다가가게 된다. 빛에 다가가며 나

방의 기준이 바뀌고 나방은 입구에 도달하기 위해 어쩔 수 없이 빛 주위를 맴돈다. 누구나 현관 불빛을 맴도는 나방에 익숙하다. 그들의 비행은 아무런 목적을 가지지 않은 것처럼 보이지만, 그들은 빛의 끌어당김에서 벗어나려고 애쓰고 있는 것으로 여겨진다.

구문해설

1행 There **has been** a lot of discussion on [why moths are attracted to light]. ▶ has been은 계속을 나타내는 현재완료이다. [ ]는 전치사 on의 목적어로 쓰인 의문사절이다.

1행 The consensus seems to hold [that moths are **not so much** attracted to lights **as** they are trapped by them]. ▶ [ ]는 hold의 목적어로 쓰인 명사절이다. 「not so much A as B」는 'A라기 보다는 B인'이라는 의미이다.

문제해설

나방은 빛을 피하려고 애쓰지만, 오히려 광원을 피하지 못하고 빛 주위를 맴돌게 된다는 내용이므로, 빈칸에는 ② '갇히는'이 들어가는 것이 가장 적절하다.

① 따뜻해진
③ 겨냥된
④ 보호된
⑤ 거부된

5 ②

지진은 대규모의 피해와 심지어 인명 손실도 초래하지만, 다행히도 일본에서 개발된 한 에어백 시스템이 이러한 위험을 최소화할 수도 있다. (B) 이 시스템은 지진이 지속되는 시간 동안 건물을 들어 올려 지면의 강한 진동으로부터 보호함으로써 건물을 지킨다. 이 장치를 상상할 때, 당신은 집이 거대한 풍선처럼 생긴 주머니 위에 떠 있는 것을 떠올릴지도 모르지만, 그것은 당연히 사실이 아니다. (A) 실제로는, 미진을 흡수하기 위해 단지 약 1인치 정도의 충전재만 있으면 된다. 게다가, 대부분의 시간에는 그 에어백이 필요하지 않아서 그것(= 에어백)은 지진이 날 때만 작동되는데, 동작 탐지기가 진동을 확인하고 자동으로 그 시스템의 전원을 켜기 때문이다. (C) 그 시점에, 압축된 공기가 건물의 하단부로 빠르게 밀려들어 가서, 건물의 인공 토대를 부풀리고 건물이 진동에 닿지 않고 안전하게 떠 있게 해준다. 지반의 움직임이 더 이상 감지되지 않으면, 공기는 빠져나가고 건물은 손상되지 않은 채 원래 위치에 다시 내려앉는다.

구문해설

8행 [When picturing this device], you might **imagine** *a house* **floating** on a giant balloon-like pouch, ... ▶ [ ]는 의미를 명확히 하기 위해 접속사를 생략하지 않은 분사구문이다. imagine은 동명사를 목적어로 쓰는 동사로, a house는 동명사 floating의 의미상 주어이다.

11행 ..., compressed air is quickly forced into the underlying structure of the building, [inflating an artificial foundation] and [**allowing** the building **to float** safely over the vibrations]. ▶ 두 개의 [ ]는 접속사 and로 병렬 연결된 분사구문으로, 연속동작을 나타낸다. 「allow A to-v」는 'A가 …하게 해 주다'라는 의미이다.

문제해설

일본에서 개발된 에어백 시스템이 지진의 피해를 줄일 수 있다는 내용의 주어진 글에 이어, 지진으로부터 건물을 보호해 주는 이 시스템이 커다란 풍선 주머니 위에 집이 떠 있는 모습은 아니라는 내용의 (B)가 오고, 실제 에어백 시스템이 지진 발생 시 작동하는 방식을 설명하는 (A)가 이어진 후, 지진이 멈추면 건물이 다시 원위치로 돌아온다는 내용의 (C)로 이어지는 것이 가장 자연스럽다.

22 예술

기출예제

영화는 우리 현실의 숨겨진 윤곽을 보이게 만드는 능력 때문이 아니라, 현실 자체가 가리고 있는 것, 즉 환상의 차원을 드러내는 능력 때문에 가치가 있다. 이것이 최초의 위대한 영화 이론가들이 영화를 사실주의 방향으로 밀어붙였던 소리와 (이를테면 색채와 같은) 다른 기술 혁신의 도입을 공공연히 비난한 이유이다. 영화는 전체적으로 환상적인 예술이었기 때문에 이러한 혁신은 완전히 불필요했다. 설상가상으로 그것들은 잠재적으로 단순히 현실의 표현을 위한 전달 장치로 영화를 변형시키면서, 영화 제작자와 관객을 영화의 환상적인 차원에서 멀어지게 할 뿐이었다. 무성 흑백 영화의 비현실주의가 지배적이었던 한, 영화적 환상을 현실의 표현으로 삼을 수는 없었다. 하지만 소리와 색채는 바로 그러한 착각을 만들어낼 위협이 되었고, 이는 영화 예술의 본질을 파괴하게 되었다. Rudolf Arnheim은 "예술가의 창의적 힘은 현실과 표현의 매체가 일치하지 않는 곳에서만 발휘될 수 있다."고 말한다.

구문해설

3행 Cinema is valuable **not** for its ability [to make visible the hidden outlines of our reality], **but** for its ability [to reveal {what reality itself veils}—the dimension of fantasy]. ▶ 「not A but B」는 'A가 아니라 B'라는 의미이다. 두 [ ]는 각각 its ability를 수식하는 형용사적 용법의 to부정사구이다. { }는 선행사를 포함하는 관계대명사 what이 이끄는 명사절로, reveal의 목적어로 쓰였다. { }와 the dimension of fantasy는 동격이다.

8행 ..., they could **do nothing but turn** filmmakers and audiences away from the fantasmatic dimension of cinema, [potentially transforming film into a mere delivery device for representations of reality]. ▶ 「do nothing but + 동사원형」은 '단지 …하기만 하다'라는 의미이다. [ ]는 동시동작을 나타내는 분사구문이다.

10행 But sound and color **threatened to create** just such an illusion, [thereby destroying the very essence of film art]. ▶ 「threaten to-v」는 '…라고 위협하다'라는 의미이다. [ ]는 결과를 나타내는 분사구문이다.

문제해설

주어진 문장은 무성 흑백 영화는 (소리와 색채 요소를 배제하여) 영화를 현실로 받아들일 수 없다는 내용이므로, 역접의 연결사 But을 사용하여 소리와 색채가 이러한 착각을 가능하게 만든다는 문장 바로 앞인 ④에 들어가는 것이 가장 적절하다.

어휘
irrealism 비현실주의 (↔ realism 사실주의) predominate 지배하다 take A for B A를 B로 여기다 filmic 영화의 (*n.* film 영화) representation 묘사, 표현 outline 개요; *윤곽 veil 베일, 면사포; *가리다 dimension 차원 introduction 도입 innovation 혁신 entirely 전적으로 potentially 잠재적으로 transform A into B A를 B로 변형시키다 illusion 환상, 착각 come into play 작동하다 medium 중간의; *매체[수단] coincide 일치하다

적용독해
pp. 99~101

1 ③ **2** ⑤ **3** ② **4** ⑤ **5** ⑤

1 ③
당신이 장관을 이루는 경치 앞에 서 있을 수 있다는 사실이 당신이 반드시 그것의 아름다움을 사진에 담아낼 수 있음을 의미하는 것은 아니다. 실제 전망은 눈으로 볼 수 있을 만큼 멀리 펼쳐져 있지만, 사진은 4면으로 된 프레임에 한정되어 있다. 보는 사람은 그 프레임 안의 내용물에 기반하여 해석할 수 있을 뿐이다. 사진에서 구도는 하나의 장면이 프레임에 담기는 방식으로 정의될 수 있다. 하지만, 좋은 구도는 그것을 훨씬 넘어선다. 어떤 이미지를 한정된 형태 안에 들어맞게 하는 단순한 행위가 되는 대신, 그것은 보는 사람의 관심을 소재로 돌리기 위해 윤곽, 사물, 그리고 색조의 정밀한 배치에 더 중점을 둔다. 좋은 구도는 보는 사람을 사진의 중심 주제로 쉽게 인도하고, 그림자와 빛 사이의 상호 작용과 같이 그것(= 좋은 구도)이 아니면 간과될 수도 있는 미묘한 측면들을 끌어낸다.

구문해설
4행 Composition in photography can be defined as the way [a scene is framed]. ▸ [ ]는 선행사인 the way를 수식하는 관계부사절이다.

6행 **Rather than** being a simple act [of fitting an image into a confined shape], it focuses more on the precise arrangement of silhouettes, objects, and tones *to draw* the viewer's attention to the subject matter. ▸ 「rather than ...」은 '…보다는[대신에]'이라는 의미이다. [ ]는 a simple act를 수식하는 전치사구이다. to draw는 목적을 나타내는 부사적 용법의 to부정사이다.

9행 ... and brings out subtle aspects [that **might otherwise go** unnoticed], such as the interaction between shadows and light. ▸ [ ]는 선행사인 subtle aspects를 수식하는 주격 관계대명사절이다. otherwise와 가정법 과거가 함께 쓰여 '그렇지 않다면, …할 텐데'라는 의미를 나타낸다.

문제해설
사진에서 좋은 구도란 어떤 것인지를 설명하는 글이므로, 글의 주제로는 ③ '사진에서 좋은 구도에 대한 정의'가 가장 적절하다.

① 사진을 해석하는 원리
② 전문 사진작가의 자질
④ 이미지가 다양한 방식으로 해석될 수 있는 이유
⑤ 보는 사람들이 선호하는 피사체의 종류

2 ⑤
Gioachino Rossini는 그가 작곡할 수 있었던 놀라운 속도로 알려졌던 이탈리아의 유명한 오페라 작곡가였다. 그의 위대한 재능은 그가 어떻게 「Tancredi」에 나오는 'Aria dei rizi(쌀 아리아)'를 썼는지에 관한 일화에 잘 드러나 있다. 「Tancredi」 공연이 있기 단 이틀 밤 전에, 주연 가수가 Rossini가 썼던 아리아 중 한 곡을 부르는 것을 거부했다. 그 불쌍한 작곡가는 저녁을 먹고 어떻게 해야 할지 생각해 보려고 자신의 여관으로 돌아왔다. 그가 절망하여 방에 들어갈 때, 요리사가 "쌀을 불에 올려놓을까요?"라고 물었고, Rossini는 그러라고 대답했다. 요리사는 쌀을 불에 올려놓았고, 놀랍게도 그것이 다 되기도 전에 Rossini는 완전히 새로운 아리아를 작곡했다. 그것은 그때 이후로 줄곧 사랑받아 왔으며 베니스에서는 여전히 'Aria dei rizi'로 알려져 있다.

구문해설
1행 Gioachino Rossini was a famous Italian opera composer [who was known for the amazing speed {with which he was able to compose}]. ▸ [ ]는 선행사인 a famous Italian opera composer를 수식하는 주격 관계대명사절이다. { }는 선행사인 the amazing speed를 수식하는 관계사절이다.

4행 ..., the lead singer refused to sing one of the arias [(that) Rossini had written]. ▸ [ ]는 선행사인 the arias를 수식하는 목적격 관계대명사절로, 목적격 관계대명사가 생략되었다.

5행 The poor composer returned to his inn **to have** dinner and **(to) think** about [what he should do]. ▸ to have와 (to) think는 목적을 나타내는 부사적 용법의 to부정사로, 접속사 and로 병렬 연결되어 있다. [ ]는 전치사 about의 목적어로 쓰인 의문사절이다.

문제해설
Rossini가 'Aria dei rizi'를 얼마나 빨리 작곡했는지에 관한 일화를 소개하고 있으므로, 빈칸에는 ⑤ '그가 작곡할 수 있었던 놀라운 속도'가 들어가는 것이 가장 적절하다.

① 주연 가수들에게 매우 엄격한 것
② 음악뿐만 아니라 음식에 대한 그의 고상한 취향
③ 희극을 쓰는 것에 있어서의 그의 기량
④ 다른 일을 하면서 곡을 쓰는 그의 습관

3 ②
요하네스버그에 있는 Ponte City Tower는 54층으로, 그 도시에서 가장 높은 주거용 건축물인 중심이 텅 빈 원통형의 고층 건물이다. 그것은 1975년에 완공되었는데, 그때 남아프리카공화국은 여전히 정부가 다른 인종 집단들을 분리하는 정치 체제인 아파르트헤이트 정권하에 있었다. 기품 있는 Ponte City Tower는 백인 거주자들만을 위해 지어졌고, 흑인들은 하인을 제외하곤 그곳에 거주하는 것이 허용되지 않았다. 이 건물의 1층은 고급 상점들, 볼링장, 그리고 심지어 음악회를 위한 공간을 특징으로 했는데, 그것은 비슷한 부류 중에서 가장 평범한(→ 호

화로운) 건물이었다. 1980년대 초반에, 이 지역에 대한 투자가 감소했고 주민들은 더 멋진 곳으로 이주하기 시작했다. 이 지역이 낙후되면서, Ponte City Tower는 그 도시의 최상류층이 아닌 범죄자들의 소굴이 되었다. 이 건물은 결국 황폐해지고 훼손되었는데, 한때 중앙부에는 거의 5층 높이의 쓰레기가 쌓여 있었다.

구문해설

1행 Ponte City Tower in Johannesburg is a hollow-centered cylindrical skyscraper [that, {at 54 stories}, is the tallest residential structure in the city]. ▸ [ ]는 선행사인 a hollow-centered cylindrical skyscraper를 수식하는 주격 관계대명사절이다. { }는 that절의 동사 앞에 삽입된 삽입구이다.

2행 It was completed in 1975, [when South Africa was still under Apartheid, {a political system <in which the government segregated different racial groups>}]. ▸ [ ]는 선행사인 1975를 부연 설명하는 계속적 용법의 관계부사절이다. Apartheid와 { }는 동격이다. < >는 선행사인 a political system을 수식하는 관계사절이다.

11행 ..., **with** the center section **accumulating** nearly five stories of debris at one point. ▸ 「with+명사(구)+v-ing」는 '…가 ~한 채로[하면서]'라는 의미로, 명사구와 동사가 능동 관계이므로 현재분사가 쓰였다.

문제해설

② Ponte City Tower의 1층이 고급 상점, 볼링장, 그리고 심지어는 음악회를 위한 공간을 특징으로 했다는 것으로 보아, Ponte City Tower는 '호화로운' 건물이었다는 흐름이 자연스럽다. 따라서, modest를 extravagant 등으로 고쳐야 한다.

4 ⑤

음악은 인간의 예술 형식으로, 세계 어디에서나 인간의 경험에서 분리할 수 없는 일부이다. 음악은 사회적이며, 삶의 색채의 실로 수놓은 장식 걸개에 촘촘히 짜여 있고, 어린아이들은 이 다면적인 직물의 매우 중요한 부분이다. 그들이 갖는 음악적 경험은 그들에게 언어, 행동, 관습, 전통, 믿음, 가치, 이야기, 그리고 다른 문화적 뉘앙스를 알 수 있는 기회를 제공한다. 노래와 기악곡의 경험을 통해 음악적으로 숙련되면서, 어린아이들은 또한 문화적 지식과 감수성을 기를 수 있다. 음악은 문화의 극히 중요한 측면이며, 사람들의 집단을 특징짓는, 위에서 언급된 측면들을 형성하고 전달한다. 어린아이들이 세계의 음악 문화를 접하는 것은 그들을 문화적 대화에 끌어들여, 그들이 예술적으로 의미 있고 매력적인 방식으로 자신과 다른 사람들에 대해 배울 수 있게 해준다. 모두 너무나도 쉽게 편견으로 변하는 사회적 편향과 문화적 선호의 발달에 앞서서, 노래, 춤, 그리고 악기 연주를 통해 사람들을 알 수 있는 기회는 어린아이들이 언젠가 될 책임감 있는 시민으로 균형 있게 발달하도록 해주기 위해 노력하는 모든 이들에게 선물이다.

구문해설

3행 The musical experiences [(which/that) they have] provide opportunities *for them* **to know** language, ... ▸ [ ]는 선행사인 The musical experiences를 수식하는 목적격 관계대명사절로, 목적격 관계대명사가 생략되었다. to know는 opportunities를 수식하는 형용사적 용법의 to부정사이며, for

them은 to know의 의미상 주어이다.

9행 [Exposing young children to the world's musical cultures] **brings** them into the cultural conversation, [*allowing* them *to learn* about self and others in an artistically meaningful and engaging way]. ▸ 첫 번째 [ ]는 문장의 주어로 쓰인 동명사구로, 단수 취급하므로 단수동사 brings가 쓰였다. 두 번째 [ ]는 결과를 나타내는 분사구문이다. 「allow A to-v」는 'A가 …하게 해 주다'라는 의미이다.

11행 Prior to the development of social biases and cultural preferences [that all too easily turn into prejudices], the opportunity to know people through song, dance, and instrument play is a gift to all [who work for the well-balanced development of young children into the responsible citizens {(who(m)/that) **they** will one day become}]. ▸ 첫 번째 [ ]는 선행사인 social biases and cultural preferences를 수식하는 주격 관계대명사절이다. 두 번째 [ ]는 선행사인 all을 수식하는 주격 관계대명사절이다. { }는 선행사인 the responsible citizens를 수식하는 목적격 관계대명사절로, 목적격 관계대명사가 생략되었다. they는 앞에 나온 young children을 가리킨다.

문제해설

아이들은 음악을 접하면서 문화적으로 성장하게 되고 균형 잡힌 책임감 있는 시민이 된다는 내용이므로, 글의 요지로는 ⑤가 가장 적절하다.

5 ⑤

"네 작품은 형편없다"라고 Piero Manzoni의 아버지는 아들의 예술에 대해 말했다. 이 혁신적이지만 독특한 예술가는 낙담하기는커녕, (아버지의 말로부터) 오히려 영감을 받았다. Manzoni는 90개의 캔을 만들었고, 그것들 안에 자신의 배설물 30그램을 밀봉해 두었다고 주장했다. Manzoni는 그 캔에 001번부터 090번까지 번호를 매기고, 캔에 자신의 이름을 서명했다. 그는 각 캔의 무게만큼의 금으로 (작품의) 값을 지불받기를 요청했다. Manzoni는 예술이 지나치게 자본주의적이 되는 것에 논평을 하기 위해 풍자적인 작품을 만든 것이었다. 대중들이 모든 예술 작품을 차지하기 위해 앞다투는 상황에서, Manzoni는 '예술가의 공기'로 풍선을 채우는 것과 같은 터무니없는 걸작들을 만들어냈다. 그의 배설물 캔은 그중에서도 가장 극단적인 것이었다. 대중을 조롱하려는 그의 목표는 성공적이었다. 그가 평생 얼마나 많은 캔을 판매했는지에 대한 기록은 없지만, 그것들은 이 시대의 중요한 예술 작품이 되었다. 오늘날, 그의 캔은 같은 무게의 금보다 상당히 더 가치가 있다. 2016년에는 069번 캔이 밀라노의 한 경매에서 30만 달러에 팔렸다. 그의 캔 가격은 오늘날까지도 계속해서 상승하고 있다.

구문해설

1행 "Your work stinks" is [what Piero Manzoni's father said about his son's art]. ▸ [ ]는 선행사를 포함하는 관계대명사 what이 이끄는 명사절로, 문장의 보어 역할을 한다.

3행 ... and claimed **to have sealed** thirty grams of his own bodily waste inside them. ▸ to have sealed는 문장의 동사가 나타내는 시제보다 더 이전의 시점을 나타내는 완료부정사이다.

5행 Manzoni created satirical work **to comment** on art [being excessively capitalistic]. ▸ to comment는 목적을 나타내는 부사적 용법의 to부정사이다. [ ]는 전치사 on의 목적어로 쓰인 동명사구이며, art는 동명사의 의미상 주어이다.

8행 His goal [to mock the public] worked. ▸ [ ]는 his goal을 수식하는 형용사적 용법의 to부정사구이다.

문제해설
⑤ 오늘날 Manzoni의 캔은 같은 무게의 금보다 훨씬 더 가치가 있다고 했다.

---

23 기타

기출예제
p. 102

Evelyn이 캐나다 전역에서 그곳의 수많은 공룡 화석으로 유명한 앨버타 주의 Badlands를 탐험하는 것은 이번이 처음이었다. 젊은 아마추어 뼈 발굴자로서, 그녀는 기대감으로 가득 차 있었다. 그녀는 흔한 공룡 종의 뼈를 찾기 위해 이렇게 멀리 여행해 본 적이 없었다. 희귀한 공룡 화석을 찾는 그녀 평생의 꿈이 이제 막 실현되려는 참이었다. 그녀는 열심히 화석을 찾기 시작했다. 그러나 여러 시간 동안 황량한 땅을 헤매고 다닌 후에도, 그녀는 성공하지 못했다. 이제 해가 지기 시작하고 있었고, 그녀의 목표는 여전히 손아귀에서 한참 벗어나 있었다. 그녀 앞에 서서히 어두워지는 땅을 바라보며, 그녀는 한숨을 쉬며 말했다. "이토록 먼 길을 왔는데 헛수고라니 믿을 수가 없어. 이게 무슨 시간 낭비야!"

구문해설
4행 Her life-long dream [to find rare fossils of dinosaurs] was about to come true. ▸ [ ]는 Her life-long dream을 수식하는 형용사적 용법의 to부정사구이다.

7행 [Looking at the slowly darkening ground before her], she sighed to herself, "I can't believe [(that) I came all this way for nothing]. ▸ 첫 번째 [ ]는 동시동작을 나타내는 분사구문이다. 두 번째 [ ]는 can't believe의 목적어로 쓰인 명사절로, 접속사 that이 생략되었다.

문제해설
Evelyn은 공룡 화석을 발견하려는 자신의 꿈이 이루어질 것으로 생각하고 기대감에 차 있었다가, 아무것도 찾지 못하자 실망했을 것이다.

어휘
explore 탐험하다 numerous 수많은 amateur 아마추어인 bone-hunter 뼈 발굴자 overflow 넘치다[넘쳐흐르다] anticipation 예상; *기대 eagerly 열심히 wander 헤매다 deserted 사람이 없는, 황량한 sigh 한숨을 쉬다

적용독해
pp. 103~105

1 ③ 2 ① 3 ④ 4 ③ 5 ②

1 ③

많은 사람들은 극한 스포츠를 하는 것이 자주 그들을 부상이나 사망의 더 높은 위험에 처하게 할지라도 그것에 참여한다. 그런데 그 위험은 얼마나 클까? 우리는 서로 다른 활동들과 관련된 마이크로모트를 비교함으로써 알아낼 수 있다. 마이크로모트는 특정 활동으로 백만 명 중 몇 명이 사망할 가능성이 있는지를 나타내며, 외부 요인으로 인한 일상적인 사망 위험은 약 1마이크로모트이다. 극한 스포츠에 있어, 스카이다이빙은 10마이크로모트의 위험이 따른다. 이 수치가 높아 보일지도 모르지만, 이것은 또한 응급 수술 중에 전신 마취 상태에 놓이는 것과 관련된 위험이기도 하다. 스쿠버 다이빙의 위험은 8마이크로모트로 훨씬 더 적다. 그리고 놀랍게도, 마라톤을 뛰는 것이 이와 동일한 수준의 위험을 가진다! 이 정보에 비추어볼 때, 많은 합리적인 사람들이 이러한 활동들을 즐기는 것은 놀라운 일이 아니다.

구문해설
3행 Micromorts represent the chances [of dying from a certain activity out of a million], ... ▸ [ ]는 the chances를 수식하는 전치사구이다.

9행 ..., **it** should come as no surprise [that many reasonable people enjoy these activities]. ▸ it은 가주어이고 [ ]가 진주어이다.

문제해설
마이크로모트 수치를 통해 극한 스포츠와 다른 활동들의 위험 정도를 비교해 보면 극한 스포츠가 일반적으로 생각하는 것만큼 위험하지 않다는 내용이므로, 글의 요지로는 ③이 가장 적절하다.

2 ①

기름에 튀기는 것은 전 세계의 나라에서 대중적인 요리법이다. 하지만 모든 식용유가 튀기는 것에 똑같이 적합한 것은 아니다. 기름은 열이 가해지면 질이 저하되며, 여러 기름들은 내열성의 정도가 다르다. (손님을 위해 요리할 때 질이 저하된 기름을 사용하지 않는 것이 중요하다.) 기름을 가열하는 것은 또한 음식의 영양가를 낮추는 부산물을 만들 수 있다. 어떤 종류의 식용유가 건강에 가장 좋은지를 알아내기 위해, 한 연구팀은 그것들(= 식용유)들이 가열될 때 어떻게 화학 구조를 유지하는지 알아보려고 여러 종류를 실험했다. 연구원들은 생감자 조각들을 튀기는 데 올리브유, 옥수수유, 대두유, 그리고 해바라기유의 네 가지 각기 다른 기름을 사용했다. 올리브유가 가장 안정적인 것으로 드러났기 때문에, 연구원들은 올리브유로 튀기는 것이 종자 기름으로 튀기는 것보다 더 영양가 있는 음식을 만든다는 결론을 내렸다.

구문해설
1행 But **not all** cooking oils are equally suited for frying. ▸ 「not all ....」은 '모두 …한 것은 아니다'라는 의미로, 부분부정을 나타낸다.

3행 **It** is important [not to use degraded oils {when cooking for guests}]. ▸ It은 가주어이고 [ ]가 진주어이다. { }는

의미를 명확히 하기 위해 접속사를 생략하지 않은 분사구문이다.

6행 ..., a team of researchers tested several types **to see** [how they would maintain their chemical structure {when (they were) heated}]. ▸ to see는 목적을 나타내는 부사적 용법의 to부정사이다. [ ]는 see의 목적어로 쓰인 의문사절로, 「의문사+주어+동사」의 어순을 따른다. { }는 접속사 when이 이끄는 부사절에서 「의문사절의 주어와 동일한 주어+be동사」가 생략된 형태이다.

문제해설
식용유의 종류에 따라 열을 가했을 때 화학 구조를 유지하는 양상이 서로 다르다는 내용의 글이므로, 손님을 위한 요리에 질이 저하된 기름을 사용하지 말아야 한다는 내용의 ①은 글의 흐름과 무관하다.

3 ④

사람들은 흔히 여가를 단순히 일의 반대라고 정의한다. 하지만 우리는 더 나아가서 여가가 의무가 없고 유의미한 개인적 경험의 기회를 제공하는 시간이라고 말함으로써 그것을 정의할 수 있다. 이러한 관점에서 본다면, 여가는 자기 삶에 대한 만족감으로 이어질 선택을 하는 능력과 관련이 있다. 게다가, 여유로운 상태에 있는 사람은 자신의 행동에 책임이 있는 것은 바로 자기 자신의 자발적인 선택이라는 것을 느낄 수 있다. 가장 여유로운 활동들이란 돈이나 타인으로부터의 칭찬 등을 위해서가 아니라, 활동 그 자체를 하는 것을 통해 즐거움을 느끼는 것과 같은, 내적 사유들을 위해 자유롭게 선택된 것들이다. 정반대의 경우, 가장 여유롭지 못한 활동들은 자발적으로(→ 강제적으로), 그리고 목적을 위한 수단으로써 행해진다. 그것들은 또한 높은 수준의 불안감과 제한된 개인의 자율성과도 관련되어 있다.

구문해설
1행 But we can further define **it** by saying [that leisure is time {that *is* free from obligations and *provides* opportunities for meaningful personal experiences}]. ▸ it은 앞 문장의 leisure를 가리킨다. [ ]는 saying의 목적어로 쓰인 명사절이다. { }는 선행사인 time을 수식하는 주격 관계대명사절로, 동사 is와 provides가 접속사 and로 병렬 연결되어 있다.

3행 ..., leisure is associated with the ability [to make choices {that will lead to a feeling of satisfaction with one's life}]. ▸ [ ]는 the ability를 수식하는 형용사적 용법의 to부정사구이다. { }는 선행사인 choices를 수식하는 주격 관계대명사절이다.

6행 The most leisurely activities are **those** [that are freely chosen for internal reasons, such as to experience joy through performing the activity itself], ... ▸ those는 앞에 나온 activities를 대신한다. [ ]는 선행사인 those를 수식하는 주격 관계대명사절이다.

문제해설
④ 가장 여유로운 활동들이란 활동 그 자체를 하는 것을 통해 즐거움을 느끼는 것과 같은, 자유롭게 선택된 것들이라고 했으므로 그와 반대로 가장 여유롭지 못한 활동들은 '강제적으로', 그리고 목적을 위한 수단으로써 행해진다는 흐름이 자연스럽다. 따라서, voluntarily는 compulsively 등으로 고쳐야 한다.

4 ③

스트레스 반응을 자원으로 보는 것은 두려움이라는 생리 기능을 용기라는 생명 작용으로 변환시킬 수 있다. 그것은 위협을 도전으로 바꿀 수 있으며, 여러분이 압박 속에서 최선을 다하도록 도울 수 있다. 불안감의 경우처럼 설령 스트레스가 도움이 된다고 느껴지지 않을 때조차 그것을 기꺼이 받아들이는 것은 스트레스를 도움이 되는 어떤 것, 즉 더 많은 에너지, 더 많은 자신감, 그리고 행동하려는 더 큰 의지로 변모시킬 수 있다. 스트레스의 징후를 알아차릴 때마다 이 전략을 여러분 자신의 삶에 적용할 수 있다. 여러분의 심장이 뛰거나 호흡이 가빠짐을 느낄 때, 그것이 여러분에게 더 많은 에너지를 주려고 하는 신체의 방식임을 깨달아라. 여러분의 몸에서 긴장을 알아차린다면 스트레스 반응이 여러분에게 힘에 접근할 수 있게 해준다는 것을 상기하라. 땀으로 흥건한 손바닥? 처음 데이트하러 갈 때 어떤 기분이었는지 떠올려 보아라. 즉, 손바닥은 여러분이 원하는 것에 가까이 갔을 때 땀을 흘린다.

구문해설
2행 It can **turn** a threat **into** a challenge and can *help* you *do* your best under pressure. ▸ 「turn A into B」는 'A를 B로 바꾸다'라는 의미이다. help는 목적격 보어로 동사원형이나 to부정사를 쓴다.

6행 When you **feel** your heart **beating** or your breath **quickening**, realize [that it is your body's way of trying to give you more energy]. ▸ 지각동사 feel의 목적격 보어로 현재분사인 beating과 quickening이 쓰였으며, 접속사 or에 의해 병렬 연결되어 있다. [ ]는 realize의 목적어로 쓰인 명사절이다.

9행 Remember [what it felt like to go on your first date] .... ▸ [ ]는 Remember의 목적어로 쓰인 의문사로, 「의문사+주어+동사」의 어순을 따른다.

문제해설
③ When이 이끄는 부사절 다음에 주절이 이어지는데, realizing 뒤에 문장의 동사가 없으므로, 명령문이 되도록 realizing을 동사원형인 realize로 고쳐야 한다.

5 ②

여관 주인의 아들인 Leopold Auenbrugger는 어렸을 때 아버지가 와인 통들이 얼마나 차 있는지 알아내기 위해 그것들을 톡톡 두드리고 있는 것을 관찰했다. 그는 이후에 빈에서 의학을 공부했고, 마침내 그 도시의 스페인 병원에서 내과 의사가 되었는데, 그곳은 주로 군인들을 위한 의료 시설의 역할을 했다. 1754년에 그 병원에서 일하던 동안, Auenbrugger는 와인 통을 두드리는 것에 대한 그의 지식을 예기치 않게 사용해서 오늘날 타진법으로 알려진 것을 만들어 냈다. 단순히 환자의 흉부와 복부를 톡톡 두드림으로써, Auenbrugger는 특정 질환들의 존재를 알아낼 수 있었다. 엑스레이와, 다른 현대 의학 기술이 나오기 전의 시대에, 이것은 살아 있는 환자들의 질병을 진단하는 기술에 있어 큰 발전이었다. 그리고 그것은 모두 의학과는 무관한 관찰로부터 시작되었다.

구문해설
1행 ..., the son of an innkeeper, **observed** his father

tapping wine barrels in order to determine [how full they were]. ▸ 지각동사 observe의 목적격 보어로 현재분사가 쓰였다. [ ]는 determine의 목적어로 쓰인 의문사절이다.

4행 ..., [while working at the hospital], Auenbrugger put his knowledge of wine barrel tapping to an unexpected use, [inventing something {now known as the percussion technique}]. ▸ 첫 번째 [ ]는 의미를 명확히 하기 위해 접속사를 생략하지 않은 분사구문이다. 두 번째 [ ]는 결과를 나타내는 분사구문이다. { }는 something을 수식하는 과거분사구이다.

문제해설
한 내과 의사가 어린 시절 아버지가 와인 통을 두드려 그 안이 얼마나 차 있는지를 확인하던 것을 보고 이를 바탕으로 타진법을 고안했다는 내용이므로, 빈칸에는 ② '의학과는 무관한'이 들어가는 것이 가장 적절하다.
① 명백한 오류에 기반을 둔
③ 한 남자의 생명을 구하는 데 사용된
④ 다친 어느 군인에 의해 기록된
⑤ 장기간의 훈련으로 가능하게 된

PART 3 실전편

실전 모의고사 1회   pp. 108~123

18 ④	19 ②	20 ③	21 ④	22 ⑤	23 ④	24 ⑤
25 ⑤	26 ④	27 ④	28 ③	29 ⑤	30 ②	31 ⑤
32 ⑤	33 ③	34 ④	35 ③	36 ③	37 ④	38 ③
39 ③	40 ③	41 ②	42 ⑤	43 ①	44 ③	45 ⑤

18 ④

Steven 씨께,

어제는 Rebecca와 제가 단둘이서 보트를 탄 첫날이었는데, 저희는 정말 멋진 시간을 보냈습니다. 날씨는 완벽했고, 저희는 계류장으로부터 보트의 밧줄을 풀면서 자부심을 느꼈습니다. 저희는 정박지로 들어가기 위해 엔진을 꺼야 하는 특히 어려운 조작을 포함하여 당신이 저희에게 가르쳐준 아주 많은 기술들을 썼습니다. 저희는 당신에게서 배울 수 있을 지식이 아직 매우 많다고 생각하며, 언젠가 당신이 저희 아이들도 가르쳐주시면 정말 좋겠습니다. 그동안 저희가 이미 배 타기의 기본 기술들을 확고히 다졌다고 느낀다는 사실은 가르치는 것에 대한 당신의 놀라운 재능의 증거입니다. 저희는 당신이 준 모든 도움에 감사하며 앞으로 당신과 함께 항해할 수 있는 다음 기회가 빨리 오기를 바랍니다.
진심으로,
Charles Kramer 드림

구문해설
4행 We used so many of the skills [(that/which) you taught us], **including** the particularly difficult maneuver of cutting the engine *to sail* onto an anchorage. ▸ [ ]는 선행사인 the skills를 수식하는 목적격 관계대명사절로, 목적격 관계대명사가 생략되었다. including은 '…을 포함하여'라는 의미의 전치사이다. to sail은 목적을 나타내는 부사적 용법의 to부정사이다.

7행 ..., the fact [that we already feel firmly rooted in the basic skills of sailing] is a testament to your amazing gift for teaching. ▸ the fact와 [ ]는 동격이다.

문제해설
보트 강사에게 배운 기술들 덕분에 다른 사람의 도움 없이 즐겁게 보트를 탈 수 있었음에 대해 감사를 전하는 글이다.

어휘
vessel 선박[배]   mooring (배의) 계류용 밧줄; *계류장[계선장]
maneuver 책략; *교묘한 조작   cut the engine 엔진을 끄다
anchorage 정박지   testament 증거

19 ②

우리가 학교에서 접하는 전통적인 수학 교육과정들은 산수와 대수학 기술을 확립시킴으로써 시작된다. 그리고 나서 이러한 토대는 하나의 목적으로 이어지기 위해 구축되는데, (그것은 바로) 미적분학이다. 대부분의 사람들은 미적분학을 수학에 있어서 가장 높은 수준의 성취로 여긴다. 물론 그것은 중요한 과목이긴 하지만, 사실상 확률과 통계가 수학 공부의 진정한 정점이다. 이는 이것들이 우리가 매일 사용하는 기술이기 때문이다. 그것들은 우리가 경향을 분석하고 미래를 예측하는 데 도움을 준다. 그것들은 또한 우리가 불확실성을 수량화하고 더 나은 결정을 하는 데 도움을 준다. 따라서, 그것들은 경제학, 과학, 공학을 포함하여 여러 학문 분야에서 중요하다. 이러한 이유로, 우리는 확률과 통계에 더 주목하기 위해 우리의 수학 교육과정을 재평가해야 한다.

구문해설
1행 The traditional mathematics curricula [(which/that) we see in schools] begin by establishing skills in arithmetic and algebra. ▸ [ ]는 선행사인 The traditional mathematics curricula를 수식하는 목적격 관계대명사절로, 목적격 관계대명사가 생략되었다.

6행 They **help** us **analyze** trends and **predict** the future. ▸ help는 목적격 보어로 동사원형이나 to부정사를 쓸 수 있으며, analyze와 predict가 접속사 and로 병렬 연결되어 있다.

9행 ... **to give** probability and statistics more attention.
      V   IO   DO
▸ to give는 목적을 나타내는 부사적 용법의 to부정사이다. 「give+간접목적어+직접목적어」의 어순으로 쓰였으며, 「give+직접목적어+to+간접목적어」로 바꾸어 쓸 수 있다.

문제해설
필자는 확률과 통계의 중요성을 강조하며 수학 교육과정에서 이에 대한 교육을 강화하도록 수학 교육과정을 검토해야 한다고 주장하고 있다.

어휘
curriculum 교육과정 (*pl.* curricula)   arithmetic 산수
algebra 대수학   no doubt 아마 (…일 것이다); *틀림없이

probability 확률 statistics 통계학, 통계론 summit 정상; *정점 on a daily basis 매일 quantify 양을 나타내다, 수량화하다 uncertainty 불확실성 reevaluate 재평가하다

20 ③

미국인 성인의 거의 50퍼센트가 정기적으로 보충제를 섭취하지만, 25퍼센트 미만이 의사의 지시에 따라 그렇게 한다. 가장 흔한 식이 보충제는 종합 비타민제이고, 칼슘과 오메가3 지방산이 상당한 격차로 2위와 3위를 차지한다. 이러한 보충제의 생산자들에 의해 주장되는 이점은 암, 심장병, 그리고 뇌졸중과 같은 질병의 예방을 포함한다. 세포 수준에서 특정 물질과 건강에 좋은 활동 사이에 상관관계가 있다는 증거가 있기는 하지만, 그러한 화합물을 섭취하는 것의 장기적인 이점은 아직 확정적으로 입증되지 않았다. 하지만 소비자들은 이 증거 부족을 무시하고 있는 것처럼 보이는데, 이는 보충제를 670억 달러 규모의 산업이 되게 했다. 일부 보충제 제조사들이 그들 제품에 대한 신뢰를 키우기 위해 자체적인 연구를 수행하고 있긴 하지만, 현재 입수할 수 있는 몇 안 되는 적은 연구들은 비판하는 사람들을 동요시키기에 충분하지 않다.

구문해설

2행 The most common dietary supplements are multivitamins, **with** calcium and omega-3 fatty acids **coming** in at a distant second and third. ▸ 「with+명사(구)+v-ing」는 '…가 ~하면서'라는 의미로, 명사구와 동사가 능동 관계이므로 현재분사가 쓰였다.

4행 The benefits [claimed by producers of these supplements] include .... ▸ [ ]는 The benefits를 수식하는 과거분사구이다.

8행 ..., consumers seem to be ignoring the lack of evidence, [making supplements a $67 billion industry]. ▸ [ ]는 결과를 나타내는 분사구문이다.

문제해설

식이 보충제의 장기적인 효능은 아직까지 확실히 입증된 바가 없다는 내용이므로, 글의 요지로는 ③이 가장 적절하다.

어휘

supplement 보충[추가](물) on a regular basis 정기적으로 condition 상태; *병, 질환 stroke 타법[타격]; *뇌졸중 correlation 연관성, 상관관계 cellular 세포의 ingest (음식물 등을) 섭취하다 compound 복합체; *(화학) 화합물 conclusively 결정적으로, 확정적으로 sway (마음을) 흔들다[동요시키다]

21 ④

흔히 이집션 블루로 알려진, 5천 년 전에 처음 사용된 밝은 파란색은 이제까지 개발된 것 중 최초의 인공 색소로 여겨진다. 그것은 고대의 지중해 문화권에서 무덤과 조각상, 그리고 다른 물건들을 칠하는 데 사용되었다. 이집션 블루는 파르테논 신전의 조각상에서 Thebes에 있는 무덤 안 프레스코화에 이르기까지, 다양한 고대 미술품에서 발견되어 왔다. 칼슘 구리 규산이라는 화학명으로도 알려진 이 색소를 연구하는 과학자들은 그것이 텔레비전 리모컨과 차량용 자동 잠금장치를 포함하여 많은 현대의 장치들과 매우 유사하게, 눈에 보이지 않는 적외선을 만들어내는 대단히 얇은 층으로 쪼개질 수 있다는 것을 발견하고 놀랐다. 이 과학자들

은 칼슘 구리 규산이 생물 의학 영상, 전기통신 플랫폼, 그리고 보안 시스템과 같은 수많은 분야에서 사용될 수 있을, 완전히 새로운 형태의 나노 물질을 만들어 내는 열쇠가 될 수 있을 거라고 생각한다.

구문해설

1행 A bright blue color [first used 5,000 years ago], [commonly known as Egyptian blue], is considered .... ▸ 첫 번째 [ ]는 A bright blue color를 수식하는 과거분사구이고, 두 번째 [ ]는 A bright ... ago를 수식하는 과거분사구이다.

5행 Scientists [studying the pigment, {which is also known by the chemical name calcium copper silicate}], were surprised to find [that it could be broken into unusually thin sheets {that produce invisible infrared radiation}, ...]. ▸ 첫 번째 [ ]는 Scientists를 수식하는 현재분사구이다. 첫 번째 { }는 선행사인 the pigment를 부연 설명하는 계속적 용법의 주격 관계대명사절이다. 두 번째 [ ]는 find의 목적어로 쓰인 명사절이다. 두 번째 { }는 선행사인 unusually thin sheets를 수식하는 주격 관계대명사절이다.

8행 The scientists believe that calcium copper silicate could be the key to [producing a whole new type of nanomaterial {that could be used in a large number of fields, ...}]. ▸ [ ]는 전치사 to의 목적어로 쓰인 동명사구이다. { }는 선행사인 a whole new type of nanomaterial을 수식하는 주격 관계대명사절이다.

문제해설

최초의 인공 색소인 이집션 블루가 현대의 많은 분야에서 사용될 수 있을지도 모른다는 내용의 글이므로, 제목으로는 ④ '현대적 응용이 가능한 고대의 재료'가 가장 적절하다.
① 페인트를 만드는 더 안전한 방법 찾기
② 염색: 장치를 보호하는 것의 비결
③ 신기술이 고대 미술품을 발견하는 것에 기여하다
⑤ 지중해 문화의 비밀스러운 기술

어휘

pigment 색소 fresco 프레스코화 infrared radiation 적외선 nanomaterial 나노[초소형] 물질 biomedical 생물[생체] 의학의 [문제] pigmentation 염색, 착색

22 ⑤

비상사태를 관리하는 것은 상당한 문제를 제기한다. 비상사태에 대한 대응은 철두철미하고 신중하게 준비되어야 하지만, 비상사태의 자연발생적인 특성은 즉각적인 조치를 요구한다는 것이다. 이러한 상황의 상충하는 요구들의 균형을 효율적으로 맞추는 것은 어려운 일이다. 정부 기관들이 비상사태를 처리하는 것에 대해 많은 책임을 지고 있지만, 지역의 자원봉사자들 또한 없어서는 안 된다. 현대 사회는 잘 조직된 절차를 따르는 것에 의존하긴 하지만, 비상사태의 관리는 융통성과 여러 집단 간의 협력을 필요로 한다. 구호 활동에 민간 참가자들을 포함시킴으로써, 지역 사회들은 그들의 비상사태 대처 능력을 개선하고 향후 문제가 발생할 때 복구 시간을 단축할 수 있다. 공직자들은 위기 시 지역 사회 구성원들과 단체들을 활용하는 것의 가치를 인식해야 한다.

3행 [Balancing the conflicting needs of the situation efficiently] is a difficult task. ▸ [ ]는 문장의 주어로 쓰인 동명사구이다.

8행 ..., communities **can improve** their ability *to handle* emergencies and **(can) shorten** the recovery time when future problems arise. ▸ can improve와 (can) shorten이 접속사 and로 병렬 연결되어 있다. to handle은 their ability를 수식하는 형용사적 용법의 to부정사이다.

문제해설

비상사태의 관리에 관해 정부 기관의 책임이 크긴 하지만, 민간 참가자들과의 협력도 필요하다는 내용의 글이므로, 주제로는 ⑤ '비상사태 관리에 있어 지역 사회 자원봉사자들의 매우 중요한 역할'이 가장 적절하다.

① 지역 사회의 유대를 증진하는 가장 좋은 방법들
② 대규모 참사를 예방하는 것에 대한 어려움
③ 비정부기구 지원의 필요성
④ 비상사태 중에 커지는 정부의 책임

어휘

pose (위협·문제 등을) 제기하다 thoroughly 대단히, 완전히; *철저히, 철두철미하게 spontaneous 자발적인; *저절로 일어나는, 자연적인 conflicting 모순되는, 상충[상반]되는 indispensable 없어서는 안 될, 필수적인 flexibility 굴곡성; *융통성, 탄력성 nongovernmental 정부와 무관한, 민간의 relief effort 구호 활동 [문제] large-scale 대규모의

23 ④

「카르멘」
2025년 2월 6일(목) ~ 8일(토)
Newtown 오페라 극장

시간: 목요일 – 금요일 오후 7시 / 토요일 오후 7시 30분
입장료: 일반석 – 70달러 / 박스석 – 150달러
상연 시간: 3시간 15분
나이 제한: 10세 이상
특별 혜택!
– 1월 1일 전에 티켓을 구매하셔서 15퍼센트 할인을 받으세요!
예매
– (202) 555-0157로 매표소에 전화해 주세요. 저희의 영업시간은 월요일부터 금요일 오전 10시부터 오후 4시까지입니다.
– 저희 홈페이지 *www.newtownopera.com*에서 온라인으로도 티켓을 예매하실 수 있습니다.
취소 규정
– 공연 최소 하루 전에 취소된 티켓에 대해 80퍼센트의 환불액이 있습니다.
– 공연 당일의 취소에 대해서는 환불이 불가합니다.

문제해설

① 평일인 목요일과 금요일에도 공연이 있다.
② 일반석과 박스석의 가격이 다르다.
③ 1월 1일 이전에 티켓 구매 시 할인 혜택이 있다.
⑤ 공연 당일에 취소 시에는 환불받을 수 없다. 티켓 금액의 80퍼센트 환불

은 공연 하루 전까지만 가능하다.

어휘

requirement 필요(한 것); *필요조건, 요건 reservation 예약 (*v.* reserve 예약하다) business hours 영업[업무]시간 prior to …에 앞서

24 ⑤

여행 및 관광업 수입

위 도표는 여러 국가에서 2008년도에 관광업으로 벌어들인 금액과, 2018년도 예상 수입을 보여준다. 2008년에, 미국이 거의 1조 5천억 달러로 가장 수입이 많았는데, 이는 다른 국가의 두 배가 넘는 금액이었다. 2008년에 두 번째로 수입이 가장 많았던 중국은 2018년쯤에 모든 국가 중 가장 큰 증가를 보일 것으로 예상되는데, 2008년 수입의 세 배가 넘을 것이다. 미국과 중국 외에, 유일하게 일본만이 2018년의 관광업 수입이 5천억 달러를 초과할 것으로 예상된다. 독일과 프랑스는 모두 2008년에 이탈리아보다 더 많이 수입을 얻었으며, 2018년에도 그럴 것으로 예상된다. 2008년과 2018년 사이에 가장 적은 변화가 예상되는 국가는 멕시코이다.

구문해설

2행 In 2008, the USA had the highest earnings, at nearly $1,500 billion, [which was more than twice the amount for any other country]. ▸ [ ]는 선행사인 nearly $1,500 billion을 부연 설명하는 계속적 용법의 주격 관계대명사절이다.

6행 **Both** Germany **and** France earned more than Italy in 2008, and they are expected to *do so* again in 2018. ▸ 「both A and B」는 'A와 B 둘 다[모두]'라는 의미이다. do so는 바로 앞에서 언급한 earn more than Italy를 가리킨다.

문제해설

⑤ 2008년과 2018년 사이에 변화가 가장 적을 것으로 예상되는 나라는 독일이다.

어휘

earnings 소득, 수입 estimated 어림의, 추측[예상]의 project 기획하다; *예상[추정]하다 triple 3배로 만들다 exceed 넘다, 초과하다

25 ⑤

사초과에 속하는 향부자(purple nutsedge)는 잡초의 일종이다. 그것은 한두 철이 지나면 자취를 감추는 일부 잡초와 달리, 매 생장철에 나온다. 외관상, 그것은 잔디와 닮았는데, 아랫면을 따라 뻗어 있는 눈에 잘 띄는 잎맥을 가진 진녹색의 잎이 있다. 그것의 꽃은 무리 지어 피고 1월 중순에서 3월까지 발견될 수 있다. 향부자는 전 세계적으로 자라며, 지역 농작물을 압도하고 그것들의 성장을 제한할 수 있는 빽빽하고 다루기 힘든 군집을 이뤄 자라기 때문에 농업에 해롭다. 하지만 사람들은 그것의 쓰임을 발견했다. 예를 들어, 이 식물의 땅속줄기인 덩이줄기는 먹을 수 있으며 쓴맛이 난다. 그것은 아시아 일부 지역에서 약으로도 쓰인다.

구문해설

7행 ..., **the tuber, the underground stem of the**

plant, is edible and has a bitter taste. ▸ the tuber와 the underground stem of the plant는 동격이다.

문제해설
⑤ 덩이줄기는 먹을 수 있다고 했다.

어휘
weed 잡초 die out 멸종되다, 자취를 감추다 prominent 눈에 잘 띄는, 두드러진 vein 정맥; *(식물의) 잎맥 cluster 무리, (작은 열매의) 송이 unmanageable 다루기[처리하기] 힘든 overpower 압도하다, 억누르다 edible 먹을 수 있는 medicinal 약의, 약용의

26 ④

캄보디아의 앙코르에 있는 Ta Prohm 사원은 12, 13세기에 지어졌으며 그것이 처음 완공되었을 때 나타난 모습과 거의 같은 상태로 남아 있다. 이 고대 사원 주위에, 그리고 그곳을 관통하여 거목들이 자라났는데, 뿌리와 벽이 차츰 완전히 합쳐지면서 아름답고 신비로운 꿈같은 장면이 된다. 이 그림 같은 풍경과 결합한 밀림 환경이 그곳을 그 지역에서 사람들이 가장 많이 찾는 사원 중 하나로 만든다. Ta Prohm은 크메르의 왕 Jayavarman 7세에 의해 지어졌는데, 이후에 버려져 거의 오백 년간 비어 있었다. 20세기 초에, 앙코르의 사원들을 복원하려는 움직임이 있었지만, Ta Prohm은 그것의 독특한 외관을 보존하기 위해 그것이 발견되었던 그대로 보존되었다.

구문해설
7행 In the early 20th century, there was a movement **to restore** Angkor's temples, but Ta Prohm was kept as it had been found *to preserve* its unique appearance. ▸ to restore는 a movement를 수식하는 형용사적 용법의 to부정사이고, to preserve는 목적을 나타내는 부사적 용법의 to부정사이다.

문제해설
(A) nearly the same state를 선행사로 하는 관계사절의 동사 appeared가 자동사이며, 네모 뒤에 완전한 절이 이어지므로, 「전치사+관계대명사」의 형태인 in which가 적절하다.
(B) 문맥상 The temple Ta Prohm을 가리키는 단수형 대명사 it이 적절하다.
(C) Ta Prohm은 '발견된' 대상이므로, 수동태인 had been found가 적절하다.

어휘
merge 병합하다; *(녹아들듯) 차츰 …이 되다 backdrop (무대의) 배경; *(주위) 배경 picturesque 그림 같은, 아름다운 desert (어떤 장소를) 버리다[떠나다] vacant 비어 있는, 사람이 없는

27 ④

Blue Pond는 일본의 홋카이도섬에 있는 Biei 강에 연결된 수역이다. 그 이름은 이 연못의 매우 선명한 푸른 빛깔에서 유래되었는데, 이 빛깔은 연못을 아주 흥미로워 보이게 한다. 인공 연못인 이 수역은 1988년의 폭발 이후 Tokachi 화산에서 나오는 이류를 막기 위해 강을 가로질러 세워진 댐 건설에 의해 생겨났다. 댐에 의해 가두어진 물이 지반의 높이가 더 낮은 삼림의 한 구역에 모여 Blue Pond를 형성한다. 과학자들은 그 연못의 색의 원인을 완전히 알지 못하지만, 그것은 수중의 높은 수산화알루미늄 함유량에 기여한다(→ 기인한다). 이 무기물은 하늘과 같은 빛의 청색 파장의 반사를 가능하게 한다.

구문해설
2행 The name comes from the unusually bright blue hue of the pond, [which gives **it** an intriguing appearance]. ▸ [ ]는 선행사인 the unusually bright blue hue of the pond를 부연 설명하는 계속적 용법의 주격 관계대명사절이다. it은 앞에 나온 the pond를 가리킨다.
3행 The body of water, [which is an artificial pond], was created by the construction of a dam [built across the river **to prevent** mudflows from the volcano Mt. Tokachi after a 1988 eruption]. ▸ 첫 번째 [ ]는 선행사인 The body of water를 부연 설명하는 계속적 용법의 주격 관계대명사절이다. 두 번째 [ ]는 a dam을 수식하는 과거분사구이다. to prevent는 목적을 나타내는 부사적 용법의 to부정사이다.
5행 The water [held back by the dam] accumulates in a section of the forest [that has a lower ground level], [forming the Blue Pond]. ▸ 첫 번째 [ ]는 The water를 수식하는 과거분사구이다. 두 번째 [ ]는 선행사인 a section of the forest를 수식하는 주격 관계대명사절이다. 세 번째 [ ]는 결과를 나타내는 분사구문이다.

문제해설
④ 과학자들이 연못 색의 원인을 완전히 알지는 못하지만, 특정 무기물이 빛의 청색파장의 반사를 가능하게 한다고 했으므로, 연못의 푸른색은 이러한 무기물의 높은 함유량의 '결과로 보여진다'는 흐름이 자연스럽다. 따라서, contributed를 attributed 등으로 고쳐야 한다.

어휘
hue 빛깔, 색조 intriguing 아주 흥미로운 mudflow 이류 eruption (화산의) 폭발, 분화 hold back 저지하다 accumulate (서서히) 늘어나다[모이다] contribute to …에 기여하다 content 내용물; *함유량 facilitate 가능하게[용이하게] 하다 reflection 반사 wavelength 파장

28 ③

뇌성 마비를 앓는 아홉 살짜리 소년 Tom은 Happy Hills 초등학교 운동회의 달리기 시합에 참가했고, 그는 빠르게 지치긴 했지만 절대 포기하지 않았다. 그는 경주가 시작되자마자 뒤처졌다. 하지만 그는 스스로를 계속 독려했고, 결코 웃음을 잃지 않았다. 어느 순간, Tom의 체육 교사는 그가 포기하지 않도록 격려하면서 그 옆에서 뛰기 시작했다. 그때, 이미 경주를 마친 한 소년이 다른 학생들을 참여시키기 시작했다. 결승선 근처에 서서, 그는 "넌 할 수 있어!"라고 응원하기 시작했다. 얼마 안 가, 다른 학생들도 Tom을 응원하는 데 동참하고 있었다. 그가 결승선에 가까워졌을 때, 그들은 "파이팅, Tom!"이라고 외쳤다. 그리고 나서 그들은 그의 뒤에 무리 지어 모여 계속 응원했다. 그가 마침내 결승선을 통과해 내자, 모든 사람이 "잘했어, Tom! 네가 해냈어!"라고 소리치며 그를 안았다.

4행 At one point, Tom's gym teacher started running alongside him, [**encouraging** him ***not* to give up**]. ▸ [ ]는 동시동작을 나타내는 분사구문이다. 「encourage A to-v」는 'A가 …하도록 격려하다'라는 의미이며, to부정사의 부정은 to부정사 바로 앞에 not을 써서 나타낸다.

5행 Then, one boy [who had already finished the race] started to **get** the other students **involved**. ▸ [ ]는 선행사인 one boy를 수식하는 주격 관계대명사절이다. get의 목적어와 목적격 보어가 수동 관계이므로 과거분사인 involved가 쓰였다.

문제해설

③은 먼저 경주를 마친 한 소년을 가리키고, 나머지는 모두 Tom을 가리킨다.

어휘

field day 운동회 날 fatigued (심신이) 지친, 피로한 fall behind (…에) 뒤지다[뒤떨어지다] alongside … 옆에, …와 나란히 chant 구호를 (거듭) 외치다

29 ⑤

코르누코피아(cornucopia)는 풍요와 부를 상징한다. 원래, 그것은 과일과 곡물 같은 주식이 넘치는 염소 뿔이었다. 오늘날에는, 보통 뿔 모양의 바구니가 대신 사용된다. 코르누코피아는 그리스 신화와 제우스 신까지 거슬러 올라가는데, 그는 염소의 젖을 먹고 자랐다고 전해진다. 그 전설의 한 종류에서, 제우스는 자신이 젖을 먹던 염소의 뿔을 뜻하지 않게 부러뜨렸다. 죄책감을 느껴, 그는 그 뿔이 주인이 바라는 어떤 것으로든 늘 가득 차 있도록 그것에 마법을 걸었다. 로마인들은 'cornu copiae'라는 개념을 빌렸는데, 그것은 '풍요의 뿔'을 의미하며, 그 상징은 로마의 동전과 조각상들에 나타났다. 결국 라틴어인 'cornu copiae'는 이후 풍작과, 다른 다량의 것들과 관련되어 온 용어인 코르누코피아가 되었다.

구문해설

3행 The cornucopia dates back to Greek mythology and the god Zeus, [who is said **to have been nursed** by a goat]. ▸ [ ]는 선행사인 the god Zeus를 부연 설명하는 계속적 용법의 주격 관계대명사절이다. to have been nursed는 문장의 동사가 나타내는 시제보다 더 이전의 시점을 나타내는 완료부정사이다.

4행 ..., Zeus accidentally broke off the horn of the goat [from which he was feeding]. ▸ [ ]는 선행사인 the goat를 수식하는 관계사절이다.

5행 [Feeling guilty], he put an enchantment on the horn [that would allow **it** to always be filled with anything {(that) the owner wished for}]. ▸ 첫 번째 [ ]는 이유를 나타내는 분사구문이다. 두 번째 [ ]는 선행사인 an enchantment를 수식하는 주격 관계대명사절이다. it은 앞에 나온 the horn을 가리킨다. { }는 선행사인 anything을 수식하는 목적격 관계대명사절로, 목적격 관계대명사가 생략되었다.

문제해설

제우스가 자신이 부러뜨린 염소의 뿔에 마법을 걸어 뿔이 주인이 원하는 무엇으로든 가득 차게 했다는 그리스 신화에서 풍요를 상징하는 코르누코피아라는 용어가 탄생했다는 내용이므로, 빈칸에는 ⑤ '풍요와 부'가 들어가는 것이 가장 적절하다.

① 과잉과 탐욕
② 돈과 욕망
③ 전통과 전설
④ 너그러움과 평화

어휘

staple food 주식 mythology 신화 nurse 간호하다; *젖을 먹이다 feed (아기나 동물이) 먹을 것을 먹다 enchantment 매혹; *마법 plenty 풍부한 양(…의) (a. plentiful 풍부한) quantity 양, 수량, 분량 [문제] excess 지나침, 과잉 abundance 풍요

30 ②

'번개는 절대 같은 장소에 두 번 치지 않는다'라는 속담은 불행하고 믿기 힘든 사건들이 일어날 수는 있지만 같은 사람에게 두 번 일어나지는 않는다는 것을 의미한다. 하지만 이 속담은 자연에서의 번개 작용을 반영하지는 않는다. 번개는 이전에 내리친 곳에 대한 기억이나 관심이 없는 거대한 전하이다. 높은 물체들은 일반적으로 번개의 진원지와의 상대적 근접성 때문에 가장 흔한 표적이다. 이 때문에, 숲에서 가장 키가 큰 나무는 같은 폭풍이 부는 동안 여러 차례의 벼락을 맞을 수 있다. 마찬가지로, 엠파이어 스테이트 빌딩은 매년 거의 백 번의 벼락을 맞는다. 번개가 한 번 친 후에, 폭풍의 전기적 활성은 재빠르게 또 다른 번개를 만들어낸다. 다음 번개가 방출될 때, 직전에 번개를 맞은 지면의 위치는 표적이 되기에 여전히 좋은 대상이다.

구문해설

3행 Lightning is a massive electrical charge [that has no memory of, or interest in, (the place) {where it has struck before}]. ▸ [ ]는 선행사인 a massive electrical charge를 수식하는 주격 관계대명사절이다. { }는 선행사 the place 가 생략된 형태의 관계부사절이다.

문제해설

번개는 이전에 친 곳을 기억하지 못하는 전하로, 번개의 진원지와 가까운 고층 건물이나 키가 큰 나무는 번개를 여러 차례 맞을 수 있다고 했으므로, 빈칸에는 ② '표적이 되기에 여전히 좋은 대상'이 들어가는 것이 가장 적절하다.

① 번개에 맞을 가능성이 더 낮은
③ 확실히 그 번개에 맞을
④ 번개에 절대 맞지 않을
⑤ 다음 번개가 어디에서 일어날지에 대한 단서

어휘

saying 속담, 격언 electrical charge 전하 relative 비교상의, 상대적인 proximity (거리·시간상으로) 가까움[근접] bolt 번개, 번갯불 discharge 떠나는 것을 허락하다; *(에너지를) 방출하다 [문제] fair game 안성맞춤의 대상

31 ⑤

천산갑은 몸이 거의 완전히 비늘로 덮여 있는 특이한 포유동물이다. 이것

이 천산갑을 거의 살아 있는 커다란 솔방울처럼 보이게 한다. 그것은 아프리카와 아시아에서 발견되며, 그것의 식사는 주로 곤충들로 구성된다. 천산갑은 크고 단단한 발톱을 가졌지만, 그것들이 자신의 발톱을 공격적으로 사용하는 일은 드물다. 대신 위협을 느끼면, 그것은 펴기 거의 불가능한 단단한 공 모양으로 몸을 둥글게 만다. 그것의 비늘의 날카로운 모서리가 대부분의 포식자들로부터 그것을 안전하게 지켜준다. 천산갑은 또한 강한 꼬리로 후려쳐서 심각한 부상을 일으킬 수도 있다. 심지어 그것은 도망가기 위해 빠른 속도로 언덕에서 굴러 내려가는 것이 목격되기도 한다. 그리고 다른 모든 방법이 실패하면, 천산갑은 스컹크처럼 고약한 냄새가 나는 물질을 내뿜을 수 있다. 이러한 이유로, <u>천산갑이 두려워해야 하는 것은 거의 아무것도 없다</u>.

구문해설

1행 Pangolins are strange mammals [whose bodies are almost entirely covered with scales]. ▶ [ ]는 선행사인 strange mammals를 수식하는 소유격 관계대명사절이다.

4행 Instead, [when (they are) threatened], they wrap themselves into a tight ball [that's nearly impossible **to unroll**]. ▶ 첫 번째 [ ]는 접속사 when이 이끄는 부사절에서 「주절의 주어와 동일한 주어+be동사」가 생략된 형태이다. 두 번째 [ ]는 선행사인 a tight ball을 수식하는 주격 관계대명사절이다. to unroll은 형용사인 impossible을 수식하는 부사적 용법의 to부정사이다.

문제해설

천산갑이 자기방어를 하는 여러 가지 방법들을 나열한 글이므로, 빈칸에는 ⑤ '천산갑이 두려워해야 하는 것은 거의 아무것도 없다'가 들어가는 것이 가장 적절하다.
① 천산갑에게 접근하는 것은 쉽다
② 천산갑은 발견하기가 더 어려워지고 있다
③ 천산갑을 잡을 좋은 방법은 단 하나이다
④ 천산갑은 짝을 찾는 데 힘든 시간을 보낼 수 있다

어휘

scale 규모; *비늘 claw 발톱 aggressively 공격적으로 unroll (두루마리처럼 말린 것을) 펼치다[펴다] lash out 채찍질하다, 강타하다 if all else fails 다른 모든 방법으로 안 되면 foul 더러운, 악취가 나는

32 ⑤

1971년 미국 대법원의 한 소송 사건은 어떻게 <u>어떠한 요건이 표면상 불공평하지 않더라도 여전히 차별적일 수 있는지</u>를 강조했다. 한 수력 발전소에서 일하던 어느 아프리카계 미국인 직원은 고등학교 교육은 어떤 사람이 얼마나 그 일을 잘 해낼 수 있는지와 아무 관련이 없다는 사실에도 불구하고, 더 좋은 부서로 승진하기 위해 고등학교 졸업장이 요구되는 것에 항의했다. 원래 그 회사는 흑인들이 그 부서에서 일하는 것을 금지했었는데, 이는 공민권법에 따라 불법으로 여겨졌다. 그러나 그 직원은 졸업장을 요구하는 것이 여전히 아프리카계 미국인들을 그 부서에서 제외시키는 것이라고 주장했는데, 당시에 그들이 고등학교를 졸업했을 가능성이 더 상당히 낮았기 때문이다. 대법원은 직무 요건이 소수 집단에 대해 '불평등 효과'가 있다면, 고용주는 그 요건이 문제의 그 업무와 직접 연관되어 있다는 것을 입증해야 한다는 판결을 내렸다.

구문해설

3행 ..., despite the fact [that a high school education had no bearing on {how well a person could do the job}]. ▶ the fact와 [ ]는 동격이다. { }는 전치사 on의 목적어로 쓰인 의문사절이다.

5행 Originally, the company had barred black people from working in the department, [which was deemed illegal under the Civil Rights Act]. ▶ [ ]는 앞 절 전체를 선행사로 하는 계속적 용법의 주격 관계대명사절이다.

문제해설

특정 부서로의 승진 요건으로 고등학교 졸업장이 요구되는 것은 당시 이 요건을 갖추기가 어려웠던 특정 인종 집단을 배제하기 위함이라는 주장이 제기되었던 한 소송 사건에 대한 내용이므로, 빈칸에는 ⑤ '어떠한 요건이 표면상 불공평하지 않더라도 여전히 차별적일 수 있다'가 들어가는 것이 가장 적절하다.
① 인종 구분이 실제로 업무 현장의 생산성을 저하시켰다
② 근로자들이 자신들의 직업 문제를 협상을 통해 해결하는 것을 선호했다
③ 고등학교 교육이 현대의 고용 시장에서 필수적이다
④ 고용주들이 환경을 개선하기 위해 직원들과 함께 노력할 수 있다

어휘

Supreme Court 대법원 case 경우; *소송 (사건) hydroelectric plant 수력 발전소 have a bearing on …와 관계가 있다 bar 빗장을 지르다; *금(지)하다 deem (…으로) 여기다[생각하다] disparate 서로 전혀 다른, 이질적인 in question 문제의[논의가 되고 있는] [문제] indispensable 필수적인 discriminatory 차별적인 outwardly 겉으로는, 표면상

33 ③

'이름 효과'는 자신의 이름에 포함된 글자들을 선호하는 사람들의 경향이다. 이는 그 관련성이 의식적으로 인지되지 않을 때에도 일어난다. 그 효과는 사람 이름의 첫 번째 글자에서 가장 강력하며, 그것은 중요한 결정에 영향을 줄 수 있다. 연구는 사람들이 자신의 이름의 글자를 공통으로 갖는 장소, 제품, 그리고 심지어는 다른 사람에도 더욱 끌린다는 것을 보여 주었다. 예를 들어, Frank라는 사람은 Front 가(街)에 살 가능성이 더 높은 반면, Sarah라는 사람은 Samsung 제품을 선호할지도 모른다. 그 효과는 우리의 강력한 자아감에 기인한다고 여겨진다. 우리는 일반적으로 우리 자신을 긍정적인 특징들과 연관 짓는다. 그래서 이름이 우리의 이름과 글자를 공유하는 것을 볼 때, 우리는 그것도 그런 똑같은 특징을 갖고 있다고 추정한다. 위대한 작가인 윌리엄 셰익스피어는 언젠가 "이름 안에 무엇이 있는가?"라고 썼다. 보아하니, 많은 것이 있다!

구문해설

1행 The "name-letter effect" is the tendency of people [to prefer letters {that are included in their own names}]. ▶ [ ]는 the tendency of people을 수식하는 형용사적 용법의 to부정사구이다. { }는 선행사인 letters를 수식하는 주격 관계대명사절이다.

8행 So when we see something [whose name shares letters with ours], we assume it also has those same qualities. ▶ [ ]는 선행사인 something을 수식하는 소유격 관계대

명사절이다.

사람들이 자신의 이름에 쓰인 글자와 공통의 글자를 가진 것들을 선호하며, 그것들이 자신의 이름과 똑같은, 긍정적인 특징을 갖고 있을 것이라 기대하는 심리에 대해 설명하는 글이므로, 밑줄 친 부분이 의미하는 바로 가장 적절한 것은 ③ '이름은 우리가 예상할 수도 있는 것보다 우리에게 더 많은 영향을 미친다'이다.
① 이름의 길이는 우리에게 미치는 그것의 영향을 결정한다.
② 우리는 인기 있는 제품들의 이름에 끌린다.
④ 많은 이름이 있지만, 글자의 수는 제한되어 있다.
⑤ 우리는 매력적인 이름을 생각하는 데 충분한 시간을 들여야 한다.

어휘
consciously 의식하여, 의식적으로 apparently 듣자[보아] 하니

34 ④

무거운 기내 휴대용 가방을 들고 공항 터미널을 전력 질주한 후에, 나는 탑승구에 도착해서 그곳이 거의 텅 비어 있는 것을 발견했다. 비행기는 여전히 밖에 서 있었지만, 나는 단지 몇 분 차이로 탑승할 기회를 놓친 상태였다. "죄송하지만, 승객분들은 문이 닫힌 뒤에 탑승하실 수 없습니다." 라고 매정한 탑승수속 담당 직원이 말했다. 나는 창문 쪽으로 걸어가서 그날 런던으로 떠나는 마지막 비행기인 그것을 빤히 바라보았다. 내가 조종사들이 비행 전 준비를 하는 것을 지켜볼 때, 그들 중 한 명이 고개를 들어, 그저 집에 가고 싶을 뿐인 이 지치고 좌절한 여행객인 나를 보았다. 그다음 내가 알았던 것은 탑승수속 담당 직원이 나를 비행기로 향하는 승객용 이동식 계단으로 안내하고 있었다는 것이다. "좋은 소식이에요! 기장님이 당신을 비행기에 태워주실 거예요!" 나는 내 운이 얼마나 빨리 바뀌었는지 믿을 수 없었다.

구문해설
1행 [After sprinting through the airport terminal], ..., I arrived at the boarding gate **to find** it nearly deserted. ▶ [ ]는 의미를 명확히 하기 위해 접속사를 생략하지 않은 분사구문이다. to find는 결과를 나타내는 부사적 용법의 to부정사이다.
5행 ... and stared at the plane, [the last **one** {leaving for London that day}]. ▶ the plane과 [ ]는 동격이며, one은 plane을 가리킨다. { }는 the last one을 수식하는 현재분사구이다.
8행 I couldn't believe [how quickly my luck had changed]. ▶ [ ]는 believe의 목적어로 쓰인 의문사절이다.

문제해설
필자는 마지막 런던행 비행기의 탑승을 간발의 차이로 놓쳐 무척 실망했지만, 이를 목격한 조종사의 도움으로 탑승할 수 있게 되자 안도했을 것이다.

어휘
sprint (짧은 거리를) 전력 질주하다 carry-on (기내) 휴대용 가방 boarding gate 탑승구 deserted 사람이 없는 unsympathetic 인정 없는, 매정한 usher 안내하다 ramp 경사로; *(항공기의) 이동식 계단 [문제] weary 지친, 피곤한

35 ③

자체 대립어란 두 개의 상반되는 의미를 지닌 단어이다. 한 가지 예시는

'dust'라는 단어인데, 그것은 '먼지를 제거하다'와 '먼지로 덮다' 둘 다를 의미할 수 있다. 자체 대립어는 때때로 로마의 문의 신을 일컫는 용어인 '야누스 단어'라고 불리는데, 이 신은 흔히 두 개의 얼굴을 가진 것으로 묘사되었다. 자체 대립어는 일반적으로 시간의 흐름에 따른 언어의 발달로 인해 형성된다. (사실, 언어는 초창기 인류가 의사소통을 위해 사용했던 몸짓에서 발달한 것으로 여겨진다.) 예를 들어, 'bolt'라는 단어의 원래 의미는 '짧은 화살'이었지만, 결국에는 두 가지의 새로운 의미가 서서히 발전했다. '빨리 출발하다'라는 첫 번째 의미는 화살이 매우 빠른 속도로 나아간다는 사실에서 비롯된 반면, '무엇인가를 한 곳에 고정시키다'라는 두 번째 의미는 화살이 문을 잠그는 데 사용되던 작은 핀과 닮았다는 점에서 유래했다.

구문해설
2행 Contronyms are sometimes called "Janus words," [a term that refers to the Roman god of gates, {who was often depicted **as** having two faces}]. ▶ Janus words와 [ ]는 동격이다. { }는 선행사인 the Roman god of gates를 부연 설명하는 계속적 용법의 주격 관계대명사절이다. as는 '…로(서)'라는 의미를 나타내는 전치사이다.
7행 The first, "to depart quickly," came from the fact [that an arrow travels at great speed], **while** the second meaning, "to fasten something in one place," derived from the resemblance of an arrow to a small pin [used to lock a door]. ▶ the fact와 첫 번째 [ ]는 동격이다. while은 '…인 반면'이라는 의미를 나타내는 접속사이다. 두 번째 [ ]는 a small pin을 수식하는 과거분사구이다.

문제해설
예시를 통해 두 개의 상반되는 의미를 지닌 단어인 자체 대립어에 대해 구체적으로 설명하는 글이므로, 언어가 몸짓에서 발달했다는 내용의 ③은 글의 흐름과 무관하다.

어휘
depict 그리다, 묘사하다 evolve 진화하다; *서서히 발전[전개]하다 fasten 매다[채우다]; *고정시키다 derive from …에서 유래하다, 파생하다

36 ③

대학 과학부와 산업 과학자들이 상호 간에 이득이 되는 협력 관계를 맺기 시작하고 있다. 대학 입장에서는 이 새로운 유대가 정말 필요한 자금의 유입을 의미하는 반면에, 기업 입장에서는 이것이 중요한 연구에 대한 접근이 개선됨을 의미한다. 이러한 협력은 그러한 학계와 산업 간의 연합이 필연적으로 학문적 자유의 침해로 이어지게 될 것이라는 과거의 예상을 거스른다. (학문의 자유는 교수진들이 자신이 가르치는 것에 동의하지 않는 사람들로부터 보호되어야 한다는 믿음을 기반으로 한다.) 지적 호기심에 대한 장애물의 역할을 하는 대신에, 이 협력 관계들은 기업의 자금 지원을 받아 녹색 화학과 같은, 교실에서 이루어지는 새로운 학문 분야의 발달을 촉진하고 있다. 게다가, 이 새로운 자금원은 학생들이 자신에게 필요한 실용적인 기술을 습득할 수 있게 보장하면서, 최근 주 예산과 연방 예산의 삭감으로 인한 타격을 완화하는 데 도움이 되었다.

5행 Academic freedom is based on the belief [that faculty members need to be protected from those who disagree with {what they teach}]. ▸ the belief와 [ ]는 동격이다. { }는 선행사를 포함하는 관계대명사 what이 이끄는 명사절로, 전치사 with의 목적어 역할을 한다.

9행 Furthermore, this new source of cash has helped …, [while ensuring that students can acquire the practical skills {(which/that) they need}]. ▸ [ ]는 의미를 명확히 하기 위해 접속사를 생략하지 않은 분사구문이다. { }는 선행사인 the practical skills를 수식하는 목적격 관계대명사절로, 목적격 관계대명사가 생략되었다.

학계와 산업이 협력 관계를 맺을 때 발생하는 긍정적인 측면에 관한 글이므로, 학문의 자유에 대해 서술하는 ③은 글의 흐름과 무관하다.

mutually 서로, 상호 간에 tie (*pl.*) 유대[관계] influx 유입 corporation 기업, 회사 collaboration 협동 defy 반항[거역]하다 academia 학계 erosion 부식; *침해 faculty 능력; *교수단, 교직원 blow 강타; *충격[타격] federal 연방의

37 ④

어느 날, 해변 근처의 동굴들을 탐험하던 중에, 한 남자가 굳어진 점토 공으로 가득 찬 가방 하나를 발견했다. 그것들은 중요한 것처럼 보이지는 않긴 했지만, 그 남자는 그것들을 가져갔다. (C) 해변을 거닐며, 그는 그것들을 하나씩 할 수 있는 한 멀리 바다에 던지기 시작했다. 그때, 그가 그 공들 중 하나를 떨어뜨렸고, 그것이 갈라지며 열려서 귀중한 보석을 드러냈다. (A) 자신이 발견한 것에 놀라, 그 남자는 나머지 공을 부수어 열기 시작하여 매번 안에서 보석을 발견했다. 그는 자신이 발견한 값비싼 보물에 매우 흥분했지만 곧 자신이 생각 없이 바다에 던져 버린 점토 공들을 떠올렸다. (B) 이것이 사람에게도 해당되는 방식이다. 우리는 처음에 누군가를 그들의 평범한 겉모습으로 판단하여 그들을 무시할 수 있다. 하지만 그 사람이 어떤 사람인지 그 본질을 제대로 들여다봄으로써, 우리는 소중한 보물을 발견할 수 있다.

3행 [(Being) Amazed by {what he had found}], the man began to break open the rest of the balls, [finding a jewel inside each time]. ▸ 첫 번째 [ ]는 문두에 Being이 생략된 수동형 분사구문이다. { }는 선행사를 포함하는 관계대명사 what이 이끄는 명사절로, 전치사 by의 목적어 역할을 한다. 두 번째 [ ]는 결과를 나타내는 분사구문이다.

4행 He was thrilled about the valuable treasure [(that/which) he had found] but soon remembered the clay balls [(that/which) he had thoughtlessly tossed into the ocean]. ▸ 두 개의 [ ]는 각각 선행사인 the valuable treasure와 the clay balls를 수식하는 목적격 관계대명사절로, 목적격 관계대명사가 생략되었다.

10행 Then he dropped one of the balls and it cracked open, [revealing a priceless jewel]. ▸ [ ]는 결과를 나타내는

분사구문이다.

한 남자가 바닷가 근처의 동굴에서 점토 공이 든 가방을 발견했다는 주어진 글에 이어, 공을 바다에 하나씩 던지다가 우연히 하나를 떨어뜨려 그 안에서 보석을 발견했다는 내용의 (C)가 오고, 나머지 공들을 모두 부수어 보석을 얻고 이미 바다에 던진 공들을 떠올리는 내용인 (A)가 이어진 후, 이를 사람에 대한 판단에 비유하는 (B)의 순서로 이어지는 것이 가장 자연스럽다.

hardened 굳어진, 단단해진 toss 던지다 plain 분명한; *보통의[평범한] stroll 거닐다, 산책하다 priceless 값을 매길 수 없는, 대단히 귀중한

38 ③

페브리즈 한 병으로, 단지 몇 번의 분무로 방을 냄새나지 않게 하는 것이 가능하다. 페브리즈의 냄새 제거력의 비결은 시클로덱스트린이라는 화합물인데, 이것의 분자들은 고리형 배열을 형성한다. (B) 이러한 원형 구조가 공기와 접촉하면, 시클로덱스트린과 냄새 분자는 작은 물방울들 안에 둘러싸이게 된다. 이 물은 냄새 분자가 부분적으로 용해되게 한다. 그러고 나면 그 분자들은 시클로덱스트린과 결합할 수 있다. (C) 중요한 것은, 이 분자들이 결국 시클로덱스트린 고리의 가운데에 있게 된다는 것이다. 이는 이 분자들이 소수성이며, 시클로덱스트린의 외부가 그것의 내부보다 물에 더 끌리기 때문이다. 결과적으로, 냄새 분자는 시클로덱스트린의 내부와 강한 결합을 형성한다. (A) 이것은 냄새가 제거된 것처럼 보이게 한다. 사실은, (냄새) 분자들은 어디에도 가지 않았다. 하지만 그것들이 시클로덱스트린에 의해 둘러싸여 있기 때문에, 그것들은 당신의 코에 있는 후각 수용기에 의해 감지될 수 없다.

1행 With a bottle of Febreze, **it**'s possible [to make a room odorless with just a few sprays]. ▸ it은 가주어이고 [ ]가 진주어이다.

2행 The secret to Febreze's odor-eliminating power is the compound cyclodextrin, [whose molecules form in a ring-like arrangement]. ▸ [ ]는 the compound cyclodextrin을 부연 설명하는 계속적 용법의 소유격 관계대명사절이다.

페브리즈의 냄새 제거 비결은 시클로덱스트린이라는 고리형 배열을 가진 화합물이라는 주어진 글에 이어, 이 화합물이 공기와 접촉할 때 냄새 분자와 결합하여 나타나는 반응에 대한 내용의 (B)가 오고, 이때 냄새 분자들이 시클로덱스트린의 내부로 모이게 되는 이유를 설명한 (C)가 이어진 후, 이로 인해 사람의 후각 수용기에 의해 냄새가 감지되지 않게 된다는 내용인 (A)의 순서로 이어지는 것이 가장 자연스럽다.

odorless 무취의 molecule 분자 receptor (인체의) 수용기[감각기] enclosed 둘러싸인, 에워싸인 droplet 작은 (물)방울 dissolve 녹다, 용해되다 exterior 외부, 외면(↔ interior 내부) bond 유대; *(원자 간의) 결합

39 ③

당신은 의사들이 오로지 과학적으로 입증된 치료만을 행한다고 생각할 지도 모른다. 그러나 의사와 환자가 특정 질환들을 치료하는 데 있어 다른 대체법들 또한 이용하고 있다는 사실은 부인할 수 없다. 일부는 심지어 수 세기 전에 개발된 방법에 의존하기도 한다. 이러한 방법들은 긍정적인 결과들을 보여주었고, 현대에도 여전히 적용 가능하다. 현대 사회의 압박감은 고통, 부정적인 사고 패턴, 그리고 건강에 해로운 습관들을 초래할 수 있다. 현대 의학이 이러한 이상들을 치료할 수 있지만, 최면 요법과 같은 대체 가능한 해결책들도 있다. 생활 방식의 변화를 촉진함으로써, 이 요법은 너무 강한 약물치료에 의존하지 않고 완화를 제공한다.

구문해설

2행 You might think [that medical practitioners exclusively implement treatments {that have been scientifically proven}]. ▶ [ ]는 might think의 목적어로 쓰인 명사절이다. { }는 선행사인 treatments를 수식하는 주격 관계대명사절이다.

3행 However, it is undeniable [that physicians and patients are taking advantage of alternative practices ...]. ▶ it은 가주어이고 [ ]가 진주어이다.

문제해설

주어진 문장은 (수 세기 전에 개발된) 이 방법들이 긍정적인 결과들을 보여주었으며 이를 현대에도 적용할 수 있다는 내용이므로, 수 세기 전에 개발된 치료법들이 있다는 문장과 현대 사회가 안고 있는 문제들을 언급한 문장 사이인 ③에 들어가는 것이 가장 적절하다.

어휘

applicable 적용할 수 있는 practitioner (전문직 종사자, 특히) 의사 undeniable 부인할 수 없는, 명백한 alternative 대체 가능한, 대안이 되는 disorder 엉망; *(신체 기능의) 장애[이상] harsh 냉혹한; *너무 강한[센]

40 ③

물리학 연구소에서 일했었고 소설가로도 활동했었던 영국의 물리학자 C. P. Snow는 '두 문화'라는 제목의 강연을 한 적이 있었는데, 거기에서 그는 과학과 인문학이라는 지적 문화들 간의 차이점을 설명했다. 하지만 내가 대학원에서 경제학을 공부했을 때, 나는 그것이 그 다른 두 개(학문)의 측면들을 통합하는 제3의 지적 문화라는 것을 알게 되었다. 경제학자들은 과학자들과 같은 도구와 이론을 많이 사용하지만, 그들은 수사학적 목표들을 달성하기 위해 그것들을 사용한다. 경제학은 흔히 임의성에 의해 좌우되는 것 같은 엄청나게 복잡한 체계들을 다루는데, 많은 상황에서 자료들은 확실하고 명백한 답을 보여 줄 만큼 충분히 좋지 않다. 따라서, 경제학자들은 자신의 견해가 옳다는 것을 다른 사람들에게 납득시켜야 한다. 불충분한 자료와 불확실성에도 불구하고, 그래도 그들은 그들의 주장을 뒷받침하기 위해서 할 수 있는 한 수학적으로 정확해야 한다.
→ 경제학자들은 다른 사람들을 <u>설득하여</u> 그들의 견해를 받아들이게 하는 수사학적 목표를 달성하기 위해 <u>과학적인</u> 도구들을 활용한다.

구문해설

1행 C. P. Snow, [a British physicist {who had worked both in a physics lab and as a novelist}], once delivered a lecture [entitled "The Two Cultures,"] [in which he described the divide between the intellectual cultures of the sciences and the humanities]. ▶ C. P. Snow와 첫 번째 [ ]는 동격이다. { }는 선행사인 a British physicist를 수식하는 주격 관계대명사절이다. 「both A and B」는 'A와 B 둘 다'라는 의미이다. 두 번째 [ ]는 a lecture를 수식하는 과거분사구이다. 세 번째 [ ]는 선행사인 a lecture entitled "The Two Cultures"를 부연 설명하는 계속적 용법의 관계사절이다.

6행 Economics deals with extraordinarily complex systems [that often seem dominated by randomness], and in many situations, the data is not **good enough to show** a clear, obvious solution. ▶ [ ]는 선행사인 extraordinarily complex systems를 수식하는 주격 관계대명사절이다. 「형용사+enough to-v」는 '…할 만큼 충분히 ~한'이라는 의미이다.

10행 ..., they need to be **as** mathematically precise **as they can** in order to support their arguments. ▶ 「as+형용사/부사+as+주어+can」은 '할 수 있는 한 …한/하게'라는 의미이다.

문제해설

경제학은 과학과 인문학 분야를 통합하는 제3의 지적 문화이며, 경제학자들은 과학적 도구와 이론들을 활용해 다른 사람들을 설득하는 수사학적 목표를 달성하고자 한다는 내용이다.

어휘

physicist 물리학자 entitle 자격을 주다; *제목을 붙이다 divide 차이점 intellectual 지능의, 지적인 rhetorical 수사학의 extraordinarily 엄청나게, 이례적으로 dominate 지배하다; *좌우하다 randomness 임의성 [문제] refute 논박[반박]하다

41 ② 42 ⑤

순응에 관한 초기 연구들은 소집단 내 개인들이 다른 집단 구성원들의 행동에 영향을 받는 방식을 살펴보았다. 이것들은 그 주제에 대한 우리의 이해를 발전시키는 데 도움이 되었지만, 순응이 전체 사회에 어떻게 영향을 미치는지 설명하는 데는 불충분했다. 결국 연구는 개인들이 사회적 규범에 어떻게 반응하는지, 그들의 반응에 영향을 미치는 요인은 무엇인지, 그리고 이러한 규범이 사회에 미치는 전반적인 영향을 조사하기 위해 확대되었다.

이 새로운 연구는 사회적 규범이 사람들의 주의를 끌 때 그들이 그 규범에 순응할 가능성이 더 높다는 것을 밝혀냈다. 예를 들어, 사람들이 재활용에 관한 포스터를 보거나 이웃들이 자신들의 쓰레기를 재활용하는 것을 보면, 그들은 자신도 같은 일을 해야 한다는 것을 상기하게 된다. 그러나 다른 이들이 사회적 규범에 따르지 않는 걸 보는 것은 종종 규범을 준수하는 것을 방해한다. 만약 한 승객이 버스에 타기 위해 새치기하는 것을 본다면, 다른 사람들 역시 그렇게 할 가능성이 더 높다. 사회적 규범은 종종 단지 다른 사람들의 행동 때문에 무시되곤 한다. 그것들은 사람들이 따라야 할 윤리적 원칙이라기보다 관습에 더 가깝다. 예를 들어, 특정 패션 트렌드를 생각해 보라. 남자의 넥타이는 윤리와 아무런 관련이 없지만, 그는 여전히 특정한 경우에 '올바른' 넥타이를 착용해야 한다는

압박을 느낄 수 있다. 간단히 말해서, 어떤 일을 하는 사람들이 많을수록, 다른 사람들이 거부할(→ 따라 할) 가능성이 더 커진다.

구문해설

3행 ..., they were insufficient in [explaining {how conformity affects society as a whole}]. ▸ [ ]는 전치사 in 의 목적어로 쓰인 동명사구이다. { }는 explaining의 목적어로 쓰인 의문사절이다.

7행 This new research revealed [that there is a higher likelihood of {**people** conforming to a social norm} when it is brought to their attention]. ▸ [ ]는 revealed의 목적어로 쓰인 명사절이다. { }는 전치사 of의 목적어인 동명사구이며, people은 동명사 conforming의 의미상 주어이다.

16행 ..., **the more** people there are doing a certain thing, **the more likely** it is that others will follow along. ▸ 「the+비교급 ..., the+ 비교급 ~」은 '…할수록 더 ~하다'라는 의미이다.

문제해설

41 사회적 규범에 순응하는 것은 윤리에 따른 것이 아닌, 다른 사람들의 행동이나 사회 구성원들 간의 암묵적인 관습에 의해 결정된다는 내용의 글이므로, 제목으로는 ② '순응성을 알게 되는 것: 사회가 우리에게 영향을 미치는 방식'이 가장 적절하다.
① 어떤 사람들이 사회적 압박에 견딜 수 있는 이유
③ 다수결 원칙: 순응은 사실 좋은 것이 될 수 있다
④ 개인의 개성을 수용하라는 동료의 압력에 저항하기
⑤ 윤리적 리더십의 힘: 더 나은 사회를 건설하기

42 사회적 규범은 다른 사람들의 행동에 의해 따라지기도 하고 무시되기도 하며, 이때 윤리적 원칙이라기보다는 관습에 가까우므로 본인의 의사와는 상관 없이 그 관습을 따르게 될 가능성이 높아진다는 흐름이 자연스럽다. 따라서, (e)의 resist를 follow along 등으로 고쳐야 한다.

어휘

conformity 순응 (v. conform 순응하다, 따르다) insufficient 불충분한 investigate 수사[조사]하다, 살피다 norm 규범 likelihood 가능성 adherence 고수, 집착 neglect 무시하다 custom 관습 ethical 윤리적인, 도덕의 have nothing to do with …와 관계가 없다 to put it simply 간단히 말하면 [문제] stand up to 견디다 majority rule 다수결 원칙

43 ① 44 ③ 45 ⑤

(A) 먼 옛날, 히말라야산맥 깊은 곳에 명상을 통해 지식과 깨달음을 추구하는 데 평생을 바친 매우 존경받는 한 현자가 살았다. 때때로, 그는 마을에서 식량을 얻고 가족들을 방문하기 위해 자신의 산꼭대기 집에서 내려왔다. 마을에 있던 어느 날, 그의 누이가 그녀의 십 대 아들에 대한 고민을 털어놓았다. 그는 학교에서 말썽꾸러기가 되어 가고 있었고, 친척들에게 시비를 걸며, 일탈 행동을 보이고 있었다.
(B) 현자의 누이는 그에게 그녀의 집에 와서 아들에게 충고해 달라고 간청했다. 그는 현명한 충고로 평판이 좋았기 때문에, 그녀는 그가 도움을 요청하기에 알맞은 사람이라고 확신했다. 그래서, 그는 그의 누이의 집에 머물며 2주를 보냈다. 그는 그들과 함께 식사를 하고 어떤 필요한 일이든

지 도왔다. 하지만 그는 그의 누이가 부탁한 대로 그의 조카와 대화를 나누지 않았다. 이것은 그 소년에게 큰 혼란을 초래했는데, 그는 초대에 대한 어머니의 이유를 알고 있었기 때문이다. 머지않아 현자가 그의 집으로 돌아갈 시간이 되었다.
(D) 그가 소지품을 챙기기 시작했을 때, 문을 두드리는 소리가 났다. 그의 조카가 들어와서 그의 옆에 앉았다. 그 소년은 삼촌이 자신의 행동을 바꾸는 것에 대해 무언가 말하기를 기다리며, 그를 빤히 쳐다봤다. 하지만 그의 삼촌이 그를 향해 고개를 돌렸을 때, 그는 그 나이 든 현자의 눈에 눈물이 고인 것을 보았다. 그 현자는 그 소년의 고통을 몸소 느낄 수 있었기 때문에 울고 있었다. 그는 그 소년이 단절되고, 어찌할 줄 모르고, 사랑받지 못한다고 느낀다는 것과, 그의 나쁜 행실들이 밉살스러워지려는 바람이 아니라 깊은 고뇌의 징후라는 것을 진심으로 이해했다.
(C) 나머지 가족들은 그를 짐이자 골칫거리에 불과하다고 여겼다. 하지만 그의 삼촌은 다르게 생각했다. 자신의 삼촌의 눈에 고인 눈물을 보면서, 그 소년은 누군가 마침내 자신을 이해했다고 느꼈다. 그는 그것이 자신의 반항적인 태도에 대한 실망감의 눈물이 아니라, 공감의 눈물이라는 것을 알았다. 그날, 그 소년은 자신의 방식을 바꾸기 시작했다. 삼촌의 연민에 고무되어, 그는 자신의 고뇌를 피하는 것을 그만두고 그것을 직시할 수 있었는데, 이는 결국 그가 그것을 극복하는 데 도움이 되었다.

구문해설

5행 He was **becoming** a menace at school, **starting** arguments with relatives, and **exhibiting** deviant behavior. ▸ 세 개의 분사 becoming, starting, exhibiting이 접속사 and로 병렬 연결되어 있다.

11행 **This** caused much confusion for the boy, [who knew his mother's motives for the invitation]. ▸ This는 앞 문장 전체를 가리킨다. [ ]는 선행사인 the boy를 부연 설명하는 계속적 용법의 주격 관계대명사절이다.

18행 [(Being) Inspired by his uncle's compassion], he was able to stop avoiding his pain and face it, [which ultimately **helped** him **overcome** it]. ▸ 첫 번째 [ ]는 앞에 Being이 생략된 수동형 분사구문이다. 두 번째 [ ]는 앞 절 전체를 선행사로 하는 계속적 용법의 주격 관계대명사절이다. help는 목적격 보어로 동사원형이나 to부정사를 쓴다.

문제해설

43 산속 깊은 곳에 사는 현자에게 그의 누이가 자기 아들에 대한 고민을 털어놓는 내용인 주어진 글에 이어, 자기 아들에게 충고해 달라는 누이의 부탁으로 현자가 그녀의 집에 머무르게 되는 내용의 (B)가 오고, 현자가 자신의 방을 찾아온 조카를 보고 연민을 느껴 눈물을 흘리는 내용의 (D)가 이어진 후, 삼촌의 눈물의 의미를 이해하고 조카가 달라지기 시작했다는 내용의 (C)로 이어지는 것이 가장 자연스럽다.

44 (c)는 현자의 조카를 가리키고, 나머지는 모두 현자를 가리킨다.

45 ⑤ 현자가 누이의 집을 떠나기 전 소지품을 챙기고 있을 때, 조카가 그의 방에 찾아왔다.

어휘

sage 현자 enlightenment 깨우침, 이해 meditation 명상, 묵상 provision (pl.) 식량 distress 고민, 고뇌 deviant (정상에서) 벗어난, 일탈적인 counsel 충고[조언]하다 reputation 평판,

명성 enlist (협조·참여를) 요청하다 motive 동기, 이유 burden 부담, 짐 embarrassment 어색함; *곤란하게 하는 사람, 골칫거리 rebellious 반항적인 compassion 연민, 동정심 misbehavior 나쁜 행실

실전 모의고사 2회 — pp. 124~139

18 ⑤	19 ④	20 ③	21 ④	22 ②	23 ①	24 ⑤
25 ③	26 ④	27 ⑤	28 ③	29 ②	30 ⑤	31 ③
32 ①	33 ①	34 ③	35 ③	36 ④	37 ③	38 ⑤
39 ①	40 ④	41 ④	42 ⑤	43 ②	44 ⑤	45 ④

18 ⑤

만약 적절한 비상사태 대응 절차가 뒤따랐더라면 지난주 화재의 피해 규모는 덜 심각했을 수도 있었을 것입니다. 따라서, 또 다른 비상 상황이 발생한다면, 최우선 사항은 침착함을 유지하는 것임을 기억해 주십시오. 그러고 나서 여러분은 그 상황의 원인을 해결하기 위해 여러분이 할 수 있는 어떤 조치든지 취해야 합니다. 예를 들어, 작은 화재의 경우에는 소화기가 사용될 수 있습니다. 또는, 제어 가능한 누수가 있다면, 급수가 차단될 수 있습니다. 하지만 그러한 조치들은 여러분의 개인 안전에 위험이 없을 때에만 취해져야 합니다. 그리고 만약 상황이 통제될 수 없다면, 즉시 긴급 구조대가 호출되어야 합니다. 이것을 기억하는 것은 우리가 앞으로 그러한 상황들을 더 잘 처리하는 데 도움이 될 수 있을 것입니다.

구문해설

1행 The extent of the damage from last week's fire **could have been** less severe **if** proper emergency response procedures **had been followed**. ▸ 「if+주어+had+p.p., 주어+조동사의 과거형+have+p.p.」는 과거 사실과 반대되는 내용을 가정하는 가정법 과거완료이다.

3행 You should then take [whatever action you can (take)] **in order to deal with** the cause of the situation. ▸ [ ]는 '어떤 …든지'라는 의미의 복합관계형용사 whatever가 이끄는 명사절로, take의 목적어 역할을 한다. 「in order to-v」는 '…하기 위해서'라는 의미이다.

문제해설

지난주 화재의 대응이 미흡했음을 언급하며 또 다른 비상사태 발생 시 조치할 수 있는 적절한 대응법을 설명하는 글이다.

어휘

extent 정도[규모] procedure 절차[방법] arise 생기다, 발생하다 fire extinguisher 소화기 controllable 통제[제어] 가능한 leak (물·가스 등의) 누출 emergency services 긴급 구조대

19 ④

자원봉사를 하는 것은 십 대들 사이에서 흔해졌으며, (그것은) 성인기에 이르는 과정 중의 그저 또 다른 단계이다. 하지만 많은 십 대들은 그 경험

이 개인과 상관없고 성취감을 주지 못한다고 생각한다. 많은 경우에, 그것은 그저 대학 지원서 항목에 포함시킬 만한 것을 갖기 위해 행해지는 활동이 되었다. 이 문제는 결과와, 십 대들을 위해 봉사활동을 재미있고 수월하게 만드는 것에 대한 지나친 중시에서 비롯된다. 이러한 외적 이득은 성실, 정직, 그리고 결단력이라는 귀중한 개인적 자질을 계발하는 것과 같은 내적 이득에 대한 여지를 거의 남겨 두지 않는다. 의미 있는 자원봉사 활동이 없다면, 미래의 세대는 공감이 부족할지도 모르는데, 이는 사회에 악영향을 미칠 것이다. 자원봉사 활동에 관해서, 우리는 의미를 중시하려고 노력해야 한다. 그렇게 하려면, 우리는 지역 사회에 긍정적인 영향을 줄 뿐만 아니라 십 대들 자신도 변화시킬, 십 대들을 위한 기회들을 만들어내기 위해 협력해야 한다.

구문해설

9행 To do that, we must work together **to create** opportunities for teens [that will *not only* have a positive effect on the community *but also* change the teens themselves]. ▸ to create는 목적을 나타내는 부사적 용법의 to부정사이다. [ ]는 선행사인 opportunities for teens를 수식하는 주격 관계대명사절이다. 「not only A but also B」는 'A뿐만 아니라 B도'라는 의미이다.

문제해설

필자는 봉사활동이 십 대들에게 외적 이득만을 얻기 위한 수단이 되지 않아야 하며, 십 대들에게 유의미한 봉사활동의 기회를 제공하기 위해 함께 노력해야 한다고 주장하고 있다.

어휘

adulthood 성인임, 성인기 unfulfilling 성취감을 주지 못하는 overemphasis 지나친 강조[중시] outcome 결과 determination 결심; *결단(력) empathy 공감 adversely 반대로; *불리하게

20 ③

Jacob은 마지막 남은 스테이크 한 입을 마저 먹고, 나이프와 포크를 내려놓고, 접시를 옆쪽으로 밀었다. 그는 거한 식사를 한 뒤에 산책하는 것을 늘 좋아해서, 위험을 무릅쓰고 배의 갑판으로 나가기로 결심했다. 더운 오후였고, 그늘진 의자에서 잠깐 눈을 붙이고 있는 몇몇 승객들을 제외하곤 갑판은 비어 있었다. 배가 수평선을 향해 줄곧 더 가까이 조금씩 움직이면서 바다의 푸른 표면을 따라 부드럽게 미끄러지듯 나아가는 동안, 바다 자체는 비어 있는 것처럼 보였다. 하늘이라는 거대한 둥근 천장에는 구름 한 점 없었다. Jacob은 잔잔한 바다 위를 응시했고, 그의 마음은 어느새 깊은 생각에 잠긴 상태에 빠졌다. 저 멀리, 마치 깨진 유리로 되어있는 것처럼, 바닷물이 수천 개의 눈부신 입자들로 햇빛을 반사했다.

구문해설

4행 The sea itself seemed empty **as** the ship glided smoothly along its blue surface, [inching ever closer to the horizon]. ▸ as는 '…하는 동안'이라는 의미로 쓰인 접속사이다. [ ]는 동시동작을 나타내는 분사구문이다.

7행 ..., the water, [**as if** it **were** composed of broken glass], reflected the sunlight in thousands of brilliant specks. ▸ [ ]는 문장의 주어와 동사 사이에 삽입된 형태로, 「as if+

가정법 과거는 '마치 …인 것처럼'이라는 의미이며, 주절과 같은 시제의 반대 사실이나 비교적 실현 가능성이 낮은 일을 가정한다.

문제해설
③ 글의 등장인물이 배의 갑판 위에서 잔잔한 바다를 바라보며 조용히 깊은 생각에 잠긴 상황이다.

어휘
venture (위험을 무릅쓰고) 가다 snooze 잠깐 자다[눈을 붙이다] inch 조금씩 움직이다 immense 거대한, 막대한 placid 차분한[얌전한]; *잔잔한 drift into 의식하지 못한 사이 …에 빠지다 meditative 깊은 생각에 잠긴 speck 작은 얼룩; *입자 [문제] tranquil 고요한, 평온한 tedious 지루한, 싫증 나는

21 ④

당신은 당신에게서 100달러를 훔친 도둑을 처벌하는 것을 찬성할 가능성이 높지만, 그렇게 하는 것에 대한 당신의 동기는 무엇일까? 연구원들은 이 질문에 흥미를 가지며, 우리가 다른 사람들을 언제 그리고 왜 처벌하는지에 대해 어떻게 결정하는지 궁금해했다. 처벌이 부정 행위자에게 동등한 손실을 초래하기를 원하는 것에서 일어나는지 아니면 불공평에 대한 보편적인 반감을 갖는 것에서 일어나는지를 조사하기 위한 실험이 수행되었다. 그 연구는 실험 대상자들이 복수를 하려고 하는 것보다 불공평함을 바로잡는 데 더 관심이 있다는 것을 밝혀냈다. 다시 말해, 사기꾼들이 우리보다 형편이 더 나을 때, 우리는 처벌하려는 경향이 있다. 이러한 결과는 우리가 처벌을 가하려는 우리의 욕구를 불러일으키는 핵심 동기를 더 잘 이해하는 데 도움이 될 수 있다.

구문해설
2행 Researchers have been interested in this question, [wondering {how we make decisions about <when and why we punish others>}]. ▸ [ ]는 동시동작을 나타내는 분사구문이다. { }는 wondering의 목적어로 쓰인 의문사절이다. 〈 〉는 전치사 about의 목적어로 쓰인 의문사절이다.
7행 These findings could **help** us **to** better **understand** the core motives [that drive our desire *to impose* punishment]. ▸ help는 목적격 보어로 동사원형이나 to부정사를 쓴다. [ ]는 선행사인 the core motives를 수식하는 주격 관계대명사절이다. to impose는 our desire를 수식하는 형용사적 용법의 to부정사이다.

문제해설
실험을 통해 처벌의 동기가 복수를 하려는 것이 아니라 부당함을 바로잡으려는 데 있음을 보여 주고 있으므로, 글의 요지로는 ④가 가장 적절하다.

어휘
wrongdoer 범법자, 부정행위자 inequity 불공평 revenge 복수 cheater 사기꾼 better off 형편이 더 나은 core 과일의 속[심]; *핵심 impose 도입하다; *부과하다[지우다]

22 ②

남태평양 지역 출신의 탐험가들이 하와이에 정착했을 때, 그들은 자신들의 전통적 믿음을 전수했는데, 이것은 오늘날 하와이 신화라고 알려진 것으로 발전했다. 이 신화의 한 가지 특징은 장소와 무생물에 영혼이 있다는 믿음인 애니미즘이다. 또 다른 두드러진 특징은 여러 신에 대한 믿음과 숭배인 다신론이다. 하와이 신화의 중요한 몇몇 인물로는 무지개를 타고 지구에 내려온 풍요의 신 Lono와 화산의 여신 Pele가 있다. 하와이의 유명한 훌라춤은 원래 Pele와 다른 신들에게 바치는 기도의 한 형태로 쓰였다. 그러나 하와이가 식민 지배를 받았을 때, 지배 계급은 전통 풍습들을 금했다. 그래도 일부가 가까스로 존속되어 그 지역 현대 문화의 일부로 남아 있다.

구문해설
3행 One feature of this mythology is animism, [the belief {that places and non-living objects have spirits}]. ▸ animism과 [ ]는 동격이다. the belief와 { }는 동격이다.
5행 Some of the significant figures in Hawaiian mythology include Lono, [a fertility god {who descended to earth on a rainbow}], and Pele, [the goddess of volcanoes]. ▸ 첫 번째와 두 번째 [ ]는 각각 Lono, Pele와 동격이다. { }는 선행사인 a fertility god를 수식하는 주격 관계대명사절이다.

문제해설
하와이 신화의 특징적인 요소들을 나열한 글이므로, 주제로는 ② '하와이 신화의 주요 요소들'이 가장 적절하다.
① 가장 유명한 하와이 신화들
③ 하와이 문화에서 애니미즘의 정의
④ 하와이의 전통을 지키는 것의 중요성
⑤ 하와이와 다른 남태평양 문화 간의 유사성

어휘
mythology 신화 animism 애니미즘(모든 자연계의 사물에 영혼이 깃들어 있다는 원시 세계관) prominent 중요한; *두드러진 worship 숭배 fertility 비옥함 descend 내려오다 colonize 식민지로 만들다 practice 실천; *풍습

23 ①

선도 기업들은 다른 기업이나 단체와 함께 일하는 데 있어서 환경 문제에 대한 실질적인 해결책을 찾는 데 보다 큰 책임을 지고 있다. 점점 더 많은 기업들이 지속 가능성을 위한 동반자 관계를 형성하고 있는데, 이것은 재정적 및 생산성 관련 이익도 제공하면서 긍정적인 대중 이미지를 조성한다. 하지만 만약 기업이 단지 추세를 따르거나 대중의 호평을 얻기 위해서만 그런 동반자 관계를 형성한다면, 진정한 결과 달성을 위한 그들의 헌신은 약해질 것이다. 그러므로 지속 가능성을 위한 동반자 관계의 구성원들은 먼저 천연자원의 제한된 공급을 보호하는 것과 같은, 그들의 근본적인 목표를 결정해야 한다. 명백한 목표 없이는, 동반자들이 합의된 의무를 다하지 못하고 다른 구성원들에게 곤란을 초래할 수 있다. 만약 협력 동반자들이 하나가 되어 지속 가능성 프로젝트와 환경친화적 계획의 발전에 의미 있는 기여를 할 것으로 기대된다면, 관련된 모두를 위해 적절한 우대책이 마련되어야 한다.

구문해설
3행 ... are forming sustainability partnerships, [which foster a positive public image {while also offering financial and productivity-related benefits}]. ▸ [ ]는 선행

사인 sustainability partnerships를 부연 설명하는 계속적 용법의 주격 관계대명사절이다. { }는 의미를 명확히 하기 위해 접속사를 생략하지 않은 분사구문이다.

문제해설
환경을 위한 지속 가능성 프로젝트의 동반자 관계를 유지하는 데 있어 요구되는 것이 무엇인지 설명하는 내용이므로, 제목으로는 ① '성공적인 지속 가능성을 위한 동반자 관계의 비결'이 가장 적절하다.
② 한쪽 당사자에게만 도움이 되는 동반자 관계에 주의하라
③ 환경 관련 계획을 방해하는 기업들
④ 회사의 기업 이미지를 신장시키는 가장 빠른 방법
⑤ 환경의 지속 가능성: 궁극적으로 누구에게 책임이 있는가?

어휘
sustainability (환경 파괴 없는) 지속[유지] 가능성 commitment 약속; *헌신 clear-cut 명백한 objective 목적, 목표 obligation 의무 initiative (문제 해결 등을 위한 새로운) 계획 incentive 장려[우대]책 [문제] hold back 저지[제지]하다; *방해[저해]하다

24 ⑤

아름다운 바르셀로나 관광
BB 여행사, 바르셀로나
평일: 오후 2시~7시
1인당 55달러

이 관광은 평일마다 오후 2시에 BB 여행사에서 출발합니다. 이것은 성 가족 성당과 피카소 박물관을 포함하여 바르셀로나에서 가장 유명한 여러 건축물들을 방문하는 일정으로 구성되어 있습니다. 마지막으로, 본 단체는 저녁 식사로 스페인 최고급 요리를 맛보기 위해 Delicioso에 들를 것입니다.
• 예상해야 할 것: 도보 관광은 약 3km를 이동할 것입니다.
• 제공되는 것: 관광 가이드, 교통수단, 박물관 입장권
• 가져올 것: 편안한 운동화, 자외선 차단제, 모자나 선글라스
더 많은 정보를 원하시면, *luisa@bbtours.com*으로 이메일을 보내주세요.

구문해설
7행 Finally, the group will stop for dinner at Delicioso **to experience** some of Spain's finest cuisine. ▸ to experience는 목적을 나타내는 부사적 용법의 to부정사이다.

문제해설
⑤ 박물관 입장권은 제공된다고 했다.

어휘
feature 특별히 포함하다, 특징으로 삼다 cover 씌우다[가리다]; *가다[이동하다] entry 입장; *입장권

25 ③

영국의 휴대전화 인터넷 사용자들에 의해 행해진 휴대전화 소매 활동
위 도표는 2012년과 2013년 동안 영국의 휴대전화 인터넷 사용자들에 의해 행해진 소매 활동을 보여준다. 두 해 모두, 가장 높은 비율의 휴대전화 인터넷 사용자들에 의해 행해진 휴대전화 소매 활동은 상점 위치를 찾는 것이었다. 2012년의 두 번째로 가장 흔했던 활동은 상품 가격 비교였지만, 2013년에는 제품이나 서비스 구매가 앞섰다. 상품 특징 조사는 두 해 사이에 가장 큰 증가를 보였는데, 5퍼센트 포인트 상승했다. 사실상, (도표에) 나열된 모든 활동은 이 기간 동안 최소한 3퍼센트 포인트의 증가를 보였다. 2012년에 제품의 입수 가능성을 확인하는 것이 가장 드문 활동이었고, 2013년에 그것은 쿠폰 또는 거래 검색과 공동으로 마지막 순위를 차지했다.

구문해설
5행 [Researching product features] showed the greatest increase between the two years, [rising five percentage points]. ▸ 첫 번째 [ ]는 문장의 주어로 쓰인 동명사구이다. 두 번째 [ ]는 앞의 the greatest increase between the two years를 부연 설명하는 분사구문이다.

문제해설
③ 두 해 사이에 가장 큰 증가를 보인 활동은 제품이나 서비스 구매이다.

어휘
retail 소매 availability 유용성; *(입수) 가능성 surpass 능가하다, 뛰어넘다 be tied for 공동 …위에 오르다

26 ④

'산에 사는 긴 꼬리의 숙녀'로도 알려진 대만 파란 까치는 대만의 국조(國鳥)이다. 그것은 해발 300에서 1,200미터에 살며, 그 섬나라의 산악 지방에 둥지를 짓는다. 색이 파란색임에도 불구하고, 이 새는 까마귓과에 속한다. 그것은 6마리 이상씩 무리를 지어 숲을 날아다니며, '깍-깍-깍-깍'이라는 독특한 울음소리를 낸다. 그것은 까마귓과에 속하는 대부분의 새들처럼 잡식 동물로, 곤충, 뱀, 설치류, 과일과 씨앗을 포함하는 다양한 음식을 먹고 산다. 특히, 그것은 파파야와 야생 무화과를 즐겨 먹는다. 먹을 수 있는 것보다 더 많은 식량을 발견하는 풍요로운 때, 대만 파란 까치는 나중의 쓰임에 대비해 남은 식량을 비축하려 하는데, 그것을 땅 위에 놓고 마른 잎들로 덮거나 나뭇가지들 속에 숨겨놓는다.

구문해설
2행 It makes its home in the island's mountainous regions, [living at elevations of 300 to 1,200 meters]. ▸ [ ]는 동시동작을 나타내는 분사구문이다.
5행 …, it is an omnivore, [surviving on a varied diet {that includes insects, snakes, rodents, fruit and seeds}]. ▸ [ ]는 동시동작을 나타내는 분사구문이다. { }는 선행사인 a varied diet를 수식하는 주격 관계대명사절이다.
7행 …, the Taiwan blue magpie will store the leftovers for future use, [placing **them** on the ground and covering **them** with dead leaves or hiding **them** in the branches of trees]. ▸ [ ]는 동시동작을 나타내는 분사구문이다. 세 개의 them은 모두 앞에 나온 the leftovers를 가리킨다.

문제해설
④ 잡식 동물로, 곤충, 뱀, 설치류, 과일과 씨앗을 포함한 다양한 음식을 먹는다고 했다.

어휘

magpie 까치 elevation 승진, 승격; *고도, 해발 distinctive 독특한 omnivore 잡식(성) 동물 rodent 설치류 leftover 남은 음식

27 ⑤

해소(海嘯)는 파도가 밀물에서 발생하여 평소 흐름의 반대 방향으로 강을 따라 올라가는 자연 현상이다. 그 과정은 드물며, 그것이 일어나기 위해서는 여러 조건이 충족되어야 한다. 강에는 좁은 틈에서 바다와 만나는 넓은 깔때기 같은 만이 있어야 한다. 그것은 또한 얕아야 하고 조수간만의 차가 최소한 6미터인 곳에 위치해야 한다. 이 만의 형태는 더 큰 조차를 야기할 뿐만 아니라 만조가 물이 밀려드는 것처럼 보이는 지점에서 지속되는 시간을 줄여줄 수도 있다. 이러한 필수 조건들이 갖추어져 있는 경우에만 해소가 형성될 것이다. 이 조건들 중 어떤 것이든지 변화가 있으면 그 작용은 일어나지 못할 것이다.

구문해설

1행 A tidal bore is a natural phenomenon [in which a wave **develops** from a rising tide and **moves** up a river in the opposite direction of the usual flow]. ▸ [ ]는 선행사인 a natural phenomenon을 수식하는 관계사절이다. develops와 moves가 접속사 and로 병렬 연결되어 있다.

5행 Not only does the bay's shape cause a higher
(부정어구) (조동사) (S)
tidal range, but it can also reduce [how long the flood tide lasts to the point {where **it** appears as a surge of water}]. ▸ 부정어인 Not only가 문두에 와서 조동사와 주어가 도치되었다. [ ]는 reduce의 목적어로 쓰인 명사절이다. { }는 선행사인 the point를 수식하는 관계부사절이다. it은 앞에 나온 the flood tide를 가리킨다.

문제해설

⑤ Only가 이끄는 부사절이 문두에 왔으므로, a bore will form을 주어와 조동사를 도치시킨 형태인 will a bore form으로 고쳐야 한다.

어휘

rising tide 밀물 bay 만 opening 구멍[틈] flood tide 만조 surge (강한 감정이) 치밀어 오름; *(갑자기) 밀려듦[솟아오름]

28 ③

방향유는 잠재적으로 유해성이 있는 합성 제품들에 대한 대안을 찾고 있는 소비자들에게 인기가 많아졌다. 현재, 과학자들은 식품을 보존하는 전통 산업 방식을 대체할 후보로 그것에 주목하고 있다. 예를 들어, 정향과 오레가노에서 추출된 기름을 함유한 식용 필름은 빵을 효과적으로 보존하는 것으로 알려져 있다. 그러한 필름들의 용도를 최대한 적합하게 활용하려 하며, 과학자들은 그것들을 상업용 항균제인 프로피온산 칼슘과 대조하여 실험을 했다. 그 과학자들은 방부제를 넣지 않고 구운 빵 조각들을 비닐봉지에 넣어 두었다. 식용 필름은 일부 비닐봉지에 넣어졌고, 프로피온산 칼슘을 함유한 상업용 방부제는 나머지 다른 비닐봉지에 넣어졌다. 10일 후에, 프로피온산 칼슘은 그것의 효과를 잃은 반면, 식용 필름은 계속해서 곰팡이를 방지했다.

구문해설

1행 Essential oils have become popular with consumers [seeking alternatives to potentially harmful synthetic products]. ▸ [ ]는 consumers를 수식하는 현재분사구이다.

3행 ..., edible films [containing oils {extracted from clove and oregano}] are known to preserve bread effectively. ▸ [ ]는 edible films를 수식하는 현재분사구이다. { }는 oils를 수식하는 과거분사구이다.

문제해설

(A) 방향유는 잠재적으로 유해성이 있는 합성 제품들에 대한 대안을 찾는 소비자들에게 인기가 많아졌다고 했으며, 실험을 통해 식용 필름의 식품 보존 효과가 입증되었다는 내용이 이어지고 있으므로 현재 과학자들은 식품을 보존하는 전통 산업 방식을 대체할 후보로 그것에 '주목하고' 있다는 흐름이 자연스럽다. 따라서 eyeing이 적절하다.

(B) 과학자들이 빵을 보존하는 식용 필름의 용도를 '최대한 적합하게 활용하려' 하며 그것을 상업용 항균제와 대조하는 실험을 했다는 흐름이 자연스러우므로 optimize가 적절하다.

(C) 프로피온산 칼슘은 빵을 보존하는 효과가 사라진 반면에 식용 필름은 계속해서 곰팡이를 '방지했다'는 흐름이 자연스러우므로 prevent가 적절하다.

어휘

alternative 대안 synthetic (인위적으로) 합성한, 인조의 eye 보다; *눈여겨보다, 주목하다 edible 먹을 수 있는 optimize 최대한 좋게[적합하게] 만들다[활용하다] calcium propionate 프로피온산 칼슘 antimicrobial agent 항균제 preservative 방부제 mold 곰팡이

29 ②

Bob Thrace는 지역 합창단에 의해 개최된 한 연주회에 가서 자리에 앉았을 때 기분이 매우 좋았다. 음악은 아름다웠고, 그는 몹시 평온함을 느꼈다. 그때, 합창단 단장이 전쟁에 함께 참전했던 군인들에 관한 노래 한 곡을 소개했다. 그가 군 복무를 한 적이 있는 사람들은 모두 자리에서 일어나 줄 것을 요청했을 때, Bob과 몇몇 다른 사람들은 자랑스럽게 그렇게 했다. 곡 중반부에, 그는 갑자기 옛 전우인 Randy가 떠올랐는데, 그는 Bob과 함께 입대했다. 그는 그들이 어떻게 좋은 친구가 되었었고 전쟁 중에 얼마나 용감하게 함께 싸웠었는지를 기억했다. 하지만 그러고 나서, Bob은 Randy가 어떻게 전사했었는지 생각했고, 모든 기쁨이 그에게서 사라졌다. 그는 생이 한순간에 끝나버린 그의 친구를 생각하면서 눈물을 참으려고 애썼다.

구문해설

5행 ..., he suddenly thought of **one of his old comrades**, **Randy**, [who had entered the army with him]. ▸ one of his old comrades와 Randy는 동격이다. [ ]는 선행사인 Randy를 부연 설명하는 계속적 용법의 주격 관계대명사절이다.

6행 He remembered [how they had become good friends] and [how bravely they had fought together during the war]. ▸ 두 개의 [ ]는 remembered의 목적어로 쓰

인 의문사절로, 「의문사＋주어＋동사」의 어순을 따른다.

9행 ... while he thought about his friend [whose life had been cut short]. ▸ [ ]는 선행사인 his friend를 수식하는 소유격 관계대명사절이다.

문제해설
②는 합창단 단장을 가리키고, 나머지는 모두 Bob Thrace를 가리킨다.

어휘
put on 상연하다 serve 제공하다; *근무[복무]하다 comrade 동지, 전우 be killed in action 전사하다 cut short (목숨·행동 등을) 갑자기 끝내다

30 ⑤
뻐꾸기는 다른 새들의 둥지에 자신의 알을 낳아서 이러한 행동의 희생자들은 자기 알을 표시하도록 진화해 왔다. 원래, 과학자들은 어미 새가 자기 알과 다른 새의 알을 구별할 수 있도록 그 어미 새의 알들이 그들의 형제자매와 아주 많이 닮아야 하고, 다른 알들의 무늬와는 다른 무늬를 지녀야 하며, 그것들이 쉽게 모방될 수 없도록 복잡한 무늬를 특징으로 삼아야 한다고 생각했다. 하지만, 최근 한 연구의 연구원들은 알이 구별되기 위해서 이 세 가지 특징이 모두 있어야 할 필요는 없다는 것을 알아냈다. 예를 들어, 되새는 자기 알이 다른 어미의 것과 유사할 때도 자기 알을 알아보았다. 뿐만 아니라, 너무 상세한 무늬는 어미가 자신의 알을 알아보는 것을 더 어렵게 했다. 그 연구 결과는 알의 무늬가 너무 복잡하지 않으면서 충분한 정보를 드러내야 한다는 것을 보여준다.

구문해설
2행 Originally, scientists believed [that in order for a mother to differentiate between her eggs and **those** of another, her eggs needed to *bear* a strong resemblance to their siblings, *have* markings different from **those** of other eggs, and *feature* a complex design **so that** they **could** not be easily copied]. ▸ [ ]는 believed의 목적어로 쓰인 명사절이다. 첫 번째 those는 앞에 나온 eggs를, 두 번째 those는 앞에 나온 markings를 가리킨다. bear, have, feature가 접속사 and로 병렬 연결되어 있다. 「so that＋주어＋can ....」은 '...가 ~할 수 있도록'이라는 의미이다.

8행 Furthermore, overly detailed markings made **it** harder *for mothers* [to identify their own eggs]. ▸ it은 가목적어이고 [ ]가 진목적어이며, for mothers는 to identify의 의미상 주어이다.

문제해설
빈칸 앞에는 과학자들이 생각하기에 어미 새가 자기 알을 다른 알과 구별할 수 있게 해 줄 만한 특징들이 언급되었으므로, 빈칸에는 ⑤ '구별할 수 있는'이 들어가는 것이 가장 적절하다.

어휘
cuckoo 뻐꾸기 differentiate 구별하다 bear 참다; *있다[지니다] resemblance 닮음, 유사함 sibling 형제자매 marking 무늬[반점] overly 지나치게, 너무 [문제] invulnerable 해칠 수 없는, 안전한

31 ③
최근까지, 과학자들은 나방의 구애 노래 중 오직 두 가지 유형만을 알고 있었다. 한 가지 유형은 암컷을 직접 유혹하는 데 사용되는 반면에, 다른 하나는 공격하는 박쥐의 소리를 모방하는 데 사용되는데, 이는 암컷이 가만히 있게 한다. 하지만 이제, 과학자들은 수컷 복숭아명나방이 실제로 이 두 가지 유형의 노래를 하나로 결합한다는 것을 알아냈다. 그것은 특정 박쥐의 사냥 울음소리와 비슷한 짧은 파동을 내보낸다. 하지만 다른 종의 수컷들과 달리, 그것은 이 파동을 암컷에게 바로 보내지 않는다. 대신, 그것은 수컷 경쟁 상대들을 쫓아내기 위해 그들에게 파동을 방출한다. 그것은 또한 짝짓기를 할 암컷들을 유혹하기 위해 긴 음을 낸다. 노래의 이 부분을 들은 후에, 어린 암컷 나방은 수컷을 받아들인다는 신호로 보통 날개를 치켜든다. 이와 같이 복숭아명나방은 이중 기능의 노래를 가진 것으로 처음 알려진 종이다.

구문해설
2행 ..., while the other is used to imitate the sound of an attacking bat, [which **causes** females **to stay** still]. ▸ [ ]는 the sound of an attacking bat을 부연 설명하는 계속적 용법의 주격 관계대명사절이다. 「cause A to-v」는 'A가 …하게 하다'라는 의미이다.

6행 Instead, it emits **them** towards male rivals *to drive* **them** away. ▸ 첫 번째 them은 앞 문장의 these pulses를 가리키고, 두 번째 them은 앞에 나온 male rivals를 가리킨다. to drive는 목적을 나타내는 부사적 용법의 to부정사이다.

7행 ..., a young female moth usually raises her wings **as** a sign [that she accepts the male]. ▸ as는 '…로서'라는 의미를 나타내는 전치사이다. a sign과 [ ]는 동격이다.

문제해설
복숭아명나방의 구애 노래는 암컷을 유혹하고 경쟁 상대인 수컷들을 쫓아내는 두 가지 기능을 모두 가지고 있다는 내용이므로, 빈칸에는 ③ '이중 기능의 노래를 가진'이 들어가는 것이 가장 적절하다.
① 초음파 파동을 내보내는
② 노래로 암컷을 유혹하는
④ 다른 동물들의 울음소리를 흉내 내는
⑤ 다른 종의 수컷 나방을 공격하는

어휘
courtship 구애 pulse 맥박; *진동[파동] note 메모; *음 entice 유인[유혹]하다 mate 짝짓기를 하다 [문제] ultrasonic 초음파의

32 ①
당신은 이곳 지구상의 다양한 냄새들에 익숙하지만, 우주는 어떤 냄새가 날까? 1972년 달 탐사에서 아폴로 17호를 통솔했던 우주비행사인 Eugene Cernan에 따르면, 달 먼지는 분명한 '연소된 화약' 냄새가 난다. 그는 달 착륙선 내부에서 그 냄새를 맡아볼 특별한 기회가 있었는데, 끈적거리는 달 먼지가 우주비행사들의 우주복에 달라붙어서 그들이 우주선으로 돌아왔을 때 그들과 함께 옮겨졌기 때문이다. 그들이 헬멧을 벗었을 때, 그들은 공기가 달 먼지 냄새로 가득 차 있다는 것을 알아차렸다. 하지만 지구로 운반되는 달 표면의 샘플들은 습기와 산소에 노출되

기 때문에, 그것들이 지구에 도착할 때쯤에는 냄새를 유발하는 화학 반응이 이미 끝나 있었다. 그것은 당신이 달 먼지의 진짜 냄새를 맡고 싶다면, 당신은 달로 여행을 가야 할 거라는 것을 의미한다.

구문해설

3행 He had a unique opportunity **to encounter** the smell inside the lunar module, as the sticky moondust attached itself to the astronauts' suits and was carried with *them* when *they* returned to the spacecraft. ▸ to encounter는 a unique opportunity를 수식하는 형용사적 용법의 to부정사이다. them과 they는 앞에 나온 the astronauts를 가리킨다.

7행 However, because samples of the moon's surface [being transported to Earth] are exposed to moisture and oxygen, ... ▸ [ ]는 samples of the moon's surface를 수식하는 현재분사구로, samples와 transport는 수동 관계이므로 being transported가 쓰였다.

문제해설

달 표면의 샘플들이 지구로 운반되는 과정에서 습기와 산소에 노출되어 지구에 도착할 때쯤에는 냄새를 유발하는 화학 반응이 이미 끝나 있다고 했으므로, 빈칸에는 ① '달로 여행을 가다'가 들어가는 것이 가장 적절하다.
② 우주복을 입다
③ 이런 샘플들을 입수할 기회를 얻다
④ 실제 우주 장치에서 그것을 제거하다
⑤ 알맞은 화학 조성을 발견하다

어휘

command 명령하다; *지휘[통솔]하다 moondust 달 먼지 gunpowder 화약 lunar module 달 착륙선 be saturated with …으로 가득 차 있다 authentic 진정한, 진짜의 [문제] composition 구성, 합성; *(물질의) 구조, 조성

33 ①

한 국가의 주식 시장에 상장된 두 기업이 있는데, 각각의 시가 총액, 재무 레버리지, 그리고 이익 성장률은 거의 같다. 두 기업 간의 유일하게 커다란 차이점은 한 기업은 명확하고 단순한 재무제표를 공표하는 단일 사업체인 반면에, 다른 한 기업은 사업체들과 자회사들로 구성되어 있으며 복잡하고 이해하기 힘든 재무 보고서를 내놓는다는 것이다. 그럼 이 두 기업 중 어느 곳이 더 높이 평가될 것 같은가? 답은 전자인데, 원하는 정보에 쉽게 접근할 수 없다면 투자자들은 확신이 없다고 느낄 것이기 때문이다. 기업의 모든 관련 정보를 숨김없이 보여주는 재무제표가 없으면, 보이지 않는 위험이나 교묘하게 감춰진 거액의 부채가 없음을 확신할 방법이 없다. 그러므로, 복잡한 기업 구조와 이해하기 힘든 재무 보고 체계는 흔히 미래의 뜻밖의 불쾌한 일에 대한 적기(위험 신호)로 여겨진다.

구문해설

2행 The only significant difference between the two is [that one is a single-business company {that issues clear, simple financial statements}, while the other is made up of businesses and subsidiaries and puts out complex, obscure financial reports]. ▸ [ ]는 주격 보어로

쓰인 명사절이다. { }는 선행사인 a single-business company를 수식하는 주격 관계대명사절이다.

7행 Without financial statements [that openly display all of the company's relevant information], ... or large amounts of debt [that have been cleverly disguised]. ▸ 두 개의 [ ]는 각각 선행사인 financial statements와 large amounts of debt을 수식하는 주격 관계대명사절이다.

문제해설

회사의 모든 관련 정보를 보여 주는 명확한 재무제표가 없다면, 투자자들이 확신을 느끼지 못할 것이라는 내용이므로, 빈칸에는 ① '흔히 미래의 뜻밖의 불쾌한 일에 대한 적기로 여겨진다'가 들어가는 것이 가장 적절하다.
② 오늘날 수익을 늘리는 데 가장 효과적인 도구 중 일부이다
③ 투자자들의 신뢰를 얻는 데 유용한 것으로 여겨진다
④ 일반적으로 도산 직전의 사업체들에게 최후의 수단이다
⑤ 투자를 받는 데 있어 좀처럼 장애물로 여겨지지 않는다

어휘

stock 주식 market capitalization 시가 총액 financial leverage 재무 레버리지 issue 발표[공표]하다 financial statements 재무제표 subsidiary (pl.) 자회사 obscure 무명의; *이해하기 힘든 [문제] red flag (위험 신호를 나타내는) 붉은 기[적기] last resort 마지막 수단[방책] on the brink of …의 직전에 stumbling block 장애물

34 ③

많은 사업가들은 고객 만족의 개념이 정확한 방식으로 정의될 수도 없고 측정될 수도 없다고 생각하지만, 이것은 사실이 아니다. 무엇이 고객을 만족시키고 불만스럽게 하는지 분석함으로써, 사업체들은 둘 다를 할 수 있는 능력을 갖춘다. 만족의 원인은 주로 제품이나 서비스의 기능성의 중요한 부분이 아닌 소소한 즐거운 것들이다. 그러나 불만의 원인은 와이파이 네트워크에 연결하는 스마트폰의 능력과 같은, 제품이나 서비스의 본질적인 측면인 경향이 있다. 이러한 '불만 요인'은 일반적으로 '만족 요인'의 두 배의 영향력을 지녀, 그것들을 상당히 더 중요하게 한다. 만족 요인을 추가하는 것이 단기적으로 유용할지도 모르지만, 장기적으로 그것들은 고객의 기대치를 수익을 못 낼 정도로 높일 수 있다. 반면에, 불만 요인을 제거하는 것은 장기적인 비용상의 이점을 제공한다. 그러므로, 고객 만족을 최적화하기 위한 가장 좋은 방법은 기본으로 돌아가는 것이다.

구문해설

1행 Many businesspeople believe [that the concept of customer satisfaction can be **neither** defined **nor** measured in a precise manner], but this is not true. ▸ [ ]는 believe의 목적어로 쓰인 명사절이다. 「neither A nor B」는 'A도 B도 아닌'이라는 의미이다.

3행 The causes of satisfaction are mostly small pleasurable things [that are not an important part of the product or service's functionality]. ▸ [ ]는 선행사인 small pleasurable things를 수식하는 주격 관계대명사절이다.

6행 These "dissatisfiers" generally have twice the impact of "satisfiers," [making them significantly more important]. ▸ [ ]는 결과를 나타내는 분사구문이다.

문제해설

고객 만족을 최적화하기 위해서는 만족 요인의 두 배의 영향력을 지닌 불만 요인을 없애는 것이 더 중요한데, 불만 요인은 제품이나 서비스의 본질적인 측면과 관련이 있다는 내용이다. 따라서, 밑줄 친 부분이 의미하는 바로 가장 적절한 것은 ③ '사업체의 기본 원칙이 반드시 기대를 충족하게 하는 것' 이다.
① 고객 만족이 무엇인지에 대한 명확한 정의를 세우는 것
② 부정적인 제품 측면보다 긍정적인 것을 강조하는 것
④ 장기적인 안정성보다 즉각적인 만족감에 집중하는 것
⑤ 고객들에게 즐거움을 가져다주는 작은 것들을 그들에게 제공하는 것

어휘

functionality 기능성, 기능 fundamental 근본[본질]적인; 기본 원칙 unprofitable 수익을 못 내는 optimize 최적화하다 [문제] highlight 강조하다 ensure 반드시 …하게[이게] 하다, 보장하다 gratification 만족감[희열](을 주는 것)

35 ③

태어날 때부터, 아기의 감각은 정보 공세를 받는다. 이 정보는 처리를 위해 뇌로 옮겨져야 한다. 정보가 그곳에 이르게 하기 위해, 뉴런이라고 불리는 신경 세포들이 서로 연결 고리를 형성한다. 처음 몇 년 동안, 뇌는 빠르게 성장하고, 성숙한 뉴런들은 정보를 주고받도록 인접한 세포들과 상호 작용을 하기 위해 '가지를 친다'. 그것들은 시냅스라 불리는 특수한 접합부들을 가로질러 정보를 전송하는데, 그것들(= 시냅스) 중 일부는 우리가 나이를 먹음에 따라 제거된다. (시냅스에 도달하자마자, 신경 자극은 뉴런이 그것의 메시지를 전달할 화학적 신경 전달 물질들을 분비하게 하는데, 그 자극은 다음 뉴런으로 곧장 이동할 수 없기 때문이다.) 시냅스의 가지치기로 알려진 이러한 과정은 더 강한 접합부들을 위해 더 약한 것들을 '제거한다'. 이 과정을 통해서, 이 접합부들 중 열등하거나 약한 '가지들'은 마치 정원사가 식물의 건강 상태를 개선하기 위해 가지를 쳐내는 것처럼 '잘려 나간다'.

구문해설

5행 They transfer information across special connections [called synapses], [some of which are removed as we get older]. ▸ 첫 번째 [ ]는 special connections를 수식하는 과거분사구이다. 두 번째 [ ]는 선행사인 synapses를 부연 설명하는 계속적 용법의 관계사절이다.
6행 ..., nerve impulses prompt the neuron to release chemical neurotransmitters [that will relay their message], **since** the impulse cannot jump directly to the next neuron. ▸ [ ]는 선행사인 chemical neurotransmitters를 수식하는 주격 관계대명사절이다. since는 이유를 나타내는 접속사이다.

문제해설

더 강한 시냅스를 위해 열등하거나 약한 시냅스가 제거되는 '시냅스 가지치기' 과정을 설명하는 글이므로, 신경 자극의 정보 전달을 위해 신경 전달 물질이 분비된다는 내용의 ③은 글의 흐름과 무관하다.

어휘

bombard 포격하다; *(질문 등을) 퍼붓다 nerve 신경 neuron 뉴

런, 신경 세포 synapse 시냅스, 신경 접합부 (a. synaptic 시냅스의) impulse 충동; *자극 prompt (어떤 일이 일어나도록) 하다[촉발하다] release 풀어 주다; *방출하다 relay 전달하다 weed out (불필요한 대상 등을) 제거하다, 뽑아 버리다 frail 약한

36 ④

제1차 세계 대전 이후, 독일군은 그들의 전차 기술을 개발하기 시작했는데, 이러한 이동식 무기가 정말 얼마나 효과적일 수 있을지를 알게 되었기 때문이다. 제2차 세계 대전이 시작됐을 즈음, 독일은 이미 그때껏 만들어진 가장 좋은 성능의 전차들 중 일부를 생산하고 있었다. 이것은 나름의 독자적인 전략적 전술이 필요한, 전차전이라는 새로운 전투 형태로 이어졌다. 전차는 빨리 이동할 수 있고 방어군이 역습할 수 있기 전에 대규모 파괴를 일으킬 수 있었으며, 그것들을 막는 유일한 방법은 다른 전차들을 이용하는 것뿐이었다. (독일의 전차는 전투에서 여러모로 우수했지만, 소련의 것들이 그것들을 훨씬 능가했다.) 이것은 전차장들이 그저 적의 전차를 물리침으로써 불리하던 군에게 유리하게 전세를 바꿀 수 있게 하여, 그들을 전장의 새로운 전쟁 영웅으로 만들었다.

구문해설

1행 ..., the German army began to develop its tank technology, [**having learned** {just how effective these mobile weapons could be}]. ▸ [ ]는 이유를 나타내는 분사구문으로, 주절의 시제보다 더 이전 시점을 나타내므로 완료형 분사구문을 썼다. { }는 having learned의 목적어로 쓰인 의문사절이다.
8행 This **enabled** tank commanders **to shift** an entire battle in a losing army's favor simply by defeating the enemy's tanks, [making *them* the new war heroes of the battlefield]. ▸ 「enable A to-v」는 'A가 …할 수 있게 하다'라는 의미이다. [ ]는 결과를 나타내는 분사구문이다. them은 앞에 나온 tank commanders를 가리킨다.

문제해설

제1차 세계 대전 이후 독일군이 고성능 전차들을 개발하면서 새로운 형태의 전투가 시작되었다는 내용이므로, 소련의 전차가 독일의 전차보다 성능이 훨씬 뛰어났다는 내용의 ④는 글의 흐름과 무관하다.

어휘

warfare 전투 tactics 전술(학), 병법 combat 전투, 싸움 outclass 압도하다[훨씬 능가하다] commander 지휘관, 사령관 in one's favor …에게 유리하게 defeat 패배시키다[물리치다]

37 ③

광유전학 기술은 특정 계통의 조류에서 나오는, 빛에 반응하는 단백질을 이용하는 신경 과학의 한 분야야. 채널로돕신으로 알려진 이러한 단백질은 세포막을 가로지르는 이온의 흐름을 조절한다. (B) 채널로돕신이 밝은 빛에 의해 활성화되면, 그것은 뉴런 내부의 이온 통로를 연다. 그러면 그 통로 안팎으로 이 이온의 자유로운 흐름은 뉴런을 활성화시킨다. 광자극이 없으면, 그 이온 통로는 계속 닫혀 있고 뉴런은 멈춰있다. (C) 그 원리를 이용해서, 유전학자들은 특정 뉴런의 활성화가 동물의 행동에 어떻게 영향을 주는지를 연구할 수 있다. 그들은 채널로돕신을 동물의 뉴런에 주입하고 광섬유 케이블을 두개골 속에 삽입하는데, 그러고 나서 그것에 의해 빛이 뇌에 전달될 수 있다. (A) 이 방법을 통해, 연구원들은 그

들이 정하는 시간 동안 그 케이블을 이용해 채널로돕신을 켜고 끌 수 있다. 그것은 그들이 실험을 정확하게 통제하고 뇌가 어떻게 기능하는지에 관해 더 나은 자료들을 수집하는 데 도움을 준다.

구문해설

5행 It **helps** them **to control** the experiment precisely and **(to) gather** better data regarding [how the brain functions]. ▸ helps의 목적격 보어로 쓰인 to control과 (to) gather가 접속사 and로 병렬 연결되어 있다. [ ]는 전치사 regarding의 목적어로 쓰인 의문사절로, 「의문사＋주어＋동사」의 어순을 따른다.

12행 ... and insert an optical fiber cable into the skull, [by which light can then be transmitted to the brain]. ▸ [ ]는 선행사인 an optical fiber cable을 부연 설명하는 계속적 용법의 관계사절이다.

문제해설

빛에 반응하는 단백질인 채널로돕신이 이온의 흐름을 조절한다는 주어진 글에 이어, 빛의 영향을 받아 활성화된 채널로돕신이 이온의 자유로운 흐름을 야기함으로써 뉴런을 활성화시키는 과정을 설명하는 (B)가 오고, 이 원리를 이용해서 유전학자들이 동물의 행동에 영향을 미치는 특정 뉴런의 활성화를 연구할 수 있다는 내용의 (C)가 이어진 후, 이를 통해 연구원들이 실험을 정확히 통제하고 뇌 기능에 관한 더 나은 자료를 수집할 수 있다는 내용의 (A)로 이어지는 것이 가장 자연스럽다.

어휘

branch 나뭇가지; *분야 neuroscience 신경 과학 strain 중압(감); *종족, 계통 regulate 규제하다; *조절[조정]하다 ion channel 이온 통로 at rest 움직이지 않는 inject 주사하다, 주입하다 optical fiber cable 광섬유 케이블

38 ⑤

대부분의 사람들은 풍선의 헬륨을 들이마시고 아주 높은 목소리로 말하는 장난에 익숙하다. 이것은 헬륨이 저밀도 기체이기 때문에 작용하는데, 당신 성대 (바로) 주위의 공기 밀도가 주변 공기의 밀도보다 더 낮으면 당신 목소리의 음은 더 높아진다. 덜 알려진 한 수법은 아주 낮은 목소리를 내기 위해서 육플루오르화황을 들이마시는 것이다. 육플루오르화황은 그것의 높은 밀도 때문에 헬륨과 정반대의 효과를 낸다. 하지만 이러한 특징은 그 기체를 들이마시기 위험하게 하기도 한다. 왜냐하면 그것이 당신 폐의 바닥에 가라앉을 가능성이 있기 때문이다. 그 기체를 폐에서 제거하려면, 당신은 그것이 모두 빠져나올 수 있게 거꾸로 매달려 있어야 할지도 모른다!

구문해설

5행 A trick [that is less well-known] is [to inhale sulfur hexafluoride in order to produce a low-pitched voice]. ▸ 첫 번째 [ ]는 선행사인 A trick을 수식하는 주격 관계대명사절이다. 두 번째 [ ]는 주격 보어로 쓰인 명사적 용법의 to부정사구이다.

6행 Sulfur hexafluoride produces an effect [opposite to **that** of helium] thanks to its high density. ▸ [ ]는 an effect를 수식하는 형용사구이며, that은 앞에 나온 an effect를 대신

한다.

문제해설

주어진 문장의 it은 육플루오르화황을 가리키며, 그것이 폐의 바닥에 가라앉을 가능성이 있다는 내용이다. 따라서, 주어진 문장은 육플루오르화황을 흡입하는 것이 위험할 수 있다는 내용의 문장과 폐에서 그 기체를 빼낼 수 있는 방법을 언급한 문장 사이인 ⑤에 들어가는 것이 가장 적절하다.

어휘

trick 장난 high-pitched (음이) 아주 높은 (↔ low-pitched (음이) 아주 낮은) density 밀도 vocal cords 성대 inhale (가스·연기 등을) 들이마시다

39 ①

새로운 단어가 한 언어에 추가될 때, 그 과정은 보통 실용적인 필요에 의해 이루어진다. 하지만 유령어는 다른 이유들로 생성되며, 흔히 기능적인 목적이 없다. 이 점에도 불구하고, 그 단어는 화자들이 사용하기 시작하면서 유효성을 얻고, 마침내 '진짜' 단어가 된다. 영어에서 가장 잘 알려진 유령어인 'dord'는 전적으로 우연히 생겨났다. 웹스터 사전에서 일하는 한 편집자가 'D or(또는) d'가 'density(밀도)'의 축약형이라고 명시하는 주석을 달았다. 그 주석은 'Dord(금색의, 황금빛의)'로 잘못 읽었고 사전에 추가되었다. 비슷한 현상은 '유령 어구'인데, 이것은 「신데렐라」의 유리 구두로 설명될 수 있다. 유리는 신발에는 쓰일 것 같지 않은 소재로, 전문가들은 그 이야기가 영어로 번역될 때 오류가 생긴 것으로 추측하는데, 모피에 해당하는 프랑스어 단어 'vair'가 유리에 해당하는 단어 'verre'로 쉽게 혼동되었을 수 있기 때문이다.

구문해설

6행 An editor [working for *Webster's Dictionary*] added a note [stating {that "D or d" was an abbreviation for *density*}]. ▸ 두 개의 [ ]는 각각 An editor와 a note를 수식하는 현재분사구이다. { }는 stating의 목적어로 쓰인 명사절이다.

8행 A similar phenomenon is the "ghost phrase," [which can be illustrated by the glass slipper in *Cinderella*]. ▸ [ ]는 선행사인 the "ghost phrase"를 부연 설명하는 계속적 용법의 주격 관계대명사절이다.

문제해설

주어진 문장은 이 점에도 불구하고 유령어가 사람들에 의해 사용되면서 유효성을 얻어 '진짜' 단어가 된다는 내용이며 this가 ① 앞 문장의 '유령어가 기능적인 목적이 없다는 것'을 가리키므로, ①에 들어가는 것이 가장 적절하다.

어휘

validity 유효함, 타당성 come into being 태어나다, 생성되다 abbreviation 축약형 illustrate 설명하다 unlikely 있음직하지 않은 speculate 추측[짐작]하다

40 ④

한 연구팀은 현대의 물질만능주의적인 사회에서 어떻게 자유 시간이 한 사람의 전반적인 행복과 관련이 있는지 조사하는 데 착수했다. 이 연구에서, 1,300명이 넘는 청소년들이 자신들의 자유 시간의 양을 어떻게 여

기는지('인지된 시간의 풍족'으로 알려짐), 그들이 돈과 물질적인 것을 얼마나 많이 중요시하는지, 그들이 얼마나 자주 충동구매를 하는지, 그리고 그들이 스스로 얼마나 행복하다고 평가하는지에 대해 설문 조사를 받았다. 그 결과는 높은 수준의 물질만능주의와 충동구매 행위가 한 사람의 전반적인 행복을 낮춘다는 것을 보여주었다. 인지된 시간의 풍족은 또한 참여자들의 기분에 중대한 영향을 미쳤고, 특정량의 자유 시간은 실제로, 매우 물질만능주의적인 태도나 강한 충동구매 습관의 부정적인 영향을 감소시켰다. 가장 높은 수준의 행복은 자신이 너무 많지도 적지도 않은 자유 시간을 가졌다고 여긴 사람들에게서 나타났다. 한편, 자유 시간의 부족이나 너무 많은 자유 시간은 충동구매 행위 성향이 더 강한 참가자들에게 부정적인 영향을 주어 그들을 덜 행복하게 했다.
→ 삶에서 <u>적당한</u> 양의 자유 시간을 갖는 것은 금전 지향적인 사회에서 사는 것으로 인한 영향들을 <u>줄이는</u> 데 도움이 됨으로써 행복을 증진시킨다.

구문해설
2행 In the study, over 1,300 adolescents were surveyed about [how they viewed their amount of free time (...)], [how heavily they valued money and material things], [how often they participated in compulsive buying], and [how happy they rated themselves]. ▸ 네 개의 [ ]는 전치사 about의 목적어로 쓰인 의문사절로, 접속사 and로 병렬 연결되어 있다.

9행 The highest happiness levels were found in those [who perceived themselves as having **neither** too much **nor** too little free time]. ▸ [ ]는 선행사인 those를 수식하는 주격 관계대명사절이다. 「neither A nor B」는 'A도 B도 아닌'이라는 의미이다.

문제해설
청소년들을 대상으로 연구한 결과, 적당한 양의 자유 시간은 물질만능주의적인 태도와 충동구매 행위로 인한 부정적 영향들을 감소시키며 개인의 전반적인 행복 수준을 향상시킴을 알 수 있었다는 내용이다.

어휘
set out 착수하다   materialistic 물질(만능)주의적인   adolescent 청소년   affluence 풍족, 풍부   compulsive 강박적인, 충동성의   [문제] moderate 절제 있는; *적당한

41 ④ 42 ⑤

우리가 합리적 추측을 하기 위해서, 우리의 뇌는 별개의 경험에 대한 기억을 서로 연결해야 한다. 이것은 사람과 쥐 모두를 대상으로 한 실험을 통해 연구되었다. 한 실험에서, 지원자들은 어떤 소리를 듣는 것이 다채로운 그림이 나타날 것을 암시하는 활동에 참여했다. 이 활동 후에, 지원자들은 같은 종류의 다채로운 그림을 발견하면 돈을 얻을 수 있는 게임을 했다. 비록 소리가 상금과 전혀 직접적으로 연결되지는 않았지만, 지원자들은 그 둘을 서로 연관시키기 시작했다.

또 다른 실험에서, 연구원들은 쥐에게 LED 조명을 노출하기 전에 어떤 소리를 재생했다. 이후에, 그 쥐들에게는 조명이 켜질 때마다 설탕물을 찾을 기회가 주어졌다. 다른 실험의 지원자들과 마찬가지로 쥐들은 그 소리를 보상과 연관시키기 시작했다. 연구원들은 쥐들의 뇌 활동을 기록했고 쥐들이 각 활동을 조명과 연관시켜 소리와 보상을 연결하기 시작했

음을 확인했다. 그들은 쥐들이 활동을 마친 후에 그것들의 뇌를 계속 관찰했다. 그들은 쥐들이 쉴 때야말로 뇌가 중간 조명을 건너뛰면서 소리와 보상 사이의 직접적인 연관성을 강화한다는 것을 알아챘다. 사람들과 쥐들의 뇌 사이의 유사성을 고려했을 때 이 발견은 우리 역시 일하는(→ 쉬는) 동안 우리의 뇌가 이런 종류의 연결고리를 형성한다는 것을 시사한다.

구문해설
3행 In one experiment, volunteers participated in an activity [in which hearing a sound signaled {that a colorful picture would appear}]. ▸ [ ]는 선행사인 an activity를 수식하는 관계사절이다. { }는 signaled의 목적어로 쓰인 명사절이다.

11행 The researchers **recorded** the mice's brain activity and **found** [that they had started linking the sound to the reward through the association of each activity with the lights]. ▸ recorded와 found가 접속사 and로 병렬 연결되어 있다. [ ]는 found의 목적어로 쓰인 명사절이다.

14행 They noticed [that **it was** when the mice rested **that** their brains reinforced the direct association between the sound and the reward, {skipping over the intermediate lights}]. ▸ [ ]는 noticed의 목적어로 쓰인 명사절이다. 「it is[was] ... that ~」 강조 구문으로, '…한 것은 바로 ~이다'라는 의미이다. { }는 동시동작을 나타내는 분사구문이다.

16행 **Considering** the similarities between the brains of people and mice, these findings suggest [that our brains establish these kinds of links *while* we rest as well]. ▸ considering은 '…을 고려했을 때'라는 의미이다. [ ]는 suggest의 목적어로 쓰인 명사절이다. while은 '…하는 동안'이라는 의미로 쓰인 접속사이다.

문제해설
41 사람과 쥐를 대상으로 한 실험에 따르면, 뇌가 별개의 경험에 대한 기억을 서로 연결하고 우리가 쉬는 동안 이러한 연결고리를 형성한다는 내용이므로, 제목으로는 ④ '우리의 뇌가 어떻게 우리의 경험들을 서로 연결하는가'가 가장 적절하다.
① 소리에 대한 기억 되살리기: 기억력 향상의 열쇠
② 왜 시각적 훈련이 뇌 건강에 중요한가?
③ 다채로운 이미지가 어떻게 우리의 학습 능력을 극대화하는가
⑤ 인간 대 쥐 : 뇌 기능의 유사성과 차이점

42 ⑤ 쥐들이 쉴 때 뇌가 중간 조명을 건너뛰며 소리와 보상의 연관성을 강화한다고 했고, 사람들과 쥐의 뇌가 비슷하다고 했으므로, 우리도 '쉬는' 동안 우리의 뇌가 이러한 연결고리를 형성할 것이라는 흐름이 자연스럽다. 따라서, work를 rest 등으로 고쳐야 한다.

어휘
signal (동작·소리로) 신호를 내보내다; *암시하다   associate 연관짓다 (association *n.* 연관)   intermediate 중간의   [문제] imagery (예술 작품에서의) 형상화; *이미지, 사진   maximize 극대화하다

43 ② 44 ⑤ 45 ④

(A) 어느 날 Antonio Bailey가 자신이 요리사로 일하던 식당 뒤의 주차장에서 쉬고 있던 중에, 그는 한 남자와 여자 사이의 시끄러운 언쟁을 들었다. 그는 그 두 사람에게 다가갔고, 여자가 남자로부터 두 명의 어린 소년들을 막아서며 그들 앞에 서 있는 것을 보았다. 갑자기 그 남자는 여자를 쳐서 그녀를 넘어지게 했다.

(C) Bailey는 그가 두 소년 중 더 어린 소년을 붙잡아서 달아나기 시작하는 것을 보았다. 그 남자를 막아야 한다는 것을 알고서, Bailey는 생각할 순간도 갖지 않았고, 그 공격자를 가능한 한 빨리 뒤쫓아 달렸다. 동시에, 나이가 더 많은 소년은 큰소리로 도움을 요청하며 식당 쪽으로 달려갔다. 그는 한 무리의 행인들에게 폭행당한 여자가 그의 보모라고 말했고, 그를 위해 경찰을 불러달라고 부탁했다.

(B) 경찰이 식당을 향해 오는 동안, Bailey는 Karl Vance라는 그 남자를 따라잡을 수 있었다. 그는 Vance를 붙잡고 그 소년을 풀어주기 위해 그와 싸웠다. 그 소년이 안전하다는 것을 알자마자, 그는 그 범죄자를 땅바닥에 넘어뜨려 경찰을 기다리는 동안 그를 그곳에 붙들어두고 있었다. 그 범죄자는 계속해서 소리치며 Bailey는 그 소년을 자신으로부터 빼앗을 권리가 없다고 말했다. 그 후 얼마 지나지 않아, 경찰관들이 도착했고 Vance를 수감했다.

(D) 그는 나중에 폭행과 납치로 기소되었고, 유죄 판결을 받을 때 징역 10년 형을 선고받았다. 그 사건 다음 날, 그 소년들의 아버지는 Bailey에게 직접 고맙다는 인사를 하기 위해 식당에 갔다. 그는 또한 Bailey의 영웅적인 행동에 또 다른 친절한 행동으로 보답했다. 그는 Bailey의 가족이 감당할 수 없는 비용이 드는 수술이 급히 필요했던 그의 딸을 위해 모금하는 것을 도와준 것이다. 그 기금으로, Bailey의 딸은 성공적인 수술을 받을 수 있었다.

구문해설

1행 One day while Antonio Bailey was taking a break in the parking lot behind the restaurant [where he worked as a cook], ... ▸ [ ]는 선행사인 the restaurant를 수식하는 관계부사절이다.

4행 Suddenly, the man struck the woman, [**causing her to fall over**]. ▸ [ ]는 결과를 나타내는 분사구문이다. 「cause A to-v」는 'A가 …하게 하다'라는 의미이다.

20행 ... he helped to raise funds for Bailey's daughter, [who urgently needed a surgery {that the family could not afford}]. ▸ [ ]는 선행사인 Bailey's daughter를 부연 설명하는 계속적 용법의 주격 관계대명사절이다. { }는 선행사인 a surgery를 수식하는 목적격 관계대명사절이다.

문제해설

43 한 남자가 여자와 큰소리로 언쟁을 벌이다가 남자가 두 소년을 막아선 여자를 쳐서 넘어지게 하는 것을 Bailey가 목격하는 내용인 (A)에 이어, 그 남자가 둘 중 어린 소년을 데리고 달아나는 것을 보고 Bailey가 그 남자를 뒤쫓아가고 나이가 많은 소년은 행인들에게 경찰을 불러달라고 부탁하는 상황을 서술하는 (C)가 오고, Bailey가 그 남자를 붙잡아 소년을 구하고 경찰관이 그 남자를 수감하는 내용의 (B)가 이어진 후, 소년의 아버지가 Bailey에게 고마움을 전하고 보답하는 내용인 (D)의 순서로 이어지는 것이 가장 자연스럽다.

44 (e)는 소년들의 아버지를 가리키고, 나머지는 모두 범죄자를 가리킨다.

45 ④ 행인들에게 경찰을 불러 달라고 부탁한 사람은 나이가 더 많은 소년이었다.

어휘

struggle with …와 싸우다 offender 범죄자 take ... into custody …을 수감하다 snatch 와락 붙잡다, 잡아채다 bystander 구경꾼, 행인 assault 폭행하다; 폭행(죄) nanny 유모, 보모 charge 청구하다; *기소하다, 고소하다 kidnap 납치하다 sentence 문장; *선고, 형벌

고난도 모의고사   pp. 140~159

18 ④	19 ③	20 ②	21 ②	22 ④	23 ②	24 ④
25 ⑤	26 ④	27 ④	28 ⑤	29 ③	30 ⑤	31 ④
32 ③	33 ②	34 ③	35 ③	36 ⑤	37 ⑤	38 ③
39 ③	40 ②	41 ⑤	42 ①	43 ④	44 ⑤	45 ⑤

18 ④

정치 선거에서 환경 문제에 이르기까지 다양한 주제에 대해 잘못된 정보를 퍼뜨리는 최근의 활동들로 이제 정보 문해력이 그 어느 때보다 중요하다는 것이 분명해졌습니다. 그것이 우리 대학의 교수진과 사서들이 정보 문해력 학습 커뮤니티, 즉 ILLC를 통해 학생들의 정보 문해력 기술을 향상할 수 있는 강좌를 개발하기 위해 협력하고 있는 이유입니다. 교육 과정에 정보 문해력을 통합하는 것은 학생들이 소셜 미디어를 통해서든 학술지 논문을 통해서든 새로운 정보를 더 잘 해석하고, 다루고, 생산하는 데 도움이 될 것입니다. 학기 내내 학생들에게 추가적인 지원을 제공하기 위해 각 수업에 정보 문해력에 관한 질문에 답해줄 수 있는 조교가 배정될 예정입니다. 게다가 ILLC 참가자들은 이제 참가비를 지급받게 됩니다. 웹사이트에 신청서를 제출하여 이 흥미로운 프로그램에 참여하시기 바랍니다.

구문해설

1행 Recent efforts **to spread** misinformation about topics [ranging from political elections to environmental issues] make *it* clear [that information literacy is more important now than ever before]. ▸ to spread는 Recent efforts를 수식하는 형용사적 용법의 to부정사이다. [ ]는 topics를 수식하는 현재분사구이다. it은 가목적어이고 두 번째 [ ]가 진목적어이다.

3행 That is why our university's faculty and librarians are working together through **the Information Literacy Learning Community**, or **ILLC**, *to develop* courses [that will improve students' information literacy skills]. ▸ the Information Literacy Learning Community와 ILLC는 동격이다. to develop은 목적을 나타내는

부사적 용법의 to부정사이다. [ ]는 선행사인 courses를 수식하는 주격 관계대명사절이다.

6행 ..., and produce new information, **whether it be** through social media **or** an academic journal article.
▶ 「whether (it be) A or B」는 'A이든 B이든 간에'라는 의미이다.

7행 [To provide additional support to students throughout the semester], each class will be assigned a teaching assistant [who will be available to answer any questions about information literacy]. ▶ 첫 번째 [ ]는 목적을 나타내는 부사적 용법의 to부정사구이다. 두 번째 [ ]는 선행사인 a teaching assistant를 수식하는 주격 관계대명사절이다.

문제해설
9행의 'Furthermore, ILLC participants will now receive payment for their participation.'과 9행의 'We invite you to join this exciting program by submitting the application on our website.'를 통해, 정보 문해력 학습 커뮤니티인 ILLC에 참여할 인원을 모집하는 글임을 알 수 있다.

어휘
effort 수고; *활동 misinformation 잘못된 정보 election 선거 faculty 교수단 librarian 사서 integration 통합 interpret 해석하다 engage with …을 다루다 academic 학문의

19 ③

Meera는 어느 날 아침 일어나서 서둘러 스키를 가지러 갔다. 그녀는 매일 강습을 듣고 있었고, 혼자서 스키를 탈 기회가 드디어 온 것이다. 그녀는 두꺼운 겨울 코트를 입을 때, '빨리 밖에 나가고 싶어!'라고 속으로 생각했다. 하지만 그녀가 집 밖으로 나갔을 때, Meera는 예상치 못한 일을 발견했다. 그녀의 부모님이 야외 정원에서 아침 차를 드시고 계셨는데, 그곳은 어제까지만 해도 흰 눈이 땅을 덮고 있었다. Meera의 엄마가 고개를 들어 딸이 스키 타러 갈 복장을 한 것을 보며 "겨울은 지나갔단다, 얘야! 봄이 왔어!"라고 말했다. "하지만 전 겨울이 좋은걸요."라고 Meera가 말했다. "그리고 저는 이날을 오랫동안 기다려 왔다고요." Meera는 상심했고, 그녀가 할 수 있는 일이라곤 눈물이 그녀의 뺨을 타고 흘러내릴 때 가만히 서 있는 것뿐이었다.

구문해설
1행 She **had been taking** lessons every day, and her chance [to go out on her own] had finally arrived.
▶ had been taking은 앞에 나온 문장의 과거시제보다 더 이전 시점부터 시작되어 계속 진행되고 있는 일을 나타내는 과거완료진행형이다. [ ]는 her chance를 수식하는 형용사적 용법의 to부정사구이다.

4행 Her parents were enjoying their morning tea in the garden outside, [where, only yesterday, white snow **had covered** the ground]. ▶ [ ]는 선행사인 the garden outside를 부연 설명하는 계속적 용법의 관계부사절이다. had covered는 주절의 과거시제보다 더 이전 시점에 일어난 일을 나타내는 과거완료시제이다.

8행 Meera felt heartbroken, and all [(that) she could do] was stand still **as** tears began to fall down her cheeks. ▶ [ ]는 선행사인 all을 수식하는 목적격 관계대명사절로, 목

적격 관계대명사가 생략되었다. as는 시간을 나타내는 접속사이다.

문제해설
③ Meera는 혼자서 스키를 타러 갈 생각에 신나서 옷을 차려입고 나왔지만, 겨울이 끝나 눈이 사라져 스키를 탈 수 없게 되자 실망했을 것이다.

어휘
on one's own 혼자서, 단독으로 step out of …에서 나오다 unexpected 예기치 않은, 뜻밖의 dress up 옷을 입다[입히다] heartbroken 비통해하는

20 ②

'정서 지능'이라는 용어는 감정들을 효과적으로 파악하고, 관리하고, 사용하는 능력을 말한다. 정서 지능은 사람들로 하여금 다른 사람들의 감정뿐 아니라 자신의 감정을 이해하게 해주며, 이는 복잡한 사회적 상황에서 그들을 도와준다. 정서적으로 지능이 높은 사람들이 함께 일할 때, 이 특성의 이로움은 증가한다. 또한 정서 지능은 직장에서 나쁜 행동을 막을 수 있다. 정서 지능이 높은 지도자들은 갈등이 통제 불가능해지기 전에 재빠르게 갈등을 파악하여 갈등이 악화되는 것을 막는다. 그들은 그저 어려운 상황들을 감추기보다는 그것들을 해결하려고 시도하며, 직접 그것들을 처리한다. 그 결과, 그들은 사람들이 자신의 마음에 대해 이야기하고 다른 사람의 생각을 존중하는 환경을 만드는 데 도움을 준다. 또한 이러한 지도자들은 공감하고 지지하면서 특히 어려운 시기에 팀원들을 이끄는 데 능숙하다. 이는 개인들 간의 유대를 강화하기 때문에, 팀 내에서 더 큰 화합을 이끈다.

구문해설
2행 Emotional intelligence **allows** people **to understand** their own emotions, *as well as* **those** of others, [which assists them in complex social situations]. ▶ 「allow A to-v」는 'A가 …하게 해 주다'라는 의미이다. 「A as well as B」는 'B뿐만 아니라 A도'라는 의미이며, those는 앞에 나온 emotions를 가리킨다. [ ]는 앞 절 전체를 선행사로 하는 계속적 용법의 주격 관계대명사절이다.

7행 They address difficult situations directly, [*attempting* to resolve them **rather than** simply *suppressing* them]. ▶ [ ]는 동시동작을 나타내는 분사구문이다. 「rather than ....」은 '…보다는[대신에]'라는 의미로, attempting과 suppressing이 병렬 연결되어 있다.

8행 As a result, they help create an environment [where people speak their minds and respect the ideas of others]. ▶ [ ]는 선행사인 an environment를 수식하는 관계부사절이다.

문제해설
필자는 정서 지능이 높은 지도자가 갈등을 빠르게 파악하고 해결함으로써 팀의 긍정적인 분위기를 형성하고, 팀원들에게 공감함으로써 팀 내에서 화합을 이끈다고 주장하고 있다.

어휘
intelligence 지능 (a. intelligent 총명한, 똑똑한) get out of hand 제어할 수 없게 되다 address 연설하다; *다루다, 처리하다 resolve 해결하다 suppress 진압[억압]하다; *숨기다, 감추다

empathy 공감, 감정이입 unity 통일; *조화, 화합 strengthen 강화하다

21 ②

한 이론적 모델에 따르면, 모든 사람의 성격은 내향적인 사람에서 외향적인 사람까지 이어지는 범위에 놓일 수 있으며, 양향 성격인 사람은 이 두 극단 사이에 위치한다. 내향적인 사람은 보통 조용하고 사색적인 반면, 외향적인 사람은 더 외향적이고 사교적이다. 하지만 양향 성격인 사람은 이 두 가지 성격 유형의 측면들을 모두 가지고 있다. 예를 들어, 그들은 적당히 말을 많이 하지만 지나치게 열정적이지는 않을 수 있다. 이는 그들이 매우 다양한 역할에 쉽게 적응하고 많은 다른 상황에서 편안함을 느끼도록 해준다. 한 콜센터에서 실시한 연구는 양향 성격인 직원들이 고객을 설득하는 데 있어 동료들보다 더 성공적이라는 점을 보여주었다. 그들은 단호하면서도 고객이 말하는 것에도 귀를 기울였다. 그 결과, 그들은 평균 판매량이 더 높았다. 양향 성격의 사람인 것에는 확실히 몇 가지 장점이 있지만, 성격이 고정된 것은 아니라는 점에 유의하는 것이 중요하다. 내향적인 사람-외향적인 사람 범위에서 개인의 위치는 바뀔 수 있으며, 당신이 어떤 유형의 사람이든, 당신 성격의 긍정적인 측면을 강조함으로써 항상 최고의 자신이 될 수 있다.

구문해설

1행 According to one theoretical model, everyone's personality can be placed on a spectrum **ranging from** introvert **to** extrovert, *with* ambiverts *falling* between these two extremes. ▸ 「range from A to B」는 '(범위가) A에서 B까지 이르다'라는 의미이다. 「with+(대)명사+v-ing」는 '…가 ~한 채로'라는 의미로, 명사와 동사가 능동 관계이므로 현재분사가 쓰였다.

5행 This **allows** them *to* easily **fit** into a wide variety of roles and (**to**) **feel** comfortable in many different situations. ▸ 「allow A to-v」는 'A가 …하게 해 주다'라는 의미로, to fit과 (to) feel이 접속사 and로 병렬 연결되어 있다.

8행 They were assertive, but they also listened to [what customers had to say]. ▸ [ ]는 선행사를 포함하는 관계대명사 what이 이끄는 명사절로, 전치사 to의 목적어로 쓰였다.

9행 While there are certainly some advantages to being an ambivert, **it** is important [to note {that personality is not set in stone}]. ▸ it은 가주어이고 [ ]가 진주어이다. { }는 note의 목적어로 쓰인 명사절이다.

문제해설

내향적인 사람과 외향적인 사람 사이에 양향 성격의 사람이 있으며, 양향 성격에는 확실히 장점이 있지만 성격은 고정되어 있지 않고 변하는 것이므로, 어떤 성격이든 긍정적인 측면을 강조하여 최고의 자신이 될 수 있다는 내용의 글이다. 따라서, 밑줄 친 부분이 의미하는 바로 가장 적절한 것은 ② '개인의 성격은 시간이 지남에 따라 변할 수 있다'이다.
① 이상적인 역할 모델은 상황에 따라 다르다
③ 개인의 독특한 성격은 존중되어야 한다
④ 모든 직업에 완벽한 한 가지 유형의 성격은 없다
⑤ 사회는 내향성과 외향성 사이의 성격을 선호한다

어휘
theoretical 이론적인 spectrum (빛의) 스펙트럼; *범위, 영역 ambivert 양향 성격자 reflective 사색적인 moderately 중간 정도로, 적당히 overly 너무, 몹시 fit into …에 꼭 들어맞다, 적응하다 assertive 단언적인, 확신에 찬 [문제] introversion 내향성 extroversion 외향성

22 ④

최근 몇 년 동안, 핀란드는 세계에서 가장 행복한 나라로 알려져 왔다. 많은 사람들이 숲에서 산책하거나 얼음낚시를 하는 등 핀란드와 다른 북유럽 국가들에서 흔한 습관을 채택함으로써 행복을 증가시키려고 한다. 이러한 종류의 모방은 전 세계가 행복을 같은 방식으로 정의한다는 것을 시사한다. 언뜻 보면, 그것은 사실인 것 같다. 12개국의 성인 2,799명을 대상으로 한 연구는 행복의 심리적 정의가 '내면의 조화'를 달성하는 것이라고 결론지었다. 비록 내면의 조화는 보편적으로 들리지만, 다른 지역의 사람들은 그것을 다르게 정의한다. 예를 들어, 덴마크 사람들은 '휘게'라는 용어를 사용하여 아늑함과 따뜻하고 편안한 환경을 통해 내면의 조화가 어떻게 찾아질 수 있는지 설명한다. 한편, 미국인들은 그것을 자신의 열정을 찾고 자신의 목표를 충족하는 것으로 인식한다. 같은 연구에서, 미국인의 49퍼센트는 그들의 행복의 정의에 가족 관계를 포함했지만, 남유럽인들과 라틴 아메리카인들은 일반적으로 그들 자신만을 언급했다. 심리적인 정의조차 객관적일 수 없다면, 행복이 무엇인지는 확실하지 않다. 그러므로, 한 나라가 다른 나라보다 더 행복하다거나 한 가지 삶의 방식이 세상을 행복하게 만들 것이라고 절대적으로 말하는 것은 불가능할지도 모른다.

구문해설

3행 This type of imitation **suggests** [that the entire world defines happiness the same way]. ▸ [ ]는 suggests의 목적어로 쓰인 명사절이다.

5행 A study of 2,799 adults in 12 countries concluded [that the psychological definition of happiness is the achievement of "inner harmony]." ▸ [ ]는 concluded의 목적어로 쓰인 명사절이다.

13행 Therefore, **it** may be impossible [to absolutely say {that one country is happier than another} or {that one way of living will make the world happy}]. ▸ it은 가주어이고 [ ]가 진주어이다. 두 개의 { }가 say의 목적어로 쓰인 명사절이며, 접속사 or로 병렬 연결되어 있다.

문제해설

사람들이 생각하는 행복에 대한 심리적 정의가 지역마다 달라 행복에 대한 객관적인 기준이 없기 때문에 한 나라가 다른 나라보다 더 행복하다거나 특정 방식이 세상을 행복하게 만든다고 절대적으로 말할 수는 없다는 내용이므로, 글의 요지로는 ④가 가장 적절하다.

어휘
Nordic 북유럽 국가의 imitation 모조품; *모방 define 정의하다 (n. definition 정의) at first glance 처음에는[언뜻 보기에는] psychological 심리적인 coziness 아늑함 objective 객관적인

23 ②

인문 과학 대학은 예술, 과학, 인문학, 사회과학을 교육과정에 포함시켜 고등 교육에 대한 폭넓은 접근 방식을 취한다. 학생들을 특정 직업을 위해 대비시키는 협소한 학습 과정 대신, 인문 과학 대학은 학생들이 다양한 과목을 탐구하고 지식을 그 자체로 추구하도록 장려하는데, 이는 학생들이 미래에 다양한 분야의 직업에 진출할 수 있도록 해준다. 인문 과학 교육을 통해 학생들은 또한 비판적 사고 능력을 개발하고 사실에 기반한 정보를 바탕으로 현명한 결정을 하는 법을 배운다. 학생들은 또한 주제를 다른 관점으로 접근할 때 사실이 가끔은 여러 방식으로 해석될 수 있다는 것도 깨닫게 된다. 이런 방식으로, 인문 과학 교육은 학생들에게 자신들의 신념과 가정을 비판적으로 성찰하고, 비록 다른 이들의 견해에 동의할 수 없다 해도 그것들을 이해하도록 가르친다. 이런 종류의 교육은 매우 힘들 수도 있지만, 학생들이 생각들을 토론하는 데 익숙해지게 하며 그들이 들어가고자 하는 어떠한 분야에서도 성공할 수 있도록 그들을 준비시킨다.

구문해설

2행 **Rather than** offering narrow courses of study [that prepare students for specific jobs], liberal arts colleges *encourage* students *to explore* a variety of subjects and *(to) pursue* knowledge for its own sake, [making it possible **for them to enter** a wide range of different careers in their future]. ▸ 「rather than ...」은 '...보다는[대신에]'라는 의미이다. 첫 번째 [ ]는 선행사인 narrow courses of study를 수식하는 주격 관계대명사절이다. 「encourage A to-v」는 'A가 ...하도록 격려[고무]하다'라는 의미이며, to explore와 (to) pursue가 접속사 and로 병렬 연결되어 있다. 두 번째 [ ]는 결과를 나타내는 분사구문이다. 두 번째 [ ] 안의 it은 가목적어이고 to enter가 진목적어이며, for them은 to enter의 의미상 주어이다.

9행 In this way, a liberal arts education **teaches** students **to** critically **reflect** on their own beliefs *and* assumptions and **to understand** the views of others, ... ▸ teaches의 목적격 보어인 to reflect와 to understand가 접속사 and로 병렬 연결되어 있다.

11행 ..., it *gets* students *accustomed* to debating ideas and **prepares** them for success in whatever field [(that) they choose to enter]. ▸ 동사 gets와 prepares가 접속사 and로 병렬 연결되어 있다. get의 목적어와 목적격 보어가 수동 관계이므로 과거분사인 accustomed가 쓰였다. [ ]는 선행사인 whatever field를 수식하는 목적격 관계대명사절로, 목적격 관계대명사가 생략되었다.

문제해설

인문 과학 대학은 한 가지 교육 과정이 아닌, 다양한 학문 분야를 교육과정에 포함시켜 비판적 사고 능력과 현명한 의사 결정 능력을 배양시켜 주는 장점이 있다고 설명하는 글이므로, 주제로는 ② '인문 과학 교육의 특징과 이점'이 가장 적절하다.
① 인문 과학 교육이 고용 가능성에 미치는 영향
③ 경쟁 사회에서의 비판적 사고의 중요성
④ 인문 과학 교육이 현대 세계에 적합하지 않은 이유
⑤ 인문 과학 대학이 요즘 학생들에게 인기가 없는 이유

어휘

liberal arts college 인문 과학 대학 humanities 인문학(人文學)(인간의 사상 및 문화를 대상으로 하는 학문 영역) curriculum 교육과정 specific 구체적인; *특정한 for one's sake ...을 위하여 critical thinking 비판적 사고 factual 사실에 기반을 둔 point of view 관점, 견해 reflect on ~을 반성하다, 되돌아보다 challenging 매우 힘든

24 ④

찰스 다윈은 1831년 비글호에 탑승했을 때 젊은 지질학자였다. 1835년 항해가 거의 끝날 무렵, 다윈은 갈라파고스 제도를 탐험하면서 그의 유명한 자연 선택설 이론을 고안하기 시작했다. 그의 연구는 당시 믿어졌던 진화적 개념인 종의 변이에 도전하는 과학적 설명이 될 것이었다. 항해에서 돌아온 후 다윈은 자신의 이론을 더욱 발전시키기 위해 쉼 없이 연구했다. 1859년에 이르러서야 그는 그의 가장 잘 알려진 저서인 「종의 기원」을 출간했다. 항해 후 이 20년 동안 다윈은 혹독한 비판과 정신적인 어려움에 직면하면서 자신의 생각을 재구성해야 하는 수많은 상황을 극복해 나갔다. 사람들은 다윈의 이론을 현대사에서 가장 위대한 과학적 혁신 중 하나라고 부른다. 하지만 다윈이 자신의 연구를 발표하기까지 20년이 넘게 걸렸다는 점을 고려하면 그의 이론은 전혀 '혁신'이 아니었을지도 모른다.

구문해설

3행 His work would become a scientific explanation [that challenged *the transmutation of species*, {an evolutionary concept <believed at the time>}]. ▸ [ ]는 선행사인 a scientific explanation을 수식하는 주격 관계대명사절이다. the transmutation of species와 { }는 동격이다. < >는 an evolutionary concept을 수식하는 과거분사구이다.

6행 **It was not until** 1859 **that** he published *his most well-known work*, [*On the Origin of Species*]. ▸ 「it is [was] ... that ~」 강조 구문으로, 「it is[was] not until ... that ~」은 '...에 이르러서야 비로소 ~하다[했다]'라는 의미이다. his most well-known work와 [ ]는 동격이다.

8행 People call Darwin's theory one of the greatest
　　　　　　 V　　　O　　　　　　　 OC
scientific breakthroughs in modern history. ▸ call A B는 'A를 B로 부르다'라는 의미로, call의 목적격 보어로 명사구가 쓰였다.

문제해설

다윈이 20년이라는 긴 시간 동안 수많은 어려움에 직면하며 자신의 생각을 재구성하여 「종의 기원」을 출간했다고 설명하는 글이므로, 제목으로는 ④ '다윈의 장기간에 걸친 발견: 자연 선택설의 느린 진화'가 가장 적절하다.
① 항해 중 거의 묻힐 뻔한 과학적 발견
② 과학자들이 편견을 극복하는 것이 얼마나 어려운가
③ 오래된 진화론이 틀린 것으로 판명되었다
⑤ 유명한 지질학자의 조언: 자신의 이론을 비판하는 의견을 받아들여라

어휘

geologist 지질학자 devise 고안하다 theory 이론 species

종(種) evolutionary 진화의 (*n.* evolution 진화) countless 무수한, 셀 수 없이 많은 rework 재작업하다, 다시 하다, 고치다 criticism 비판, 비평 (*v.* criticize 비판[비난]하다) mental 정신적인 breakthrough 돌파구, (빠른) 획기적인 발견 [문제] prejudice 편견 long-standing 오래된 prolong 연장하다

25 ⑤

2019년과 2021년의 다양한 음악 장르를 즐겨 듣는 미국의 13~39세 인구 비율

위 표는 2019년과 2021년에 시행한 설문 조사에서 다양한 음악 장르를 즐긴다고 응답한 13~39세 미국인들의 비율을 보여 준다. 2019년에 다른 어떤 장르도 팝만큼 인기 있지 않았지만, 팝은 2021년에 단지 34퍼센트의 사람만 그것을 즐겨 듣는다고 응답하며 3위로 하락했다. 두 해에 모두, 팝, 힙합/랩과 록이 가장 인기 있는 상위 세 장르였지만, 각각의 순위는 두 해 사이에 바뀌었다. 록은 2019년보다 2021년에 순위가 높았다. R&B/소울은 2019년과 2021년 사이에 5위에서 4위로 인기가 올라간 반면, 얼터너티브는 같은 기간 동안 6위로 떨어졌다. 컨트리는 2019년 목록에서 단지 30퍼센트로 가장 인기가 적은 장르였고, 2021년에도 최하위를 유지했다.

구문해설

1행 The tables above show the percentages of people in the US [aged 13 to 39] [who reported enjoying various music genres in surveys {conducted in 2019 and 2021}]. ▸ 첫 번째 [ ]는 people in the US를 수식하는 과거분사구이다. 두 번째 [ ]는 선행사인 people in the US aged 13 to 39를 수식하는 주격 관계대명사절이다. { }는 surveys를 수식하는 과거분사구이다.

2행 **No other genre** was **as** well liked **as** pop in 2019, but it fell to third place in 2021, *with* only 34% of people *reporting* [that they enjoyed listening to it]. ▸ 「부정 주어+as[so]+원급+as ~」는 '어떤 누구[것]도 ~만큼 …하지 않다'라는 의미이다. 「with+명사(구)+v-ing」는 '…가 ~하면서'라는 의미로, 명사구와 동사가 능동 관계이므로 현재분사가 쓰였다. [ ]는 reporting의 목적어로 쓰인 명사절이다.

문제해설

⑤ 컨트리 장르는 2021년에 최하위를 유지한 것이 아니라 5위를 했다.

어휘

conduct (특정 활동을) 하다 well liked 인기 있는 maintain 유지하다

26 ④

Norman Borlaug는 미국 아이오와주의 작은 농촌 지역에서 자랐다. 그는 미네소타 대학교에서 삼림학을 공부했으며, 그는 그곳에서 대학원생으로서 식물 병리학을 이어 공부했다. 그는 1942년에 박사 학위를 받았고, 2년 뒤에 Borlaug는 멕시코에서 밀 작물의 개선을 책임지는 선임 과학자가 되었다. 그는 16년간, 이 직책을 맡았으며, 많은 젊은 멕시코 과학자들을 교육시키고 멕시코의 밀 재배를 제한하는 많은 문제들을 해결하는 데 전념했다. 그는 다양한 질병에 저항력이 있는 몇 가지 밀 품종들을 개발하는 데 성공했다. 개선된 작물 관리 관행을 포함하여, 이 새로운 밀 품종들은 1940년대와 1950년대 멕시코와 그 이후 아시아와 라틴 아메리카에도 농업 생산에 지대한 영향을 주었다. 세계의 굶주린 사람들을 먹이기 위한 Borlaug의 위대한 업적에 대해, 그는 1970년 노벨 평화상을 받았다.

구문해설

1행 He studied forestry at the University of Minnesota, [where he went on to study plant pathology as a graduate student]. ▸ [ ]는 선행사인 the University of Minnesota를 부연 설명하는 계속적 용법의 관계부사절이다.

4행 He spent sixteen years in this role, [**training** many young Mexican scientists and **dedicating** himself to solving a number of problems {that were limiting the country's cultivation of wheat}]. ▸ [ ]는 동시동작을 나타내는 분사구문으로, training과 dedicating이 접속사 and로 병렬 연결되어 있다. { }는 선행사인 a number of problems를 수식하는 주격 관계대명사절이다.

7행 Together with improved crop management practices, these new varieties of wheat had an enormous impact on agricultural production [in Mexico during the 1940s and 1950s], **as well as** [in Asia and Latin America in later years]. ▸ 「A as well as B」는 'B뿐만 아니라 A도'라는 의미이며, 두 개의 전치사구 [ ]가 as well as로 병렬 연결되어 있다.

문제해설

④ Borlaug가 개발한 새로운 밀 품종은 멕시코뿐 아니라 아시아와 라틴 아메리카의 농업 생산에 큰 영향을 주었다고 했다.

어휘

forestry 삼림학, 삼림 관리 pathology 병리학 graduate student 대학원생 Ph.D. 박사 학위 in charge of …을 책임져서[담당해서] wheat 밀 crop 농작물 dedicate oneself to v-ing …하는 데 바치다[헌신하다] cultivation 경작, 재배 variety 다양성; *품종, 종류 resistance 저항[반대]; *저항력 have an impact on …에 영향을 주다 agricultural 농업의 award 상; *(상 등을) 수여하다, 주다

27 ④

졸업 사진

졸업생 여러분, 축하합니다! 다가올 여러 해 동안 되돌아볼 수 있도록 이 특별한 순간을 포착하세요.

사진 (촬영) 세션

사진 (촬영) 세션은 두 가지 스타일을 포함합니다.: 평상복과 격식을 차린 의상

의상

(1) 평상복 사진

✔ 복잡한 패턴, 줄무늬, 큰 그림이 있는 옷은 피하세요.

(2) 격식을 차린 사진

졸업 가운과 모자를 착용하고 사진을 찍습니다.

✔ 여학생: 가운 아래로 보이지 않는 V넥 셔츠를 착용하세요.

✔ 남학생: 학교 색상에 맞는, 옷깃이 있는 셔츠와 넥타이를 착용하세요. (필요할 경우, 셔츠와 넥타이를 이용할 수 있습니다.)

예약하기

✔ 제공된 링크를 이용해서 인터넷으로 예약하세요.

✔ 예약 변경은 세션 시작 최소 48시간 전에 전화(514-5678-1234)로만 가능합니다.

졸업 사진의 인화본 및 디지털 사본 주문이 가능합니다. 사진 촬영 세션을 예약하시려면 오늘 www.ABCStudios.com 웹사이트를 방문하세요!

구문해설

2행 Capture this special moment **to look** back on for years *to come*. ▸ to look은 목적을 나타내는 부사적 용법의 to부정사이다. to come은 years를 수식하는 형용사적 용법의 to부정사이다.

13행 Wear a V-neck shirt [that will not show under the gown]. ▸ [ ]는 a V-neck shirt를 선행사로 하는 주격 관계대명사절이다.

17행 Book an appointment online [using the link **provided**]. ▸ [ ]는 동시동작을 나타내는 분사구문이다. provided는 the link를 수식하는 과거분사이다.

문제해설

④ 예약 변경은 전화로만 가능하다고 했다.

어휘

graduation 졸업 graduate 졸업자 capture 포착하다, 담아내다 look back on …을 되돌아보다 session (특정한 활동을 위한) 시간, 기간 casual 격식을 차리지 않는, 평상시의 formal 격식을 차린 busy 바쁜; *너무 복잡한 collared 옷깃이 있는 available 이용할 수 있는 book an appointment 예약 시간을 잡다 copy 복사본

28 ⑤

역사적 장소 관광

뉴욕시의 매력적인 지역 역사를 더 잘 이해할 기회를 찾고 있나요? 여기 기회가 있습니다! 학교 역사 동아리의 현장 학습에 참여해 보세요!

대상

10학년과 11학년

시간 & 장소

• 5월 16일 금요일

• 오전 10시~오후 12시: 세인트 폴 채플

• 오후 2시~3시 30분: 볼링 그린 공원

• 오후 4시~5시: 뉴욕 시청

등록

• 먼저 등록한 20명의 학생이 참여할 수 있습니다.

• 학생당 30달러 (점심 식사 및 교통편 포함)

고려할 사항들

• 허가서에 부모님이나 보호자 그리고 이번 학기 선생님의 서명을 받아야 합니다.

• 우천 시에도 관광은 취소되지 않습니다.

구문해설

2행 Looking for an opportunity [to better understand New York City's fascinating local history]? ▸ [ ]는 an opportunity를 수식하는 형용사적 용법의 to부정사구이다.

13행 The first 20 students **to sign up** can participate. ▸ to sign up은 The first 20 students를 수식하는 형용사적 용법의 to부정사이다.

문제해설

① 역사 동아리의 현장 학습이다.

② 10학년과 11학년 학생들, 즉 2개 학년을 대상으로 한다.

③ 먼저 등록한 20명만 참여할 수 있다.

④ 참가비에 점심 식사와 교통비가 포함되어 있다.

어휘

fascinating 매력적인, 흥미로운 sign up 등록하다, 신청하다 participate 참가[참여]하다 permission slip 허가서 guardian 보호자, 후견인

29 ③

무관용 정책은 직장에서 생기는 문제들에 대해 '모 아니면 도'인 접근 방식을 취하며, 심지어 사소한 규칙을 어긴 직원들에게도 조치를 취하는 것을 포함한다. 그 (정책의) 발상은 예외에 대한 관용을 보이지 않는 태도를 가지고 규칙을 시행함으로써 회사가 안전하고 안정적이며 생산적인 직장을 만들 수 있다는 것이다. 그러나 이러한 무관용 정책의 효과는 논쟁의 여지가 있다. 무관용 정책을 채택하면 반드시 모든 직원들이 회사의 규칙들을 명확히 이해하도록 해야 할 것이고, 그 규칙들을 지키지 못했을 때의 결과도 마찬가지로 (명확히 이해하도록) 해야 할 것이다. 이는 모두가 동일한 행동 지침을 따르는 것을 보장해 주고, 누군가가 규칙을 모르고 위반하여 곤란에 처할 가능성을 줄여준다. 무관용 정책은 애매한 상황을 없애는 데에는 효과적일 수 있는 반면에 스트레스 수준을 높일 수도 있다. 직원들이 작은 실수에도 처벌받을 것이라고 느끼게 되면, 사기와 생산성 수준이 떨어지기 쉽다. 이것이 많은 회사들이 무관용 정책을 시행하지 않기로 결정하는 이유이다.

구문해설

2행 The idea is [that **by enforcing** rules with an attitude {that shows no tolerance for exceptions}, companies can create a safe, stable, and productive workplace].
(S = The idea, V = is)
▸ [ ]는 주격 보어로 쓰인 명사절이다. 「by v-ing」는 '…함으로써'라는 의미이다. { }는 선행사인 an attitude를 수식하는 주격 관계대명사절이다.

5행 [Adopting zero-tolerance policies] **ensures** [that the company's rules will be clearly understood by all employees, as will the consequences of failing to obey them (be clearly understood by all employees)].
(V' = will, S' = the consequences of failing to)
▸ 첫 번째 [ ]는 주어로 쓰인 동명사구로, 단수 취급하므로 단수동사 ensures가 쓰였다. 두 번째 [ ]는 ensures의 목적어로 쓰인 명사절이다. 비교의 접속사 as 뒤에 조동사 will과 주어 the consequences … them이 도치되었으며, 반복을 피하기 위해 be clearly understood by all employees가 생략되었다.

7행 This **guarantees** [that everyone is following the same guidelines for behavior] and **reduces** the chances of someone [getting in trouble for unknowingly breaking the rules]. ▸ 동사 guarantees와 reduces가 접속사 and로 병렬 연결되어 있다. 첫 번째 [ ]는 guarantees의 목적어로 쓰인 명사절이다. 두 번째 [ ]는 someone을 수식하는 현재분사구이다.

문제해설
③ 핵심 주어가 The effectiveness로 단수이므로, 복수동사 are를 단수동사 is로 고쳐야 한다.

어휘
tolerance 용인, 관용 take action 조치를 취하다, 행동에 옮기다 minor 작은[가벼운], 심각하지 않은 enforce (법률 등을) 시행[실시]하다 exception 예외 stable 안정된 consequence (발생한 일의) 결과 obey 지키다, 따르다 guarantee 보장하다 eliminate 없애다, 제거하다 gray area 애매한 부분[상황] morale 사기, 의욕

30 ⑤
최근 몇 년 동안 아보카도가 슈퍼 음식 목록에 추가되었으며, 현재 전 세계적으로 요리법에 포함되고 있다. 불행히도, 아보카도에 대한 높은 수요가 환경에 미치는 영향이 문제가 되고 있다. 다른 어떤 작물의 대량 생산과 마찬가지로, 아보카도를 재배하는 데는 넓은 면적의 땅이 필요하다. 한 지역에서 아보카도만 단독으로 재배하는 것은, 토양을 덜 비옥하게 만들어서 작물이 해충과 질병에 더 취약해지게 만든다. 게다가, 새로운 아보카도 농장을 위한 공간을 마련하기 위해 숲들이 불태워지기 때문에, 아보카도를 재배하는 것은 산림 황폐화에 기여한다. 그러나 아보카도 산업이 야기하는 가장 큰 문제는 그것이 사용하는 물의 양이다. 아보카도를 대규모로 재배하는 것은 한 지역의 물 공급에 엄청난 압박을 가한다. 세계경제포럼에 따르면, 매일 약 95억 리터의 물이 아보카도 재배에 사용된다. 그것은 올림픽 규모의 수영장 약 3,800개에 해당하는 양이다. 많은 아보카도 농장들이 더 건조한 지역에 있기 때문에, 아보카도 재배는 지역 사회로부터 그들이 생존하는 데 필요한 물을 제공할(→ 빼앗을)지도 모른다.

구문해설
2행 Unfortunately, **the environmental impact** of the high demand for avocados **has become** problematic. ▸ 핵심 주어가 the environmental impact로 단수이므로 단수동사 has become이 쓰였다.

4행 Growing only avocados in an area **causes** the soil **to become** less fertile, [which leaves crops more susceptible to pests and diseases]. ▸「cause A to-v」는 'A가 …하게 하다'라는 의미이다. [ ]는 앞 절의 전체 내용을 부연 설명하는 계속적 용법의 주격 관계대명사절이다.

12행 …, the farming of avocados could **deprive** communities **of** the water [(which/that) they need *to survive*]. ▸「deprive A of B」는 'A에게서 B를 빼앗다'라는 의미이다. [ ]는 선행사 the water를 수식하는 목적격 관계대명사절로, 목적격 관계대명사가 생략되었다. to survive는 목적을 나타내는 부사적

용법의 to부정사이다.

문제해설
아보카도 재배가 환경에 부정적인 영향을 미친다는 내용의 글로, 아보카도 재배에 엄청난 양의 물이 사용되어 아보카도 농장이 지역 사회로부터 물을 빼앗을지도 모른다는 흐름이 자연스럽다. 따라서 provide를 deprive 등으로 고쳐야 한다.

어휘
superfood 슈퍼 음식(활성산소들을 제거하고 체내에서 필요로 하는 영양소를 많이 함유하고 있는 웰빙 식품) problematic 문제가 있는[많은] mass production 대량 생산 require 필요로 하다 fertile 비옥한 susceptible 취약한 pest 해충 contribute to (…에) 기여하다 deforestation 산림 황폐화 plantation (대규모) 농장 at a large scale 대규모로 incredible 믿을 수 없는, 믿기 힘든 pressure 부담, 압박

31 ④
기원전 200년쯤, Eratosthenes라는 이름의 고대 그리스의 수학자, 지리학자이자 천문학자는 놀라운 발견을 했다. 오늘날의 발전된 기술 없이, 그는 지구의 둘레를 계산할 수 있었다. 그는 다른 도시에서 동시에 드리워진 그림자의 각도를 측정함으로써 그렇게 했다. 그는 매년 한 특정한 날의 정오에, 태양이 그때는 Syene 시(市) 바로 위에 위치하기 때문에 그 도시에 그림자가 드리워지지 않는다는 것을 알았다. 같은 날 같은 시간에, Alexandria 시(市)의 태양 광선의 각도가 7.2도, 즉 완전한 원의 대략 50분의 1로 측정되었다. 이것은 800킬로미터라는 두 도시 간의 거리가 지구 둘레의 50분의 1과 같다는 것을 암시했다. 이 정보에 근거해서, Eratosthenes는 지구의 둘레가 대략 <u>40,000</u>킬로미터라는 것을 계산할 수 있었다.

구문해설
3행 He did so **by measuring** the angles of shadows [that were cast in different cities at the same time]. ▸「by v-ing」는 '…함으로써'라는 의미이다. [ ]는 선행사인 shadows를 수식하는 주격 관계대명사절이다.

4행 He knew [that at noon on one particular day each year, there were no shadows {cast in the city of Syene} **as** the sun was located directly above the city at that time]. ▸ [ ]는 knew의 목적어로 쓰인 명사절이다. { }는 shadows를 수식하는 과거분사구이다. as는 이유를 나타내는 접속사이다.

8행 This suggested [that {the distance between the two cities}, {800 kilometers}, **was** equal to 1/50th of the circumference of the globe]. ▸ [ ]는 suggested의 목적어로 쓰인 명사절이다. 첫 번째 { }와 두 번째 { }는 동격이다. that절의 핵심 주어가 the distance로 단수이므로 단수동사 was가 쓰였다.

문제해설
두 도시 간의 거리가 800킬로미터이며 이는 지구 둘레의 50분의 1이라고 했다. 따라서 지구 둘레는 800km x 50일 것이므로, 빈칸에는 ④ '40,000'이 들어가는 것이 가장 적절하다.

mathematician 수학자 geographer 지리학자 astronomer 천문학자 remarkable 놀라운, 주목할 만한 calculate 계산하다 measure 측정하다[재다] cast 던지다; *(그림자를) 드리우다 (cast-cast) complete 완벽한; *완전한 globe 지구

32 ③

연구에 따르면, 식물 다양성이 낮은 생태 공동체는 다양한 종(種)을 보유한 생태 공동체보다 덜 안정적이고 덜 생산적인 경향이 있다고 한다. 게다가, 한 연구에서는 생태계가 잘 기능하고 건강하게 유지되기 위해서 종의 다양성이 개별 장소에서뿐 아니라 전체의 넓은 지역에 걸쳐 보존되어야 한다고 보여주었다. 이 연구에서는, 식물 과학자들로 구성된 국제적인 조직이 전 세계에 있는 광범위한 초원 생태계의 건강 상태와 생산성을 살펴보았다. 그들은 개별 생태계와 전체의 넓은 지역에 있는 식물종의 수를 기록했다. 이 생태계는 다양성이 두 수준에서 동시에 높을 때 가장 잘 기능하는 것으로 나타났다. 그 연구의 주 저자에 따르면, 잎 면적과 뿌리 깊이와 같은 다양한 식물의 생태적 특징은 국지적 수준과 넓은 지역에 다양한 식물종이 동시에 존재할 때 서로 더 잘 보완된다고 한다. 이 정보는 초원의 관리와 복구에 관한 한 매우 중요하다. 특히 다른 지역에서 다양한 씨앗 조합을 사용함으로써 국지적 지역과 넓은 지역에서의 높은 다양성을 촉진하는 것은 단일 (씨앗) 조합을 전체 들판에 뿌림으로써 높은 국지적 지역의 다양성과 낮은 넓은 지역의 다양성을 이루는 것보다 더 좋은 것으로 현재 알려져 있다.

구문해설

2행 Moreover, one study has shown [that in order **for ecosystems** to function well and (to) remain healthy, species diversity needs to be conserved *not only* at individual locations *but also* across entire landscapes]. ▸ [ ]는 has shown의 목적어로 쓰인 명사절이다. for ecosystems는 to function과 (to) remain의 의미상 주어이다. 「not only A but also B」는 'A뿐만 아니라 B도'라는 의미이다.

7행 It was found [that these ecosystems function best when diversity is high at both levels simultaneously]. ▸ It은 가주어이고 [ ]가 진주어이다.

9행 According to the lead author of the study, ecological traits in different plants, [such as leaf area and root depth], complement each other better... .
(S: ecological traits in different plants, V: complement)
▸ [ ]는 문장의 주어와 동사 사이에 삽입된 삽입구이다.

12행 In particular, [promoting high local and landscape diversity by using a variety of seed mixtures in different areas] **is** now known to be better *than* [achieving high local diversity but low landscape diversity by seeding an entire field with a single mixture]. ▸ 첫 번째 [ ]는 문장의 주어로 쓰인 동명사구로 단수 취급하므로 단수동사 is가 쓰였다. than이 쓰여 두 [ ]가 비교되고 있다.

문제해설

빈칸 뒤에 국지적 지역과 넓은 지역에 동시에 다양한 식물종이 존재할 때 식물의 생태적 특징이 더 잘 보완되며 이는 초원을 관리하고 복구하는 데

중요하다는 내용이 나오므로, 빈칸에는 ③ '다양성이 두 수준에서 동시에 높을'이 들어가는 것이 가장 적절하다.
① 다양한 농작물이 유기농으로 재배될
② 농지가 몇 년간 경작되지 않은 채 남아있을
④ 토착종이 생물의 다양성을 증진하기 위해 제거될
⑤ 농작물 돌려짓기가 전체 초원에 걸쳐 시행될

ecological 생태계[학]의 diversity 다양성 productive 생산적인, 생산력 있는 (n. productivity 생산성) ecosystem 생태계 function 기능; *기능하다[작용하다] conserve 보호[보존]하다 landscape 풍경; *【생태학】넓은 지역 grassland 풀밭, 초원 complement 보완하다 when it comes to …에 관한 한, …에 관해서라면 management 관리, 운영, 경영 restoration 복원, 복구, 회복 [문제] simultaneously 동시에 biodiversity 생물의 다양성 rotation 회전; *교대

33 ②

시장 경제에서 자원은 이기심이 경제 활동의 주요 동기로 작용하는 개인이 소유한다. 많은 경우에 이기심이 불공정한 가격 책정과 부패한 사업 관행으로 이어질 수 있는 것은 사실이지만, 시장 경제에서는 경쟁에 의해 이것이 억제된다. 다수의 이기적인 개인이 고객을 놓고 경쟁할 때 과도한 욕심은 필연적으로 실패로 이어진다. 제빵사는 그 지역의 다른 제빵사들에 비해 더 좋은 품질의 빵을 제공하거나 더 저렴하게 판매할 수 있을 때에만 고객에게 빵 판매를 성공할 수 있다. 한 제빵사가 빵 가격을 너무 많이 올리면 고객은 다른 곳으로 갈 것이다. 한 제빵사의 빵이 다른 제빵사의 빵과 같은 가격이지만 품질이 떨어진다면 고객들은 그 제빵사에게서 구매할 유인이 없다. 요컨대, 성공한 상인은 고품질의 상품을 합리적인 가격에 제공할 것이다. 시장에서의 경쟁은 고객을 (부당하게) 이용하는 능력을 억제하기 때문에 이를(= 고품질의 상품을 합리적인 가격에 제공하는 것을) 보장한다.

구문해설

1행 In a market economy, resources are owned by individuals [whose self-interest acts **as** the primary motivator for economic activity]. ▸ [ ]는 individuals를 수식하는 소유격 관계대명사절이다. as는 '…로써'라는 의미를 나타내는 전치사이다.

2행 It is true [that in many cases, self-interest can lead to unfair pricing and corrupt business practices], but in a market economy, it is kept in check by competition. ▸ It은 가주어이고 [ ]가 진주어이다.

11행 Competition in the marketplace guarantees **this** because **it** restrains one's ability *to take advantage of* customers. ▸ this는 앞 문장에 나온 offering a high-quality product at a reasonable price를 가리키며, it은 앞 절에 나온 competition in the marketplace를 가리킨다. to take advantage of는 one's ability를 수식하는 형용사적 용법의 to부정사구이다.

문제해설

시장 경제에서는 경쟁에 의해 개인의 이기심이 억제되기 때문에, 성공한 상인은 고객에게 고품질의 상품을 합리적인 가격에 제공할 것이라는 내용이므로, 빈칸에는 ② '고객을 (부당하게) 이용하는 능력을 억제하기'가 들어가는 것이 가장 적절하다.

① 고객 만족과 관계없이 성공을 보장하기
③ 두 상인이 같은 상품을 제공하는 것을 막기
④ 상인이 서로 독립적으로 운영할 수 있도록 하기
⑤ 상인들이 시장을 자신들에게 유리하게 조종할 수 있게 해주기

어휘

self-interest 사리사욕, 이기심 motivator 동기를 유발하는 것 pricing 가격 책정 corrupt 부패한 practice 실행; *관행 inferior (…보다) 못한, 질 낮은 incentive 유인(책) reasonable 합리적인 guarantee 보장하다 [문제] restrain (물리력으로) 저지하다; *억제하다 take advantage of …을 이용하다 manipulate (사람·사물을) 조종하다 to one's advantage (…에게) 유리하게

34 ③

기생 식물은 숙주 식물로부터 필요한 물과 영양분을 섭취함으로써 생애 주기를 완성할 수 있다. 이 과정을 통해 많은 기생 식물 종이 심각하고 광범위한 농업 피해를 초래하는 것으로 알려져 있다. 그 결과, 기생 식물은 그들이 들어가는 생태계를 파괴하기만 하는 해충으로 널리 여겨진다. 하지만 이러한 관점은 기생 식물에 의해 생태계의 경쟁적 균형과 군집 구조가 바뀌는 경향이 있다는 것을 고려하지 않는다. 많은 생태계에서 소수의 종이 우위를 차지하는데, 이것은 다양성을 제한하고 다른 종의 번식 기회를 제한한다. 하지만 우위를 차지한 식물이 기생 식물의 숙주가 되면 그들의 성장 수준과 전반적인 경쟁력이 떨어지게 된다. 이는 기생 식물에 저항력이 있는 다른 종들이 새롭게 이용할 수 있는 자원과 여유 공간을 활용할 수 있게 해준다. 이런 식으로 기생 식물이 그들의 숙주에 미치는 해로운 영향은 군집 수준에서의 긍정적인 영향에 의해 균형을 이룬다.

구문해설

3행 As a result, parasitic plants are widely regarded as pests [that **do nothing but destroy** the ecosystems {that they enter}]. ▸ [ ]는 선행사인 pests를 수식하는 주격 관계대명사절이다. 「do nothing but+동사원형」은 '단지 …할 뿐이다'라는 의미이다. { }는 the ecosystems를 수식하는 목적격 관계대명사절이다.

4행 However, this view does not take into consideration the ways [in which the competitive balance and community structure of the ecosystem tend to be altered by parasitic plants]. ▸ [ ]는 the ways를 수식하는 관계사절이다.

6행 In many ecosystems, a small number of species are dominant, [which limits diversity and restricts reproductive opportunities for other species]. ▸ [ ]는 앞절 전체를 선행사로 하는 계속적 용법의 주격 관계대명사절이다.

10행 This **allows** other species [that are resistant to the parasitic plants] **to take advantage of** the newly available resources and free space. ▸ 「allow A to-v」는 'A가 …하게 해 주다'라는 의미이다. [ ]는 other species를 수식하는 주격 관계대명사절이다.

문제해설

기생 식물은 생태계를 파괴하는 해충으로 알려졌지만, 우위를 차지한 종이 기생 식물의 숙주가 되면 다른 종이 번식할 수 있는 기회가 되어 군집이 균형을 이루게 된다는 내용이므로, 빈칸에는 ③ '군집 수준에서의 긍정적인 영향에 의해 균형을 이룬다'가 들어가는 것이 가장 적절하다.

① 새로운 종류의 기생 식물의 진화를 이끈다
② 생태계에서 종의 다양성 수준을 감소시킨다
④ 다른 해충과 질병에 대한 식물의 회복력을 향상시킨다
⑤ 우위를 차지한 종의 수분 가능성을 높인다

어휘

parasitic 기생충에 의한; *기생하는 nutrient 영양분 host (손님을 초대한) 주인; *(기생 생물의) 숙주 take into consideration …을 고려하다 alter 바꾸다 dominant 우세한, 지배적인 reproductive 번식의 resistant 저항력 있는, …에 잘 견디는 [문제] evolution 진화 enhance 향상시키다 resilience 회복력 pollination 수분(受粉)

35 ③

셀프 계산대는 많은 상점에서 이용 가능하며 그 편리함으로 인해 엄청난 인기를 얻었다. 셀프 계산대는 물품값을 내는 대안적인 방법으로 제공되고, 종종 여러 곳의 (계산대를 갖춘) 전용 구역에서 자주 찾아볼 수 있어, 여러 명의 고객들이 동시에 계산을 할 수 있게 해준다. 그 이점들에도 불구하고, 일부 고객들은 이런 서비스를 사용하는 것을 꺼리게 만드는 심리적 장벽을 가지고 있다. 셀프 계산대는 (계산) 절차를 효율적으로 만드는 첨단 기술을 사용하지만, 일부 고객들은 기술을 사용하는 것을 완전히 편안하게 느끼지는 않는다. 그것은(= 셀프 계산대를 이용하는 것은) 압도적이고 겁나는 경험이 될 수 있으며, 이는 좌절감으로 이어질 수 있다. (부정적인 감정을 수용하는 것이 자기 신뢰와 자신감을 키우는 비결 중 하나라는 점은 주목할 사항이다.) 셀프 계산 동안 이미 불편함을 느끼는 고객들은, 실수를 하거나 어려움에 맞닥뜨리게 되면 창피를 당할까 봐 두려워한다. 직원에게 도움을 요청해야 한다는 생각은 결국 고객들로 하여금 셀프 계산대를 사용하는 대신 계산원이 있는 계산대 통로를 선택하게 한다.

구문해설

2행 Self-checkout is provided as an alternative way **to pay** for items, and it can often be found in a dedicated area with multiple stations, [**allowing** several customers **to check out** simultaneously]. ▸ to pay는 an alternative way를 수식하는 형용사적 용법의 to부정사이다. [ ]는 동시동작을 나타내는 분사구문이다. 「allow A to-v」는 'A가 …하게 해 주다'라는 의미이다.

7행 It may be an **overwhelming** and **intimidating** experience, [which can lead to frustration]. ▸ 현재분사 overwhelming과 intimidating이 접속사 and로 병렬 연결되어 있다. [ ]는 앞 절 전체를 선행사로 하는 계속적 용법의 주격 관계대명사절이다.

77

9행 Customers [who are already uncomfortable during self-checkout] fear embarrassing themselves .... ▸ [ ]는 Customers를 선행사로 하는 주격 관계대명사절이다.

10행 The idea [of seeking help from a worker] ultimately **makes** customers **opt** for cashier-assisted checkout lanes rather than **use** self-checkout. ▸ The idea와 [ ]는 동격이다. 사역동사 makes의 목적격 보어로 쓰인 opt와 use가 rather than으로 연결되어 비교되고 있다.

문제해설
셀프 계산대 이용에 대한 심리적 장벽에 관한 내용이므로, 부정적 감정과 자신감 상승에 대한 내용의 ③은 글의 흐름과 무관하다.

어휘
self-checkout 무인 계산대, 셀프 계산대 immense 엄청난, 어마어마한 convenience 편리, 편의 alternative 대안이 되는 dedicated 전념하는; *…전용의 station (기기나 장비가 설치된) 장소, 위치 discourage 의욕을 꺾다, 좌절시키다 overwhelming 압도적인, 너무나 엄청난 intimidating 겁나는 embarrass 당황스럽게 만들다 encounter 맞닥뜨리다, 부딪히다 ultimately 궁극적으로, 결국 opt for …을 선택하다 cashier 계산대 직원 lane (사람들이 줄지어 서 있는 사이의) 통로

36 ⑤

최근 케냐 Laikipia의 생태계에 극적인 변화를 일으킨 개미의 한 종에 대한 연구가 발표되었다. (C) 큰머리개미라고 알려진 이 종은 인도양의 한 섬에서 유래한 것으로 추정되어, 케냐 평원에서는 침입종이 되었다. 이 평원에서 휘파람가시 아카시아 나무는 토착 개미 종에게 먹이와 은신처를 제공한다. 그 대가로, 개미는 배고픈 동물들로부터 나무의 종자를 보호한다. 그러나 큰머리개미의 출현 이후, 그들은 토착 개미들의 포식자가 되었고, 나무는 초식동물로부터 보호받지 못하게 되었다. (B) 큰머리개미의 포식적 행동의 결과로, 휘파람가시 아카시아 나무에 대한 토착 개미의 보호가 사라지며 케냐 평원의 생태계가 파괴되었다. 더 많은 동물들이 나무에서 먹이를 먹으면서 사자들에게는 (몸을 숨길 수 있는) 은식처가 줄어들어, 먹잇감, 특히 얼룩말에 몰래 접근하는 것이 더 어려워진다. 연구원들은 사자의 사냥 패턴의 변화를 관찰했고, 얼룩말이 전보다 세 배 덜 사냥되고 있다는 것을 발견했다. (A) 하지만 사자의 개체 수는 감소하지 않았다. 이 큰 고양이(사자)들이 대신 버팔로를 사냥하는 것으로 바꾼 것이다. 비록 사자들은 성공적으로 적응할 수 있었지만, 큰머리개미의 침입이 다른 종들에게 문제를 일으킬지는 시간만이 말해줄 것이다.

구문해설
1행 A recent study **has been published** about a species of ant [that has caused a dramatic change in the ecosystem of Laikipia, Kenya]. ▸ has been published는 완료를 나타내는 현재완료형 수동태이다. [ ]는 선행사인 a species of ant를 수식하는 주격 관계대명사절이다.

4행 ..., only time will tell [if the invasion of the big-headed ants will ...]. ▸ [ ]는 if가 이끄는 명사절로, tell의 목적어 역할을 한다.

8행 **With** more animals **eating** from the trees, there is

less cover for lions, [making *it* harder {to sneak up on prey, particularly zebras}]. ▸ 「with+명사(구)+v-ing」는 '…가 ~한 채로[하면서]'라는 의미로, 명사구와 동사가 능동 관계이므로 현재분사가 쓰였다. [ ]는 결과를 나타내는 분사구문이다. it은 가목적어이고 { }는 진목적어이다.

12행 The species, known as the big-headed ant, is believed to have originated from an island in the Indian Ocean, [making it an invasive species in the Kenyan plains]. ▸ [ ]는 결과를 나타내는 분사구문이다.

문제해설
케냐 Laikipia의 생태계에 극적인 변화를 일으킨 개미 종에 대한 연구가 발표되었다는 주어진 글에 이어, 침입종인 큰머리개미로 인해 토착 개미가 줄어 휘파람가시 아카시아 나무가 보호받지 못하게 되었다는 내용의 (C)가 오고, 이로 인해 케냐 평원의 생태계가 파괴되고 사자의 얼룩말 사냥이 어려워졌다는 (B)가 이어진 후, 사자가 환경에 적응하기 위해 얼룩말 대신 버팔로를 사냥하게 되었지만, 다른 종에게는 여전히 문제가 될 수 있다는 내용의 (A)로 이어지는 것이 가장 자연스럽다.

어휘
dramatic 극적인 decline 감소하다 adapt 조정하다; *적응하다 invasion 침입 (a. invasive 침습성의, 빠르게 번식하는) predatory 포식성의 disrupt 지장을 주다 cover 덮개; *몸을 숨길 곳 sneak up 몰래 다가가다 originate 비롯되다, 유래하다 in return (~에 대한) 보답으로

37 ⑤

더 많은 소통이 온라인상에서 나타남에 따라, 지역 사회 조직, 사교 모임, 종교 단체에 대한 참여가 최근 몇 년간 크게 감소했고, 젊은 사람들의 외로움은 한때 노인들과만 관련이 있었던 수준에 도달했다고 보고되고 있다. (C) 연구자들은 이렇게 줄어든 대면 소통 수준이 외로움의 주된 이유 중 하나라고 말한다. 그들은 또한 외로움이 우리 인생에서 젊은 시절에는 높다가 중년이 되면서 하락하고 60세 정도에 다시 상승하는 U자형의 곡선을 따르는 경향이 있다는 것을 보여 주었다. 왜 중년 성인들은 외로움을 많이 느끼지 않을까? (B) 사람들은 어떤 나이에서나 외롭다고 느낄 수 있다는 것은 사실이나, 중년 성인들이 직장 동료, 배우자, 자녀들과의 정기적인 소통 때문에 다른 연령대 사람들보다 사회적 연결이 더 강한 경향이 있다. 이 관계들은 보통 안정적이며 다른 사람들에게 인정받는 느낌을 준다. (A) 하지만 사람들이 중년을 지나게 되면 이러한 관계를 유지하는 것이 더 어려워질 수 있다. 사람들은 나이가 들면서, 직업에서든, 지역 사회든, 가족 모임이든 사교 모임에 참여하는 기회가 줄어들기 시작한다. 이 시기에, 사람들은 청년기와 마찬가지로 "내 주변에 더 많은 친구가 있었으면 좋겠다."와 같은 말에 더 많이 동의하게 된다.

구문해설
1행 **With** more and more interaction **taking** place online, participation in community organizations, social clubs, and religious groups has significantly declined in recent years, and loneliness in young people is reportedly reaching levels [once associated only with older adults]. ▸ 「with+명사(구)+v-ing」는 '…가 ~하면서'라는 의미로, 명사구와 동사가 능동 관계이므로 현재분사가 쓰였

다. [ ]는 levels를 수식하는 과거분사구이다.

6행 As people age, opportunities [to participate in social groups, {whether professional, community, or family-based}], begin to decline. ▸ [ ]는 opportunities를 수식하는 형용사적 용법의 to부정사구이다. { }는 social groups를 부연 설명하는 삽입구이다.

15행 They have also shown [that loneliness tends to follow a U-shaped curve throughout our lives, {**being** high in young adulthood, **declining** as we become middle-aged, and then **rising** again around the age of sixty}]. ▸ [ ]는 have shown의 목적어로 쓰인 명사절이다. { }는 동시동작을 나타내는 분사구문으로, being, declining, rising이 접속사 and로 병렬 연결되어 있다.

문제해설

온라인 소통으로 인해 젊은 사람들의 외로움이 노인들의 외로움 수준과 비슷하다는 주어진 글에 이어, 이러한 외로움의 원인이 대면 소통의 감소 때문이며 인생에서의 외로움 수준을 청년기, 중년기, 노년기로 나누어 설명하는 내용의 (C)가 오고, 중년기에는 타인들과 정기적인 소통 때문에 외로움을 덜 느낀다는 내용의 (B)가 이어진 후, 중년기 이후 노년기에는 모임 참여의 기회가 감소하여 청년기 때처럼 외로움이 다시 상승한다는 내용의 (A)로 이어지는 것이 가장 자연스럽다.

어휘

interaction 소통, 상호 작용 religious 종교의 significantly 상당히, 크게 reportedly 전하는 바에 따르면, 소문에 의하면 associated with …와 관련된 statement 진술, 서술 middle-aged 중년의 spouse 배우자 appreciate 가치를 인정하다

38 ③

자전거 도로의 도입을 둘러싼 갈등에서, 반대하는 사람들은 보통 자전거 도로가 교통 혼잡을 증가시키고 지역 상점들에 좋지 않을 것이라고 말한다. 이러한 주장은 논리적으로 보인다. 자동차가 이용할 수 있는 공간이 줄어들면 혼잡이 증가할 것이고, 자전거 도로를 위한 공간을 만들기 위해 상점 외부의 주차 공간을 없애면 사업이 위축될 가능성이 높다. 그러나 연구에 따르면 이러한 가정은 사실이 아니다. 일반적인 자동차 도로는 시간당 약 2,000명의 수송을 가능하게 한다. 그 연구에 따르면 이 수치는 같은 공간이 대중교통에 이용될 때 두 배 이상 증가하며, 그 공간이 자전거 도로로 이용되면 그 수치는 약 10,000명으로 증가한다. 지역 상업의 경우, 아마 대체로 근처 상점에 자전거를 타고 가는 것이 그곳으로 차를 몰고 가서 주차 공간을 찾는 것보다 더 쉽기 때문에 자전거를 타는 사람들이 자동차 운전자보다 지역 상점에서 더 많은 돈을 지출하는 것으로 밝혀졌다.

구문해설

1행 Research indicates, however, [that these assumptions are not true]. ▸ [ ]는 indicates의 목적어로 쓰인 명사절이다.

2행 In conflicts over the introduction of bike lanes, those **opposed** typically say [that bike lanes will increase traffic congestion] and [that they will be bad for local businesses]. ▸ opposed는 '사람들'이라는 의미의 those를 수식하는 과거분사이다. 두 [ ]는 say의 목적어로 쓰인 명사절로, 접속사 and로 병렬 연결되어 있다.

10행 **When it comes to** local commerce, cyclists *have been found* to spend more money in local shops than car drivers perhaps because cycling to nearby shops is usually easier than **driving** to them and **finding** parking. ▸ 「when it comes to …」는 '…에 관한 한'이라는 의미로, 여기서 to는 전치사이므로 뒤에 명사구가 쓰였다. have been found는 완료를 나타내는 현재완료형 수동태이다. 동명사 driving과 finding이 접속사 and로 병렬 연결되어 있다.

문제해설

주어진 문장은 가정이 사실이 아니라는 내용이므로, 자전거 도로 도입으로 문제점이 발생할 수 있다는 가정을 언급한 문장과 자전거 도로를 설치한다고 하더라도 그러한 문제점이 발생하지 않는다는 설명이 시작되는 문장 사이인 ③에 들어가는 것이 가장 적절하다.

어휘

indicate 나타내다 assumption 가정, 추정 conflict 갈등, 충돌 introduction 도입 lane 도로, 길 transportation 수송, 운송 approximately 대략 equivalent 동등한 trasport 수송하다; *수송 commerce 상업

39 ③

한 이론에 따르면, 다른 사람이 무언가 믿거나 하도록 설득하기 위해 보통 사용되는 두 가지 다른 방법이 있다. 첫 번째 방법은 논리적인 주장과 증거를 제시함으로써 사람의 의식적인 사고 과정에 호소하는 것이다. 이것은 어떤 사람이 특정 정보를 신중하게 고려하고 제시된 사실에 근거하여 이성적인 결정을 내리도록 장려하는 것을 포함한다. 다른 방법은 사람의 감정에 호소하고 무의식적인 긍정적 또는 부정적 연상에 의존한다는 점에서 다르다. 사람들은 종종 감정적 반응이 자신도 모르게 근처의 다른 물건에 퍼지도록 한다. 이 반응을 이용하기 위해 광고주는 판매하려는 물건과 함께 아름답거나 호감 가는 물건을 둔다. 그렇게 함으로써, 사람들이 매력적인 물건에서 느끼는 긍정적인 감정이 자신의 제품에 퍼지기를 바란다. 이런 식으로, 사람들은 그것에 대해 의식적으로 생각하지 않고도 판매하는 상품에 대한 높은 인상을 갖게 된다.

구문해설

1행 People oftentimes **allow** their emotional responses **to spread** to other nearby objects *without realizing* it. ▸ 「allow A to-v」는 'A가 …하게 해주다'라는 의미이며, 「without v-ing」는 '…하지 않고'라는 의미이다.

3행 According to one theory, there are two different methods [that are normally used in order to **persuade** others *to believe* or *(to) do* something]. ▸ [ ]는 선행사인 two different methods를 수식하는 주격 관계대명사절이다. 「persuade A to-v」는 'A가 …하도록 설득하다'라는 의미이며, to believe와 (to) do가 접속사 or로 병렬 연결되어 있다.

5행 It involves **encouraging** someone *to* thoughtfully *consider* certain information and *(to) make* a rational decision based on the presented facts. ▸ 「encourage

79

A to-v」는 'A가 …하도록 장려하다'라는 의미이며, to consider와 (to) make가 접속사 and로 병렬 연결되어 있다.

8행 **To exploit** this response, advertisers place beautiful or desirable items alongside the products [(that/which) they are trying to sell]. ▸ To exploit은 목적을 나타내는 부사적 용법의 to부정사이다. [ ]는 선행사인 the products를 수식하는 목적격 관계대명사절로, 목적격 관계대명사가 생략되었다.

10행 By doing so, they hope [that the positive feelings {(that/which) people get from the appealing items} will spread to their product]. ▸ [ ]는 hope의 목적어 역할을 하는 명사절이다. { }는 선행사인 the positive feelings를 수식하는 목적격 관계대명사절로, 목적격 관계대명사가 생략되었다.

문제해설
주어진 문장은 사람들의 감정적 반응이 무의식적으로 근처의 다른 물건에 퍼진다는 내용이므로, 다른 사람을 설득하기 위한 두 번째 방법인 감정에 호소하고 무의식적인 연상에 의존하는 방법을 소개한 문장과, 사람들의 반응을 이용하려는 광고주의 사례를 든 문장 사이인 ③에 들어가는 것이 가장 적절하다.

어휘
oftentimes 종종 conscious 의식하는, 자각하는 (↔ unconscious 의식을 잃은; *무의식적인) argument 논쟁; *주장 evidence 증거 rational 합리적인, 이성적인 rely on 의존하다 association 협회; *연관, 연상 heighten (감정·효과가) 고조되다 [고조시키다] impression 인상 market (상품을) 내놓다

40 ②

많은 사람들이 남아프리카 공화국의 전 대통령 넬슨 만델라기 1980년대에 감옥에서 사망했다고 잘못 기억한다. 그들은 심지어 그의 사망에 관한 뉴스 보도를 기억한다고 주장하기도 한다. 사실, 만델라는 2013년에 사망했다. 만델라가 감옥에서 사망했다는 것에 대한 기억은 어떻게 설명될 수 있을까? Fiona Broome이라는 한 연구원은 이 현상을 설명하기 위해 '만델라 효과'라는 용어를 만들었다. 연구에 따르면, 우리가 무언가를 잘못 기억할 때 잘못된 기억들이 형성될 수 있고, 시간이 지남에 따라 우리의 장기 기억이 왜곡되게 만들 수 있다고 한다. 잘못된 기억들은 또한 우리 주변의 제안이나 잘못된 정보에 의해 생성될 수 있다. 인터넷, 특히 소셜 미디어는 (여러 사람에게) 공유되는 잘못된 기억을 생성하는 잘못된 정보의 큰 원천이 될 수 있다. 정보가 퍼지는 속도 때문에 공유되는 생각은 정확한 것도 부정확한 것도 하룻밤 사이에 발생할 수 있다. 한 심리학자에 따르면, 비록 시간이 지남에 따라 기억이 더 부정확해진다고 하더라도, 사람들이 기억을 반복적으로 떠올리게 됨에 따라 그 기억에 더 확신을 갖게 된다고 한다. 그 심리학자는 우리가 온라인에서 부정확한 세부 정보들에 지속적으로 노출되면, 우리의 기억은 그것들을 사실로 저장한다고 덧붙였다.

→ 만델라 효과는 종종 잘못된 정보와 반복적인 회상의 영향을 받은 잘못된 기억이 사람들로 하여금 사건을 잘못 기억하게 만드는 현상으로, 온라인에서 정보가 빠르게 퍼지는 것에 의해 악화될 수 있다.

구문해설
1행 Many people mistakenly **remember** Nelson Mandela, [the former president of South Africa], **dying** in prison in the 1980s. ▸ [ ]는 Nelson Mandela와 동격이다. 「remember v-ing」는 '(과거에) ~했던 것을 기억하다'라는 의미이며, Nelson Mandela는 동명사 dying의 의미상 주어이다.

4행 A researcher [named Fiona Broome] coined(v) the term "the Mandela Effect"(o) **to describe**(oc) this phenomenon. ▸ [ ]는 A researcher를 수식하는 과거분사구이다. to describe는 목적을 나타내는 부사적 용법의 to부정사이다.

5행 Research suggests [that when we misremember something, false memories can form, {causing our long-term memories to become distorted over time}]. ▸ [ ]는 suggests의 목적어로 쓰인 명사절이다. { }는 결과를 나타내는 분사구문이다.

문제해설
잘못된 정보도 반복해서 기억하면 사실처럼 믿게 되는 만델라 효과에 대한 글이다.

어휘
mistakenly 잘못하여, 실수로 former 이전의, 과거의 claim 주장하다 news coverage 취재 보도 pass away 사망하다 coin (새로운 단어·어구를) 만들다 term 용어 long-term memory 장기 기억 distort 왜곡하다 misinformation 잘못된 정보 spread 확산시키다 (spread-spread) recall 상기하다; 회상, 상기 [문제] alternatively 그 대신에

41 ⑤ 42 ①

비록 많은 사람들이 우주 공간에는 중력이 없다고 생각하지만, 이것은 사실이 아니다. 중력은 우주에서 질량을 가진 모든 물체의 상호 인력이며, 그 인력의 강도는 물체의 질량과 물체들이 서로 어떤 위치에 있는지에 따라 달라진다. 중력은 질량이 더 큰 물체들 사이에서 더 강하며, 그들 사이의 거리에 반비례한다. 즉, 두 물체 사이의 거리가 증가함에 따라 그들 사이의 중력 인력은 세진다(→ 줄어든다).

이 법칙들은 별에서 행성, 사람에 이르기까지 질량이 있는 우주의 모든 물체들에 적용된다. 그러나, 인간과 같은 작은 물체들 사이의 중력 인력은 너무 작아서 우리는 그것을 느낄 수 없다. 만약 여러분이 국제 우주 정거장에서 떠다니는 우주 비행사들의 영상을 본 적이 있다면, 여러분은 그들이 중력의 끌림을 벗어났다고 생각할 수 있지만, 그렇지 않다. 사실, 국제 우주 정거장은 그 행성의 강한 중력의 끌림을 상쇄하기 위해 시간당 1만 7천 마일과 1만 8천 마일 사이의 놀라운 속도로 지구 주위를 돈다. 국제 우주 정거장과 그 안의 우주 비행사들은 실제로 지구 쪽으로 계속해서 당겨지고 있지만, 적절한 속도로 이동함으로써 국제 우주 정거장은 행성 쪽으로 끌리는 대신에 안전한 거리를 두고 그 행성의 궤도를 돌 수 있다. 우주 비행사들은 우주 정거장과 같은 속도로 이동하기 때문에, 그들은 마치 떠다니고 '무중력'을 경험하는 것처럼 느낀다. 하지만, 인력의 힘은 언제나 존재한다.

구문해설
10행 If you **have seen** videos of astronauts *floating* in

the International Space Station (ISS), you might think that they **have escaped** the pull of gravity, ... ▶ have seen은 경험을 나타내는 현재완료이다. 지각동사 seen의 목적격 보어로 현재분사가 쓰였다. have escaped는 결과를 나타내는 현재완료이다.

14행 The ISS and the astronauts inside it **are** actually constantly **being pulled** toward Earth, ... ▶ are being pulled는 현재진행형 수동태로, '…되어지고 있다'라는 의미이다.

16행 **Since** the astronauts are traveling at the same speed as the space station, they feel *as if* they are floating and experiencing "zero gravity." ▶ since는 이유를 나타내는 접속사이다. 「as if ....」는 '마치 …인 것처럼'이라는 의미이다.

문제해설
41 많은 사람들은 무중력이라는 말과 우주 공간에서 떠다니는 우주 비행사들을 보고 우주에는 중력이 없다고 생각하는데 이러한 통념이 잘못되었다는 내용의 글이므로, 제목으로는 ⑤ '무중력의 잘못된 개념: 중력은 어디에나 있다'가 가장 적절하다.
① 우주는 어떻게 작동하는가: 질량과 중력
② 중력이 아무런 영향을 미치지 않는 신비한 행성
③ 우주의 먼 곳에서 중력의 부재
④ 중력이 우주에서 사라지면 어떻게 될까?

42 중력의 강도는 물체의 질량과 비례하며 물체 사이의 거리에 반비례하므로, 두 물체 사이의 거리가 증가할수록 그들 사이의 끌어당기는 힘은 줄어든다는 흐름이 자연스럽다. 따라서, (a)의 intensifies를 diminishes나 decreases 등으로 고쳐야 한다.

어휘
gravity 중력(*a.* gravitational 중력의) mutual 상호의 attraction 끌어당기는 힘, 인력 mass 질량 in relation to …에 관하여, 비교하여 intensify (정도·강도가) 심해지다 law 법; *법칙 velocity (빠른) 속도 compensate 상쇄하다, 메우다, 보충하다

43 ④ 44 ⑤ 45 ⑤

(A) 어느 추운 겨울밤 Mark는 지하철역을 떠나고 있었다. 그는 두껍고 헐렁한 재킷과, 손을 따뜻하게 하기 위해 어두운색 장갑을 꼈다. 역에는 그와, 그와 비슷한 나이대의 한 여자, 그리고 나이 든 한 남자를 제외하고는 텅 비어 있었다. 그들이 계단에 다가갈 때 Mark는 그 여자가 발걸음을 서두르는 것을 알아챘다.

(D) 그녀는 나이 든 남자와 거리를 두려고 하는 것 같았다. Mark는 그녀 뒤에 남자가 있는 상황에서 혼자 걷고 있는 것에 불안감을 느끼는 것인지 궁금했다. 아마도 그녀는 조금 전 그를 지하철에서 보고 불안감을 느꼈을지도 모른다. Mark는 나이가 든 남자의 외모에 그를 위협적으로 보이게 하는 무언가가 있는지도 궁금해했다.

(B) 그가 자신의 옷을 쓱 보는 중에 그는 그 뒤에서 갑자기 나는 소리를 들었다. 조금의 망설임도 없이, 그 여자는 달리기 시작했다. 그녀는 심지어 무슨 일이 일어났는지 알아보려고 돌아보지도 않았다. 그녀의 안전이 걱정되어 Mark는 그녀를 쫓아갔다. 그녀는 근처 호텔로 급히 들어가 엘리베이터에 거의 뛰어들 듯 들어갔다.

(C) 엘리베이터 문이 닫히기 직전에 그는 간신히 엘리베이터에 들어갔

다. "나를 내버려둬요! 저리 가요!" 그 여자가 소리쳤다. Mark는 재빨리 자신을 소개하며 자신이 위험한 존재가 아니라고 그녀를 확신시켰다. 그녀는 안도의 한숨을 크게 내쉬며 얼마나 자신이 겁에 질려 있었는지 설명했다. Mark는 그 소음이 나이가 든 남자가 계단에서 발을 헛디뎌 넘어지면서 발생한 것이라고 설명했다. 그들은 오해에 대해 함께 웃었고 결국 친구가 되었다.

구문해설
3행 Mark **noticed** the woman **picking** up her pace as they approached the stairs. ▶ 지각동사 noticed의 목적격 보어로 현재분사가 쓰였다.

6행 She didn't even turn around **to see** [what had happened]. ▶ to see는 목적을 나타내는 부사적 용법의 to부정사이다. [ ]는 see의 목적어로 쓰인 의문사절이다.

7행 [Concerned for her safety], Mark took off after her. ▶ [ ]는 이유를 나타내는 분사구문이다.

17행 Mark also wondered [if there was something about the older man's appearance {that **made** him **seem** threatening}]. ▶ [ ]는 접속사 if가 이끄는 명사절로, wondered의 목적어 역할을 한다. { }는 선행사인 something about the older man's appearance를 수식하는 주격 관계대명사절이다. 사역동사 made의 목적격 보어로 동사원형이 쓰였다.

문제해설
43 세 명의 등장인물이 텅 빈 지하철역을 떠나고 있는 상황에서 여자가 발걸음을 서두르는 (A)에 이어, 여자의 불안한 마음에 대해 궁금해하는 내용인 (D)가 오고, 갑자기 난 큰 소리에 놀라 달아나는 여자가 걱정되어 Mark가 따라가는 상황인 (B)가 이어진 후, 호텔 엘리베이터에서 Mark를 마주치고 놀라는 여자를 Mark가 안심시키는 (C)의 순서로 이어지는 것이 가장 자연스럽다.

44 (e)는 the older man을 가리키고 나머지는 Mark를 가리킨다.

45 Mark는 여자가 지하철에서 나이 든 남자를 보고 불안감을 느꼈을 지도 모른다고 추측을 했을 뿐이므로 ⑤는 글의 내용과 일치하지 않는다.

어휘
baggy 헐렁한 deserted 사람이 없는 pick up one's pace 속도를 내다 hesitation 망설임 take off 뒤쫓다 slip (재빨리) 놓다, 두다 assure 확신시키다 let out a sigh 한숨을 내쉬다 relief 안도, 안심 trip 발을 헛디디다 uneasy (마음이) 불안한

MEMO

MEMO

MEMO

독해

READING EXPERT
중고등 대상 7단계 원서 독해 교재
Level 1 | Level 2 | Level 3 | Level 4 | Level 5 |
Advanced 1 | Advanced 2

기강 잡고
기본을 강하게 잡아주는 고등영어
독해 잡는 필수 문법 | 기초 잡는 유형 독해

##
빠른 독해를 위한 바른 선택
기초세우기 | 구문독해 | 유형독해 | 수능실전

The 상승
독해 기본기에서 수능 실전 대비까지
직독직해편 | 문법독해편 | 구문편 |
수능유형편 | 어법·어휘+유형편

수능

맞수
맞춤형 수능영어 단기특강 시리즈
구문독해 기본편 | 실전편
수능유형 기본편 | 실전편
수능문법어법 기본편 | 실전편
수능듣기 기본편 | 실전편
빈칸추론

 수능유형
핵심만 콕 찍어주는 수능유형 필독서
독해 기본 | 독해 실력 | 듣기

특급
수능 1등급 만드는 특급 시리즈
독해 유형별 모의고사 | 듣기 실전 모의고사 24회 |
어법 | 빈칸추론 | 수능·EBS 기출 VOCA

얇빠 얇고 빠른 미니 모의고사 10+2회
수능 핵심유형들만 모아 얇게! 회당 10문항으로 빠르게!
입문 | 기본 | 실전

수능만만
만만한 수능영어 모의고사
기본 영어듣기 20회 | 기본 영어듣기 35회+5회 |
기본 영어독해 10+1회 | 기본 문법·어법·어휘 150제 |
영어듣기 20회 | 영어듣기 35회 |
영어독해 20회 | 어법·어휘 228제

NE능률 영어교육연구소

NE능률 영어교육연구소는 전문성과 탁월성을 기반으로
영어 교육 트렌드를 선도합니다.

신 유 승 선임연구원   이 지 영 선임연구원   손 원 희 연구원

빠른독해   바른독해   수능실전

펴 낸 날	2025년 1월 5일 (개정판 1쇄)
펴 낸 이	주민홍
펴 낸 곳	(주)NE능률
지 은 이	NE능률 영어교육연구소
개 발 책 임	김지현
개 발	신유승, 이지영, 손원희
영 문 교 열	Alison Li, Courtenay Parker, Curtis Thompson, Keeran Murphy, Patrick Ferraro
디자인책임	오영숙
디 자 인	민유화, 김명진
제 작 책 임	한성일
등 록 번 호	제1-68호
I S B N	979-11-253-4894-8

대 표 전 화	02 2014 7114
홈 페 이 지	www.neungyule.com
주 소	서울시 마포구 월드컵북로 396(상암동) 누리꿈스퀘어 비즈니스타워 10층